大学生职业发展与就业创业指导

杨　杰　主编
付志平　毛丙波　执行主编

The Graduates' Professional
Development, Employability and
Entrepreneurship Guide

中国社会科学出版社

图书在版编目（CIP）数据

大学生职业发展与就业创业指导／杨杰主编．—北京：中国社会科学出版社，
2014.6（2023.7 重印）

ISBN 978 - 7 - 5161 - 4393 - 3

Ⅰ.①大…　Ⅱ.①杨…　Ⅲ.①大学生—职业选择—高等学校—材料
Ⅳ.①G647.38

中国版本图书馆 CIP 数据核字（2014）第 126182 号

出　版　人	赵剑英
责任编辑	夏　侠
责任校对	李　姐
责任印制	王　超

出　　　版	中国社会科学出版社
社　　　址	北京鼓楼西大街甲 158 号
邮　　　编	100720
网　　　址	http://www.csspw.cn
发 行 部	010 - 84083685
门 市 部	010 - 84029450
经　　　销	新华书店及其他书店

印刷装订	北京君升印刷有限公司
版　　　次	2014 年 6 月第 1 版
印　　　次	2023 年 7 月第 8 次印刷

开　　　本	710×1000　1/16
印　　　张	27.5
插　　　页	2
字　　　数	448 千字
定　　　价	78.00 元

凡购买中国社会科学出版社图书，如有质量问题请与本社营销中心联系调换
电话：010 - 84083683

《大学生职业发展与就业创业指导》
编 委 会

目　　录

绪　　论

　　21世纪，我国高等教育步入了大众化阶段，而高等学校毕业生就业形势日益严峻，高校毕业生就业成为焦点问题、难点问题；特别是近几年来，引起政府和社会的广泛关注。职业生涯规划和就业创业指导课程，是为学生就业做好服务工作。随着新的课程发展趋势，对大学生就业创业指导工作也提出了新的要求。2004年10月14日中共中央、国务院发出《关于进一步加强和改进大学生思想政治教育的意见》中明确指出："要帮助大学生树立正确的就业观念……要进一步建立健全大学生就业指导机构和就业信息服务系统，提供高效优质的就业创业服务。通过服务育人、管理育人，把党和政府对大学生的关怀落到实处。"2019年10月30日，教育部、人力资源社会保障部在京组织召开的2020届全国普通高校毕业生就业创业工作网络视频会议上，教育部副部长翁铁慧、人力资源社会保障部副部长游钧强调："要以习近平新时代中国特色社会主义思想为指导，深入落实党中央、国务院关于促进高校毕业生就业创业的一系列重大决策部署，要进一步提高站位，把高校毕业生就业创业工作摆在最突出位置，进一步增强做好高校毕业生就业创业工作的责任感使命感紧迫感，确保高校毕业生就业大局稳定。"

　　本书是根据教育部《大学生职业发展与就业指导课程教学要求》（教高厅〔2007〕7号）的通知精神，结合高等学校教育教学和学生就业情况，在多年实践的基础之上编写完成的。

　　本书在内容的编写上力求具有全面性、创新性和实用性，体现了教本、学本与手册的有机整合。全书包括职业基础知识、职业生涯规划、培养职业意识、打造职业素质、就业政策与就业程序、就业礼仪与就业心态、就业策略与应聘技巧、就业权益与法律保护、创业理论与创业实践、职场转换与职业发展等10章。每章节后编有阅读与知识拓展训练，思考、练习与测试等，既可增强课堂互动的效果，也可帮助学生进一步思考问题、了解自己、突显成效。特别是在附录中增添了就业、创业的相关政策法规，帮助学生把握相关就业政策、法规，为顺利就业、创业提供援助。

本书紧紧围绕《大学生职业发展与就业指导课程教学要求》的内容，以大学生作为职业发展和就业创业指导的对象，立足当前大学生就业背景与就业形势，指导学生进行自我定位、认知职业世界，树立职业生涯规划意识和科学的就业观，引领学生珍惜大学时光，管理好学习、生活，全面提升素质和适应职业能力；让学生全面了解当今的就业市场和就业政策，学会求职过程中的自我调适；把握求职材料技巧、求职礼仪、面试和笔试、收集和使用用人信息等能力，保障大学生就业权益；树立创新、创业意识，把握职业生涯管理方面的知识，完善自我，适应职场要求，鼓励奋斗成才。

目前，大学生职业生涯规划和就业指导的理论和实践仍需丰富，较多开拓性的工作仍需进一步强化。希望读者在阅读和使用过程中，能够得到启发，促进形成科学的就业观念，最终对求职就业和职业发展提供有力的帮助，是我们努力工作的最大期望。

本书在编写过程中，参阅了许多同类教材的相关资料，并吸取了其中许多精粹，在本书出版之际，谨向原作者表示最衷心的感谢！

由于作者水平有限，书中难免存在错误和不妥之处，敬请专家和读者批评指正。

编　者

2020 年 7 月

第一章 职业基础知识

职业与人的一生密切相关，选择职业就是选择未来和人生。职业生涯规划其实是人生的战略设计，成功的人生需要正确的生涯规划，对于大学生而言尤为重要。所以，认识社会职业，把握职业基础知识，对自己的职业生涯进行规划是职业生涯成功的基础条件。

第一节 职业及职业的意义

世界总是在千变万化，职业随之也不断推陈出新。对于绝大多数人来说，如果没有了职业，也就失去了最基本的生活条件。作为即将走向社会的大学生来说，职业是大学生展示才华、彰显自我、提升能力、创造未来的平台，是谋求自我发展的途径之一，更是实现经济独立的重要手段。所以，作为当代大学生，更应该关注社会职业的发展和自身职业能力的提升。

一 职业的内涵

职业是人们在社会分工中所从事的社会劳动，他是一种社会经济和社会现象的统一体，是人们生活方式、经济状况、文化水准、行为模式、思想情操、社会地位等的综合反映，也是一个人的权利、义务和职责的具体体现，从本质上体现了人与社会的关系。

通过上述概念，从社会角度和个人角度可概括如下：

（一）社会角度

1. 职业的产生离不开人类的辛勤劳动，劳动在创造了人类的同时，也创造了职业。人们在从事各项职业的过程中，都承担着一定的责任，履行相关的义务。

2. 职业是一种稳固的劳动，人们在某种职业上从事的劳动有明显的连续性。

3. 伴随着社会分工的不同而产生相应的职业，所以，职业的产生不以人的意志为转移，如果社会分工存在，职业就会自然存在或继续发展。

（二）个人角度

1. 无论任何人，选择任何职业，都有一定的经济收入，来解决其生存的需求。

2. 无论人们从事什么职业，自身都需要掌握专门的知识与技能，来创造物质和精神财富，这是职业划分的重要基础之一。

3. 职业是个人从事的专门工作，通过这种专门的才能而被社会认可，体现了个人为社会服务的主要途径之一。

二　职业的要素

职业主要由以下五个要素组成：

（一）职业名称：职业具有符号特征，一般是由社会通用的称谓来加以命名。

（二）职业主体：每一种职业都是一种社会分工活动，这种职业都需要相应资格和相应能力的劳动者。

（三）职业客体：职业活动的工作对象、工作内容、劳动方式、劳动场所等等。

（四）职业报酬：通过职业活动，工作人员所取得的各种报酬。

（五）职业技术：从事职业活动中，劳动者所运用的自然、社会和思维技术的统一体。主要体现在从事职业活动中，人们所使用的材料、工具、制作方法的应用与推进。

三　职业的意义

职业是人们在社会生活中的重要地位之一，它不但是人们谋求生存的需要，更是人们服务人类、贡献社会、展现自我的舞台。对于任何从业者而言，职业的主要意义在于：

（一）职业是一种谋求生存的手段。个体通过自身努力，凭借就业这一途径实现生存需求，从中得到最基本的安全感。在谋求生存的过程中，个人通过劳动方式为社会创造物质和精神财富，为人类的生生不息和社会的繁荣进步提供有力保障。

（二）职业为从业人员提供发展空间。人生价值的关键体现，就在于职业为个人发展自我能力、彰显自我价值提供了广阔的空间，无论从任何角度着眼，都离不开职业活动。职业为每一个划定了工作岗位、要求与目标，个人要按照工作要求，围绕工作岗位开展各项工作，将扎实的知识、熟练的技巧运用到职业活动之中，创造出一定的效益来回报社会、奉献社会，进而实现个人与社会的完美融合，获取社会的尊重，实现个人的人生价值。

（三）职业为从业人员提供便利环境。个人在自身努力过程中，产生的生活资料十分有限，所以需要与其他劳动成果的进行交换，在使自己的需求得到满足的同时，又满足了其他社会成员的需求，从而达到为他人服务的思想。这是个体职业劳动的客观组成，又是责无旁贷的社会职责。当然，这种责任与义务的强弱，对不同时期、不同社会、不同个体都会有着不同的差异。

第二节 职业的起源与演变

职业是由于社会分工不同而产生的结果，随着经济的发展、社会的进步以及科学技术的迅猛发展，职业在其种类、数量、划分、结构及各种要求上都在不断变化，不变发展。

一 职业的起源

职业作为人类的基础的社会活动，是人类社会生产力发展到一定阶段的产物，是随着社会分工的不同而产生的结果。在原始氏族社会，社会分工就初步开始，人们能采集各类果实、外出打猎，使用各种各样的原始工具，从事各类原始农业，制造食物等。可以说，原始社会上的这些活动与工作，还不能称为真正意义上的职业，其主要原因是没有固定的从事某种专门工作的人群整体。

随着人类的进化和生存的需求，人类征服自然的能力越来越强，加之社会生产力的逐渐发展，人类开始制造和使用手工工具，于是便产生了手工业；随着人类对自然界的适应程度，开始谷物的种植工作，便产生了农业；伴随着手工业和农业的发展，一些固定的群体，便成为商业的主流；进而由于社会分工的不同，便出现了人类社会历史的最初职业：官吏、工匠、老师、商人、牧人、巫师、农夫等。

二　职业的演变

（一）新旧职业更替较快

由于社会分工和科技发展的不断进步，职业也随之发生变化。随着社会分工越来越细腻，社会劳动也越来越复杂，职业的种类也随之越来越多、越来越广，专业程度会越来越高、越来越精。正由于这种社会分工和职业的变化，便出现了一些新的职业和职业群体，而且新旧职业的更替速度较快。例如，石油化工工程师、转基因工程师、节能技师和技工、生化实验工程师、建筑设计工程师、计算机辅助设计、纳米材料生产技师等等，都是一些新兴的职业；现在人们所用的马车、人力手推车等已经逐渐被淘汰，特别是随着计算机的推广与普及，大部分学校教师上课几乎都使用现代化教学手段，使用粉笔的教师越来越少。

（二）老职业的逐渐消退

在产业结构调整中，衰落和消退的职业主要体现在第一、二产生中，第三产业仍旧占据主要的部分，如传播、物流、保健、教育、旅游、卫生、电子等，只有个别职业消退，如铅字排字员、票证管理员等；有时职业的衰落和消退与政策的导向、制度的限制有关，致使一些职业难以发展与生存。

（三）社会服务要求较高

伴随着社会职业种类的越来越多，人们对职业的服务要求越来越高。这些职业主要集中在信息咨询、管理体系和社会服务上。

信息业是未来发展最快的产业，信息咨询便是人类发展的职业群体中最为旺盛职业之一。根据经济合作与发展组织统计，"信息职业"已经占各种新兴职业总和的40%以上，甚至有的专家认为，信息业有可能从第三产业领域中独立出来，成为第四产业。管理体系对于社会发展、人们的生产生活影响较大，也是第三产业发展较快的职业群体，在管理体系的职业群体中，高水平的专业人员和服务体系不断细化与分工，不断提升承担的责任，进而提高了社会地位与名誉。如人力资源管理师、心理咨询师、保险评估师等。随着社会居民生活水准的提高，人们对服务业这种职业的要求越来越高，进而新兴的家政服务、保健、旅游、育婴师、装饰设计师等服务业领域的职业种类越来越多，质量越来越高。使社会居民生活需求日益趋于丰富性、多样性、多彩性。

三　职业的趋势

从发展的角度来看，我国未来的职业呈现出以下发展态势：

（一）由单一型向复合型转变

结合用人单位、各高校的就业现状分析来看，职业的岗位和劳动方式发生了较大的变化，各个职业岗位的需求正在由简单向复杂方面转变。以往的单一方面的能力就能担当的工作，现在是需要的专业知识、专业技巧、专业能力、创新能力等多方面的复合型人才。

（二）由封闭型向开放型转变

随着社会的进步和改革开放的不断深入，职业的种类不断增多，职业岗位的需求也不断增加，社会服务的对象越来越广泛、越来越丰富，人们接受社会信息的渠道多样化、具体化，相互之间的融洽程度逐渐加强，随着这些开放性职业的种类变化、岗位特点、性质变化等，又增添了人与人之间联络信息、交流业务、沟通情感的机会。

（三）由传统型向智能型转变

传统方向的职业在做工上存在粗糙的地方，在科技含量上也相对滞后，在技术创新上相对缓慢。社会发展的要素之一就是增强职业岗位的科技开发，改善劳动组织、劳动环境、生产方式与手段，从而提高劳动效率。因此，能够熟练应用专业技能，掌握先进的信息管理手段，运用到工作岗位之中，这样才是职业岗位更新、工作内容更新、工作形式更新所需求的新型人才。

（四）由继承型向创新型转变

创新是人类推动民族进步和社会发展的不竭动力，特别是伴随着的知识经济的到来，要求每一位劳动者都要有创新意识，在自己劳动岗位上，运用本人特有的认识能力和实践能力进行创造性的劳动。例如，个人形象设计师、舞台美术设计师等，在各自岗位上创造出奇特的理念，让观众收到意想不到的效果，通过这种创新精神与创新意识，更能体现人类主观能动性的高级表现形式。

（五）由服务型向技能型转变

伴随着第三产业的主体作用，对从业人员的服务质量要求越来越高，知识型服务行业越来越受到人们的青睐，从而使服务体系趋于完善、日趋健全。例如，房屋买卖过程中已由传统的简单介绍转变成中介活动职业介绍等，特别是与通信、计算机、健康等相关的行业，已经越来越多地出现在各类服务部门。

第三节　职业的特征与功能

一　职业的特征

根据职业产生的历史及职业主体对社会发展产生的影响，职业主要有以下特征：

（一）社会性

职业的社会性主要反映在不同的职业肩负着不同的社会职责。任何一种职业都是社会分工的结果，随着社会分工的细化，社会也随之进步，可以说，职业推动了社会的进展。在职业岗位上的每一位成员，都是推动社会进步的组成部分，整个社会的劳动成果由各个职业的成果积累而成，从而促进社会的整体发展，从业人员在担当自己职业角色过程中，完成自己的职业使命，奉献人类、推动社会。

（二）经济性

在职业活动中，从业人员主要以获得谋生的经济来源为目的。从业者通过自己的技能、劳动来承担相应的岗位责任，在完成工作任务的过程中要索取报酬，获取收入，一方面是用人单位对从业人员的劳动付出给予回报和代价；另一方面，从业人员用所得报酬来维持家庭生活和社会需求，从而维持社会的稳定。

（三）专业性

任何一种职业都需要专业知识、专业技巧和专业能力，需要特定情境下遵循职业道德品质的要求，只有具备了这些特殊的要求，才能承担相应的工作，胜任相应的职业。伴随着社会的不断需求与进步，职业的专业性要求将越来越高。

（四）层次性

伴随着社会的发展，社会分工的细腻化，职业种类随之越来越多。

职业呈现出多样性的特点，在具备多样性的同时，层次性的特点随之而来。例如，图书资料人员有研究馆员、副研究馆员、馆员、助理馆员，高校教师系列有教授、副教授、讲师、助教之分。

（五）规范性

职业主体在所从事的职业活动中必须符合国家有关法律规定和社会道德规范准则，并非所有社会群体活动都可以称为正当的职业。例如，有组织的非法包工、贩卖毒品活动等，这些带有职业特殊的活动目的和内容是不符合国家法律规定的，也有悖于社会道德规范准则的相关要求，就不能列为正当的职业。

职业除了上述特征外，还有差异性、同一性、多样性、时代性、稳定性、连续性、群体性、技术性等。

二　职业的功能

职业是社会存在的主要内容，是社会发展的动力源泉，还是社会控制的手段之一；所以职业的功能是职业活动与职业主体对人和社会的作用和影响。

（一）职业的个体功能

1. 职业是人生价值的主要活动

职业是人们参与主要社会活动、围绕社会进步、进行人生实践的主要依据，从各个角度决定着个人的性格、兴趣、生活道路、家庭境遇等，对于无业人员则受其这方面的影响。每一种职业生活使从业人员进入到这种社会情境之中去，而这种情境由于职业的改变而改变。没有职业，也就没有从业人员的社会角色、行为模式的各类活动。

2. 职业是谋求生存的重要手段

任何一种正当的职业，都有一定的经济回报，更是个体获得一定利益的手段。职业便成为人们生存和维持家庭的物质基础。不同职业、岗位也能给从业人员带来不同的权力、地位、名誉及各种便利等，对从业人员而言也是一种心理上的支撑、精神上的慰藉。因此，追寻更高的社会职位，成为更多人向往的目标，人们在职业问题上的努力奋斗，使得人们在社会职位中呈现出积极向上的态势。

3. 职业是个体展现才能的途径

不同的职业，都需要不同的职业人员来完成。每一种职业都要求从业人员掌握与本职业有关的特有的专业知识、技术技能、创新意识、职业道德、处事原则等。职业使人的这些才能得以发挥，并且成为促进个人的成长，形成良性发展的重要手段。从业人员承担了某种职业，马上进入到社会分工体系中来参与各类活动，从业人员在这个体系中的劳动结果，已经呈现出为社会承担责任、奉献自我的劳动价值。

（二）职业的社会功能

从社会的角度看，职业反映了社会的进步。职业的发展，推动着社会的发展，成为社会的进步的动力。职业存在和职业活动成为人类社会存在和社会活动的主体，职业劳动创造出的物质和精神财富，为社会的存在和进步奠定了基础，职业的各种分工构成了社会经济制度运行的主体。

第四节　职业的类型与划分

一　职业分类的依据与方法

所谓职业分类，是采用一定的标准和方法，依据一定的分类原则，对从业人员所从事的各种专门化的社会职业所进行的全面、系统的划分与归类。它是一个国家形成产业结构概念和进行产业结构、产业组织及产业政策研究的基础，对于社会各个行业的发展有着十分重要的意义。任何一个国家的职业分类都影响并制约着其国民经济各个部门管理活动的成效。

职业分类的基本依据是工作性质的同一性。职业分类包括职业的划分与归类，按照工作性质的同一性进行职业分类。一方面是根据职业活动特征的相异程度进行的划分；另一方面是根据职业活动特征的相同程度进行职业的归类。

任何一个国家的职业分类都是建立在一个分类结构体系之上的，针对体系中的每个层次，依据不同的原则和方法，才能实现总体结构的职业划分与归类。世界上经济发达国家都非常重视职业分类问题的研究，这不仅是形成产业结构概念和进行产业结构、产业组织及产业政策研究的前提，同时也是对劳动者及其劳动进行分类管理、分级管理及系统管理的需要。

职业分类的基本方法是工作分析法。职业分类工作分析法是将任何一种职业活动依据其工作的基本属性进行分析，按照工作特征的相异与相同程度进行职业的划分与归类。

二　国外的职业分类与划分

（一）国际标准职业分类

国际标准职业分类（International Standard Classification of Occupations，简称 ISCO）是国际劳工组织（ILO）为各国提供统一准则而制定的职业分类标准。早在 1923 年的第一届国际劳工统计学会议上人们就讨论了制定职业分类国际标准的需要。致 1949 年，这一项目正式启动。1958 年《国际标准职业分类》初版发行，之后又经 1968 年、1988 年、2008 年三次修订，形成目前的最新版本《国际标准职业分类（2008）》（简称 ISCO-08）

1958 年《国际标准职业分类》第一版上就指出，ISCO 的主要目的有三点：（1）为了便于各国统计数据间的比较；（2）指导各国政府进行国家职业分类体系的修订；（3）为在国际背景下辨识某些特殊的地域性职业提供途径。几十年来，ISCO 确已成为世界各国制定和修订职业分类体系的蓝本，也为促进国际相关领域的交流做出了贡献。

ISCO 将职业区分为大类（major group）、小类（minor group）和细类（ unit group），自 ISCO－88 起，又在大类和小类之间增加了中类（sub－major group），使分类更加细致完整。ISCO 的前两版 ISCO－58 和 ISCO－68 对职业进行分类所依据的基本标准是该职业所要完的工作类型（type of work performed），这其中暗含着完成该工作所需具备的技能。到了 ISCO-88 和 ISCO-08，技能水平（skill level）和技能的专业程度（skill specialization）作为划分标准被明确提出来并得到了进一步的强调。

ISCO 目前的最新版本是 ISCO-08，它通过于 2007 年 12 月国际劳工组织召开的国际标准职业分类修订大会。08 版在维持 88 版的基本原则和主要框架的基础之上，进行了一系列的改变。这些改变一是鉴于各国在参照 ISCO－88 进行分类并投入实际应用时所获取的一些经验，二是基于世界范围内工作的最新发展。

表1—1　　　　　　　　　　ISCO-88 与 ISCO-08 的比较

类　别	ISCO-88	ISCO-08
大类	1. 立法者、高级官员和管理者 2. 专业人员 3. 技术人员和专业人员助理 4. 办事员 5. 服务人员和商店及市场销售人员 6. 农业、林业和渔业技术人员 7. 工艺及有关人员 8. 机械机床操作员和装配工 9. 非技术工人 10. 军人	1. 管理者 2. 专业人员 3. 技术人员和专业人员助理 4. 办事员 5. 服务人员及销售人员 6. 农业、林业和渔业技术员 7. 工艺及有关人员 8. 机械机床操作员和装配工 9. 非技术工人 10. 军人
中类	28	43
小类	116	125
细类	390	436

从表1—1 中可以看出 ISCO-88 与 ISCO-08 大类的变化及中小细类的增加。总体而言，08 版比起前一版本分类更加细化，其中新增或更新的中类有：生产及专门服务管理人员，招待、零售及其他服务管理人员，工商管理专业人员，资讯及通信科技专业人员，法律、社会和文化专业人员，商业及行政专业助理人员，法律、社会、文化及有关专业助理人员，资讯及通信技术人员，数字和材料记录文员，个人护理工作者，电气和电子行业工人，食品加工、木材加工、服装及其他工艺及相关行业工人，清洁工及佣工，食品制作助理人员，垃圾工人和其他基层劳工，有军衔的军队士官，无军衔的军队士官，其他军阶的军人。

此外，从跟以往各版本的比较中可以发现，08 版很多更新的内容是出于对 88 版在应用中所产生问题的补救。这体现在 68 版一些被 88 版废除的类别又重新出现在 08 版上，例如，重新将店主从其他的管理者中分离出来，以及重新引入自行车修理员、炊事助理等。

（二）美国的职业分类

美国是较早建立职业分类系统的国家之一，早在 1850 年，美国就模仿标准行业分类系统（Standard Industrial Classification，简称 SIC），建立了包括 322 个职业的分类系统。到了 20 世纪中期，社会的迅速发展，原有的分类系统已不能适应新世纪服务型职业和高科技职业的发展要求，由此便成立了标准职业分类修订政策委员会（Standard Occupational Classification Revision Policy Committee，简称 SOC Committee）来对原有的 SOC80 进行重新修订。于是 SOC2000 应运而生，而且 SOC2000 还通过职业代码与美国例如 O * NET（Occupational Information Network）等职业数据库相联系，适应了时代发展的需求。

　　人类社会进入到 21 世纪以来，由于经济和科学技术的快速发展，许多新兴职业相继出现，于是美国从 2005 年起，又再一次对职业分类系统做出修订，最终产生了美国现行的职业分类系统，即 SOC2010。同时，美国也计划在 2013 年开展 SOC2018 的修订工作。

　　SOC2000 与 SOC2010 相比，在中类小类细类职业上均有所变化。其中，SOC2010 增加了 24 个新职业，其中作了较多的变化和补充的是信息技术职业，健康护理职业，印刷和人力资源行业。具体比较如表1—2、表1—3 所示。

表 1—2　　美国 SOC2000 与 SOC2010 职业分类体系比较（一）

类　别	SOC2000			SOC2010		
大类	中类	小类	细类	中类	小类	细类
1. 管理类	4	27	34	4	30*	34
2. 商业与金融运作	2	20	30	2	23*	32*
3. 计算机与数学类	2	14	16	2	11*	19*
4. 建筑和工程类	3	21	35	3	21	35
5. 生命，自然，社会科学	4	23	44	4	23	43*
6. 社区和社会服务	2	6	17	2	6	18*
7. 法律	2	4	9	2	4	9
8. 教育，培训，图书馆相关	5	26	61	5	26	63*
9. 艺术，设计，娱乐，体育和传媒	4	16	41	4	16	41
10. 保健专业技术	3	23	53	3	27*	61*
11. 保健支持类	3	5	15	3	5	17*
12. 社会保护服务类	4	14	21	4	11*	18*
13. 食品加工和餐饮	4	11	18	4	11	18
14. 建筑物和地面清理与维护	3	4	10	3	4	10

续表

类　别	SOC2000			SOC2010		
15. 个人护理和服务	7	20	34	8 *	20	33 *
16. 销售及相关	5	15	22	5	15	22
17 办公及行政支持类	7	48	55	7	49	56 *
18. 农业，渔业和林业	4	9	16	4	9	15 *
19. 营建及钻探类	5	37	59	5	38 *	60 *
20. 安装，维护和维修	4	17	51	4	19 *	52 *
21. 生产类	9	51	110	9	50 *	108 *
22. 运输及物流	7	35	50	7	37 *	52 *
23. 军事类及特定	3	3	20	3	3	20
合计	96	449	821	97	461	840

表1—3　　美国SOC2000与SOC2010职业分类体系比较（二）

改变的类型			2010SOC与2000SOC比较	
编码改变	名称变化	定义变化	数量	百分比
无	无	无	359	42.7
无	无	有	356	42.4
无	有	有	44	5.2
有	有	有	42	5.0
无	有	无	21	2.5
有	无	有	11	1.3
有	无	无	7	0.8
有	有	无	0	0.0
总计			840	100

因编者统计过程取舍的原因，总数略有出入。

数据来源：http：//www. bls. gov/soc/soc_ 2010_ whats_ new. pdf及麦克斯研究杂志

（三）加拿大的职业分类

加拿大的职业分类主要根据加拿大人力移民部、统计局于1997年编辑出版的《职业岗位分类词典》，后又经多次修改（现版本为 NOC - S2006）。该书是加拿大人在从事的各类职业活动中，经过反复的研究、实践、总结而形成的系统的、全面的、详尽的工具书，书中有不同单位，企业，行业中的职业、工程的介绍，每个行业之间的分类依据、主要职责以及所从事的工作活动等。

　　加拿大的《职业岗位分类词典》，它把分属于国民经济中主要行业的职业划分为 23 个主类，主类下分 81 个子类，489 个细类，7500 多个职业。其中主类包括：管理行政及有关职业；自然科学、工程学和数学方面的职业；社会科学及有关领域的职业；宗教方面的职业；教学及有关职业；医疗和保健方面的职业；艺术、文学、表演艺术及有关职业；体育运动和娱乐方面的职业；文书事务性工作及有关职业；销售职业；服务职业；农业、园艺和畜牧职业；渔业、捕捉及有关职业；林业和采伐职业；土建行业的职业；运输设备操作职业；材料搬运及有关职业；其他手工工艺和设备操作职业，未归他类的职业。

　　加拿大的职业分类系统的有 NOC、NOC - S2001、NOC - S2006 这三个不同的版本，其中 NOC - S20 与 NOC - S2001 相比，结构上基本相同，只在部分内容和名称上做了调整，同时增加了部分新职业。NOC 中用 1 - 9 自然数表示九大行业，即：（1）金融、行政事务；（2）自然科学、应用科学；（3）医疗保健；（4）社会科学、教育、政府部门、宗教；（5）艺术、文化、体育；（6）产品销售与服务；（7）手工艺、交通设备操作及相关行业；（8）基础工业；（9）生产加工业与公用事业。同时用 0 和 A、B、C、D 表示技能水平：0 表示管理层不分技能水平的高低；A、B、C、D 表示技术层的技能水平。在商业、金融和医疗保健行业，技术层的技能水平为 A、B、C 级；在自然科学、应用科学和社会科学、教育、政府部门、宗教及艺术、文化、体育等行业，技术层的技能水平为 B、C、D 三级。NOC 中运用主类、子类、细类和具体职业的分类格局，使每一个层级都比上一个层级更加细腻、更加具体、更加明了。这种逐一说明了各种职业的内容、从业人员在普通教育程度、职业培训、能力倾向、兴趣、性格以及体质等方面的要求，有较大的参考价值。

　　（四）新加坡的职业分类

　　新加坡职业分类（Singapore Standard Occupational Classification，简

称 SSOC）是由新加坡统计局推出的国家职业分类体系，至今已是第六版本。

SSOC 依据的基本原则是所要完成工作的主要类型，工作主要任务相同的人从事同一类型工作，应被划入相同的职业群。用来定义众多工作种类的基本概念是技能，技能是指完成一项工作的任务和职责所需的能力。与 ISCO 一样，SSOC 将技能定义为两个维度，技能水平和技能的专业程度。

技能水平根据应受教育层次的不同划分为四个等级。（1）第一级技能水平被定义为接受初等教育或未接受教育；（2）第二级技能水平被定义为接受中等或中等教育后；（3）第三级技能水平被定义为接受过比前面更高等级的教育但不等同于大学教育；（4）第四级技能水平被定义为接受过比前面更高等级的教育，等同于本科或研究生教育。依据四级技能水平，SSOC 中的大类进行如下划分（见表4）

表1—4　　　　　　　新加坡 SSOC 中大类的技能水平划分

序号	大类	技能水平
1	立法者、高级官员和管理人员	——
2	专业人员	4 级技术水平
3	辅助专业人员和技术人员	3 级技术水平
4	职员	2 级技术水平
5	服务人员和商店与市场销售人员	
6	农业和水产业工人	
7	手艺人和相关行业工人	
8	设备与机械操作和装配工	
9	清洁工、劳工和相关行业的工人	1 级技术水平
X	未分类职业的从业者	——

2010 年 2 月，新加坡职业分类最新版本 SSOC2010 出版。SSOC2010 采用了国际标准职业分类 2008（ISCO – 08）的基本框架和原则。这次修订不仅配合了国际标准的变化，也反映出劳动力市场的发展，特别是新职业的出现。

表 1—5   SSOC2005 与 SSOC2010 的比较

类　别	SSOC2005	SSOC2010
大　类	10	10
中　类	32	43
小　类	119	140
细　类	317	400
职　业	999	1122

如表 1—5 所示相较于 SSOC2005，SSOC2010 在大类上基本没有变化，但中小类明显细化，并囊括进了一批新兴职业。SSOC2010 较 SSOC2005 新增或更新的中类有：行政和商业管理者，生产及特别事务管理人，招待、零售及相关服务管理者，卫生技术人员，信息和通信技术的专业人员，保健辅助专业人员，信息与通信技术员，一般文员及打字员，数值和材料记录文员，个人服务工作人员，起居照顾员，垃圾工人和其他基层劳工，电气和电子行业的工人，农业、渔业及相关劳工，食品制作和厨房助理，保安服务工作人员。

三　我国的职业分类与划分

与发达国家相比，我国在职业分类领域上属于起步阶段，但自新中国成立以来，为满足国民经济的发展、规范社会人口普查、顺应劳动人事规划指导等，根据我国国情和社会特点的需要，我国有关主管部门对职业分类工作进行大量的实际调研，制订出有关职业分类的标准和相关政策。

（一）我国职业分类的基本情况

改革开放以后，我国先后制定了国家标准《职业分类和代码》《中华人民共和国工种分类目录》，并根据社会经济发展的需求修订了国家标准《职业分类和代码》，在此基础上，组织制定了《中华人民共和国职业分类大典》。我国台湾及澳门地区自 20 世纪 60 年代以来也根据各自不同时期的经济发展，建立了符合地区世纪需求的职业分类体系。以国家《职业分类和代码》《中华人民共和国工种分类目录》和《中华人民共和国职业分类大典》为标志，全面反映了我国现代职业分类的实践发展进程。

（二）我国职业分类的基本类型

根据有关主管部门对职业分类公布的标准，我国的职业分类目前有以下几种类型：

1. 根据人口普查的职业分类

1982 年 3 月，根据原国家统计局、国家标准总局、国务院人口普查办公室为适应第三次全国人口普查等需要组织了相关人员编写了《职业分类标准》。

该《职业分类标准》依据在业人口所从事的工作性质的同一性进行分类，将全国范围内的职业划分为大类、中类、小类三层，即 8 大类、64 中类、301 小类。

8 个大类的排列顺序是：第一，各类专业、技术人员；第二，国家机关、党群组织、企事业单位的负责人；第三，办事人员和有关人员；第四，商业工作人员；第五，服务性工作人员，第六，农林牧渔劳动者；第七，生产工作、运输工作和部分体力劳动者；第八，不便分类的其他劳动者。

在 8 个大类中，第一、二大类主要是脑力劳动者，第三大类包括部分脑力劳动者和部分体力劳动者，第四、五、六、七大类主要是体力劳动者，第八类是不便分类的其他劳动者。

2. 根据国民经济行业的分类

1984 年由原国家发展计划委员会、国家经济委员会、国家统计局、国家标准局批准并发布《国民经济行业分类和代码》，1985 年便实施了《国民经济行业分类和代码》，1994 年加以修订，2002 年又颁发了新的由国家统计局牵头修订的《国民经济行业分类》的国家标准。

《国民经济行业分类》标准主要按企业、事业单位、机关团体和个体从业人员所从事的生产或其他社会经济活动的性质的同一性分类，即按其所属行业分类，将国民经济行业划分为门类、大类、中类、小类四级，共有 20 个行业门类，95 个大类，396 个中类，913 个小类。其中20 个行业门类：农、林、牧、渔业；采矿业；制造业；电力、燃气及水的生产和供应业；建筑业；交通运输业、仓储和邮政电信业；信息传输、计算机服务和软件业；批发和零售业；住宿和餐饮业；金融业；房地产业；租赁和商务服务业；科学研究、技术服务和地质勘查业；水利环境和公共设施管理业；环境管理业；居民服务和其他服务业；教育；

卫生、社会保障和社会福利业；文化、体育和娱乐业；公共管理和社会组织。

可见，根据人口普查的职业分类方法和根据国民经济行业的分类方法符合我国的基本国情，简明扼要，具有现实性和普遍性，也符合我国现在的职业现状和要求。

根据不同标准的职业，可有不同的分类方法。如：从行业上划分，可分为一、二、三产业；从工作特点上划分，可分为务实（使用机器、工具和设备的工种）、社会服务、文教、科研、艺术及创造、计算及数学（钱财管理、资料统计）、自然界职业、管理、一般服务性职业等 10多种类型的职业。每一种分类方法，对其职业的特定性都有明确的解释，这对我们更好地掌握某一职业的特点，去选择适合自身职业有指导作用。

3. 根据从事职业工种的分类

工种分类目录是将我国各产业行业的各类工作种类进行科学、规范、系统的划分，形成完整的工种分类体系。

《中华人民共和国工种分类目录》是劳动部会同国务院 45 个行业主管部门，组织各方面专家、学者、技术人员，在广泛调查研究和充分进行论证的基础上，经过四年时间，于 1992 年编制完成的，是我国第一部综合性工种分类目录。

《目录》按行业分成 46 个大类，按照"行业－专业－工种"的顺序依次编排工种。行业或专业名称参照《国民经济行业分类和代码》（国标 GB4754－84），并根据我国的实际情况确定。每一个行业被赋予一个两位数代码。行业内部工种目录编码按照"行业代码－顺序号"的顺序排序。

《目录》共包括 46 个大类，4700 多个工种，基本覆盖了我国所有工人从事的工作种类。每个工种都含编码，工种名称，工种定义，适用范围、等级线，学徒期培训期、见习期和熟练期等项内容。工种名称既反映了工种特性，又兼顾其行业的特点和习惯称谓。工种定义是对工种性质的说明，包括工作手段，方式，对象和目的等项内容。适用范围是指工种技术简单与复杂的程度。

4. 《中华人民共和国职业分类大典》

1995 年初由原劳动部、国家统计局、国家技术监督局联合中央各部委成立的"国家职业分类大典和职业资格工作委员会",启动了《中华人民共和国职业分类大典》编制工作,中央、国务院 50 多个部委(局)以及有关企业、院校和科研单位的近千名专家学者参加了历时 4 年的编制工作,于 1999 年初通过审定,并于 1999 年 5 月正式颁布。

《中华人民共和国职业分类大典》将我国职业归为 8 个大类,66 个中类,413 个小类,1838 个细类(职业)。其中 8 个大类分别是:(1)国家机关、党群组织、企业、事业单位负责人;(2)专业技术人员;(3)办事人员和有关人员;(4)商业、服务业人员;(5)农、林、牧、渔、水利业生产人员;(6)生产、运输设备操作人员及有关人员;(7)军人;(8)不便分类的其他从业人员。其中,除未分类的"军人"和"不便分类的其他人员"外,职业数量最多的是第六大类,在"生产、运输设备操作人员及有关人员"中包括 27 个中类,195 个小类,1119个细类,占实际职业总量的 74.8%;职业数量最少的是第一大类,在"国家机关、党群组织、企业、事业单位负责人"中包括其中包括 5 个中类,16 个小类,25 个细类,占实际职业总量的 1.67%。

《中华人民共和国职业分类大典》颁布实施后,由于社会生产力的发展及产业结构的调整,我国职业结构也随之发生了变化,随着旧的职业不断的消退,新的职业油然而生。为了适应变化的需求,2004 年,劳动和社会保障部门又组织了有关专家、学者对《中华人民共和国职业分类大典》进行了增补修订,并于 2005 年启动,增补后的《中华人民共和国职业分类大典》,共收录了信息产业、现代服务等方面的 77 个新职业。2011 年 5 月,国家职业分类大典修订工作委员会汇同人力资源社会保障部质检总局、统计局发布了《关于加快做好 2011 年国家职业分类大典修订工作的通知》(人社部〔2011〕133 号),于 2012 年 6 月修改完成后实施。

可以说,《中华人民共和国职业分类大典》是我国对职业进行科学分类的权威性文献。该书从我国国情出发,在充分考虑经济发展、科技进步和产业结构变化的基础上,比较全面地反映了我国社会职业结构现状。《中华人民共和国职业分类大典》的颁布、修订与实施,对人们认识和掌握我国的职业分类,有着启发性、连续性、深刻性、现实性的深远影响。

四　我国职位的划分与类别

（一）职位分类

职位是在职业的基础上划分的。职位分类通常是根据职位的工作性质、责任轻重、难易程度和所需资格条件等进行分类，每一种职业都有职位的高低。从各类专业技术职务方面分析职位的分类。

1. 科学研究职业。可划分为研究员、副研究员、助理研究员、研究实习员职位。

2. 农艺（畜牧、兽医）技术职业。可划分为高级农艺（畜牧、兽医）师、农艺（畜牧、兽医）师、助理农艺（畜牧、兽医）师、农业技术人员职位。

3. 卫生技术职业。可划分为主任医（药、护、技）师、副主任医（药、护、技）师、主治（管）医（药、护、技）师、药（护、技）师、药（护、技）士职位。

4. 经济业务职业。可划分为高级经济师、经济师、助理经济师、助理经济员职位。

5. 中学教师职业。可划分为中学高级教师、中学一级教师、中学二级教师、中学三级教师职位。

6. 高等学校教师职业。可划分为教授、副教授、讲师、助教、见习助教职位。

7. 会计职业。可划分为高级会计师、会计师、助理会计师、会计员职位。

8. 中等专业学校教师职位。可划分高级讲师、讲师、助理讲师、教员职位。

9. 政工人员职业。可划分高级政工师、政工师、助理政工师、政工人员等职位。

（二）政府机构的职位划分

政府机构职位划分就是用法律性文件规定的机构的行政地位。它主要用于党政系统、通过职位划分明确其领导或从属关系，以及相应的政治、生活待遇，以期保证机构有序、高效地运转。机构职位主要通过不同的级别来实现。我国政府机构的级别表现主要有以下几个层次。

1. 国务院即中央人民政府，是最高权力机关的执行机关，是最高国家行政机关，国务院对全国人民代表大会负责并报告工作；在全国人民代表大会闭会期间，对全国人民代表大会常务委员会负责并报告工作。这表明了国务院在我国国家机关系统中的地位。国务院设总理1人，领导国务院工作；设副总理若干人，协助总理工作；设国务委员若干人，协助总理工作，受总理委托，负责某些方面或专项工作。

2. 部、委（省、自治区、直辖市）级。国务院各部设部长1人，副部长若干人。各委员会设主任1人，副主任若干人。省、自治区、直辖市人民政府设省长（市长、区主席）1人，副省长（副市长、区副主席）若干人。

3. 直属局级（相当于副部级）。这里的直属局指国务院下辖的直属机构，如国家统计局、国家海洋局、国务院法制局等。这些直属机构在级别上，稍低于各部、各委员会，高于各部、各委员会的下设司局，相当于副部级。各局设局长1人。

4. 司、局（省、自治区、直辖市的厅、局）级。国务院各部、各委员会下设司、厅、局或委员会设司长（或厅长、局长、主任）一人，副司长（副局长、副主任）若干人。地方各级人民政府实行首长负责制。各厅、局长，委员会主任由各级政府首长提名，经本级人民代表大会常务委员会通过，报上级人民政府批准任命。

5. 处（县）级。省、自治区所属县（市）和市辖区的人民政府设县（市、区）长1名，副县长、（副市长、副区长）若干人。其级别分别相当于处级、副处级。

6. 科（县的局）级。县、市、市辖区人民政府工作部门一般称局、委、科、办，各部门的负责人分别称局长、主任。在局、委、办内部，一般设有股或科。另外，我国县以下还设有基层行政区域单一乡镇，乡是广大农村地区的基层行政建制。镇是非农业人口占相当比例的小城市型的基层行政建制，乡设乡长1人，副乡长若干人；镇设镇长1人，副镇长若干人。其级别相当于县人民政府所属工作部门的局、科级。

（三）国家公务员的职位分类

国家公务员的职位是依据《国家公务员职位分类工作实施办法》进行分类的，有具体的分类条件、内容及职位设置的要求等。

1. 职位分类工作的条件

对列入国家公务员范围的职位实施分类，必须在单位机构改革方案已经批准，其职能、机构、人员编制正式确定后进行。

2. 公务员的职务和等级序列

《国家公务员暂行条例》第八条规定，国家行政机关根据职位分类，设置国家公务员的职务和等级序列。本条的立法主旨是规定我国职位分类制度的基本内容、程序及其在公务员制度中的作用。

（1）进行职位设置。职位设置必须在"确定职能、机构、编制的基础上"进行．作为某一具体行政机关，在进行职位分类工作以前，必须首先确定该行政机关的职能（即职责任务和职权范围）内设机构及人员编制数额。这项工作属于机构编制管理工作，不属于公务员管理工作范围，但它是职位分类工作的基础和前提。职位设置是指在对行政机关的职能进行逐层分解的基础上，根据编制数额确定每个具体职位的工作。职位设置工作是机构编制管理和公务员管理的衔接点。职位设置是否科学、合理，直接关系到行政机关工作效率的高低。

（2）制定职位说明书。职位说明书是综合说明某一职位的工作性质、任务、责任及任职资格条件等内容的规范性文件。它是在职位调查、分析和评价的基础上制定的。职位说明书的制定，是职位分类工作的一项重要成果。它的内容主要包括：①职位名称。是指职位的规范化称谓，应力求简明并反映该职位的工作性质及职务。②所在单位。是指该职位所直接隶属的最小行政单位。③工作项目。是指该职位承担的具体工作任务。④工作描述。是指对该职位工作情况的简要描述。⑤所需知识和技能。是指胜任本职位工作所需要的文化程度、知识结构、资历以及其他能力和技术。⑥转任和升迁范围。是指本职位工作人员，在其业务范围内，可升任或转任什么职位，以及应由什么职位上的工作人员升任或转任本职位。⑦工作标准。是指处理本职位所承担的每项工作任务时，应达到的要求及结果。职位说明书中的各项内容，为公务员的录用、考核、培训、晋升等提供了比较准确、科学的依据。

（3）公务员的级别序列。序列从办事员到总理，共分15个级别。级别序列的设置既考虑了职位分类的要求，又考虑到公务员的职务，并与职务有相应的对应关系，即每一职务都对应一个级别段，不同等次的职务对应不同等次的级别段。《国家公务员暂行条例》第九条和第十条分别规定了公务员的职务序列和等级序列及其相互关系。《国家公务员暂行条例》第九条规定，国家公务员的职务分为领导职务和非领导职务。非领导职务是指办事员、科员、副主任科员、主任科员、助理调研员、调研员、助理巡视员、巡视员。这一条主要是对公务员的职务体系作了规定，明确规定了非领导职务的名称和序列。

领导职务是指在各级各类行政机关中，具有组织、管理、决策、指挥职能的职务。公务员的领导职务，仍然沿用了现行的名称。如总理、副总理、国务委员，省长、自治区主席、直辖市市长、部长、委员会主任、署长，副省长、自治区副主席、直辖市副市长、副部长，司长、局长、厅长、州长、专员，副司长、副局长、副厅长、副州长、副专员，处长、县长，副处长、副县长，乡（镇）长、科长，副乡（镇）长、副科长等。

公务员的领导职务从副科长到总理共 10 个等次。公务员的领导职务大体可以分为两类，一类是各级政府的领导职务，如国务院总理、副总理，省长、副省长，市长、副市长、州长、副州长，县长、副县长，乡长、副乡长等。另一类是各级政府机关各部门的领导职务，如国务院的部长，司长、处长，省政府的厅长、处长，州政府的局长、科长，县政府的科长等。领导职务还可以分为正职和副职，副职在正职领导下，协助正职负责某方面工作。

第五节　职业资格证书制度

职业资格证书是表明劳动者从事某一职业所必备的学识和技能的证明。《职业教育法》、《劳动法》规定实行学历证书和职业资格证书并重制度，相关部门逐步将过去的工人等级考核改变为职业技能鉴定，逐步在全社会推行国家职业资格证书制度。

一　职业资格的相关概念

（一）职业资格包括从业资格和执业资格。

从业资格是指从事某一专业的学识、技能、和能力的起点标准；执业资格是指政府对某些责任较大、社会通用性较强、关系公共利益的专业实行准入制度，是依法独立开业或从事某一种特定专业的学识、技术和能力的必备标准，是开展某项业务所获得的国家法律许可授权条件。

（二）职业资格证书：是政府认定的考核鉴定机构，按照国际规定的职业技能标准或任职资格条件，对劳动者的技能水平或职业资格进行的客观公正、科学规范的评价和鉴定的结果，是劳动者具备某种职业所需要的专门知识和技能的证明。与学历文凭证书不同，职业资格证书是与某一职业能力的具体要求紧密结合，反映特定职业的实际工作标准和规范，以及劳动者从事这种职业所达到的实际能力水平。可分为《从业资格证书》和《执业资格证书》两个类别及不同的等级。

《从业资格证书》是建立在从业资格确认的基础上，从业资格确认工作由省、自治区、直辖市人事部门会同业务主管部门组织实施，通过学历认定或考试取得。

《执业资格证书》是经执业资格考试合格人员，由国家授予。执业资格考试的报名条件、考核标准、考试内容，不同的专业各不相同，一般都是由人力资源和社会保障部门管理和实施。

（三）学历证书：学历证书是学制系统内实施学历教育的学校或者其他教育机构，对完成了学制系统内一定教育阶段的学习任务的受教育者所颁发的文凭，是学业证书的主体之一，在数量上占学业证书的大部分。

二　职业资格证书的分类

职业资格证书是表明劳动者具有从事某一职业所必备的学识和技能的证明。它是劳动者求职、任职、开业的资格凭证，是用人单位招聘、录用劳动者的主要依据，也是境外就业、对外劳务合作人员办理技能水平公证的有效证件。职业资格证书与职业劳动活动密切相连，反映特定职业的实际工作标准和规范。

我国职业资格证书分为 5 种：初级（绿色皮）、中级（蓝色皮）、高级（红色皮）、技师（褐色皮）和高级技师（紫色皮）。

三　主要职业资格证书考试简介

（一）英语等级考试

1. 大学英语四、六级考试

大学英语四、六级考试是根据《大学英语教学大纲》，由国家教育部高等教育司组织的全国性的英语考试，其目的是对大学生的实际英语能力进行客观、准确的测量，为大学英语教学提供测评服务。大学英语四、六级考试分为四级考试（CET－4）和六级考试（CET－6）。

大学英语四、六级考试每年各举行两次。6月和12月份各一次，四级和六级同时进行，主要对象分别是高等学校修完大学英语四级或六级的本科生；同等程度的大专生或硕士研究生；同等程度的夜大或函授大学学生。

教育部于2005年4月25日公布了《全国大学英语四、六级考试改革方案》，从2005年6月进行的考试试点起，英语四、六级考试的成绩从过去的满分100分，改为满分710分的记分体制，不设及格线；成绩报告方式由考试合格证书改为成绩报告单，即考后向每位考生发放成绩报告单，报告内容包括：总分、单项分等；为使学校理解考试分数的含义并根据各校的实际情况合理使用考试测量的结果，四、六级考试委员会将向学校提供四、六级考试分数的解释。

按照《大学英语课程教学要求（试行）》修订考试大纲，开发新题型，加大听力理解部分的题量和分值比例，增加快速阅读理解测试，增加非选择性试题的题量和分值比例。试行阶段的四、六级考试内容由四部分构成：听力理解、阅读理解、综合测试和写作测试。听力理解部分的比例提高到35%，其中听力对话占15%，听力短文占20%。听力对话部分包括短对话和长对话的听力理解；听力短文部分包括短文听写和选择题型的短文理解；听力题材选用对话、讲座、广播电视节目等更具真实性的材料。阅读理解部分比例调整为35%，其中仔细阅读部分（Careful Reading）占25%，快速阅读部分（Fast Reading）占10%。仔细阅读部分除测试篇章阅读理解外，还包括对篇章语境中的词汇理解的测试；快速阅读部分测试各种快速阅读技能。综合测试比例为15%，由两部分构成。第一部分为完形填空或改错，占10%；第二部分为短句问答或翻译，占5%。写作能力测试部分比例为15%，体裁包括议论文、说明文、应用文等。

为加大大学英语四、六级的考务管理体制改革，2005年6月起，教育部考试中心将启用新的四、六级考试报名和考务管理系统，严格认定考生报名资格，加强对考场组织和考风考纪的管理，切实做好考试保密工作。从2006年1月份考试起，逐步将参加考试的考生范围尽可能限制在高等学校内部。

2. 大学英语四、六级口语考试

考试经教育部主管部分批准，1999 年 5 月起在全国部分院校逐步实施大学英语口语考试，报考对象暂定为已经获得大学英语四、六级考试证书且六级成绩在 75 分及以上、四级成绩在 80 分及以上的在校大学生。符合报考条件的人员自愿参加。

大学英语四、六级口语考试每年举行两次，分别在 5 月和 11 月举行。目前在全国 28 个省市设有考点，全国大学英语四、六级考试委员会将努力创造条件，尽快在全国主要城市设立考点。尚未设立考点的城市，符合条件的考生可以到指定的就近城市考点申请报名参加考试。

大学英语四、六级口语考试的每场考试都由两名主考主持、3 名考生参加，时间为 20 分钟。考试由 3 部分组成。第一部分主要是"热身"练习，先由每位考生作一个简短的自我介绍，目的是使考生进入良好的应考状态，以利发挥自己的英语口语水平；然后，主考对每位考生逐一提问，所提的问题根据每次考试的话题而定，每位考生回答一个问题。时间约 5 分钟。第二部分是考试的重点部分，主要考核考生用英语进行连贯的口头表达的能力，以及传达信息、发表意见、参与讨论和进行辩论等口头交际能力。主考先向每位考生提供文字或图片等形式的提示信息，让考生准备 1 分钟，然后要求每位考生就所给信息作 1 分半钟时间的发言，此后，主考要求考生根据发言的内容，就规定的话题进行小组讨论，尽量取得一致意见。时间共约 10 分钟。第三部分由主考再次提问以进一步确定考生的口头交际能力。时间约 5 分钟。

大学英语四、六级口语考试成绩合格者由教育部高等教育司发给证书。证书分为三个等级：A 等、B 等和 C 等。考试成绩为 D 等者不发给证书。

3. 全国英语等级考试

全国英语等级考试（Public English Test System，简称 PETS），是教育部考试中心设计并负责的全国性英语水平考试体系。

（1）报名条件。根据教育部考试中心有关规定，考生报考无任何条件限制，也可跨级别报考。其目的主要测试应试者英语交际能力的水平。

（2）考试内容。考试分笔试和口试两部分，内容包括：听力、语言知识、阅读、写作、口语。笔试和口试均合格者，由教育部考试中心颁发《全国英语等级考试合格证书》。

PETS－1：一级是初始级，其考试要求略高于初中毕业生的英语水平（PETS－1B 是全国英语等级考试的附属级）。

PETS－2：二级是中下级，相当于普通高中优秀毕业生的英语水平（此级别笔试合格成绩可替代自学考试专科阶段英语Ⅰ、文凭考试基础英语考试成绩）。

PETS－3：三级是中间级，相当于我国学生高中毕业后在大专院校又学了两年公共英语或自学了同等程度英语课程的水平。（此级别笔试合格成绩可替代自学考试本科阶段英语Ⅱ考试成绩。）

PETS－4：四级是中上级，相当于我国学生高中毕业后在大学至少又学习了 3—4 年的公共英语或自学了同等程度英语课程的水平。

PETS－5：五级是最高级，相当于我国大学英语专业二年级结束时的水平。是专为申请公派出国留学的人员设立的英语水平考试。

（3）报名时间。每年的 1 月和 7 月。

（4）考试时间。每年的 3 月和 9 月。

（5）证书用途。全国英语等级考试主要是测试应试者的英语交际能力，获得 PETS1 证书，能在熟悉的情景中进行简单信息交流，例如询问或传递基本的事实性信息，能适当运用基础的语法知识，并掌握 1000 左右的词汇以及相关词组。

获得 PETS2 证书，能在熟悉的情景中进行简单对话，例如询问或传递基本的事实性信息，应能提供或是要求得到更清楚的阐述，同时口才也能表达简单的观点和态度，能适当运用基本的语法知识，掌握 2000 左右的词汇以及相关词组。

获得 PETS3 证书，能在生活和工作的多数情景中进行对话，不仅能够询问事实，还能询问抽象的信息，应能提供或是要求得到更清楚的阐述，同时口才也能表达简单的观点和态度，能适当运用基本的语法知识，掌握 4000 左右的词汇以及相关词组。

获得 PETS4 证书，能参与一般性或专业学术话题的讨论，不仅能够询问事实，还能询问抽象的信息。能够就某一观点的正确与否进行争论，详细说明一个问题，一个过程，或一个事件。此外还能就某个一般性问题或所熟悉领域的问题进行阐述，能适当运用基本的语法知识，掌握 5500 左右的词汇以及相关词组。

获得 PETS5 证书，能就各种话题自如地进行对话与讨论。能就其工作的多方面与他人进行深入广泛的交流，并能进行有效辩论，清楚地阐述自己需求，能适当运用基本的语法知识，掌握 7000 左右的词汇以及相关词组。

（二）全国计算机等级考试

全国计算机等级考试（National Computer Rank Examination，简称 NCRE）是经原国家教育委员会（现教育部）批准，由教育部考试中心主办，面向社会，用于考察应试人员计算机应用知识与技能的全国性计算机水平考试体系。

1. 等级划分。全国计算机等级考试设四个等级。考生可任选其中的一个等级报考。如果一个级别中有不同类别的，考生必须选择其中的一类。

一级考核微型计算机基础知识和使用办公软件及因特网（Internet）的基本技能。包括一级 MS Office、一级 WPS Office、一级 B 等三个科目。

二级考核计算机基础知识和使用一种高级计算机语言编写程序以及上机调试的基本技能。其中语言程序设计包括 C 语言、C + + 、Java 语言程序设计、Visual Basic 和 Delphi），数据库程序设计包括 Visual Fox-Pro 和 Access 数据库程序设计，共计七个科目。

三级分为"PC 技术"、"信息管理技术"、"数据库技术"和"网络技术"等四个类别。其中"PC 技术"重点考核 PC 机硬件组成和 Windows 操作系统的基础知识以及 PC 机使用、管理、维护和应用开发的基本技能；"信息管理技术"重点考核计算机信息管理应用基础知识及管理信息系统项目和办公自动化系统项目开发、维护的基本技能；"数据库技术"重点考核数据库系统基础知识及数据库应用系统项目开发和维护的基本技能；"网络技术"考核计算机网络基础知识及计算机网络应用系统开发和管理的基本技能。

四级分为"网络工程师"、"数据库工程师"和"软件测试工程师"三个类别。"网络工程师"重点考核网络系统规划与设计的基础知识及中小型网络的系统组建、设备配置调试、网络系统现场维护与管理的基本技能；"数据库工程师"重点考核数据库系统的基本理论和技术以及数据库设计、维护、管理、应用开发的基本能力；"软件测试工程师"

重点考核软件测试的基本理论、软件测试的规范及标准，以及制定测试计划、设计测试用例、选择测试工具、执行测试并分析评估结果等软件测试的基本技能。

2. 考试方式。全国计算机等级考试采用全国统一命题、统一考试时间、所有级别的考试均为无纸化上机考试的形式。二级、三级各科目考试时间为 120 分钟，四级为 90 分钟。其中二级题型及分值比例：①选择题 40 题，40%；②程序设计题 3 题，60%；三级题型及分值比例：①选择题 40 题，40%；②填空题 30 题，60%；四级题型及分值比例：单选题共 20 题，40%，多选题共 60 题，60%。

3. 报名时间：具体时间由省级教育主管部门确定。

4. 考试时间。全国计算机等级考试每年开考两次，分别在三月及九月举行，具体日期以官方公布为准。笔试考试的当天下午开始上机考试（一级从上午开始）。

5. 考生条件。考生年龄、职业、学历不限，不论在职人员、行业人员，均可根据自己学习或使用计算机的实际情况，选考相应的级别和科目。考生每次报考一个科目的考试，考生一次考试只能在一个考点报名。考生可根据自己情况选考不同的等级，但一次只能报考一个等级。考生可以不参加考前培训，直接报名参加考试。

6. 报考要求。每次考试报名的具体时间由各省（自治区、直辖市）级承办机构规定。考生按照有关规定到就近考点报名。上次考试的笔试和上机考试仅其中一项成绩合格的，下次考试报名时应出具上次考试成绩单，成绩合格项可以免考，只参加未通过项的考试。

7. 等级证书。全国计算机等级考试合格证书式样按国际通行证书式样设计，用中、英两种文字书写，证书编号全国统一，证书上印有持有人身份证号码。该证书全国通用，是持有人计算机应用能力的证明。

（三）国家司法考试

国家司法考试是国家统一组织的从事特定法律职业的资格考试。初任法官、初任检察官和取得律师资格必须通过国家司法考试。

（1）报名条件。具有中华人民共和国国籍；拥护《中华人民共和国宪法》，享有选举权和被选举权；具有完全民事行为能力；具有高等学校法律专业本科毕业或者高等学校非法律专业本科毕业并具有法律专业知识；品行良好。

有下列情形之一的人员不能报名参加考试，已经办理报名手续的，报名无效：因故意犯罪受过刑事处罚的；曾被国家机关开除公职或者曾被吊销律师执业证、公证员执业证的；被处以二年内不得报名参加国家司法考试期限未满或者被处以终身不得报名参加国家司法考试的；提供虚假证明材料或者以其他形式骗取报名的。

（2）报名要求。报名时需提交国家司法考试报名表；本人有效身份证件（居民身份证、军官证、士兵证）原件及复印件；本人学历证书原件及复印件；本人近期同一底片1寸彩色免冠证件用照片3张；报名人员报名时，应当交纳报名费；异地报名的，须提交报名地公安机关核发的暂住证明及有关单位出具的工作、学习（进修）等证明。

（3）报名和考试时间。报名方式为网上预报和现场报名，具体方式由各地省一级司法行政机关确定并公告。一般情况下，网上预报名的时间为每年的6月1日至20日；现场报名的时间为每年的7月1日至20日，考试时间为每年的9月第三周的周六、周日进行。

（4）考试科目。国家司法考试的内容包括理论法学、应用法学、现行法律规定、法律实务和法律职业道德。

（四）国家心理咨询师考试

心理咨询师是协助求助者解决各类心理问题的人。心理咨询最一般、最主要的对象，是健康人群或存在心理问题的人群。健康人群会面对家庭、择业、求学、社会适应等问题，他们会期待做出理想的选择，顺利地度过人生的各个阶段，求得自身能力的最大限度发挥和寻求生活的良好质量。心理咨询师可以从心理学的角度，提供中肯的发展咨询，给出相应的帮助。

从某种意义上来讲，心理咨询师是一个"科学＋艺术"的职业。心理咨询师不仅需要学习和掌握观察、理解、学习、判断、表达、人际沟通方面的科学知识与临床心理咨询技能，而且还需要在具体的咨询过程中灵活施展自我控制、自我心理平衡、交往控制的素质与魅力。

（1）心理咨询师种类。心理咨询师共设三个等级，分别为：心理咨询师三级（国家职业资格三级）、心理咨询师二级（国家职业资格二级）、心理咨询师一级（国家职业资格一级）。

（2）申报条件。

申报心理咨询师三级具备以下条件之一者：具有心理学、教育学、医学专业本科学历；心理学、教育学、医学专业大专毕业或本科在校四年级及以上的学生，经心理咨询师三级正规培训达规定标准学时数，并取得结业证书者；具有其他人文社科类专业本科以上学历，经心理咨询师三级正规培训达规定标准学时数，并取得结业证书者。

申报心理咨询师二级具备以下条件之一者具有心理学、教育学、医学专业博士学位者；具有心理学、教育学、医学专业硕士学位，经心理咨询师二级正规培训达规定标准学时数，并取得结业证书者；取得心理咨询师三级职业资格证书，连续从事心理咨询满3年，经心理咨询师二级正规培训达规定标准学时数，并取得结业证书者；凡具有心理学、教育学、医学中级或以上专业技术职业任职资格，经心理咨询师二级正规培训达规定标准学时数，并取得结业证书，连续从事心理咨询满3年者。

申报心理咨询师一级具备以下条件之一者具有心理学、教育学、医学专业博士学位，经心理咨询师一级正规培训达规定标准学时数，并取得结业证书，并从事心理咨询满3年者；具有硕士学位，取得心理咨询师二级职业资格证书，连续从事心理咨询满3年，经心理咨询师一级正规培训达规定标准学时数，并取得结业证书者；具有心理学、教育学、医学副高或以上专业技术职业任职资格，经心理咨询师一级正规培训达规定标准学时数，并取得结业证书，且连续从事心理咨询满3年者。

（3）报名要求。身份证、结业证、毕业证的原件、复印件；相关工作证明；报考申报表（在各省技能鉴定指导中心的网站上下载）。

（4）报名和考试。按国家规定只要符合心理咨询师的报名资格，每年的三月和九月到当地的人力资源和社会保障部门的职业技能鉴定中心报名，每年的五月以及十一月是心理咨询师考试的时间。

（五）其他

目前理工类有53种职业资格证书，文科管理类及其他也50余种。

第六节   热门职业及其趋势

一   热门职业概述

受经济的发展、技术的更新、社会及管理的变革、产业及行业的演变等因素的影响，对于热门职业的概述，不同的人有着不同的理解。从人们普遍的认识来看，热门职业一般有以下几种概述：

（一）需求最紧缺的职业

随着科学技术的迅速发展，新兴的职业活动和职业不断地涌现出来，教育的发展在一定程度上很难跟上时代的需求。这就使社会发展的某一过程中，某些产业、行业尤其是新兴的产业、行业会出现缺少人才和供不应求的现状。例如，随着信息产业的快速发展，相关人才的短缺已经成为日益突显的矛盾，其中数字视频（DV）策划制作师、软件项目管理人员、模具设计师等，更是最为紧缺的人才。再如，随着建筑业、加工制造业的发展，建筑模型设计制作员、家具设计师等人才呈现出供不应求的局面。

（二）希望最美好的职业

对于普通的工作人员来说，所从事的工作只要是经济收入相对较高、工作环境相对较好、社会地位相对提升、工作性质相对稳定的职业，这些职业理所当然地成为人们夸夸其谈的职业。如教师、医生、国家公务员、行政人员等。

（三）声望最崇高的职业

人的社会性是重要的属性之一，在社会职业中，人们总是希望所从事的职业处于社会的最高层。这种职业的社会声望是特殊历史时期职业价值观的重要体现，在一定程度上也反映了这种职业的热门情况。

《中国教育报》在 2008 年 11 月 17 日的《2007 年中国公民科学素质调查结果显示》一文中，对 2007 年中国公民科学素质调查结果显示：教师职业声望最高。

随着社会的发展和时间的推移，热门职业随之应运而生。在变化过程中，热门职业有时会变为冷门职业。例如，在 20 世纪 60－70 年代，教师职业并不是人们向往的职业，但现在已经是大部分高校毕业生首选的职业。

二　热门职业与紧缺人才预测

任何一种职业都要经历产生、发展、成熟、衰退的过程。那么热门职业转换也是必然的，随着热门职业的诞生，这些职业的许多优秀人才随即体现了人生价值。现将 21 世纪热门职业与紧缺人才汇总如下，以供参考：

（一）计算机软件职业。未来社会是个信息化、网络化的时代。各个行业都离不开计算机，计算软件便成为计算机运作过程中必不可少的主要支柱之一。因此急需计算机软件人员进行设计、编码、调试及测试、维护等工作，并成为高级技术的应用型专业人才。可见，计算机软件职业是一个前途无量的职业。

（二）教师。中国是人口众多的国家之一，更是发展中国家的代表，生产力和教育水平相对落后。伴随着经济的发展，人们生活水平的提升，教育必将是我国永恒发展的主题之一。国家提出的"科教兴国"战略方针，是全面落实科学技术是第一生产力的思想，坚持教育为本，把科技和教育摆在经济、社会发展的重要位置，所以，随着教育事业的发展，教师的地位和经济待遇将得到不断提升，教师职业将成为高校毕业生选择职业的优先考虑对象。特别是随着科学技术的发展，人们将越来越重视、关注教育的意义，教师职业随之成为人们关注的焦点。

（三）分析师。随着我国经济发展的不断深化，市场经济体制的动作力度愈来愈强。分析师在各领域兴起的时间并不很长，但很快成了热门行业，该行业是发展前景较好、较快的行业之一。如证券分析师、金融分析师、网络分析师、调查分析师、财务分析师。

（四）律师。依法制国是我国的基本方针，随着我国法制建设的逐步进展，法制观念已经成为广大人民群众维护权益的重要武器，所以，对法律方面的人才需求会越来越多，将请律师为社会提供法律服务。

（五）心理医生。随着社会生活节奏的加快，职场竞争的激烈程度，人们在学习、工作和生活中的压力随之增大，在心灵上受到创伤的人越来越多，心理疾病已经成为新世纪影响人们生活的重要因素之一。正是由于这种情况，心理医生成了职场上的热门职业。根据有关专家的介绍，我国心理医生极为短缺，在各大高校配备的专业的心理医生较少，与其他发达国家相比，还有较大的差距。

（六）营销师。营销师是指从事市场分析、开发研究，并为企业生产经营决策提供咨询，进行产品宣传促销的工作人员。由于我国市场经济体制的不断完善，市场营销已经渗入到各个的企业当中，人们对市场营销的观念也将有着更深的接触，所以对这方面人才的需求将继续看好。例如，房地产营销师、汽车营销师、保险营销师等。

（七）农业科技人才。我国是农业大国，农业生产长期处于粗放经营的状态，产业化的程度还不高，科学技术推广的普及率比较低，急需一大批农业技术人员来改变这种落后、贫困的现状。

（八）医疗保健职业。随着社会生活节奏进程的加快，职场的竞争会越来越激烈，人们在工作、生活中的压力将逐渐增大，大多数人处于亚健康状态，急需保健方面的服务，特别是随着人们收入的增加，人们对保健的需求更为关注。所以，医疗保健职业将是一个大有可为、深受社会欢迎的职业。

（九）传媒与出版业人才。随着改革开放日新月异的进程，传媒和出版业呈现出巨大的商业机会。中国的传媒和出版产业正处于快速成长的高峰时期，那么对从事传媒和出版业的技术人才的需求也将越来越多。

（十）职业规划师。社会竞争的不断加剧，就业形势的严峻性越发突显，人们在求职应聘、职业选择以及职场发展面前越来越感到无从下手，职业咨询便成为人们迫切的社会需求。对于庞大的就业人群来说，现有的职业规划师人数远远不能满足现实需求。因此职业规划师方面的人才不断攀升。

附录1　2016—2018 届本科毕业生从事的主要职业类排名 *

单位:%

本科毕业生从事的职业类名称	就业比例			
	2018 届	2017 届	2016 届	2018—2016 届
中小学教育	19.8	18.9	17.3	2.0
财务/审计/税务/统计	15.9	16.3	17.7	−1.8
金融（银行/基金/证券/期货/理财）	12.7	13.9	13.5	−0.8
互联网开发及应用	11.7	11.3	13.5	−0.8
计算机与数据处理	11.7	11.5	12.7	−1.0
建筑工程	11.7	10.5	10.9	0.8
医疗保健/紧急救助	10.7	11.3	8.4	2.3
销售	9.7	10.5	13.3	−3.6
媒体/出版	8.2	8.4	6.6	1.6
电气/电子（不包括计算机）	6.4	7.2	6.8	−0.4
美术/设计/创意	5.0	5.0	5.0	0.0
人力资源	4.9	4.6	4.4	0.5
机械/仪器仪表	4.5	4.8	4.8	−0.3
生产/运营	3.9	3.8	4.0	−0.1
教育/职业培训	3.9	3.0	3.4	0.5
幼儿与学前教育	3.8	2.8	2.8	1.0
生物/化工	3.0	2.6	2.4	0.6
表演艺术/影视	2.6	2.4	2.0	0.6
交通运输/邮电	2.6	2.2	2.8	−0.2
电力/能源	2.3	2.4	3.8	−1.5
保险	2.0	2.4	2.8	−0.8
公安/检察/法院/经济执法	2.0	2.0	2.2	−0.2
房地产经营	2.0	2.0	2.2	−0.2
酒店/旅游/会展	1.9	2.0	1.8	0.1
物流/采购	1.9	1.8	2.2	−0.3
文化/体育	1.8	1.6	1.2	0.6

续表

本科毕业生从事的职业类名称	就业比例			
	2018 届	2017 届	2016 届	2018—2016 届
工业安全与质量	1.8	1.6	1.6	0.2
机动车机械/电子	1.7	2.4	2.4	− 0.7
经营管理	1.6	2.0	2.0	− 0.4
餐饮/娱乐	1.5	1.6	1.6	− 0.1
研究人员	1.3	1.6	1.6	− 0.1
环境保护	1.3	1.2	1.2	0.1
社区工作者	1.2	1.2	1.2	0.0
律师/律政调查员	1.2	1.2	1.0	0.2
农/林/牧/渔类	1.1	0.8	1.0	0.1
测绘	1.0	1.2	1.0	0.0
翻译	0.9	1.2	1.2	− 0.3
航空机械/电子	0.9	0.8	1.2	− 0.3
矿山/石油	0.7	0.6	0.6	0.1
公共关系	0.6	0.8	0.8	− 0.2
服装/纺织/皮革	0.5	0.6	0.6	− 0.1
美容/健身	0.5	0.6	0.4	0.1
冶金材料	0.4	0.2	0.4	0.0
船舶机械	0.1	0.2	0.2	− 0.1
宗教	0.1	0.0	0.0	0.1

＊表中显示数字均保留一位小数，因为四舍五入进位，加起来可能不等于100%。

数据来源：麦可思 – 中国2016—2018届大学生毕业生培养质量跟踪评价。

附录 2   2018 届本科毕业生就业量最大的前 50 位职业

单位:%

本科毕业生就业量最大的前 50 位职业名称	就业比例
文员	4.2
会计	3.7
小学教师	3.6
初中教师	2.9
银行柜员	2.8
计算机程序员	2.6
互联网开发人员	2.3
电子商务专员	2.0
出纳员	1.9
行政秘书和行政助理	1.8
高中教师	1.7
平面设计人员	1.6
护士	1.3
预算师	1.2
建筑技术人员	1.2
幼儿教师	1.1
审计人员	1.1
室内设计师	0.9
其他教师和讲员	0.9
编辑	0.9
房地产经纪人	0.8
人力资源助理	0.8
化学技术人员	0.8
计算机软件应用工程技术人员	0.8
电子工程技术人员	0.7
电气工程技术人员	0.7
土木建筑工程技术人员	0.7
其他种类的人力资源、培训和劳资关系专职人员	0.6

本科毕业生就业量最大的前50位职业名称	就业比例
招聘专职人员	0.6
医学和临床实验室技术人员	0.6
土木工程技术人员	0.6
税务专员	0.6
市场专员	0.5
其他工程技术人员（除绘图员）	0.5
其他从事教育、培训和图书馆工作的人员	0.5
机械工程技术人员	0.5
学前教育、幼儿园和小学等特殊教育教师	0.5
销售经理	0.5
法律职员	0.5
施工工程技术人员	0.5
采购员	0.5
计算机系统软件工程技术人员	0.5
翻译人员	0.5
其他工程技术人员	0.5
客服专员	0.5
内科医师	0.5
计算机技术支持人员	0.4
电厂操作人员	0.4
数据统计分析人员	0.4

数据来源：麦可思－中国2018届大学生毕业生培养质量跟踪评价。

附录 3　中华人民共和国职业教育法

中华人民共和国职业教育法

（1996 年 5 月 15 日第八届全国人民代表大会
常务委员会第十九次会议通过）

第一章　总　则

第一条　为了实施科教兴国战略，发展职业教育，提高劳动者素质，促进社会主义现代化建设，根据教育法和劳动法，制定本法。

第二条　本法适用于各级各类职业学校教育和各种形式的职业培训。国家机关实施的对国家机关工作人员的专门培训由法律、行政法规另行规定。

第三条　职业教育是国家教育事业的重要组成部分，是促进经济、社会发展和劳动就业的重要途径。

国家发展职业教育，推进职业教育改革，提高职业教育质量，建立、健全适应社会主义市场经济和社会进步需要的职业教育制度。

第四条　实施职业教育必须贯彻国家教育方针，对受教育者进行思想政治教育和职业道德教育，传授职业知识，培养职业技能，进行职业指导，全面提高受教育者的素质。

第五条　公民有依法接受职业教育的权利。

第六条　各级人民政府应当将发展职业教育纳入国民经济和社会发展规划。

行业组织和企业、事业组织应当依法履行实施职业教育的义务。

第七条　国家采取措施，发展农村职业教育，扶持少数民族地区、边远贫困地区职业教育的发展。

国家采取措施，帮助妇女接受职业教育，组织失业人员接受各种形式的职业教育，扶持残疾人职业教育的发展。

第八条　实施职业教育应当根据实际需要，同国家制定的职业分类和职业等级标准相适应，实行学历证书、培训证书和职业资格证书制度。

国家实行劳动者在就业前或者上岗前接受必要的职业教育的制度。

第九条　国家鼓励并组织职业教育的科学研究。

第十条　国家对在职业教育中作出显著成绩的单位和个人给予奖励。

第十一条　国务院教育行政部门负责职业教育工作的统筹规划、综合协调、宏观管理。

国务院教育行政部门、劳动行政部门和其他有关部门在国务院规定的职责范围内，分别负责有关的职业教育工作。

县级以上地方各级人民政府应当加强对本行政区域内职业教育工作的领导、统筹协调和督导评估。

第二章　职业教育体系

第十二条　国家根据不同地区的经济发展水平和教育普及程度，实施以初中后为重点的不同阶段的教育分流，建立、健全职业学校教育与职业培训并举，并与其他教育相互沟通、协调发展的职业教育体系。

第十三条　职业学校教育分为初等、中等、高等职业学校教育。

初等、中等职业学校教育分别由初等、中等职业学校实施；高等职业学校教育根据需要和条件由高等职业学校实施，或者由普通高等学校实施。其他学校按照教育行政部门的统筹规划，可以实施同层次的职业学校教育。

第十四条　职业培训包括从业前培训、转业培训、学徒培训、在岗培训、转岗培训及其他职业性培训，可以根据实际情况分为初级、中级、高级职业培训。

职业培训分别由相应的职业培训机构、职业学校实施。

其他学校或者教育机构可以根据办学能力，开展面向社会的、多种形式的职业培训。

第十五条 残疾人职业教育除由残疾人教育机构实施外，各级各类职业学校和职业培训机构及其他教育机构应当按照国家有关规定接纳残疾学生。

第十六条 普通中学可以因地制宜地开设职业教育的课程，或者根据实际需要适当增加职业教育的教学内容。

第三章 职业教育的实施

第十七条 县级以上地方各级人民政府应当举办发挥骨干和示范作用的职业学校、职业培训机构，对农村、企业、事业组织、社会团体、其他社会组织及公民个人依法举办的职业学校和职业培训机构给予指导和扶持。

第十八条 县级人民政府应当适应农村经济、科学技术、教育统筹发展的需要，举办多种形式的职业教育，开展实用技术的培训，促进农村职业教育的发展。

第十九条 政府主管部门、行业组织应当举办或者联合举办职业学校、职业培训机构，组织、协调、指导本行业的企业、事业组织举办职业学校、职业培训机构。

第二十条 企业应当根据本单位的实际，有计划地对本单位的职工和准备录用的人员实施职业教育。

企业可以单独举办或者联合举办职业学校、职业培训机构，也可以委托学校、职业培训机构对本单位的职工和准备录用的人员实施职业教育。

从事技术工种的职工，上岗前必须经过培训；从事特种作业的职工必须经过培训，并取得特种作业资格。

第二十一条 国家鼓励事业组织、社会团体、其他社会组织及公民个人按照国家有关规定举办职业学校、职业培训机构。

境外的组织和个人在中国境内举办职业学校、职业培训机构的办法，由国务院规定。

第二十二条 联合举办职业学校、职业培训机构，举办者应当签订联合办学合同。

政府主管部门、行业组织、企业、事业组织委托学校、职业培训机构实施职业教育的，应当签订委托合同。

　　第二十三条　职业学校、职业培训机构实施职业教育应当实行产教结合，为本地区经济建设服务，与企业密切联系，培养实用人才和熟练劳动者。

　　职业学校、职业培训机构可以举办与职业教育有关的企业或者实习场所。

　　第二十四条　职业学校的设立，必须符合下列基本条件：

　　（一）有组织机构和章程；

　　（二）有合格的教师；

　　（三）有符合规定标准的教学场所、与职业教育相适应的设施、设备；

　　（四）有必备的办学资金和稳定的经费来源。

　　职业培训机构的设立，必须符合下列基本条件：

　　（一）有组织机构和管理制度；

　　（二）有与培训任务相适应的教师和管理人员；

　　（三）有与进行培训相适应的场所、设施、设备；

　　（四）有相应的经费。

　　职业学校和职业培训机构的设立、变更和终止，应当按照国家有关规定执行。

　　第二十五条　接受职业学校教育的学生，经学校考核合格，按照国家有关规定，发给学历证书。接受职业培训的学生，经培训的职业学校或者职业培训机构考核合格，按照国家有关规定，发给培训证书。

　　学历证书、培训证书按照国家有关规定，作为职业学校、职业培训机构的毕业生、结业生从业的凭证。

第四章　职业教育的保障条件

　　第二十六条　国家鼓励通过多种渠道依法筹集发展职业教育的资金。

　　第二十七条　省、自治区、直辖市人民政府应当制定本地区职业学校学生人数平均经费标准；国务院有关部门应当会同国务院财政部门制定本部门职业学校学生人数平均经费标准。职业学校举办者应当按照学生人数平均经费标准足额拨付职业教育经费。

各级人民政府、国务院有关部门用于举办职业学校和职业培训机构的财政性经费应当逐步增长。

任何组织和个人不得挪用、克扣职业教育的经费。

第二十八条　企业应当承担对本单位的职工和准备录用的人员进行职业教育的费用，具体办法由国务院有关部门会同国务院财政部门或者由省、自治区、直辖市人民政府依法规定。

第二十九条　企业未按本法第二十条的规定实施职业教育的，县级以上地方人民政府应当责令改正；拒不改正的，可以收取企业应当承担的职业教育经费，用于本地区的职业教育。

第三十条　省、自治区、直辖市人民政府按照教育法的有关规定决定开征的用于教育的地方附加费，可以专项或者安排一定比例用于职业教育。

第三十一条　各级人民政府可以将农村科学技术开发、技术推广的经费，适当用于农村职业培训。

第三十二条　职业学校、职业培训机构可以对接受中等、高等职业学校教育和职业培训的学生适当收取学费，对经济困难的学生和残疾学生应当酌情减免。收费办法由省、自治区、直辖市人民政府规定。

国家支持企业、事业组织、社会团体、其他社会组织及公民个人按照国家有关规定设立职业教育奖学金、贷学金，奖励学习成绩优秀的学生或者资助经济困难的学生。

第三十三条　职业学校、职业培训机构举办企业和从事社会服务的收入应当主要用于发展职业教育。

第三十四条　国家鼓励金融机构运用信贷手段，扶持发展职业教育。

第三十五条　国家鼓励企业、事业组织、社会团体、其他社会组织及公民个人对职业教育捐资助学，鼓励境外的组织和个人对职业教育提供资助和捐赠。提供的资助和捐赠，必须用于职业教育。

第三十六条　县级以上各级人民政府和有关部门应当将职业教育教师的培养和培训工作纳入教师队伍建设规划，保证职业教育教师队伍适应职业教育发展的需要。

职业学校和职业培训机构可以聘请专业技术人员、有特殊技能的人员和其他教育机构的教师担任兼职教师。有关部门和单位应当提供方便。

第三十七条　国务院有关部门、县级以上地方各级人民政府以及举办职业学校、职业培训机构的组织、公民个人，应当加强职业教育生产实习基地的建设。

企业、事业组织应当接纳职业学校和职业培训机构的学生和教师实习；对上岗实习的，应当给予适当的劳动报酬。

第三十八条　县级以上各级人民政府和有关部门应当建立、健全职业教育服务体系，加强职业教育教材的编辑、出版和发行工作。

第五章　附　则

第三十九条　在职业教育活动中违反教育法规定的，应当依照教育法的有关规定给予处罚。

第四十条　本法自 1996 年 9 月 1 日起施行。

（摘自中央政府门户网站，网址：www. gov. cn）

第二章　职业生涯规划

大学生正处于职业的学习、准备和起步阶段。在此阶段中，大学生应该根据职业生涯的指导思想，遵循职业生涯规划的原则，寻求大学生生活与未来职业生涯的联系，充分认识职业生涯规划对大学生未来生活道路的影响和现实作用。

第一节　职业生涯规划及其现实意义

一　职业生涯与职业生涯规划

（一）职业生涯概述

1. 职业生涯概念

与职业不同，职业生涯是指人们一生的终身职业历程，也就是一个人连续从事的职业，担任的工作角色、工作职责和工作任务的发展道路。职业生涯不但包括过去、现在和将来可以实际观察到的职业发展的每个过程，而且还包括对职业生涯发展的见解和期待。

可以说，职业生涯是以心理、生理、智力、技巧、能力等潜能开发为基础，以工作内容的确定和变化，工作成绩的评估，工资待遇、职称、职务的变动为标志，以满足个人需求为目标的工作历程和内心体验的整个经历过程。职业生涯是人生中重要的历程之一，是个人自我实现的重要人生里程，对人生有着决定性的价值意义。

职业生涯是一个动态、漫长的过程。他可以遵循传统观念，在人的一生中只从事某一种职业，在这一职业中保持稳定的工作环境、平稳的职务晋升、工资待遇等来实现人生价值；也可以基于兴趣、爱好、能力、价值取向的变化而经历不同的职业岗位，体现不同职业的个性色彩。对于大多数人而言，人们还是向往稳定、适合自己爱好的职业。

2. 外职业生涯与内职业生涯

（1）外职业生涯

外职业生涯是指从业人员从事某一种职业的工作单位、时间、地点、角色、职责、内容、职务以及工资待遇、职称等部分因素的组成及其变化的过程。

外职业生涯可以通过个人名片、工资等项目体现出来。名片上表明从业人员的工作地点、工作单位、职务、职称等内容；工资单里表明从业人员所得的薪酬，包括基本工资、岗位工资、薪级工资、福利待遇等内容，这些就是外职业生涯的主要构成因素。

（2）内职业生涯

内职业生涯是从业人员从事某一种职业时的知识、技巧、能力、观点、经验、心理素质等部分因素的组成及其变化的过程。

内职业生涯中的各个因素，并非是通过个人名片、工资等项目体现出来，而是在工作过程中通过工作结果、日常表现、行为方式等表现出来。

外职业生涯的进展主要是由从业者本人来决定、给予与认可，也可以被他人给予否定、撤销、争夺。内职业生涯的发展主要依靠从业者本人的不断探求、不断摸索而获取，不随着外职业生涯的发展而自动具备条件，也不会因为外职业生涯的消失而流失。在职业生涯发展的过程中，起主要作用的是人的内职业生涯。

3. 职业锚

（1）职业锚的概念

职业锚理论产生于在职业生涯规划领域具有"教父"级地位的美国麻省理工学院斯隆商学院、美国著名的职业指导专家埃德加·H. 施恩（Edgar. H. Schein）教授领导的专门研究小组，是对该学院毕业生的职业生涯研究中演绎成的。斯隆管理学院的 44 名 MBA 毕业生，自愿形成一个小组接受施恩教授长达 12 年的职业生涯研究，包括面谈、跟踪调查、公司调查、人才测评、问卷等多种方式，最终分析总结出了职业锚（又称职业定位）理论。

所谓职业锚，又称职业系留点。锚，是使船只停泊定位用的铁制器具。职业锚，是指当一个人不得不做出选择的时候，他无论如何都不会放弃的职业中的那种至关重要的东西或价值观。实际就是人们选择和发展自己的职业时所围绕的中心。

职业锚，也是自我意向的一个习得部分。个人进入早期工作情境后，由习得的实际工作经验所决定，与在经验中自省的动机、价值观、才干相符合，达到自我满足和补偿的一种稳定的职业定位。职业锚强调个人能力、动机和价值观三方面的相互作用与整合。职业锚是个人同工作环境互动作用的产物，在实际工作中是不断调整的。

（2）职业锚的类型与理解

职业锚有技术/职能型、管理型、自主独立型、安全稳定型、创业型、服务型、挑战型、生活型等类型。

在了解职业锚的概念时，应该注意几个方面

第一，职业锚以员工习得的工作经验为基础。职业锚发生于早期职业阶段，新员工已经工作若干年，习得工作经验后，方能够选定自己稳定的长期贡献区。个人在面临各种各样的实际工作生活情境之前，不可能真切地了解自己的能力、动机和价值观以及在多大程度上适应可行的职业选择。因此，新员工的工作经验产生、演变和发展了职业锚。换句话说。职业锚在某种程度上有员工实际工作所决定，而不只是取决于潜在的才干和动机。

第二，职业锚不是员工根据各种测试出来的能力、才干或者作业动机、价值观，而是在工作实践中，依据自身和已被证明的才干、动机、需要和价值观，现实地选择和准确地进行职业定位。

第三，职业锚是员工自我发展过程中的动机、需要、价值观、能力相互作用和逐步整合的结果。

第四，员工个人及其职业不是固定不变的。职业锚，是个人稳定的职业贡献区和成长区。但是，这并不是意味着个人将停止变化和发展。员工以职业锚为其稳定源，可以获得该职业工作的进一步发展，以及个人生物社会生命周期和家庭生命周期的成长、变化。此外，职业锚本身也可能变化，员工在职业生涯的中、后期可能会根据变化了的情况，重新选定自己的职业锚。

（3）职业锚的个人开发及作用

①提高职业适应性

一般而言，新雇员经过认识、塑造、充实规划自我等诸多职前准备，经过一定的科学的职业选择，进入企业组织，这本身即代表了该雇员个人对所选择职业有一定的适合性。但是这种适合性，仅是初步的，是主观的认识、分析、判断和体验，尚未经过职业工作实践的验证。

职业适应性是职业活动实践中验证和发展了的适合性。每个人从事职业活动，总是处于一定的物质环境和心理环境之中，个人从事职业的态度，受到诸多主客观因素的影响，例如个人对工作的兴趣、价值观、技能、能力、客观的工作条件、福利情况，他人和组织对自己工作的认可及奖励情况，人际关系情况，以及家庭成员对本人职业工作的态度等。个人的职业适应性就是能尽快习惯、调适、认可这些因素，也就是雇员在组织的具体职业活动中，适职业工作性质、类型和工作条件，与个人需要和价值目标融合，使自身在职业工作生活中获得最大的满足。职业适应的结果能保证雇员个人在较长一段时间内从事某种职业活动，而且能保证雇员在职业活动中有较高的效率，有利于雇员个性的全面协调发展。因之，雇员由初入组织的主观职业适合，通过职业活动实践，转变为职业适应的过程，即是雇员搜寻职业锚或开发职业锚的过程。职业适应性是职业锚的准备或前提基础。

②借助组织的职业计划表，选定职业目标，发展职业角色形象

职业计划表是一张工作类别结构表，是将组织所设计的各项工作分门别类进行排列，形成一个较系统反映企业人力资源配给情况的图表。雇员应当借助职业计划表所列职工工作类别、职务升迁与变化途径，结合个人的需要与价值观，实事求是的选定自己的职业目标。一旦瞄准目标，就要根据目标工作职能及其对人员素质的要求有目的的进行自我培养和训练，使自己具备从事该项职业的充分条件，从而在组织内树立良好的职业角色形象。

职业角色形象，是雇员个人向组织及其工作群体的自我职业素质的全面展现，是组织或工作群体对个人关于职业素质的一种根本认识。职业角色形象构成主要有两大要素：一是职业道德思想素质，通过敬业精神、对本职工作热爱与否、事业心、责任心、工作态度、职业纪律、道德等来体现；而是职业工作能力素质，主要看雇员所具有的智力、知识、技能是否胜任本职工作。雇员个人应当从上述两个主要的基本构成要素入手，很好的塑造自己的职业角色性腺，为自己确定职业锚位创造条件，打好基础。

③培养和提高自我职业决策能力和决策技术

自我职业决策能力，是一种重要的职业能力。决策能力大小、决策正确与否，往往影响整个职业生涯发展乃至一生。在个人的职业发展过程中，特别是职业发展转折关头，例如首次择业、选定职业锚、重新择职等，具有强制职业决策能力和决策技术十分重要。所以，个人在选择、开发职业锚之时，必须着力培养和提高职业决策能力。

所谓自我职业决策能力，意指个人习得的用以顺利完成职业选择活动所需要的知识、技能及个性心理品质。具体到，要培养和提高个人如下几方面的职业决策能力：第一，善于搜集相关的职业资料和个人资料，并对这些资料进行正确的分析与评价；第二，制定职业决策计划与目标，独立承担和完成个人职业决策任务；第三，在实际决策过程中，不是犹豫不决、不知所措、优柔寡断，而是有主见性，能适时的、果断地做出正确决策；第四，能有效地实施职业决策，能够克服计划实施过程中的种种困难。

职业决策能力运用于实际的职业决策之时，需要讲究决策技术，掌握决策过程。首先，搜集、分析与评价各项相关职业资料及个人资料，这一工作即是几种职业选择途径的后果与可能性的分析和预测。其次，对个人预期职业目标及价值观进行探讨。个人究竟是怎样的职业价值倾向？由此决定的职业目标是什么？类似的问题并非每个人都十分清楚。现实当中，经常会发现价值观念不清、不确定的情况。所以，澄清、明确和肯定个人主观价值倾向与偏好当为首要，否则无法做出职业决策。最后，在上述两项工作的基础上，将主观愿望、需要、动机和条件，与客观职业需要进行匹配和综合平衡，经过权衡利弊得失，确定最适合、最有利、最佳的职业岗位。这一决策选择过程，是归并个人的自我意向，找到自己爱好的和擅长的东西，发展一种将带来满足和报偿的职业角色的过程。

（二）职业生涯规划

1. 职业生涯规划概念

职业生涯规划又称职业发展规划。是指个人结合自身情况、眼前的机遇及相关的制约因素，为自己确立职业方向、职业目标，选择职业道路，确定教育计划、发展规划等，为本人实现职业生涯规划目标而确立的行动时间、行动方向、行动方案。一般意义上的职业生涯规划是通过员工的工作评估和职业发展的设计，协调员工的个人需求和单位的需求，来实现个人与单位的共同成长与发展。

2. 职业生涯规划特征

（1）职业生涯规划的独特性

由于每个人的心理特点、价值观念、思维方式、行为定势不同，对他人的评价方式、职业规划的目标、选择职业的标准、对个人和社会关系的认识和所处的职业生涯阶段等都截然不同，所以，职业生涯规划自然就显现出独特性的特点。

（2）职业生涯规划的开放性

职业生涯规划无时无刻地与外界环境进行信息的交换，如从业者本人始终与自己的领导、平级、下属、家人、职业规划师等进行交流意见，听取他人的建议与想法，并在工作过程中发现、改进自己的工作方法与潜能。

（3）职业生涯规划的连续性

每一种职业都有其自身发展的周期，职业生涯规划在周期内也有其连续性特点，在此周期内有职称上的晋升、技能方面的熟练等，都体现了职业生涯规划连续性特点。

当然，职业生涯规划除以上主要特征外，职业生涯规划还具有时间性、空间性、社会性、发展性等。

二 职业生涯规划的意义

职业生涯规划的目的在于帮助个人按照自己的资历条件，从而实现个人目标，帮助个人真正了解自己，筹划未来，拟定人生的发展方向，依据主客观条件设计出合理、可行的自我职业生涯发展方向。职业生涯活动伴随人们的大部分工作与生活，因此，职业生涯规划具有特别重要的现实意义。

第一，职业生涯规划是适应时代需求，提高社会竞争的砝码。

当今社会是变革的时代，到处充满着激烈的竞争。物竞天择，适者生存早已成为市场经济中的基本规则之一。任何组织或个人，都希望在竞争的过程中崭露头角，都必须设计好自己的职业生涯规划，以显现其独特的优势与特点。

职业生涯规划要做好提前准备。个人在从业前要做到胸有成竹，不断提升自己的各项技能才能适应时代的需求，适应单位交给的各项工作内容和工作任务，在工作过程中有明确的工作方向与工作目标，不断提升自己的工作质量，这才能为做好各项准备工作，适应各项工作的需求。

职业生涯规划被用人单位器重。应聘人员做好自己的职业生涯规划，要清晰的认识和明确自己的工作目标，在后序的工作中才会大量的节省时间、精力与资金。好的职业生涯规划才会被用人单位所看好，因为单位通过职业生涯规划来了解从业人员的个人发展计划，以达到用好人才、留住人才，提高工作质量和工作效率，个人的职业生涯规划便成为社会竞争的重要条件之一。

有人认为，个人的成功要取决于自己的能力，再加之机遇的来临，因为能力可能不断地培养知识、提升技能、积累经验、自我反思，而机遇是客观存在的，个人不能控制机遇的到来，所以，提前做好自己的职业生涯规划能够让本人的机遇来临前，相对会抓得更多、更快、更准、更牢，效果也会更为明显，更为经济、更为科学。

第二，职业生涯规划是发掘自我潜能，增强个人实力的表现。

职业生涯规划可以引导从业者正确认识自身的个性特征、现有和潜在的资源优势，重新对自己的价值进行评估，在对自己进行综合分析的基础之上，寻找个人目标与现实之间的差距，进而发现新的或有潜力的职业机遇，不断提升职业竞争力，提升个人实力，实现职业目标与职业理想；

第三，职业生涯规划是发展个人目标，提升学生就业竞争力。

凡事"预则立，不预则废"，职业生涯规划要有计划性和目的性，不能盲目或无章法。特别对于将走向社会的大学生来说，只有在社会中寻求和争取到最适合自己的位置，才能发挥出自己的才能，才能充分获取相对优势的竞争力，提升自己的社会价值和人生价值。

第二节　职业生涯规划的分类及原则

职业生涯规划是对个人职业发展道路进行选择和设计的过程。了解职业生涯规划的内容、类型，对个人的职业发展有其现实的意义，职业生涯规划的原则使我们到在职业生涯规划的过程中，为一些职业规划的相关要点和准则作以指导。

一　职业生涯规划的内容

职业生涯规划的内容是在规划过程中形成文字性方案材料，便于理顺职业生涯规划的思路，提供操作引导，随时评估与修订。著名的职业生涯学研究者与培训师程社明博士提出，一个完整有效的职业生涯规划方案应该包括以下的十项内容。

（一）标题：包括姓名、规划年限、年龄跨度、起止时间。规划年限不分长短，可以是半年、三年、五年，甚至是二十年，视个人的具体情况而定。例如，×××三年职业生涯规划，2012年9月—2015年9月　20—23岁。

（二）确定职业目标和总体目标：即确立职业方向、阶段目标和总体目标。职业方向即从业方向，是对职业进行选择；阶段目标是职业生涯规划中各个时间段的分目标；总体目标即当前有预见性的最长远目标，也可称为在特定规划中的终极目标。

（三）社会环境分析结果：指对政治环境、经济环境、文化环境、法律环境、职业环境等社会外部环境的分析。

（四）行业分析结果：指对将要做从事的行业进行分析，包括对行业文化、发展领域、行业性质等的分析。

（五）自身条件及潜力测评结果：指对自己目前的状况分析和对自己发展潜能的展望。

（六）角色及其建议。指记录对自己职业生涯有一定影响的角色建议。

（七）目标分解与目标组合：分析制订、实现目标的主要影响因素，通过目标分解和目标组合的方法做出果断明确的目标选择。目标分解是依据观念、知识、能力、心理素质等方面的差距，将职业生涯规划中的远大目标分解成为有一定时间性、阶段性各个分目标；目标组合是将若干阶段性目标按照内在的逻辑关系组合起来，以达到更为有利的可操作性目标。

（八）成功的标准。即衡量成功的标准是什么。

（九）差距。结合自身对职业、行业与用人单位的分析，寻找与要求者之间的差距。

（十）实施方案：首先找出自身观念、知识、能力、心理素质等方面与实现目标要求之间的差距，然后制订具体方案逐步缩小差距从而实现各阶段目标。如在实施过程中，无法达到制定的目标或要求应该加以修正和调整。

职业生涯规划的十项内容之间是相互影响、相互促进的，这十项内容是将未来的理想转换为实现目标的具体步骤。可以说是层次分明、联系密切。

二　职业生涯规划的类型

依据职业规划的时间维度来讲，职业生涯规划一般分为四种类型，即：短期规划、中期规划、长期规划和人生规划四种类型。

（一）短期规划。短期规划是指 2 年以内的职业生涯规划。规划的主要目的是确定近期目标，制订近期应完成的任务计划。例如，计划在 2 年内熟悉工作单位的规章制度，熟悉单位职工的情况并融合到单位文化之中。

（二）中期规划。中期规划一般涉及 2—年的职业目标和任务，它是最常用的一种职业生涯规划。例如，大学毕业后打算做一名中学教师，完成相应的学业，获得一定的荣誉称号，并以此为目标参加培训等应采取的具体措施。

（三）长期规划。长期规划是指 5—0 年的规划设计，其目的主要是设定较长远的目标。例如，规划 35 岁时成为单位的处级领导，掌握较大的人权、财权以及为实现此目标应采取的具体措施。

（四）人生规划。人生规划是指对整个职业生涯的规划，时间跨度可达 40 年左右，其规划的主要目的是设定整个人生的发展目标。

从字面上讲，个人的职业生涯规划设计是从短期到中期，再到长期，直至整个人生规划，如同层层台阶，一步一步地发展。但在实际操作的过程中，时间跨度太长的规划由于环境、个人的变化而难以把握；而时间跨度太短的规划又没有太多的意义。所以，一般来说个人的职业生涯规划控制在 2—年内比较好。这样既便于根据实际情况设计可行性目标，又便于随时根据现实的反馈进行修订和调整。

三　职业生涯规划的原则

在做职业生涯规划设计时，既要考虑到未来面临职业的挑战性，又要考虑到现实性，在规划过程中要真诚面对、切合实际，特别是在制订的过程中要注意及时调整，加以更新。一般来说，职业生涯规划应注意以下原则：

（一）长期性原则。职业生涯规划一定要从长远着想，结合自身实际设计出一个明确的、有个性张扬的大方向规划，并紧紧围绕这个大的方向做出努力，最终获取成功。

（二）清晰性原则。职业生涯规划的目标措施要清晰、明确，实现目标的步骤要直截了当、一目了然。

（三）挑战性原则。目标与具体措施要具有一定的挑战性，不能仅保持其原来状况，要付出一定的努力，敢于挑战自己的目标，取得更大的成功。

（四）可行性原则。职业生涯规划要依据本人的特点、社会发展需求来制订，不要好高骛远，存有不着边际的想法。

（五）一致性原则。规划时的主要目标要与分目标保持一致，规划目标要与具体措施相吻合，主体目标下的分目标与各个发展目标保持一致。

（六）全程性原则：拟定职业生涯规划时必须考虑到生涯发展的整个历程，作全程的考虑。各具体规划与人生规划保持一致，做到持之以恒，避免各发展阶段人力资源的浪费。

职业生涯规划除具有以上原则外，还具有变动性原则、激励性原则、合作性原则、具体性原则、实际性原则、可评性原则等。

第三节 职业生涯规划的步骤及阶段

每个人都渴望成功，但并非都能如愿。了解自己、有坚定的奋斗目标，并按照情况的变化及时调整自己的计划，才有可能实现成功的愿望。这就需要进行职业生涯的自我规划。职业生涯规划的步骤是：

一 自我评估

自我评估包括对自己的兴趣、特长、性格的了解，也包括对自己的学识、技能、智商、情商的测试，以及对自己思维方式、思维方法、道德水准的评价等等。自我评估的目的，是认识自己、了解自己，从而对自己所适合的职业和职业生涯目标做出合理的抉择。

五个问题归零思考：

1　我是谁？

2　我想做什么？

3　我会做什么？

4　环境支持或允许我做什么？

5　我的职业与生活规划是什么？

二　职业生涯机会的评估

职业生涯机会的评估，主要是评估周边各种环境因素对自己职业生涯发展的影响。在制定个人的职业生涯规划时，要充分了解所处环境的特点、掌握职业环境的发展变化情况、明确自己在这个环境中的地位以及环境对自己提出的要求和创造的条件等。只有对环境因素充分了解和把握，才能做到在复杂的环境中避害趋利，使你的职业生涯规划具有实际意义。环境因素评估主要包括：组织环境、政治环境、社会环境、经济环境。

三　确定职业发展目标

俗话说："志不立，天下无可成之事。"立志是人生的起跑点，反映着一个人的理想、胸怀、情趣和价值观。在准确地对自己和环境做出评估之后，我们可以确定适合自己、有实现可能的职业发展目标。在确定职业发展目标时要注意自己性格、兴趣、特长与选定职业的比配，更重要的是考察自己所处的内外环境与职业目标是否相适应，不能妄自菲薄，也不能好高骛远。合理、可行的职业生涯目标的确立决定了职业发展中的行为和结果，是制定职业生涯规划的关键。

四　选择职业生涯发展路线

在职业目标确定后，向哪一路线发展，如是走技术路线，还是管理路线，是走技术＋管理即技术管理路线，还是先走技术路线、再走管理路线等，此时要做出选择。由于发展路线不同，对职业发展的要求也不同。因此，在职业生涯规划中，必须对发展路线做出抉择，以便及时调整自己的学习、工作以及各种行动措施，沿着预定的方向前进。

五　制定职业生涯行动计划与措施

在确定了职业生涯的终极目标并选定职业发展的路线后，行动便成了关键的环节。这里所指的行动，是指落实目标的具体措施，主要包括工作、培训、教育、轮岗等方面的措施。对应自己行动计划可将职业目标进行分解，即分解为短期目标、中期目标和长期目标，其中短期目标可分为日目标、周目标、月目标、年目标，中期目标一般为 3 至 5 年；长期目标为 5 至 10 年。分解后的目标有利于跟踪检查，同时可以根据环境变化制定和调整短期行动计划，并针对具体计划目标采取有效措施。职业生涯中的措施主要指为达成既定目标，在提高工作效率、学习知识、掌握技能、开发潜能等方面选用的方法。行动计划要对应相应的措施，要层层分解、具体落实，细致的计划与措施便于进行定时检查和及时调整。

第四节　影响职业生涯规划各种因素

大学生在制定自己的职业生涯规划过程中，应该充分考虑到自己的特点、职业与行业、社会的需要等因素，才能取得较好的效果。

一　自我因素

（一）自我认识

由于个人的职业欲望和职业梦想对职业发展规划产生一定的影响。所以本人应该根据自己的需求与心理动机，清楚地了解自己。自我认识与评价大体包括以下几项内容。

1. 对自己需求的认识。

2. 对自己动机的认识。

3. 对自己理想、信念及世界观的认识。

4. 对自己爱好的认识。

5. 对自己性格的认识。

6. 对自己能力的认识。

7. 对自己受教育和培训经历的认识。

8. 对自己参与社会工作经历的认识。

9. 对家庭背景和其他因素的考虑等。

（二）SWOT 分析法

SWOT 分析法又称为态势分析法，它是旧金山大学的管理学教授于 20 世纪 80 年代初提出来的，是最为著名、最为基本的一种分析方法。它是"优势（Strength）、劣势（Weakness）、机会（Opportunity）、威胁（Threat）。"四个英文字母的分别代表，一般情况下，优势和劣势从属于个体本身，而机会和威胁则更可能来自于外部环境。所以，当个人在评价生涯机会时，SWOT 分析法可以派上用场。

1. 优势

即组织机构的内部因素，具体包括：有利的竞争态势；充足的财政来源；良好的企业形象；技术力量；规模经济；产品质量；市场份额；成本优势；广告攻势等。针对大学生而言，是自己较为出色的方面，尤其是与竞争者相比，具有较强的优势。

2. 劣势

即组织机构的内部因素，具体包括：设备老化；管理混乱；缺少关键技术；研究开发落后；资金短缺；经营不善；产品积压；竞争力差等。就大学生而说，与竞争者相比存在欠缺之处，如不善言辞，交际能力较差等。

3. 机会

即组织机构的外部因素，具体包括：新产品；新市场；新需求；外国市场壁垒解除；竞争对手失误等。如大学生在学习期间获得某大企业在学校的"订单式培养"、到公司的实习机会；在工作阶段获得开发新产品、到外地办分厂、公司市场扩大需求市场部经理等机会。

4. 威胁

即组织机构的外部因素，具体包括：新的竞争对手；替代产品增多；市场紧缩；行业政策变化；经济衰退；客户偏好改变；突发事件等。就大学生来说，存在潜在危险的地方，如：专业不热门、就业竞争大、不喜欢自己的人来担任直接领导等。

二　职业因素

（一）产业结构的升级与职业变化

产业结构的变化对社会分工产生革命性的影响。伴随着产业技术与知识含量的增强，社会分工的基础从体力为主逐渐发展到以脑力（智力）为主。

从产业发展的历程来看，每一次产业的更迭，新出现的产业对原有产业的品质都会施以革命性的影响。例如，第二产业的兴起带来了农业的机械化，提升了农业生产效率，减轻了农业生产中的劳动强度；第三产业的兴起带来了农业技术革命和农工商一体化的农产品市场化；信息产业的兴起给农业、工业带来的是高科技、国际化的前景。

产业的发展对行业、职业的影响是较大的，一是可能使一些行业和职业消失；二是使继续存在的行业内涵（产品和服务的内容、技术内核）发生变化，导致行业的经营和岗位分工依据的变化，以及人员胜任工作要求的变化。

（二）对未来就业机会较多的职业

就业岗位的增加数额应是需要顶替的工作岗位数与新增工作岗位数之和。我国未来就业机会最多的行业是未来需要顶替的岗位（如职工退休、离职等）较多行业和新增工作岗位多的行业。

1. 世界职业未来发展趋势（20个主导行业）：

法庭会计师，广告业，文化艺术与娱乐，咨询业，教育，化学工程，交叉学科专家，医学，市场营销，计算机技术，通讯，执法，电子工程技术，金融，公共事业，社区医疗服务，信息与网络技术。

2. 我国发展势头最旺的行业考证（6大考证行业）：

项目管理师，人力资源管理师，电子商务师，心理咨询师，调酒师，调音师

3. 中国最有发展前景的行业（10大最旺行业）：

IT业，建筑房地产业，金融行业，汽车制造业，电信业，老年医疗保健品业，妇女儿童用品业，旅游休闲及相关产业，装潢业，饮食，娱乐与服务业。

（三）社会职业发展对学生择业影响

在生产力高度发展的情况下，社会分工也逐渐细化起来，特别是在经济进一步发展状态下，原有的人才结构类型已不相适应。除了原有的学术型、工程型、技能型人才之外，迫切需要数以万计的从事生产、管理第一线的技术型专门人才，这样就增加了技术型学生的就业机会。

目前，现代职业的更新速度在不断加快，这就需要毕业生转变就业观念，以发展的眼光看待就业问题，正确看待初次就业，寻找那些有潜力、有发展机会的职业，在工作中不断更新、丰富自己的知识，提升工作能力，做到面对变化的职业市场而游刃有余。

未来社会对职业的知识含量和技术含量的要求将不断增加，对职业劳动者的素质要求也越来越高，是否具备获得知识、运用知识和创新知识的能力，是现代社会中每个人在激烈的竞争环境中成败的关键。这就要求学生在学习过程中必须拓宽自己的知识面，提升素质，成为适应时代需要的多面性、专业性、复合型人才。

伴随着经济全球化和一体化，以及国际贸易的发展，国际劳务的转移也快速发展，从而产生了国际型人才的需要。现代职业的发展变化无疑会对学生择业产生较大的影响，因此对学生而言，无论是在校学习，还是面临求职择业，都要联系本人实际情况，充分考虑职业发展的趋势，这是极其重要的。

除此之外，外界的影响力、各种潜在的职业机会等都不同程度的影响每个人的职业选择。

三　环境因素

（一）社会环境

通过对环境的分析，使自己了解产业结构的发展、就业趋势、职业声望、就业政策、就业法规等因素，来选择符合未来社会发展的需要。社会环境因素是职业生涯规划的重要组成部分。主要包括以下几个方面：

1. 社会政策变化

了解社会政策的变化对自己的职业生涯规划是否有影响。作为一名大学生，不但了解社会政策，而且要有一定的预见性，及时调整自身以适应社会政策的各种变化。

2. 社会变迁规律

社会变迁对人的职业生涯规划有着较大的影响，例如知识经济是和信息化社会的进展。目前的信息行业、电信行业都是如日中天的行业，这些行业的发展正是由于社会信息化和知识快速发展的结果。在信息化不断发展进程中，必然会对各行各业产生较大的影响。

3. 社会价值取向

价值观会随着社会的不断发展与进步而发生不同程度的变化，进而会影响社会对人的认识和对职业的要求。有些职业可能现在还不被人们所接受，但在未来的发展空间却较大。如果想从事这方面的行业，在一定时期内对传统社会价值观要承受一定的压力。

4. 社会科学技术

科学技术的发展对理论的更新、观念的改变、思维的变革、技能的补充等都具有现实的意义，而这些都是职业生涯规划过程中不可缺少的主要因素。科学技术的发展，有时候直接决定着一个行业的成败与兴衰，认清科学技术的发展对不同行业可能产生的变化，对职业选择有较大的帮助。

（二）经济环境

经济环境对人的职业生涯发展的影响也较为重要。当经济发展非常景气时，政通人和，就业市场、就业渠道、薪资提高或职业发展的机会就会越来越大。反之，人的职业发展就会受到阻碍。对经济环境的把握可以通过以下几个方面：

1. 经济改革状况

我国的经济体制已经由计划经济转为社会主义市场经济，国家的有关政策的调整会对企业产生直接的影响。并且，伴随着经济改革的深入，任何经济状况的重大变革都可能影响中国整体经济和行业环境。

2. 经济发展速度

经济发展速度影响着行业的经营状况。目前中国正处于经济快发展的有利时期，这个时期为大学生提供了较好的就业环境。但是，由于地区的不同，经济发展的状况也存在不均衡的现象，东部沿海地区和中心城市，如北京、上海、深圳、广东、江苏、浙江、山东等省市对人才的需求量较多，中西部地区则相对少些。近年来，随着西部大开发、振兴东北老工业基地和中部地区的崛起，这些地方对人才的需求量越来越多。

3. 经济建设状况

经济建设状况直接影响着对人才的需求情况。例如，西部地区的经济建设的发展空间较大，尤其是在当前国家政策的扶持下，西部地区的经济将得到持续的发展。大学毕业生可以选择去西部地区，为西部地区的经济发展做出自己的贡献。

（三）教育环境

教育环境在大学生职业生涯过程中占有主要地位。首先是获得不同程度教育的人，在个人职业选择与被选择时，具有不同的能量；其次是人们所接受教育的专业、职业种类，对于其职业生涯有着决定性的影响。人们所接受的不同等级教育、所学的不同学科门类、所在的不同院校及其接受的不同的思想教育，会带来受教育者的不同思维模式与意识形态，从而使人们以不同的态度对待职业的选择与职业生涯的发展。

附录1　大学生学涯发展阶段

大学生学涯发展阶段

大一：新生定向与适应

1. 新生的适应

熟读学生手册；了解校内各种资源；参加各种新生培训（图书馆使用、管理制度的学习等）；了解专业培养计划，了解未来的主修科目、选修科目。

2. 大学学习的开始

了解社团；发展个人的社会支持系统；慢慢认识系里的教师、学校的咨询老师、行政人员。

3. 开始自我探索

开始思考所学科目与生涯发展之间的关系；熟悉学校的就业指导中心及其开展的与生涯发展相关的活动；开始观察自己在休闲生活、专业学习及社交方面的兴趣、技能与价值观。

4. 暑假

找一个感兴趣的工作进行实践或找3个感兴趣领域至少工作3年的人进行生涯人物访谈；慢慢觉察自己的兴趣、技能、性格、价值观。

大二：自我评量与探索

1. 继续自我探索

考虑参加生涯规划工作坊或团体辅导；考虑选修一门生涯规划课程；接受心理测验或职业能力测验；阅读有关生涯规划的书籍。

2. 设定学习目标

自己在大学的学习目标是什么？与未来的发展有何联系？与生涯辅导或咨询老师面谈；尽最大努力取得好成绩。

3. 继续人际探索

接触系里的老师、学校的行政人员、辅导人员、生涯顾问及学习兴趣领域的专家；扩大自己的社会支持系统；参与社团组织，发展领导能力。

4. 暑假

找一个兴趣领域内的工作实践；扩大知识领域与技能；积累工作经验。

大三：设定目标、接受现实考验

1. 继续职涯探索

多利用就业指导中心或生涯发展中心了解本专业学生的就业去向；多争取实习机会；参加职涯探索活动。

2. 设定生涯目标

发展自己的生涯计划；继续根据生涯目标选修相关课程；考验自己在兴趣领域内所具备的条件；按照课程的要求全力以赴。

3. 持续人际探索

接触系里的老师、学校的行政人员、辅导人员、生涯顾问及学习兴趣领域内的专家；参加社团活动。

4. 吸取谋职新知

参加有关职业能力训练的团队或工作坊，研习相关技能；考虑是否读研。

5. 暑假

继续找一个真正有兴趣的工作实习；设定若干职涯目标，开始准备简历。

大四：谋职、准备考研

1. 为生涯决策负责

高分通过学科要求；通过网络、招聘会等参加各类人才招聘活动；进行一系列的谋职准备；参加有关简历撰写、面谈技术、企业寻访等辅导或研习活动；通过人际网络，寻求非正式的就业渠道；学习生涯决策的技巧，学会权衡；学习如何"管理"生涯；

2. 走进职场前的准备

了解职场法则；学习职场素养和职场礼仪。

3. 暑假

谋职之路耗时、耗力、持久，寻求本院系、就业指导中心或生涯发展中心的支持。

附录2 霍兰德职业索引——职业兴趣代码与其相应的 职业对照表

R（实用型）：木匠、农民、操作X光的技师、工程师、飞机机械师、鱼类和野生动物专家、自动化技师、机械工（车工、钳工等）、电工、无线电报务员、火车司机、长途公共汽车司机、机械制图员、修理机器、电器师。

I（研究型）：气象学者、生物学者、天文学家、药剂师、动物学者、化学家、科学报刊编辑、地质学者、植物学者、物理学者、数学家、实验员、科研人员、科技作者。

A（艺术型）：室内装饰专家、图书管理专家、摄影师、音乐教师、作家、演员、记者、诗人、作曲家、编剧、雕刻家、漫画家。

S（社会型）：社会学者、导游、福利机构工作者、咨询人员、社会工作者、社会科学教师、学校领导、精神病工作者、公共保健护士。

E（企业型）：推销员、进货员、商品批发员、旅馆经理、饭店经理、广告宣传员、调度员、律师、政治家、零售商。

C（事务型）：记账员、会计、银行出纳、法庭速记员、成本估算员、税务员、核算员、打字员、办公室职员、统计员、计算机操作员、秘书。

下面介绍与你3个代号的职业兴趣类型一致的职业表，对照的方法如下：首先根据你的职业兴趣代号，在下表中找出相应的职业，例如你的职业兴趣代号是RIA，那么牙科技术人员、陶工等是适合你兴趣的职业。然后寻找与你职业兴趣代号相近的职业，如你的职业兴趣代号是RIA，那么，其他由这三个字母组合成的编号（入IRA、IAR、ARI等）对应的职业，也较适合你的兴趣。

RIA：牙科技术员、陶工、建筑设计员、模型工、细木工、制作链条人员。

RIS：厨师、林务员、跳水员、潜水员、染色员、电器修理、眼镜制作、电工、纺织机器装配工、服务员、装玻璃工人、发电厂工人、焊接工。

RIE；建筑和桥梁工程、环境工程、航空工程、公路工程、电力工程、信号工程、电话工程、一般机械工程、自动工程、矿业工程、海洋工程、交通工程技术人员、制图员、家政经济人员、计量员、农民、农场工人、农业机械操作、清洁工、无线电修理、汽车修理、手表修理、管工、线路装配工、工具仓库管理员。

RIC：船上工作人员、接待员、杂志保管员、牙医助手、制帽工、磨坊工、石匠、机器制造、机车（火车头）制造、农业机器装配、汽车装配工、缝纫机装配工、钟表装配和检验、电动器具装配、鞋匠、锁匠、货物检验员、电梯机修工、托儿所所长、钢琴调音员、装配工、印刷工、建筑钢铁工作、卡车司机。

RAI：手工雕刻、玻璃雕刻、制作模型人员、家具木工、制作皮革品、手工绣花、手工钩针纺织、排字工作、印刷工作、图画雕刻、装订工。

RSE：消防员、交通巡警、警察、门卫、理发师、房间清洁工、屠夫、锻工、开凿工人、管道安装工、出租汽车驾驶员、货物搬运工、送报员、勘探员、娱乐场所的服务员、起卸机操作工、灭害虫者、电梯操作工、厨房助手。

RSI：纺织工、编织工、农业学校教师、某些职业课程教师（诸如艺术、商业、技术、工艺课程）、雨衣上胶工。

REC：抄水表员、保姆、实验室动物饲养员、动物管理员。

REI：轮船船长、航海领航员、大副、试管实验员。RES：旅馆服务员、家畜饲养员、渔民、渔网修补工、水手长、收割机操作工、搬运行李工人、公园服务员、救生员、登山导游、火车工程技术员、建筑工作、铺轨工人。

RCI：测量员、勘测员、仪表操作者、农业工程技术、化学工程技师、民用工程技师、石油工程技师、资料室管理员、探矿工、煅烧工、烧窑工、矿工、保养工、磨床工、取样工、样品检验员、纺纱工、炮手、漂洗工、电焊工、锯木工、刨床工、制帽工、手工缝纫工、油漆工、染色工、按摩工、木匠、农民建筑工作、电影放映员、勘测员助手。

RCS：公共汽车驾驶员、一等水手、游泳池服务员、裁缝、建筑工作、石匠、烟囱修建工、混凝土工、电话修理工、爆炸手、邮递员、矿工、裱糊工人、纺纱工。

RCE：打井工、吊车驾驶员、农场工人、邮件分类员、铲车司机、拖拉机司机。

IAS：普通经济学家、农场经济学家、财政经济学家、国际贸易经济学家、实验心理学家、工程心理学家、心理学家、哲学家、内科医生、数学家。

IAR：人类学家、天文学家、化学家、物理学家、医学病理、动物标本剥制者、化石修复者、艺术品管理者。

ISE：营养学家、饮食顾问、火灾检查员、邮政服务检查员。

ISC：侦察员、电视播音室修理员、电视修理服务员、验尸室人员、编目录者、医学实验定技师、调查研究者。

ISR：水生生物学者，昆虫学者、微生物学家、配镜师、矫正视力者、细菌学家、牙科医生、骨科医生。

ISA：实验心理学家、普通心理学家、发展心理学家、教育心理学家、社会心理学家、临床心理学家、目标学家、皮肤病学家、精神病学家、妇产科医师、眼科医生、

五官科医生、医学实验室技术专家、民航医务人员、护士。

IES：细菌学家、生理学家、化学专家、地质专家、地理物理学专家、纺织技术专家、医院药剂师、工业药剂师、药房营业员。

IEC：档案保管员、保险统计员。

ICR：质量检验技术员、地质学技师、工程师、法官、图书馆技术辅导员、计算机操作员、医院听诊员、家禽检查员。

IRA：地理学家、地质学家、声学物理学家、矿物学家、古生物学家、石油学家、地震学家、声学物理学家、原子和分子物理学家、电学和磁学物理学家、气象学家、设计审核员、人口统计学家、数学统计学家、外科医生、城市规划家、气象员。

IRS：流体物理学家、物理海洋学家、等离子体物理学家、农业科学家、动物学家、食品科学家、园艺学家、植物学家、细菌学家、解剖学家、动物病理学家、作物病理学家、药物学家、生物化学家、生物物理学家、细胞生物学家、临床化学家、遗传学家、分子生物学家、质量控制工程师、地理学家、兽医、放射性治疗技师。

IRE：化验员、化学工程师、纺织工程师、食品技师、渔业技术专家、材料和测试工程师、电气工程师、土木工程师、航空工程师、行政

官员、冶金专家、原子核工程师、陶瓷工程师、地质工程师、电力工程量、口腔科医生、牙科医生。

IRC：飞机领航员、飞行员、物理实验室技师、文献检查员、农业技术专家、动植物技术专家、生物技师、油管检查员、工商业规划者、矿藏安全检查员、纺织品检验员、照相机修理者、工程技术员、编计算程序者、工具设计者、仪器维修工。

CRI：簿记员、会计、记时员、铸造机操作工、打字员、按键操作工、复印机操作工。

CRS：仓库保管员、档案管理员、缝纫工、讲述员、收款人。

CRE：标价员、实验室工作者、广告管理员、自动打字机操作员、电动机装配工、缝纫机操作工。

CIS：记账员、顾客服务员、报刊发行员、土地测量员、保险公司职员、会计师、估价员、邮政检查员、外贸检查员。

CIE：打字员、统计员、支票记录员、订货员、校对员、办公室工作人员。

CIR：校对员、工程职员、海底电报员、检修计划员、发扳员。

CSE：接待员、通讯员、电话接线员、卖票员、旅馆服务员、私人职员、商学教师、旅游办事员。

CSR：运货代理商、铁路职员、交通检查员、办公室通信员、薄记员、出纳员、银行财务职员。

CSA：秘书、图书管理员、办公室办事员。

CER：邮递员、数据处理员、办公室办事员。

CEI：推销员、经济分析家。

CES：银行会计、记账员、法人秘书、速记员、法院报告人。

ECI：银行行长、审计员、信用管理员、地产管理员、商业管理员。

ECS：信用办事员、保险人员、各类进货员、海关服务经理、售货员，购买员、会计。

ERI：建筑物管理员、工业工程师、农场管理员、护士长、农业经营管理人员。

ERS：仓库管理员、房屋管理员、货栈监督管理员。

ERC：邮政局长、渔船船长、机械操作领班、木工领班、瓦工领班、驾驶员领班。

EIR：科学、技术和有关周期出版物的管理员。

EIC：专利代理人、鉴定人、运输服务检查员、安全检查员、废品收购人员。

EIS：警官、侦察员、交通检验员、安全咨询员、合同管理者、商人。

EAS：法官、律师、公证人。

EAR：展览室管理员、舞台管理员、播音员、训兽员。

ESC：理发师、裁判员、政府行政管理员、财政管理员、I程管理员、职业病防治、售货员、商业经理、办公室主任、人事负责人、调度员。

ESR：家具售货员、书店售货员、公共汽车的驾驶员、日用品售货员、护士长、自然科学和工程的行政领导。

ESI：博物馆管理员、图书馆管理员、古迹管理员、饮食业经理、地区安全服务管理员、技术服务咨询者、超级市场管理员、零售商品店店员、批发商、出租汽车服务站调度。

ESA：博物馆馆长、报刊管理员、音乐器材售货员、广告商售画营业员、导游、（轮船或班机上的）事务长、飞机上的服务员、船员、法官、律师。

ASE：戏剧导演、舞蹈教师、广告撰稿人，报刊、专栏作者、记者、演员、英语翻译。

ASI：音乐教师、乐器教师、美术教师、管弦乐指挥，合唱队指挥、歌星、演奏家、哲学家、作家、广告经理、时装模特。

AER：新闻摄影师、电视摄影师、艺术指导、录音指导、丑角演员、魔术师、木偶戏演员、骑士、跳水员。

AEI：音乐指挥、舞台指导、电影导演。

AES：流行歌手、舞蹈演员、电影导演、广播节目主持人、舞蹈教师、口技表演者、喜剧演员、模特。

AIS：画家、剧作家、编辑、评论家、时装艺术大师、新闻摄影师、男演员、文学作者。

AIE：花匠、皮衣设计师、工业产品设计师、剪影艺术家、复制雕刻品大师。

AIR：建筑师、画家、摄影师、绘图员、环境美化工、雕刻家、包装设计师、陶器设计师、绣花工、漫画工。

SEC：社会活动家、退伍军人服务官员、工商会事务代表、教育咨询者、宿舍管理员、旅馆经理、饮食服务管理员。

SER：体育教练、游泳指导。

SEI：大学校长、学院院长、医院行政管理员、历史学家、家政经济学家、职业学校教师、资料员。

SEA：娱乐活动管理员、国外服务办事员、社会服务助理、一般咨询者、宗教教育工作者。

SCE：部长助理、福利机构职员、生产协调人、环境卫生管理人员、戏院经理、餐馆经理、售票员。

SRI：外科医师助手、医院服务员。

SRE：体育教师、职业病治疗者、体育教练、专业运动员、房管员、儿童家庭教师、警察、引座员、传达员、保姆。

SRC：护理员、护理助理、医院勤杂工、理发师、学校儿童服务人员。

SIA：社会学家、心理咨询者、学校心理学家、政治科学家、大学或学院的系主任、大学或学院的教育学教师、大学农业教师、大学工程和建筑课程的教师、大学法律教师、大学数学、医学、物理、社会科学和生命科学的教师、研究生助教、成人教育教师。

SIE：营养学家、饮食学家、海关检查员、安全检查员、税务稽查员、校长。

SIC：描图员、兽医助手、诊所助理、体检检查员、监督缓刑犯的工作者、娱乐指导者、咨询人员、社会科学教师。

SIR：理疗员、救护队工作人员、手足病医生、职业病治疗助手。

附录3　自我管理技能词汇表

自我管理技能词汇表

圈出你相信自己确实拥有的任何适应性技能。在每个适应性技能后面都有一个同义词。如果某个同义词更适合你，也请把它圈出来。大多数适应性技能都用形容词或副词来表达。

学术性强的—勤学的，博学的	机敏的—警戒的，警惕的，警觉的
精确的—准确的，正确的	野心勃勃的—有抱负的，毅然决然的
活跃的—活泼的，精力充沛的，	好分析的—逻辑的，批判的
适合的—灵活的，适应的	感谢的—感激的，感恩的
精通的—娴熟的，内行的，熟练的	能说会道的—善于表达的，擅长辞令的
胆大的—勇敢的，冒险的	艺术的—美学的，优美的
攻击性强的—强有力的，好斗的	随和的—放松的，随意的
坚持己见的—强调的，坚持的	有效的—多产的，有说服力的
健壮的—强壮的，肌肉发达的	有效率的—省力的，省时的
留心（细节）的—观察敏锐的	雄辩的—鼓舞人心的，精神饱满的
吸引人的—漂亮的，英俊的	有感情的—感动的，多愁善感的
平衡的—公平的，公正的，无私的	同情的—理解的，关心的
心胸开阔的—宽容的，开明的	着重的—强调的，有力的，有把握的
有条理的—有效率的，勤勉的	精力充沛的—活泼的，活跃的，有生气的
平静的—沉着的，不动摇的，镇定的	进取的—冒险的，努力的
正直的—直率的，坦率的，真诚	热情的—热切的，热烈的，兴奋的
有能力的—有竞争力的，内行的，技艺精湛的	博学的—消息灵通的，有文化修养的
仔细的—谨慎的，小心的	康慨的—乐善好施的，仁慈的

续表

喜悦的——高兴的，快乐的，	欢快的讲道德的—体面的，有德行的，道德
清楚的—明白的，明确的，	确切的富于表现力的—生动的，有力的
聪明的—伶俐的，敏锐的，敏捷的	公平的—无私的，无偏见的
有能力的—熟练的，高效的	有远见的—明智的，有预见的
竞争的—好斗的，努力奋争的	流行的—时髦的，走俏的，现行的
有信心的—自信的，有把握的	坚定的—不动摇的，稳定的，不屈不挠的
志趣相投的—愉快的，融洽的	灵活的—适应性强的，易调教的
认真的—可靠的，负责的	有力的—强大的，强壮的
考虑周到的—体贴的，亲切的	合礼仪的—适当的，有礼貌的，冷静的
前后一致的—稳定的，有规律的，恒定不变的	朴素的—节俭的，节省的，节约的
常规的——传统的，认可的	大方的—慷慨的，无私的，乐善好施的
合作的—同意的，一致的	亲切的—真诚的，友好的，和蔼的
有勇气的—勇敢的，无畏的，英勇的	温和的—好心的，温柔的，有同情心的
周到的—有礼貌的，彬彬有礼，尊敬的	乐群的—爱交际的，友好的
有创造性的—新颖的，有创意的	吃苦耐劳的—坚强的，坚忍不拔的
好奇的—好问的，爱探究的	健康的—精力充沛的，强壮的，健壮的
果断的—坚决的，坚定的，明确的	有帮助的—建设性的，有用的
慎重的——小心的，审慎	诚实的—真诚的，坦率的
微妙的—机智的，敏感的	有希望的—乐观的，鼓舞人心的
民主的—平等的，公平的，平衡的	幽默的—诙谐的，滑稽的，可笑的
感情外露的—富于表情的，易动感情的	富有想象力的—有创造性的，有创意的
可靠的—令人信任的，可信赖的	独立的—自立的，自由的
坚决的—坚定的，果敢的	勤奋的—努力的，忙碌的
灵巧的—灵活的，敏捷的，机敏的	有知识的—学者气质的，大脑的
婉转得体的——机智的，文雅的，精明的	智慧的—聪明的，见识广的，敏锐的
谨慎的—小心的，精明的	特意地—有目的的，故意的
独特的—唯一的，个性化的	明智的—聪明的，有判断力的，冷静的
占统治地位的—发号施令的，权威的	善良的—好心的，仁慈的
有文化的—博学的，诗意的，	好学的逻辑性强的—理智的，有条理的
拘谨的—矜持的，客气的	忠诚的—真诚的，忠实的，坚定的
负责的—充分考虑的，成熟的，可靠的	有条理的—系统的，整洁的，精确的

续表

反应灵敏的—活泼的，能接纳的	小心翼翼地—精确的，完美主义的
自发的—首创的，足智多谋的	谦虚的—谦逊的，简朴的，朴素的
敏感的—易受影响的，敏锐的	有益于成长的—有帮助的，支持的
严肃的—冷静的，认真的，坚决的	观察敏锐的—专注的，留心的，警觉的
精明的—机敏的，爱算计的，机警的	头脑开放的—接纳的，客观的
真诚的—诚恳的，可信的，诚挚的	有秩序的—整洁的，训练有素的，整齐的
交际的—随和的，亲切的	独创的—创造性的，罕有的
自发的—冲动的，本能的	随和的—友好的，好交际的，温暖的
稳定的—坚固的，稳固的，可靠的	充满热情的—狂喜的，强烈的，热心的
高大结实的—强有力的，强健的，肌肉发达的	成功的—有成就的，证据确凿的
耐心的—坚定不移的，毫无怨言的	同情的—仁慈的，温暖的，善良的
平和的—宁静的，平静的，安静的	有策略的—考虑周详的，慎重的
敏锐的—有洞察力的，有辨识力的	顽强的—坚持的，坚定的
坚持的—持久的，持续的	理论性强的—抽象的，学术
有说服力的—令人信服的，有影响力的	完全的—彻底的，全部的
爱玩耍的—有趣的，快乐的	深思熟虑的—沉思的，慎重的
泰然自若的—自制的，镇静的	宽容的—仁慈的，宽大的
礼貌的—尊敬的，文明的，恰当的	坚强的—不动摇的，坚定的
积极的—有远见的，坚定的	值得信赖的—可靠的，可信赖的
实用的—有用的，实际的	真诚的—诚实的，实际的，精确的
精确的—详细的，明确的，准确的	善解人意的—了解的，理解的
多产的—硕果累累的，丰富的	保护的—警戒的，防御的
文雅的—文明的，有修养的	智慧的—明智的，仔细的，聪明的
爱说话的—爱发表意见的，善于表达的	准时的—守时的，稳定的，及时的
有目的的—下定决心的，有意地	多才多艺的—多技能的，手巧的
快速的—敏捷的，迅速的，灵活的，轻快的	精力旺盛的—生机盎然的，充满活力的
安静的—无声的，沉默的，宁静的	有德行的—好的，道德的，模范的
容光焕发的—明亮的，热情洋溢的，光彩夺目的	活泼的—活跃的，快活的
理性的—健全的，合理的，符合逻辑的	志愿的—自由的，非强迫的
现实的—自然的，真实的	温暖的—充满爱意的，慈爱的，友善的
合理的—合逻辑的，有根据的	迷人的—有魅力的，令人、愉快的
沉思的—爱思考的，深思熟虑的、	热心的—热情的，热切的，热烈的
可靠的—可信赖的，值得信赖的	

附录 4   影响职业决策的因素

影响职业决策的因素

这个练习的目的是确定哪些因素会影响你做出决定，以及这些因素之间是否存在某种规律性。参考"反思个人决策风格"活动中你所写下的 3 个已经做出的重大决定，然后按下表指出哪一个因素影响你的决定，影响的程度有多大？

外部因素	轻微影响	中度影响	强烈影响
家庭成员的期望			
家庭责任			
文化歧视的规条			
性别歧视的规条			
生存需要			
其他因素（具体说明）			
内部因素	轻微影响	中度影响	强烈影响
缺乏自信			
对变化的恐惧			
害怕做出错误决定			
害怕失败			
害怕嘲笑			
其他因素（具体说明）			

附录 5 某学生职业生涯设计方案

赢在起点 决胜未来
——我的职业生涯规划

（沈阳师范大学文学院新闻系 2008 级学生 滕××）

引言

汪国真曾经说过——没有比脚更远的路，没有比人更高的山。

人类是伟大的，是无所不能的。

人，应当学会成长，更应当及时发现自己成长的路径是有迹可循的。

正确的职业人生规划能帮助我们明晰目标，有的放矢。

我的基本信息

1. 参赛者姓名：滕××

2. 性别：女

3. 学院名称：文学院

4. 专业：新闻学

5. 班级：08 级 7 班

6. 联系电话：1388935 * * * *

7. 电子邮件地址：tengyihui××××@163.com

第一章 自我认知

一 成长经历

（一）坚定理想，努力向前

1. 沈阳师范大学阳光直播室优秀站员。

2. 沈阳师范大学 2008－2009 年度两优两先个人。

3. 沈阳师范大学 2008－2009、2009－2010 优秀学生、优秀学生干部。

4. 文学院 2008－2009、年度优秀宣传委。

（二）享受学习，学生骨干

1. 文学院 2008－2009 年度新闻系学习一等奖学金。

2. 文学院 2008－2009、2009－2010 年度德育奖学金。

3. 大一学年，综合排名第二，智育排名第二，平均学分绩点 3.5，德育排名第二，文体排名第五。

4. 大二学年综合排名第一，智育排名第三，平均学分绩点 3.4，德育排名第二，文体排名第三。

（三）多才多艺，充实生活

1. 沈阳师范大学第七届社团文化节才艺体验大赛获一等奖。

2. 沈阳师范大学第七届社团文化节数独比赛获三等奖。

3. 沈阳师范大学文学院第五届新闻模拟采访大赛中，获"最佳表演奖"。

4. 沈阳师范大学"闯世界 创事业"大学生创业设计大赛获"优秀个人"奖。

5. 沈阳师范大学"闯世界 创事业"大学生创业设计大赛团队作品获得一等奖。

6. 祖国 60 周年华美篇章大好河山摄影比赛中荣获三等奖。

7. 沈阳师范大学心理活动月征文三等奖

8. 沈阳师范大学心理活动月心理知识竞赛团体三等奖。

9. 文学院 2009－2010 年度文体奖学金、社会贡献奖学金。

（四）走入大学，从容不迫

1. 大一担任班级宣传委员一职，负责配合班级团支书，做好各项团委工作，并连任至今。

2. 大一上半学年担任阳光直播室播音部播音员，先后主播《阳光旅行社》，《新闻泡泡堂》，《伊人风尚》等栏目，并代表沈阳师范大学与辽宁高校广播联盟的其他播音员一起主持由沈阳广播电台办起的网络电台节目。

3. 大一上学年担任院学生会文艺部的后备力量，在学姐的带领下，参与举办各种院级晚会及组织各项文体活动。

4. 大一下半学年担任沈阳师范大学校社团联合会协会活动事务部委员，参与举办校级文艺晚会，并兼任院学生会办公室干事，做好各项学生会工作的传达工作，发挥自己的纽带作用。

5. 现任文学院第七届学生会副主席，兼任阳光直播室办公室主任一职。

6. 任2010级新生助理辅导员，做好各项助理工作，并且与2010级弟弟妹妹相处融洽。

二　他人评价

评价类别	优　点	缺　点	备注
家人评价	懂事，自信，大方，自理能力比较强	做事动作有点急躁	
老师评价	多才多艺，能力强，态度谦虚，善于学习他人优点	精力有限，所以要学会找到平衡点	
长辈评价	很懂礼貌，非常有涵养，气质很好，聪明	避免浮躁，做事应该更谨慎	
同学评价	多才多艺，做事有斗志，为人和气，讨人喜欢	大大咧咧	
好友评价	睿智风趣，平易近人，为人处事很大气，善解人意	有时有点急躁，但是还是能马上冷静下来	

三　职业测评报告

（一）霍兰德职业价格能力测验（HLD）测试

职业兴趣是兴趣在职业选择活动方面的表现，不同的人在职业兴趣上有很大差异，兴趣是产生工作动力的一个源泉，人们之间的职业兴趣倾向差异会影响其工作成效：

技能倾向：喜欢现实性的、实在的工作，如机械维修，木匠活，烹饪，电气技术等也称"体能倾向"、"机械倾向"。这类人通常具有机械技能和体力，喜欢户外工作，乐于使用各种工具和机器设备，喜欢与事务而不是与人打交道的工作。他们真诚、谦逊、敏感、务实、朴素、节俭、腼腆。

研究倾向：喜欢各种研究性工作，如医师，实验室研究人员，产品检查员等。这类人通常具有较高的教学和科学研究能力，喜欢独立工作，喜欢解决问题；喜欢同观念而不是同人或事务打交道。他们逻辑性强，好奇、聪明、仔细、独立、安详、俭朴。

艺术倾向：喜欢艺术性的工作，如音乐，舞蹈，唱歌等。这种取向类型的人往往具有某些艺术技能，喜欢创造性的工作，富于想象力。这类人通常喜欢同观念而不是事务打交道的工作。他们较开放、好想象、独立、有创造性。

社会倾向：喜欢社会交往性工作，如教师，咨询顾问，护士等。这类人通常喜欢周围有别人存在，这种人对别人的事很有兴趣，乐于帮助别人解决问题。喜欢与人而不是与事务打交道的工作。他们助人为乐，有责任心，热情，善于合作，富于理想，友好，善良，慷慨，耐心。

企业倾向：喜欢诸如推销、服务、管理类型的工作。这类人通常具有领导才能和口才，对金钱和权利感兴趣，喜欢影响、控制别人。这种人喜欢同人和观念而不是事务打交道的工作。他们爱户外交际、冒险、精力充沛，乐观，和蔼、细心、抱负心强。

事务倾向：喜欢传统性的工作，如记账，秘书，办事员，以及测算等工作。这种人有很好的数学和计算能力，喜欢室内工作，乐于整理、安排事务。他们往往喜欢同文字、数字打交道的工作，比较顺从、务实、细心、节俭、做事利索、很有条理、有耐性。

（二）职业兴趣类型解析（艺术研究型）

十分热衷与艺术性强、社交性强的活动，对人和观念性对象都有兴趣，喜欢有艺术色彩和人情味浓的事物、活动；往往在工作和生活中具有热情、开放、外向等特点，喜欢与人交往，注重人际关系，乐于帮助他人。

在管理方面，注重个人优势的表现，有唯美倾向，以积极的心态进行人际交往和合作，关心他人，善于体察上级和下属的情感反应、思想变化及其他方面的细节，能够体会并理解上下级的感受。关心团队氛围的建设和维系，强调促进集体的凝聚力和向心力；不喜欢陷入具体事务的安排和严格化的监督，不太注重树立务实感。

所适宜的工作环境：要求与人交往的社会性活动，对人际敏感要求较高的工作，工作角色与职能有一定的可塑性和灵活性，但制度化约束及工作常规性、刻板性不宜过高。

第二章　职业认知

一　社会环境分析

根据对学生做的就业心生不再态问卷调查，学生们已经不再挑三拣四。85%的毕业生不再要求专业对口，只要工作有一定的专业性；以前85.5%的学生要求工作地点在沈阳、大连、鞍山等几大城市，现在只有12%的学生有此要求；薪酬要求也从 3000 – 5000 元降级到 2000 – 3000 元。

——摘自《信息时报》一篇 2009 高校毕业生就业报道

从上述报道中我们可以看出，总体高校毕业生的形势一年比一年严峻。

编辑业的未来发展趋势：随着人民生活水平的提高，人们开始更注重精神资料方面的消费，我国的新闻出版业和广播电视业也快速发展，对编辑人才的需求逐年递增。虽然互联网已经渐渐在人们的家庭中普及，传统的报刊杂志虽受到一定的市场冲击，但随着国家经济的发展、人民生活水平的提高以及文化消费的多层次化，新兴的报刊杂志纷纷涌现，对于辽宁省来说，报刊杂志也是一个典型的朝阳事业，未来发展前景很好。

二　学校环境分析

我的学校——我所就读的沈阳师范大学是一所涵盖文理工管法等八大门类的多科性大学。建校 59 年，为国家培养了近 7 万名毕业生，大都受到用人单位的好评。

我的专业——新闻专业培养具有系统的新闻理论知识与技能、从事编辑、记者与管理工作的新闻高级专门人才。这也是我相对于非专业对口的其他人的一个优势。

三　家庭环境分析

（一）家庭经济——家庭经济普通，爸爸妈妈都是公务员，共产党员，主要经济来源就是工资，正常的小康家庭，主要支出就是供我上学，但是我也会努力学习，获得奖学金，并寻找兼职工作，增加自己的社会阅历。

（二）家庭环境——家庭和睦，家庭关系和谐。爸爸每天都有看书看报的好习惯，妈妈是教师，每天都会备课、学习。爸爸妈妈还会经常给我讲一些社会冷暖的故事，让我提前感知社会。家庭学习氛围良好。

（三）家庭期望——家人及亲戚朋友对我的期望都较高，希望我在学校能好好学习，夯实专业基础知识；而我也是这样做的。毕业后能找到一份稳定且压力不大的工作，有固定的收入；能带给家人幸福。我在工作领域取得的成绩能使他们感到自豪。

（四）家族影响——爸爸妈妈都是公务员，天性乐观派，思想开放，容易接受新事物，且每天都有学习看书看报的习惯。这样和谐的家庭可以使我没有后顾之忧，去发挥自己最大的优势去追寻梦想。爸爸妈妈有一定的社会地位他们也成为我的榜样，并且能给我就业提供一定的帮助与支持，但我更会依靠自身的努力。

四　区域环境分析

我是一个渴望独立自由但不得不依赖身边人的女孩，相对喜欢较稳定的工作环境。综合考虑我的个性特征以及家庭环境、人脉关系以及工作环境的文化市场，我把辽宁省作为我的目标地域，尤其是沈阳。

沈阳，是辽宁省省会，中国十大城市之一，东北地区最大的国际大都市，东北地区政治，金融，文化，交通，信息和旅游中心。沈阳市的文化建设起步较晚，自改革开放以来，沈阳的报刊杂志业如雨后春笋般飞快地发展。1997 年，对全省发行的战略进行调整，新闻主攻沈阳，发行主打沈阳；推出"辽宁新闻联网"版，先后创立了《沈阳晚报》、《沈阳日报》、《辽宁日报》、《辽沈晚报》、《华商晨报》、《辽宁经济日报》、《职工快报》、《沈阳今报》等。目前沈阳报业市场上综合性日报号称的发行总量约 200 万份，平面媒体的广告总量在 5—6 个亿，所以说，沈阳有着相对较好的就业环境。

第三章　职业定位

个人 SWOT 解析

优势：专业基础扎实，学习成绩优秀，综合测评排名能保持在班上前两名。知识面广，文史哲知识丰富，文字功底扎实。责任心强，做事务实，能专心地去完成感兴趣的事，并能尽力把它做到最好。思想开放，对自己感兴趣的新事物、新思想有较强的接收能力及领悟能力。有较强的组织能力和沟通能力，并且有较好的新闻敏感度，并且对于突发事件，有一定的处理能力。自信、做事目标明确、措施具体，能按计划、按要求一步一步谨慎的按时完成工作。

劣势：理科知识相对欠缺，对抽象事务理解能力较弱，对与学术方向理解能力较弱。有时比较情绪化，性格比较急躁，影响自己的工作和生活的状态，但是短时间内能自我调整好。作风凌厉，显得过于自负、强势。做事有时对于自己不感兴趣的事情惰性较大。有时比较固执，对于自己认准的事情，不善于接纳他人意见。缺少实习经验。

机遇：毕业前，各种专业知识的学习，进行自我加工，使自己新闻功底深厚。毕业前，学院安排到各大报刊实习的机会，抓住机遇，丰富自己实践经验。在校广播站，作为采编播一体的播音员，培养自己的实战能力，培养新闻敏感性。传媒业的发展态势良好，越来越多的报刊杂志社如雨后春笋涌现在大中城市。随着经济的发展，越来越追求精神文化、文化消费在未来将会更加突出，文化支出占人们越来越大的比重。

风险：个人在大学期间，走入社会的机会很少，实践经验缺乏，如果大学毕业，直接走入社会，可能会出现不适应的现象。高校的扩招和毕业生人数的逐年增加，毕业生的就业压力和竞争压力逐年增大。用人单位要求越来越高，注重毕业生的学校品牌及自身实力。如今，各大杂志社和报社并不看重科班出身，科班出身是共性，更注重的是个性的选择，更加注重专业特长，专业分项。

第四章　计划实施

一　近期计划（2010 - 2012）

目标：取得文学学士学位，成为沈阳师范大学优秀毕业生。

时间	目标及实现目标的具体措施	备注
2010 年 10 月至 2011 年 1 月	参加及准备沈阳师范大学大学生职业生涯规划大赛 备考英语六级 背完英语六级词汇，并做一定的六级习题 备考并参加普通话水平测试考试，取得二乙或一乙以上普通话水平 考英语六级，努力通过英语六级考试 备考期末考试，并在期末考试中保持原有系里排名靠前 寒假期间已经报名北京新东方英语加强班，学习英语，加强英语口语的表达能力	
2011 年 2 月	加强钢琴的学习，练熟 2 - 3 首名曲 继续提高英语口语能力和听力能力 在家本地电台或电视台做实习生，加强实践经验	
2011 年 3 月至 2011 年 7 月	开学后着手开始新一学期的学习；争取成为预备党员；准备第八届学生会换届工作，站好最后一班岗；卸下学生会工作，以平常心态对待学习和生活；寻找短期实习机会，并且积极向沈阳各大报纸投稿，积累经验加强自己的摄影技术；多拍摄一些新闻和纪实图片，积累摄影方面的经验；借着气候好的时候，在课余时间，多走出学校，拍一些新闻纪实片，学习会声会影、audition 等视频、声音软件的使用。	
2011 年 8 月	暑假在本地某报刊杂志社、电台、电视台实习，并把自己在学校所积累的写作、摄影、剪片的技术应用到实践当中	
2011 年 9 月至 2012 年 6 月	参加学院组织的集体实习，积累自己的实践经验，如果有精力，加强编辑方面的理论知识，做到理论实践两手抓，相结合，在正式参加工作之前做好最后的武装	
	大学毕业，取得文学学士学位，成为沈阳师范大学优秀毕业生	

二　中期目标（2012－2015）

目标：优秀的助理编辑，月薪不低于 1000 元/月。

时间	目标及实现目标的具体措施	备注
2012 年	毕业后，到自己实习过的报社、杂志社应聘，凭借着良好印象和过硬的理论知识以及熟练地实践技能，获得助理编辑一职。	
2013 年至 2015 年	工作时虚心向有经验者学习，做事积极主动，尽早熟悉所在报刊杂志社或出版社的风格主旨、运作流程、相关只对等 一丝不苟工作，发挥在大学学生会工作的特长，与同事和两道保持良好关系业余时间勤于练笔，积极扩展编辑业务知识的同时，继续保持较强的学习能力，博览群书，为向记者转变做好准备。保证自己在一些报刊杂志上的发稿数量及质量，争取在一些知名报刊杂志上发表相关论文。与先关作者保持联系，挖掘、稳定自己的作者队伍，保持并具有自己的关系网，为以后成为记者及编辑做好铺垫。 与热心读者保持联系，及时发现和纠正工作错误，积极听取他们的建议。	

三　长期目标（2015－2025）

在 2015 年研究生毕业半年后，即 2015 年前后，能担任编辑的工作，职场一切步入正轨。按照既定目标凭借自身的工作经验及工作能力，较强的人脉关系，2020 年左右在沈阳主流报刊杂志社工作——或在小型杂志社担任编辑，或者在大型报刊杂志社暂时担任助理编辑、记者，两年至五年后转正为一名正式编辑，能集采编排一体，能自主选题策划、组稿、审稿、选稿及排版等。

我的位置	工作地点在沈阳，担任大型报刊杂志社的助理编辑或小型报刊杂志社的编辑职务；将自己的才能发挥出来，真正实现自我价值与单位价值的统一。	备注
我的能力	文字敏感度强，对时事政治及社会热点有自己的见解； 文字风格：视角实现独特，语言表达到位； 熟悉编辑业务，能集采、编、排一体。	
知识学习	博览群书，学无止境 英文上，能编译一定水平的英文作品 发表有一定的论文	
职场状态	能开始自己选题策划板块内容 有自己的社交圈子 巧妙地面对来自内外的工作压力，轻松面对职场陷阱	

四　人生目标

这时候的我有固定的工作场所、固定的工作模式及稳定的收入，成为一名新职业女性。到 2020 年左右能开始计划买一套房子，继续保持着自我务实严谨的工作作风，向着编审的目标迈进。

（一）能力

1. 熟练编辑业务及内部运作，能自主进行策划选题；

2. 在相关报刊杂志上开辟自己的专栏；

3. 积极参加业内各种活动，保持有利于自己的工作的社交圈子。

（二）目标

1. 平时多看书，多研究其他报刊杂志的成功因素，真正实现自我价值与单位价值的统一；

2. 发表一定数量的学术论文；

3. 向主编的方向迈进。

（三）生活

1. 和谐稳定的生活，注重家人物质及精神的满足；

2. 有自己的休闲娱乐方式，使自己的身心处于健康状态；

3. 能开始计划买一套属于自己的房子；

4. 必要时，继续攻读与工作有关的学位。

当然，未来有很多不确定的因素，这一切也仅仅只是计划，我会根据具体情况做出相关的生涯调整。无论那时候的我水平怎样、位置如何，至少我的生活应该是较为宽裕的，有一个稳定的工作环境，有一个温馨的家庭。工作上能与同事友好相处，生活上有自己的休闲方式，且在报刊杂志上有一定的作品发表。我的目标是编辑，不管我在这个生涯阶段上能否继续前行，成为主编，可以肯定的是，我一直都在为之努力！

第五章　评估调整

（一）动态反馈调整策略

1. 整体性原则：从整体上看，我的最高目标定为在编辑行业的主管——主编级别；最重的目标地域定为在辽宁省内较高竞争力的城市——沈阳；总体要求虽然较高，但我相信只要一步一步努力，这一切目标的设 定并不是不可能的。

2. 挑战性原则：我的目标和行动计划具有一定的挑战性，能够对自己起到内在的激励作用。

3. 灵活性原则：职业生涯规划设计要随着环境和形式的变化做出相应的调整，有弹性和缓冲性。目前，我所做的职业规划是根据现在的社会环境和形式以及自身特点做出来的，但是随着社会的变化，我可能会遇到这样或那样的问题，这就需要我将规划做出灵活的变动。所以，当情况发生时，就局部对规划书进行调整，提高可实施的弹性空间。

（二）职业生涯动态维系

态度决定一切。在将规划书的内容落实到实处时，我的态度是：

1. 积极主动。要有积极的态度，事事用心，事事尽力，不要等机遇上门，要把握机遇，创造机遇。

2. 以终为始。各个阶段的连接是不间断的，现阶段的重点也将是下一阶段的起点，所以需要我们在前一阶段终止后立即做出回应，制定一份新的阶段计划，进而更好地开展另一阶段的工作。

3. 重要的事放在第一。每天我们会遇到很多事情要做，有重要的，紧急的，还有琐碎的，如果我们毫无选择的做，将会大大减少我们的效率；每天选择最重要的事，集中精力先把他们完成；将使我们的工作和学习效率大大提高。

（三）职业生涯风险预测

毕业后三个月内还没有找到合适的报刊杂志社或出版单位，在这种情况下，我会：重新审视自己，调整心态，"先就业再择业"；继续总结出自己屡遭失败的深层原因，找出对策，积极应对内外压力；不忽略基层的报刊杂志社和出版社，适当弯曲自我，从基层做起；

告诉身边的熟人，如父母、老师和亲朋好友等自己的目标职业，让他们帮忙推荐或以此渠道人士相关人士，寻找伯乐。

为最大限度地避免这种情况的出现，我要在大三左右就开始为自己设计网上简历，积极参加社会实践，避免出现毕业后不适应社会的现象出现。

后记：手拿着这份沉甸甸的规划书，同时也拿起了那份沉甸甸的梦想。有了规划书做指引，就如人生路上多一盏指明灯，我将审时度势，一步一步，向着未来方向，出发！

感谢这次大赛的组委会，感谢我的指导老师，是你们让我努力去把自己的梦想成为现实而努力奋斗。

第三章　培养职业意识

　　职业意识培养是大学生在就业创业前一项很重要的任务。意识是人们思维的核心，它用以指导人们如何去行动，所以有什么样的意识就有什么样的行动。大学生就业创业时，良好的职业意识是成功的前提和基础，也是引导大学生走向一个又一个事业巅峰的必备"武器"。职业意识有很多，在这里，仅列举一些重要方面与大家分享。

第一节　责任意识

　　责任意识是职业意识的基础。无论大学生从事什么样的职业，首先必须具备责任意识。只有一个人在头脑中具有了责任意识，在内心深处激发起强烈的责任感，才会在行动中展示出对工作的负责与热爱。

一　责任意识的内涵

　　责任意识在每个人心里都有不同的解读。在人们长期生产劳动建立起来的庞大社会系统中，责任意识充当着每层社会关系网的结点。每个人的责任不是单一的，而是随着社会角色的变化而变化，作为国家公民，履行社会义务是一种责任意识；作为儿女，赡养父母是一种责任意识；作为领导，关心下属是一种责任意识；作为职员，努力工作也是一种责任意识。在这里，我们主要谈的是责任意识在职业生活中的重要性。

　　对责任可以从两方面来理解，一方面是要做好自己的分内事，也就是我们常说的尽职尽责；另一方面是指对自己没有做好的工作或没有履行的义务承担应有的后果或惩罚。相应地，责任意识是公民对自己角色职责的自我意识及自觉程度，它也包含两方面的内容：一方面，人们的行为必须对他人和社会负责；另一方面，人们对自己的行为必须承担相应的责任。

在职业生活中，一个人如果有责任意识，就能在工作中减少不必要的麻烦；如果没有责任意识，再安逸的岗位也会出现意想不到的后果。一个人如果责任意识强，工作中遇到再大的困难也可以克服；如果责任意识差，很小的问题也可能酿成大祸。每个成功的人，都需要有很强的责任意识。

二   责任意识的表现

当今中国经济飞速发展、社会稳步前进，正是无数有责任意识的人在各自工作岗位上努力奋斗结出的硕果。这些在一线工作的精英是社会的楷模，他们用自己的实际行动，向我们诠释到底什么是责任意识，什么是责任心……

最美女教师张丽莉在用自己的身体为学生挡住飞驰而来的大客车的那一刹那，向我们阐释了什么是教师的责任意识，那就是要无条件的爱自己的学生；最美司机吴斌在用自己的生命为乘客筑起一道生命防线时，向我们阐释了什么是司机的责任意识，那就是要无条件的保证乘客的安全；桥吊工人许振超在自己平凡的岗位上经过艰苦而又卓绝的努力创造出"振超效率"，他在用自己对工作的钻劲和韧劲向我们阐释了普通工人也应该有不普通的工作业绩和责任意识；乡村邮递员王顺友20年如一日地翻山越岭将信息传达到大山深处的每户人家，他在用自己的心和双脚以及他走过的每一段崎岖的道路向我们阐释了一个乡村邮递员不一般的责任意识……在当代中国，这样的例子不胜枚举。从这些人的事迹中，我们无不感受到一种品格，一种境界，这就是对职业的高度责任感。

三   责任意识的培养

（一）明确自己的工作目标和任务

目标和任务是无论从事什么样的工作，完成什么样的任务都必须要首先明确的。在大学生就业创业之初，需要做的第一件事就是要明确自己所从事的这份工作的性质、任务和宗旨。在工作岗位上，接到上级的指令或任务时，也要首先明确这项任务的期限、处理方式、涉及范围、预期达到目标等。只有明确工作目标和任务，才能够在工作中保持清醒的头脑，有明确的方向，按部就班有条不紊的开展工作。

（二）培养敢于和勇于负责的精神

现在常常能听到企事业单位说实行负责制或责任制，一个制度体系较为完善的单位通常讲究责任到人，对于工作人员来说，敢于负责就成了一种职业精神，更是一种职业必备素质。作为一名即将要走上工作岗位的大学生，在日常学习生活中，要注重培养自己敢于负责的精神，在接手任务后，要踏踏实实，认认真真去做，遇到困难勇于迎难而上，通过各种有效可行的方法途径克服困难，完成任务。当因为疏忽或意外造成损失时，要敢于承担责任，积极思考，认真总结经验教训，增长人生阅历，积累工作经验。

（三）建立自我监督的意识和习惯

无论在学习还是日常生活中，当代大学生都需要一种很重要的意识和习惯，那就是自我监督。自我监督是完善自我的有效手段和途径。人都是社会关系的总和，不能脱离社会独自存在，都生存于社会关系网中，渴望在社会上成就事业，造就人生。处于社会大环境中，时刻感受到社会各方面的监督指导，但要提升自我，完善自身，要从个人角度对自己提更多更高要求，做到"慎独"。把楷模作为学习的榜样，向他人学习，时刻检验自己的践行标准。

（四）反省并及时总结工作的得失

"吾一日三省吾身"是一种生活态度，作为刚走上社会的大学生，需要及时反省自身的不足，不断涤荡自己的心灵，规范自己的行为。于总结中反省，于反省中思考，不断通过实践改进自己的工作方法，提升工作效率，并在以后的工作中进一步检验，在一个循环上升的趋势下，推动自身的健康发展，全面发展。

第二节　规划意识

规划意识是主体职业意识之源。大学生在就业创业过程中，规划意识是不可或缺的。一个成功之人，总是能够在行动之前做好规划，根据实际情况制定恰当的计划，合理分配时间，做到成竹在胸。

一　规划意识的内涵

规划意识是主体根据自己的实际情况及对外部条件分析，列出自己渴望或计划完成的在不同时期的不同目标和任务的一种自我意识和自觉程度。规划意识要求对自己有一个客观、现实的意念分析，需要随着时间和地点的变化而变化。每个人受环境氛围、认知水平、知识结构的制约，在不同的人生发展阶段会有不同的职业或人生规划。

就像可以把人的理想分为远期理想、中期理想、近期理想一样，规划也可以分为长期规划、中期规划、短期规划。大学生在步入职场前要做到心中有数，列一份详细可行的规划表，并有计划性的付诸实践，避免盲目。对于职业生涯中的规划意识来说可以分为四个部分，即"四定"——定向、定点、定位和定心。定向就是确定自己的职业方向，定点就是确定职业发展的地点，定位就是确定自己在职业人群中的位置，定心就是稳定自己的心态。

二　规划意识的作用

（一）克服盲目，心中有数

在工作岗位上，一个有规划意识的人，首先想到的不是行动，而是为自己列一份详尽的计划表，由浅入深，在不同的时期解决不同的矛盾和任务。在采取每个行动，制定每个计划方案时，预期目的和结果早已在脑海中形成，这样就方便掌控整个局面，也便于在过程中及时对实施方案进行修正，对工作进度和工作成果做到心中有数。

（二）增强信心，激发斗志

规划意识有巨大的能动作用，它指引着人们前进的方向，并指导着人们的整个实践过程。在这个过程中，每完成一个目标，就离成功更近一步，对于行为主体来说，对胜利的渴望就更深入一层，对整个任务的完成就更有信心，更有斗志。前一个目标的顺利完成能够为后来的工作奠定基础、铺平道路，同时也激发了行为者的情感等非智力因素，对成功起到积极的推动作用。

（三）循序渐进，胜利在望

规划意识对于职业一个很重要的积极作用就是将整个职业生涯划分为一个个阶段性的目标，然后循序渐进、有步骤、有缓急地去完成，提高工作的效率，让行为人清楚的了解工作完成进度、工作效果及工作改进方向，引导人们不断走向新胜利。

三　规划意识的培养

（一）善于分析

职业生涯规划中的分析，包括职业分析和自我分析。职业分析大致包含家庭环境分析、学校环境分析、社会环境分析、职业环境分析等。自我分析包含职业兴趣、职业能力、个人特质、职业价值观、胜任能力（能力优势和能力劣势）等。在平时要有意留心和发掘自己在各方面的能力和潜能，有意观察周围的就业形势和职业发展状况，客观分析和评价自己，这样做出的职业规划才能更客观，更符合自身的发展要求。

（二）注重实际

当今有部分生活在象牙塔里的大学生有眼高手低的现象。在就业创业时一味追求优越的工作环境，较高的社会地位，可观的工资待遇等，忽视普通的一线工作岗位，这也是造成当今社会就业难问题的主要原因之一。针对这一现象，大学生要把"注重实际"这四个字沉淀到自己的意识中，在制定规划时要时常提醒自己注重实际，注重客观，择业目标要恰当可行，然后再付诸实施。

（三）着眼长远

制定既有利于自身优势的发挥，又能适应社会需求的职业规划，就必须着眼长远，努力克服眼前各种畸形就业观念影响。从人生发展角度出发，制定符合个人发展的职业规划。这就要求既不能趋之若鹜，又不能脱离实际，正确处理好眼前利益和长远利益、个人利益和环境利益之间的关系，真正做到既顾及当前又着眼长远，既能充分发挥自身的独特优势又能满足社会的需求，只有这样才能在激烈的市场竞争中树立信心，沉着应对，焕发光彩。

第三节　质量意识

质量意识是职业意识之本。在日常生活中常常会听到要保质保量完成工作任务的说法。在一项工作任务的执行过程中，如果不能保证工作质量，生产出"次品"，会导致在生产的过程中浪费了物质资源、人力资源，在流通的过程中又不能很好地满足社会和人民的需要，甚至在一定程度上造成危害。

一　质量意识的内涵

在 ISO 质量体系中，"质量"被理解为：一组固有特性满足明示的、通常隐含的或必须履行的需求或期望的程度。广义上讲，"质量"包括过程的质量、产品的质量、组织的质量、体系的质量以及组合的实体质量、人的质量等等。在狭义上的"质量"有两层含义，一是产品的质量，即产品合格与否，二是生产产品过程的质量，即生产过程是不是合理，是不是与企业设定的管理基准相一致。

所谓质量意识就是指在一个机构中，从领导层到每一个员工对质量和质量工作的认识和理解。质量意识的主体是"人"，人与动物相区别的地方就在于人有主观能动性，人是有思维有意识的高级动物。质量意识不能用具体的物质来衡量，它是一种沉淀在人们内心深处的意识，能够指导人们的行为，能够反作用于物质，能够在实际生活中在人的参与下物化为具体可见实际事物。质量意识的客体是人所作用的客观对象，这种客观对象的面貌受着质量意识的直接影响。从狭义上讲，质量意识就是要保证产品合格，符合产品的规格要求并且整个生产流程要遵守生产流程的管理规定。从广义上讲，质量意识是每个人必须具备的品质之一，是一种完美人生需要达到的精神和境界。

二　质量意识的功能

（一）质量意识可以衡量一个人的工作质量

质量意识在产品质量形成过程中的作用是十分明显的，它直接决定着产品质量的好坏，也就间接衡量着工作者的工作质量。质量意识差，是工作质量差的根本原因。虽然工作质量差可能是由多种原因造成的，比如说工作者的能力相对较弱等，但工作能力相对较弱可以通过有计划的训练和学习提高，但是如果缺乏质量意识，那么再容易的工作也不能保质保量地完成，当然也就不能让别人满意。质量意识高低，往往可以衡量一个员工的工作质量，也可以衡量一个组织的质量管理成效。

（二）质量意识可以控制一个人的质量行为

质量意识对工作者的质量行为具有控制作用。一个质量意识强的工作者会严格要求自己工作的质量，尽量减少在实际操作过程中因误差而造成的不必要的麻烦。特别是在出现质量问题的情况下，质量意识往往能够坚定员工的信心，不因为外界的干扰而动摇或改变质量行为。质量意识又具有对质量的评价功能。质量意识能够对产品质量和工作质量等做出一个价值评价，这种价值评价又恰恰能够反映出工作者的价值观。

（三）质量意识可以调节一个人的工作态度

意识指导行为，能够驱使人们趋向或逃离某种对象或事物，影响一个人对某事、某物或某人做出个人判断。在职业生涯中，意识同样起着不可小觑的巨大作用，质量意识更是如此。如果工作者质量意识较强，对产品质量的意义有深刻认识，对质量工作抱有肯定态度，就会乐意参加质量管理，重视工作质量；相反，如果工作者质量意识淡薄，态度不端正，就会反感质量管理活动，忽视工作质量，那么在实际的工作过程中也就会频繁出现质量问题，不能顺利完成工作任务。

三 质量意识的培养

（一）注重质量教育

质量教育从广义上讲，不仅仅是指为了提高工作质量而参加各种课程，各种培训，更重要的是要注重一种潜移默化的教育，一种意识和观念的转变。质量意识的形成、巩固和发展都有赖于质量教育。质量教育的目的就是促进工作者质量意识的形成、巩固和发展。质量意识的培养和增强，或者说是质量教育的成功开展，需要两方面的共同努力。一方面是相关的单位或机构需要提供一个平台，工作者需要在实际操作中逐步感受到注重质量的重要性，此外，还需要健全制度体系来保障；另一方面，工作者要在现实生活中积累经验，从内心深处意识到质量对于实现工作目标的重要性，只有保证了工作质量，才算是为一项工作任务画上了完美的句号。

（二）端正工作动机

心理学告诉我们，工作者要有正确的工作动机，即要有"我要工作"的心理倾向，才能将工作做好。工作者的各种行为是由工作动机促成的。工作动机是对工作者所从事的工作起推动作用的心理因素，它不仅决定着工作者的工作态度，同时也影响工作成效。在完成一项工作任务之前，正确的思想动机是先导。如果工作者一心想要把工作做好，那么即使遇到再大的困难和挫折也会想办法去克服。如果工作者有正确的思想动机，那么在工作的过程中就不会投机取巧，置工作成果的质量于不顾，也就相应地会减少因工作中出现的错误而造成不必要的损失。

（三）避免相互推诿

在日常工作中有很多时候需要与别人合作来完成某项具体的工作。尤其是在现代化的生产体系中，每个人只负责生产流程中的某一道具体的工序，而不需要做到面面俱到，全盘负责。此时就会涉及个人与其他工作者，与整体利益的关系。比如你的下一道工序希望你能够保证产品的质量甚至是提高产品的质量，以减少他们的麻烦，而你也同样希望你的上一道工序的产品或工作不给你带来麻烦，这样推理下去，每个工作者都希望别人能给自己带来便利，那么首先要做到的就应该是要确保自己工作的质量，给别人带来便利与高效，而不是互相推诿。

第四节　创新意识

创新意识是职业意识之翼。创新是一个民族进步的灵魂，是国家兴旺发达的不竭动力，是学习实践科学发展观的重要内容。创新是一种崇高的追求，它与高昂的精神状态、高尚的精神境界直接联系。

一　创新意识的内涵及构成

（一）内涵

创新就是创造对人类自身发展和社会发展有益的，能改造人们的现实生活，提高人们的生活质量和生活品位的事物。创新的内涵也有狭义和广义之分。狭义就是单指某种产品的创造过程；广义的创新是一个系统网络，这个网络是由不同的行为主体相交互而发生作用的。

创新意识是指人们根据社会和个体生活发展的需要，引起创造前所未有的事物或观念的动机，并在创造活动中表现出的意向、愿望和设想。它是人类意识活动中的一种积极的、富有成果性的表现形式，是人们进行创造活动的出发点和内在动力，是创造性思维和创造力的前提。

（二）构成

创新意识是由创造信念、创造兴趣、创造情感和创造意志四部分构成的。创造信念是创造意识的原始动力，它最初迸发出思维的火花，点燃了人们发动和维持创造性活动的激情。创造兴趣能促使人们不断去探索新奇的事物，保持一颗积极乐观的心去全力研究。创造情感是创造过程中的非智力因素，但对整个创造活动起着至关重要的作用，它是一种必不可少的心理驱动力。创造意志是在创造过程中克服困难，冲破阻碍的心理因素，是维持创造活动持续进行的"定心丸"。

二　创新意识的特征及作用

（一）特征

1、新奇性。创新意识是一种求新求异的意识。创新活动的宗旨是为了更好地满足人们生活的需求，更能符合人类自身和社会发展的需要，所以创新意识需要不断突破前人的成果，不断研发新技术，开发新成果，创造新纪录。

2、历史性。创新意识也会受到阶级、经济状况、社会客观条件等的制约，具有很明显的社会历史性。社会需要更能推动人们的创新思维的发展。创新是为了社会，为了人民，当社会和人民有需要时，创新活动就有了新的课题。

3、差异性。创新意识也会受到个体差异性的影响，每个人的社会地位、认知结构、行为习惯、知识构成不同，看待问题和解决问题的方式也不同。创新意识是建立在人们已有的知识结构之上的，所以也会表现出一定的差异性。

（二）作用

第一，创新意识决定人们有否创新行动以及创新成果的多寡。意识指导行动，创新意识指导人们的创新的活动。一个人、一个社会、一个国家如果有很强的创新意识，那么这个人、这个社会、这个国家是先进的，有很大发展空间和前途的。

第二，创新意识决定社会资源的合理分配，推动社会的全面进步。创新意识离不开社会生产力等客观的社会条件，它建立在已有的社会生产力基础之上，又推动着社会生产力的发展。创新意识的合理运用能够提高社会生产效率，节约社会资源，推动社会全面进步。

第三，创新意识决定人们的创新能力，是新世纪衡量合格人才的必备素质。创新实质上确定了一种新的人才标准，它代表着人才素质变化的性质和方向，社会需要有开拓精神的人。当代大学生是新生社会的主力军，创新意识是必不可少的素质之一。有创新能力的人，会给自己的工作带来新的解决途径和方案。

三　创新意识的培养及运用

首先，培养求知欲。创新是需要已有的知识做根基的，就像盖高楼大厦要先有地基一样。储备的知识越多，对事物的了解就会越多，眼界就会越开阔，看待问题就会越全面，进而产生的新奇的想法就会越多。

其次，培养好奇欲。好奇是一种很奇妙的心理倾向，培养好奇欲对创新意识的培养至关重要。好奇心会促使人们不断探究，不断深入解决新问题和新矛盾，当好奇心得到满足时，会增加人们的自信，激发下一轮更为深入研究的动力。

第三，培养创造欲。知识储备已经具有，再加上强烈的好奇心，会促使人们有一种迫不及待地创造欲。知识在创造的过程中才能转化为现实的力量，而好奇心只有在创造的过程中才能得到满足和展现，才会有现实意义。

第四，培养质疑欲。"学起于思，思源于疑"。在创造的过程中，不免要借鉴前人的已有的观点，在看待别人的观点时要批判的吸收，要勇于提出质疑，解决质疑，这样才能不断修正错误的观点，一步步逼近真理，求得真理。

第五节　团队意识

团队意识是职业意识之魂。英国有句古老的谚语是这样说："一个人做生意，两个人开银行，三个人搞殖民地"。这句谚语道出了团队意识的必要性，向我们直观阐述了在生活中共同承担、赏识共享的重要性。

一　团队意识的内涵

团队意识就是个人所应具备的整体配合意识，它是一种主动性的意识，将自己融入整个团队对问题进行思考，想团队之所需，从而最大程度的发挥自己的作用。团队成员致力于共同的目标，有共同的价值观和理想信念，能够相互配合，相互影响，通过良好的沟通及协作，最终高效地完成工作任务，达到"共赢"的目的。

团队意识包括四个方面，即团队目标、团队角色、团队关系和团队运作过程。每个团队成员要想融入团队并为之做出贡献，都要从这四个角度出发，经过协商达成一致意见，形成整个团队的工作目标和方法，为取得最终胜利共同努力。

二 团队意识的功能

（一）团队意识能够使团队形成强大的凝聚力。

在团队意识里包含着共同的工作目标，因此每个优秀的团队成员都会"心往一块想，劲往一处使"，这样就会形成一股强大的合力与凝聚力，为达到最终的目的奠定基础。

（二）团队意识能够使成员产生强烈的归属感。

团队成员会意识到自己是团队的一分子，感受到自己肩上的重大责任，逐步将自己的情感态度价值观融入整个团队的整体意识中，并将团队作为自己全部生活、价值的依托和归宿。

（三）团队意识能够促进成员能力的提升。

当个人处理工作难题时，受自身思维及知识结构等的限制，能提供的高效解决方案是有限的。但当个人置身于团队中，能深刻感受他人的思考角度和思维方式，从而提出多种解决问题方案，随着时间的推移，自身的眼界和思维也会更加开阔。

三 团队意识的培养

（一）做事要有明确的目标。

团队目标是团队意识的重要方面。一个优秀的团队在工作之始就必须明确目标，甚至是明确每个成员每项工作所要达到的具体目标，这样在实际操作过程中才能避免盲目，做到有的放矢。我们在培养团队意识时，也要有意地培养自己的目标感，学着制定阶段性目标，在具体的实施过程中逐一完成，最终实现终极目标。

（二）做人要有真诚的沟通。

以团队的合力去完成一项工作任务，需要浓厚的合作气氛，而团队成员间沟通的越通畅，合作的氛围就会越好。团队是为了一个共同的目标而走到一起，虽然工作分工各有不同，但团队的每个成员间必须要有良好的沟通互动，充分了解与目标相关的信息，了解工作过程中可能遇到的困难和问题，同心协力，共同商讨，共铸辉煌。

（三）客观了解自身的能力。

一个成功的团队与每个成员的努力密不可分。在分配工作任务时，要科学地运用每个人的才能和性格优势，"取各家之长"，优化资源配置，这就要求领导者要善于发掘别人的才能，团队成员要客观评价自己的能力，如哪些方面占优势，哪些方面是劣势，适合做什么类型的工作等。只有这样，才会在工作的过程中做到扬长避短，高效实现目标。

（四）学会信任和支持别人。

为了完成一个共同的目标，融众人所长，相互学习支持，团队成员之间的合作是必不可少的。合作就会涉及团队成员之间如何相处以及相处得怎么样等一系列问题。在人与人相处的过程中，首先要学会信任和支持别人，在实际的团队合作中，要信任别人的能力，支持别人为了完成同一个目标而做出的一系列努力，并要真诚地为别人加油鼓劲。

（五）真诚为他人成功喝彩。

一个优秀的团队成员，不仅会为自己在工作中取得的成就而感到高兴，而且也会为自己的同伴取得成功而发自内心地去喝彩。当你为他人的成功喜悦时，你也会赢得别人的尊敬和喜爱。爱和被爱的力量是相互的，这样会传递给周围的每一个人，形成一种互敬互爱的合作风格。

附录1　某企业员工基本管理的5S标准细化

1　目的

1.1 制定5S实施标准，使公司5S实施明确化；

1.2 督促全厂员工按照5S要求，养成良好的卫生习惯，树立公德意识，提高全体人员综合素质，创造一个干净、舒适、整洁、卫生、文明的工作环境，特制订本制度。

2　适用范围

适用于公司各部门办公区域、公司内公共区域及作业现场。

3　5S执行与考核标准

单位：元

检查区域	检查项目	5S执行标准	考核责任人及罚款标准				
					第三次（含以上）		
				第二次		
			第一次				
			责任	主管	部长	部长	副总
办公室	办公室卫生	1. 办公室须经常打扫，保持干净整洁 2. 办公室内严禁堆放杂物 3. 办公室内电器线路走向规范、美观，电脑线不凌乱 4. 严禁乱扔纸屑烟头、杂物等 5. 严禁在办公桌、墙壁上乱涂乱画、乱张贴	10	20	40	50	100
	办公用具卫生	1. 办公台面、文件柜、窗台玻璃、花草要打扫干净 2. 电脑、灯具、电扇、空调、打印机等电器，表面洁净，无灰尘 3. 垃圾桶须及时进行清理，严禁溢满	10	20	40	50	100

续表

检查区域	检查项目	5S 执行标准	考核责任人及罚款标准				
			第三次（含以上）				
			第二次				
			第一次				
			责任	主管	部长	部长	副总
办公室	办公室桌面	1. 桌面办公设施、台历、文件夹、电话、茶杯等物品放置整齐 2. 抽屉内须保持干净，资料或物品需摆放整齐、合理 3. 桌面的物品或资料，分类整理后合理摆放 4. 用后的文件、物品须归位整齐 5. 下班前整理好当天的资料、文件，进行分类归档	10	20	40	50	100
	办公室文件柜	1. 办公现场严禁存放失效或与工作无关的文件资料 2. 依据使用频率，决定物品、资料放置位置与放置数量 3. 文件资料要分类存放并进行正确明显标识 4. 文件资料是否乱涂画 5. 不洁物品、过期物品、私人物品清理出现场	10	20	40	50	100
食堂	食堂物品存放与清洁卫生	1. 食堂内外严禁堆放杂物 2. 工作服、工作帽严禁乱挂乱放 3. 清洁卫生工具与餐具炊具分开存放 4. 油盐酱醋等调料摆放整齐 5. 生熟饭菜进行隔离存放 6. 室内外墙壁张贴污迹、破损的提示、通知应及时清理	10	20	40	50	100
	食堂餐具与食品安全管理	1. 餐具、炊具摆放整齐 2. 食堂地面、墙壁、炉台、天花板清扫干净 3. 餐桌、消毒柜、窗台玻璃擦拭干净 4. 餐具清洗干净，并进行有效消毒和烘干 5. 严禁使用对人体有害的食品添加剂等物品加工食品 6. 严禁使用腐烂变质的原材料进行烹饪	10	20	40	50	100

续表

检查区域	检查项目	5S 执行标准	考核责任人及罚款标准				
					第三次（含以上）		
				第二次			
			第一次				
			责任	主管	部长	部长	副总
生产部	生产部机器设备	1. 机器设备、工具表面无油污、水渍、垃圾及灰尘 2. 地面及时清扫，保持干净、整洁 3. 生产所需零件、材料、包装材料存放妥当 4. 生产产生的废料，视工作闲忙程度，随时进行清扫 5. 机台上无杂物、无锈蚀等	10	20	40	50	100
	生产部作业现场	1. 车间通道保持畅通，无障碍物 2. 物品、物料放置于标识线内。若有特殊情况，须示警示牌 3. 易滑、易落处有防护措施 4. 车间杂物、生产废料严禁乱扔乱放 5. 车间地面保持干净，物料摆放整齐	10	20	40	50	100
	生产部物品摆放	1. 不良品及时处置并有标识 2. 良品保管良好，并有定位 3. 物品定位放置，摆放整齐，并设置标志牌标识 4. 生产各区域划分明确、标识清楚 5. 常用的配备工具、劳保用品放置工具箱内 6. 现场不常用的配备工具应固定存放并标识	10	20	40	50	100
	生产部办公室	1. 桌面办公设施、台历、文件夹、电话、茶杯等物品放置整齐 2. 抽屉内须保持干净，资料或物品需摆放整齐、合理 3. 桌面的物品或资料，分类整理后合理摆放 4. 用后的文件、物品须归位整齐 5. 下班前整理好当天的资料、文件，进行分类归档	10	20	40	50	100

续表

检查区域	检查项目	5S 执行标准	考核责任人及罚款标准				
			第三次（含以上）				
			第二次				
			第一次				
			责任	主管	部长	部长	副总
品管部	品管部办公室	1. 桌面办公设施、台历、文件夹、电话、茶杯等物品放置整齐 2. 抽屉内须保持干净，资料或物品需摆放整齐、合理 3. 桌面的物品或资料，分类整理后合理摆放 4. 用后的文件、物品须归位整齐 5. 下班前整理好当天的资料、文件，进行分类归档	10	20	40	50	100
	品管部检验室	1. 检测现场严禁存放失效或与工作无关的文件资料 2. 文件资料要分类存放并进行正确明显标识 3. 文件资料是否乱涂画 4. 检测台面、文件柜、窗台玻璃清洁干净 5. 电脑、灯具、电扇、空调、打印机等电器，表面洁净，无灰尘 6. 垃圾桶须及时进行清理，严禁溢满	10	20	40	50	100
	区域清洁卫生	1. 责任区域须经常打扫，保持干净整洁 2. 责任区域内严禁堆放杂物 3. 检验室内电器线路走向规范、美观，电脑线不凌乱 4. 严禁乱扔纸屑烟头、杂物等 5. 严禁在办公桌、墙壁上乱涂乱画、乱张贴	10	20	40	50	100
	物品摆放	1. 不良品及时处置并有标识 2. 良品保管良好，并有定位 3. 物品定位放置，摆放整齐，并设置标志牌标识	10	20	40	50	100

续表

检查区域	检查项目	5S 执行标准	考核责任人及罚款标准				
						第三次（含以上）	
					第二次		
			第一次				
			责任	主管	部长	部长	副总
研发部	研发部办公室	1. 桌面办公设施、台历、文件夹、电话、茶杯等物品放置整齐 2. 抽屉内须保持干净，资料或物品需摆放整齐、合理 3. 桌面的物品或资料，分类整理后合理摆放 4. 用后的文件、物品须归位整齐 5. 下班前整理好当天的资料、文件，进行分类归档	10	20	40	50	100
	物品摆放	1. 物品定位放置，摆放整齐，并设置标志牌标识 2. 试验区域划分明确、标识清楚 3. 试验物品、试剂瓶做好标识 4. 常用的配备工具、劳保用品放置工具箱内 5. 现场不常用的配备工具应固定存放并标识	10	20	40	50	100
	区域清洁卫生	1. 责任区域须经常打扫，保持干净整洁 2. 责任区域内严禁堆放杂物 3. 检验室内电器线路走向规范、美观，电脑线不凌乱 4. 严禁乱扔纸屑烟头、杂物等 5. 电脑、灯具、电扇、空调、打印机等电器，表面洁净，无灰尘 6. 垃圾桶须及时进行清理，严禁溢满	10	20	40	50	100
采购（仓储）部	五金仓库	1. 仓库严禁存放废弃材料、物品或工具 2. 货架五金配件摆放整齐 3. 桌面办公设施、台历、文件夹、电话、茶杯等物品放置整齐 4. 仓库储存货物标帜明确 5. 仓库内各区域划分明确、标识清楚 6. 保持仓库道路畅通，无阻塞现象	10	20	40	50	100

续表

检查区域	检查项目	5S执行标准	考核责任人及罚款标准				
			第三次（含以上）				
				第二次			
			第一次				
			责任	主管	部长	部长	副总
采购（仓储）部	待验仓库	1. 仓库严禁存放废弃材料、物品或工具 2. 原材料物品摆放整齐 3. 仓库储存货物标帜明确 4. 仓库内各区域划分明确、标识清楚 5. 保持仓库道路畅通，无阻塞现象 6. 原材料物品码放高度不准超过摆放高度基准	10	20	40	50	100
	成品仓库	1. 仓库严禁存放废弃材料、物品或工具 2. 成品摆放整齐 3. 仓库储存货物标识明确 4. 仓库内各区域划分明确、标识清楚 5. 保持仓库道路畅通，无阻塞现象 6. 成品码放高度不准超过摆放高度基准	10	20	40	50	100
	原料（粗品）仓库	1. 仓库严禁存放废弃材料、物品或工具 2. 原料（粗品）摆放整齐 3. 仓库储存货物标识明确 4. 仓库内各区域划分明确、标识清楚 5. 保持仓库道路畅通，无阻塞现象 6. 原料（粗品）码放高度不准超过摆放高度基准	10	20	40	50	100
	药品室或危化品储存室	1. 严禁存放废弃材料、物品或工具 2. 药品摆放整齐 3. 药品室或危化品储存室储存货物标帜明确 4. 药品室内各区域划分明确、标识清楚 5. 药品储存室或危化品储存室门窗开关正常及时上锁 6. 药品储存室实行"五双"管理，并进行详细记录	10	20	40	50	100

续表

检查区域	检查项目	5S 执行标准	考核责任人及罚款标准				
			第三次（含以上）				
			第二次				
			第一次				
			责任	主管	部长	部长	副总
采购（仓储）部	区域清洁卫生	1. 保持仓库地面无积尘、无杂物、无脏污 2. 货架和物品无积尘、杂物、脏污 3. 容器、货架、包装箱无破损 4. 产生污垢时能及时彻底地进行清扫 5. 严禁乱扔纸屑烟头、杂物等 6. 电脑、灯具、电扇等电器，表面洁净，无灰尘 7. 垃圾桶须及时进行清理，严禁溢满	10	20	40	50	100
设备动力部	检修管理	1. 每天对所有设备进行巡检一次并进行记录 2. 办公台面、工具箱、配电柜、窗台等不得有积尘 3. 设备维修后，及时清理现场，做到工完场净 4. 做好仪表、工具保养工作 5. 维修工具等用完后归位 6. 机器设备标明保养责任人	10	20	40	50	100
	清洁卫生	1. 机修房、配电房、锅炉房内严禁存放无用的物品 2、桌面办公设施、台历、文件夹、电话、茶杯等物品放置整齐 3. 机修房、配电房、锅炉房内清扫干净 4. 严禁乱扔纸屑烟头、杂物等 5. 灯具、电扇等电器，表面洁净，无灰尘 6. 垃圾桶须及时进行清理，严禁溢满	10	20	40	50	100
	物品摆放	1. 机修房、配电房内维修工具摆放整齐 2. 在用或闲置设备标识明确 3. 维修工具进行分类存放并正确标识，且有清单 4、文件、表格分类标识放在固定位置 5、电器开关、控制箱完好无损	10	20	40	50	100

续表

检查区域	检查项目	5S 执行标准	考核责任人及罚款标准				
			第一次	第二次	第三次（含以上）		
			责任	主管	部长	部长	副总
公共区域	公共区域（厂道）	1. 人行道保持畅通，严禁物品或产品占用 2. 地面保持干净，无垃圾、无积尘 3. 按停放规则停放车辆 4. 公共区域设施完整无损 5. 公共区域每天按时打扫及保洁	10	20	40	50	100
	公共区域（绿化）	1. 绿化带整洁划一 2. 绿化带定期进行修剪 3. 绿化带内无垃圾、杂物放置 4. 绿化区域每天按时打扫及保洁	10	20	40	50	100
	公共区域（办公室）	1. 会议室门窗、窗台、墙壁干净，无积尘 2. 会议室桌椅、台柜、空调干净无尘且摆放整齐 3. 办公室天花板及各角落干净无蜘蛛网 4. 办公室花盆、地面清洁无杂物 5. 会议室饮水机、茶具干净且摆放整齐 6. 办公室洗手间洗手台干净，清洁工具按规定摆放整齐 7. 洗手间垃圾按时清理 8. 洗手间地面、墙面、顶部、门窗清洁无污痕 9. 洗手间设施完整无损坏，洁具清洁无积垢且摆放整齐 10. 洗手间内无异味	10	20	40	50	100

附录 2 案例分析

案例一：责任意识

"别哭，孩子，那是你们人生最美的一课。你们的老师，她失去了双腿，却给自己插上了翅膀；她大你们不多，却让我们学会了许多。都说人生没有彩排，可即便再面对那一刻，这也是她不变的选择。"这是感动中国组委会送给最美女教师张丽莉的颁奖词。

仅仅 28 岁的张丽莉是黑龙江省佳木斯市第十九中学初三（3）班的班主任，在 2012 年 5 月 8 日傍晚，正是学生们放学的时候，一辆停在路旁的客车因操纵杆失控撞向学生，年轻的丽莉老师为了救三名学生，飞快冲向客车，将车前的学生推了出去，自己却被压在车下，路面满是鲜血……经过抢救，她被迫高位截瘫……一个年轻的身体变得不完美了，而一个年轻的生命却彰显了教师的重大责任……

案例点评：责任意识是职业意识之基。从事不同职业的人们肩上承担着不同的责任，心中有对自己职业的不同解读。作为一名教师，首先要热爱自己的学生，有高尚的职业道德，其次才是交给学生文化知识。张丽莉老师用实际行动向我们阐释了教师的首要责任，在她用并不宽厚的身躯在为学生架起一座生命的桥梁时，一切赞美的语言都是苍白的，那种壮举背后有一种职业意识的强力支撑！

案例二：质量意识

1984 年以前，由于我国刚刚改革开放，物品较为紧缺，所以市场销售出路很好，只要商品还能用，就可以堂而皇之地送出厂门，并且绝对会卖出去。1984 年末张瑞敏到青岛电冰箱总厂后，反复给员工上质量课，学习质量管理知识，想方设法提高员工的质量意识。但质量意识的培养并不是一朝一夕就能促就的，张瑞敏还是收到了客户的关于冰箱质量问题的投诉信。

张瑞敏搞了一个劣质工作、劣质产品的展览会，在展室里摆放上那些经检查的劣质零部件和劣质冰箱，通知全场员工来展览参观。员工们参观以后，张瑞敏把责任人留下，自己拿起一把大锤将这些劣质品砸的稀巴烂。当时在场的人眼里都流下了眼泪，电冰箱对于当时的人来说是极其昂贵的。由此大家开始明白，海尔的前途与有没有严格的质量管理息息相关。

现在海尔已走出国门，迈向世界的销售市场，也正是因为海尔一直严把质量关，每一位员工时刻用质量意识指导实际工作，才有了今天极具竞争力的海尔集团。

案例点评：质量意识是职业意识之本。正是有了张瑞敏砸冰箱的举动，才让员工切实感受到质量对于产品的重要性。这件事虽然已经过去了许多年，但它是海尔集团发展史上的一个重要的转折点。今天我再次将这个有点悠久的事件讲给大家听，就是要告诉即将步入工作岗位的大学生们，要从一点一滴做起，努力培养自己的质量意识，保质保量地完成每一项工作任务。这是成功的根基。

案例三：创新意识

著名的建筑大师格罗培斯设计了世界上最罕见的特大公园——美国迪士尼乐园。他并没有在公园开放前将景点与景点之间的连接路径设计好，而是让相关负责人在游乐园的空地上撒上草籽。迪士尼乐园很快开放了，小草也发了芽。在景点与景点之间，游人随意踩出了一条条小路。第二年，格罗培斯根据游人的踩出的小路设计了迪士尼的游览路径。他的这个设计并没有完全从传统的设计思路出发，而是充分尊重了游人的自由，最终赢得了世界上的好评。

案例点评：创新意识是职业意识之翼。格罗培斯并没有从传统的设计理念出发，而是遵从自己独特的思维方式，向世人展示了创新意识的神奇魅力，这也是国际园林建筑发展史上一个杰作。即将走上工作岗位的大学生，也要注重自己创新意识的培养，有时一个新奇的想法就会创造出一个别具匠心的奇迹。

第四章　打造职业素质

大学毕业生在头脑中具备了必要的职业意识，并能够对具体的工作实践做出有益的指导之后，还要逐步打造自己的职业素质。职业素质既受先天遗传因素的影响，又在很大程度上与后天教育相关。所以，当代即将步入工作岗位的大学生们在平日的学习、生活中，就要逐步打造比较稳定的有益于职业生涯发展的基本素质。

第一节　职业素质的内涵及其意义

一　职业素质的内涵

（一）素质的内涵

素质包括两个方面的内容，它有先天素质和后天素质之分。

先天素质是一个生理学上的概念，指人的先天生理解剖特点，主要是指神经系统、感觉器官、运动器官、脑的特征及身体其他方面的一些特点，这个概念后来在心理学、生理学中被人们广泛分析和应用。因为这些生理特点是通过父母遗传获得的，因此也称遗传素质，或称个人天赋。这种素质是个体生理、心理发展的基础和前提条件，它对人的认知水平、能力水平、心理特征的形成和发展产生重要的制约和影响，但只对它们起到加速或延缓形成的作用，并不能起决定作用，不能决定个人生理、心理发展的内容、趋势和发展程度，因为后者是实践的产物，是在实践过程中逐步发育和成熟起来的。即便是某些人有遗传缺陷，也可以通过后天实践、学习和磨炼获得不同程度的弥补。用一句话来概括，先天素质就是从父母那里遗传得来的基本素质，对我们后来的发展有重要作用，但并不是决定性的因素。

后天素质是人的内在的一种东西，它可以概括为人的品质和质量，或者说是人在后天所达到的一种做人的高度和境界，它也是建立在遗传的基础上，受后天环境、教育的影响，通过个体自身的亲身体验、认识和在亲自实践中得出直接经验后，而形成的比较稳定的、内在的、具有整体性和发展前途的基本品质结构，包括人的道德、能力、认知水平、思想、知识、生理、心理、等方面。

我们要从整体性的角度出发，来完整的理解素质的涵义：1、素质首先是遗传的产物。它是在先天素质的基础上，通过教育和社会环境影响逐步形成和发展起来的。2、素质是自身实践的结果。一个人的素质的高低，是通过自己的努力学习、实践，获得一定知识并把它变成自觉行为的结果。3、素质是一个人的一种比较稳定的身心发展的基本品质。因为这种品质一旦形成，就比较相对稳定。比如，一个品质好的大学生，无论什么时候，无论遇到什么困难，都能善待周边的老师、同学，都能积极想办法应对困难、战胜困难，而不怨天尤人，不自暴自弃，这也正是由素质的稳定性所决定的。这种良好的素质一旦培养起来，就会伴随终生。

（二）职业素质的内涵

我们在这里所讲的职业素质主要是指后天素质，它主要靠人们在长期的生活和工作实践中培养的对自己的职业活动起重要作用的稳定的基本品质和人生境界。它同样是人的先天遗传和后天教育实践交互作用的结果。换句话说，职业素质就是从业者在一定生理和心理条件的基础上，通过教育培训、职业实践、自我修炼等途径形成和发展起来的，在职业活动中起决定作用的、内在的、相对稳定的基本品质。

具体来说职业素质表现在四个方面：职业兴趣、职业能力、职业个性和职业情况。职业兴趣是最好的工作内在驱动力，它会推动从业人员保持一颗乐观向上的心去坚持努力工作；职业能力对于工作者来说是极其重要的，它自身又涵盖了包含专业能力、交际能力、应变能力等许多方面，是多种能力的一种综合体；职业个性是因工作者的不同而不同的。工作者的自身个性因素会影响着他的职业个性，关系着他的职业发展；职业情况是一种多种因素作用下的产物，表现为一种结果，代表着一个工作者的工作能力和努力程度。

职业素质是从业者对自己所从事职业的了解与适应能力的一种综合体现，其影响和制约职业因素的有很多，主要包括：受教育程度、认知水平、实践经验、社会环境、工作阅历以及包含身体心理素质在内的自身的一些基本状况。

一般说来，大学毕业生能否顺利就业并取得成就，在很大程度上取决于自身的职业素质，职业素质越高，获得成功的机会就越大。现代社会对大学生的要求越来越高，越来越细，是否具备专业的职业素质成为用人单位对大学毕业生的首要考量。职业素质是人才选用的第一标准；职业素质是职场制胜、事业成功的第一法宝。

二　职业素质的意义

（一）有利于提高大学生应聘的竞争力

大学生在学校里学习科学文化知识，参加各种课外活动的机会是等同的，虽然在各种能力的锻炼方面有自我把握机会程度的不同，但从总体上来说，无论是科学文化研究水平，还是各种能力的差距并不是很大。在这种实际情况下，成千上万的大学毕业生同时去用人单位应聘，用人单位又凭什么能够做到万里挑一，选出自己所需要的人才呢？职业素质是倍受人事主管们青睐的一项。

有些职业素质是显性的，而有些职业素质是隐性的，比如一个求职者的心理素质、专业素质、创新素质是可以在求职过程中利用一些相关测试来得到直接体现的，是显性的；而一个求职者的思想素质、政治素质等或许在短短的几分钟面试中看不出来，是隐性的，但这些可以通过人生经历等得到间接的体现。所以，人事主管们在招聘人才时，了解一个求职者的职业素质，可以比较全面的了解一个人在各个方面的表现，是一个主要的考量标准。

一个职业素质良好的求职者比一个职业素质相对一般的求职者更容易在求职的过程中胜出。所以，职业素质是大学毕业生能否找到工作的重要的砝码条件。

（二）有利于提高整个社会劳动生产率

社会劳动生产率，是指一定时期内（通常为一年）全社会劳动者的劳动效率。它表明一个地区的社会生产力发展水平，是反映该地区经济实力的基本指标之一。劳动生产率的提高对经济的发展甚至是整个社会的发展有极其重大的意义。劳动生产率越高就越能满足人民日益增长的物质文化需求，就越能满足社会和人类不断前进的需求，因此，想方设法提高劳动生产率不仅仅是商品生产者的行为，也是整个社会发展的希冀。

社会劳动生产率的提高与社会上每个劳动者的辛勤工作分不开，而劳动者的职业素质对于劳动者工作效率的影响至关重要。如果一个劳动者身体素质好、心理素质好又有正确积极的世界观、人生观、价值观作指导，再加上较强的专业技能，创新能力，工作起来就会得心应手，很容易顺利完成工作任务。相反，如果一个劳动者，身体素质差、心理素质差，连基本的工作时间都不能保证，再加上专业素质不高，创新能力不强，工作过程中就会比其他工作者遇到的麻烦更多、困难更大，不能顺利完成工作任务的风险就会大大增加。

（三）有利于推动社会发展和科技进步

社会的不断发展和科技的不断进步，需要每一个社会成员做出自己应有的贡献，而对于工作在第一线的劳动者来说更是如此。具体地说，社会发展和科技进步是靠无数具有优秀职业素质的从业人员来推动的。社会发展和科技进步是时代发展的需要，也是顺应社会发展规律，人类发展规律的必然选择和必然结果。劳动者在这个过程中既是创造成果的主体，也是享受成功的主体。

一个国家、一个社会、一个民族、一个企业，只有优秀的人才越来越多，人才的素质逐渐越来越高，那么这个企业才会越来越先进，这个国家才会越来越繁荣，这个社会才会越来越进步，这个民族才会越来越兴旺。只有各行各业的从业者都能够意识到职业素质的重要性，并能够将这种意识转化为外在的实践行动，改造成能够产生实际生产力的物质力量，整个社会才能真正取得进步。

大学生在走上工作岗位后，要时刻将打造一流的职业素质作为自己不断追求的目标，不满足于现状，不停留于现状，而要将企业、国家、社会、民族的将来与自己手中的工作紧密联系起来，贡献自己应有的力量。

（四）有利于促进个人的全面和自由发展

职业素质的提高对于单位、国家、社会有重要的意义，对劳动者本身同样有十分重要的意义。劳动者在努力提高自己的职业素质为单位、社会、国家做出贡献的同时，也在潜移默化地影响着自身的发展。一个人的职业素质高，不仅仅对职业生涯有诸多益处，而且对生活中的其他方面也是有益无害。

职业素质包含在一个人的综合素养里，职业素质越高，综合素养也就会随之提高，最终沉淀为一个人的人格魅力、道德魅力和品位魅力，象征着一个人的境界和情怀。由此循环开来，一个人的发展就会越来越全面、越来越健康、越来越科学、越来越自由。

第二节　职业素质的特征及其结构

一　职业素质的特征

（一）职业素质的专业性特征

职业素质的专业性是指从事一定职业的劳动者应当具备特定的专业结构和专业知识，有专门的业务能力，受过一定的业务培训和业务教育。不同的职业，职业素质是不同的。比如，要想成为一名医生，应当有自己的专业特长，接受过一定时间的医学知识教育和医学实践培训，具备一定的行医能力，这样才能将患者放心地托付于他。再比如，要想成为一名教师，具备一定的专业知识，接受过良好的师德教育，有深厚的专业文化底蕴，并且有自己独特的教学理念和教学方法等，只有这样才能成为一名让学校、家长、学生放心的好老师。

即将迈入求职门槛的大学生应当明确自己的发展目标，发挥自己的专业特长，提高自己的业务水平，提升自己的专业能力，抓紧一切学习机会，形成自己的专业竞争优势。

（二）职业素质的稳定性特征

职业素质的稳定性是指劳动者的职业素质一旦在长期的劳动实践中形成之后，就不容易改变，并在以后的工作过程中会稳定地表现出来。

比如，一位有良好职业素质的医生，在长期为患者治疗疾病的过程中，已经形成了自己独特的工作风格，积累了很多的工作经验，这些个人的工作特色在面对不同的患者时，是不会轻易改变的。再比如，一位教师，经过很多年的教学生涯之后，就逐渐形成了怎样备课、怎样讲课、怎样热爱自己的学生、怎样为人师表等一系列教师职业素质，在面对一届又一届的学生时，是不会轻易改变的。这就是职业素质的稳定性特征。当然，一个人的职业素质是在长期工作中日积月累形成的，并且随着实践活动的进一步推进，他的职业素质还有可能进一步提升。由于受工作者的继续学习、工作以及周围环境的改变等的影响，这种素质还可继续提高。

（三）职业素质的内在性特征

职业素质的内在性是指工作者对所从事的职业的业务要求和知识能力的内在表现。工作者在长期的工作实践和工作培训过程中，经过自己的亲身经历和学习，已经有了自己的一套较为成熟的并且是量身定做的工作方法，对于怎样工作效率最高，怎样工作效果最好，怎样工作误差最少等问题已经在心中有了明确的解答。这样，他们就会有意识地内化、积淀和升华这种工作经验和教训，形成一种固定的职业表现，这就将职业素质转化为一种内在的品质和心理特征。我们在工作中常常听说，"把这件事交给某某人去做，有把握，请放心。"人们之所以对他放心，就是因为他已经形成了稳定的良好的具有内在性的职业特征。

（四）职业素质的整体性特征

职业素质的整体性是指包含劳动者的业务知识、专业素质、道德素质以及其他良好品质在内的一切职业素质的概括和综合。我们知道，职业素质包含多方面的内容，每一种职业素质都是作为一个优秀的从业人员所必不可少的，其中，缺少了任何一种，都有可能在工作中遭遇不顺。在日常工作中，我们常说某某职员职业素质好，不仅指他的身体心理素质、职业道德素质好，而且还包括他的科学文化素质、专业技能素质好，甚至还有他的创新能力强等。一个从业人员，虽然思想道德素质好，但科学文化素质、专业技能素质差，就不能说这个人整体素质好。相反，一个从业人员科学文化素质、专业技能素质都不错，但思想道德素质比较差或者身体心理素质比较差，同样，我们也不能说这个人整体素质好。这就是职业素质的整体性特点。

（五）职业素质的发展性特征

职业素质的发展性是指随着时代和社会的发展以及科学技术的进步，在不同的社会历史发展时期，社会对劳动者的职业素质有不同的要求。时代和社会的需要是劳动者职业素质培养的驱动力。首先是普遍劳动者素质提高了，能够为社会顺利创造出更多的价值和财富，接下来才是社会满足人们自身的需要。所以，人们为了更好地适应、满足、促进社会发展的需要，总是要不断地提高自己的素质，从而带动整个社会从业人员素质的提高。这样说来，职业素质就具有了发展性的特征。

二 职业素质的内容

(一) 思想政治素质

思想政治素质在广义上是人们的思想素质和政治素质的集合。所谓思想素质是由思想意识、思想情感、思想态度、思想意志以及思想行为等组合而成的综合效益的体现。所谓政治素质是由政治觉悟、政治信念、政治立场、政治意志等构成的，作为个人社会性本质的重要体现。思想政治素质集中体现了人们的精神世界和作为社会成员的责任感。

在现实社会生活中，尤其是对于在职的和即将求职的人来说，能够树立科学的、先进的思想政治素质，对于其今后的工作生涯和事业进步有着极为重要的意义。社会在考察一位工作人员的职业素质时，其思想政治素质是首当其冲的，当前社会大学生多学先进思想理论知识，树立科学的思想政治意识，把国家最高理想和现阶段的共同理想作为提升自身思想政治素质的出发点，打造自身投身祖国建设、积极贡献自身力量的素质，做到政治上素质过硬，思想上素质高尚，就定能在激烈的人才竞争中获得首张入场券。

(二) 职业道德素质

职业道德是一个历史范畴。在不同的国家和民族，同一国家不同的历史时期，甚至在同一历史时期不同的发展阶段对于职业素质的要求和定义也不尽相同。当前我国社会主义现代化建设的大背景下，国家所提倡的社会主义职业道德规范的具体要求是：办事公道，爱岗敬业，服务群众，奉献社会。

劳动者在职业生涯和工作岗位上，践行职业道德、提升职业素质。在具体的职业活动中，要积极投身自身所处的事业，锐意进取，钻研业务，提高技能，改进技术，提升服务，树立信誉。

(三) 科学文化素质

科学文化素质是包含科学知识、科学精神、求知欲望以及创新意识等在内一种重要的职业素质，是指人们对自然、社会、思维、科学等人类在长期生产实践中总结出来的文化成果的认识和掌握程度。

在职业生活中要具备科学文化素质，其核心就是指要做到尊重规律、实事求是，要做到一切从实际出发。无论在学习生活还是职业生活中，都要有一丝不苟、精益求精的态度和精神。

科学文化素质影响着人们的生活质量，它是治理自然和社会问题的基本依据之一；科学文化素质也影响着人们的价值观念和思维方式，一个具有良好科学文化素质的工作者，在工作中就会努力做到精益求精，就会收到很好的工作效果。

（四）专业技能素质

专业技能素质是指人们在从事某种职业时，从专业知识和专业技能等方面表现出来的状况和水平。专业技能素质是建立在科学文化素质的基础之上的，并且与所从事的职业密切相关。这种专业技能不是一朝一夕就能得到的，也不是轻而易举就能得到的，它一般需要经过长期专门的学习，培训以及实践活动而得来。

不同的职业所要求的专业技能也不尽相同。这就要求各行各业的工作者能够形成自己的专业特色，将专业知识学精学透，才会在激烈的竞争中脱颖而出。事实证明，一个人的专业技能越强，在职业生涯中所能发挥的作用就越显著，创造力就越强。

（五）身体心理素质

身体心理素质是从事职业活动的重要条件，是成就一番事业的基础。尤其是在当今的社会，生活节奏快，工作压力大，竞争激烈，人们的身心普遍处于亚健康的状态，这时一个健康的体魄和良好的心理素质对我们的职业发展意义重大。

所以当代大学生在进入激烈的社会竞争之前，首先要锻炼好自己的身体，增强体质；其次还要保持一个积极乐观向上的心态，遇事不骄不躁，培养坚强的意志力，为成就事业奠定基础。

第三节　职业素质的种类及其培养

一　职业素质的种类

（一）职业身体素质：职业素质本来就有先天素质和后天素质之分。先天素质就主要指一个就业者的身体素质。先天素质是一个生理学的概念，主要是指神经系统、感觉器官、运动器官、脑的特征及身体其他方面的一些特点。职业身体素质是其他职业素质得以发展的基础。

（二）职业心理素质：指一个职业人员的认知、感知、记忆、想象、情感、意志、态度、兴趣、能力、气质、性格、习惯等方面的素质。职业心理素质是一个从业人员的非智力素质，却有时能在关键的时候逆转工作中的失败和不得志，所以越来越多的著名企业开始关注职工心理素质的健康发展。

（三）职业政治素质：指政治信仰、政治立场、政治观点等方面的素质。只有政治立场和政治观点时刻与党中央保持一致，才会在工作中有较高的政治觉悟，才会保证正确的发展方向和发展目标，才不至于在工作中出现政治方向的偏离。

（四）职业思想素质：指思想觉悟、思想认识、思想方法、价值观念等方面的素质。思想素质会受到多方面的影响，既要受到客观环境等因素影响，比如社会的大环境和家庭的小环境都会影响一个人思想素质的形成，也要受到后天教育的影响。一个人受教育程度越高，思想就会越活跃。

（五）职业道德素质：指道德情感、道德认知、道德意志、道德心理、道德行为、道德修养以及组织纪律观念方面的素质。道德闪现在日常生活中的各个方面，在职业生活中也会受到道德观念的影响。一个人的道德水平越高，就会越有利于工作的顺利开展。道德素质是职业素质的一张"华丽的名片"。

（六）职业文化素质：指科学知识、专业知识、技术知识、文化知识等方面的素质。职业文化素质直接关系到工作质量的高低。职业文化素质是职业生活中不可或缺的一种素质，它受到人们教育程度、认知结构和水平的影响和制约，同时又是一个从业者保留自身特色的重要砝码。

（七）职业审美素质：指审美情怀、审美意识、审美观念、审美情趣、审美能力等方面的素质。一个优秀的工作者能够辨别生活中的真善美，自己也在一直努力朝着崇尚真、崇尚善、崇尚美的方向发展。

（八）社会交往和适应素质：主要是语言表达能力、社会交往能力、社会活动能力、社会适应能力等方面的素质。这些能力是在后天的实践活动中逐渐形成和培育起来的。每个人都是社会关系的总和。一个优秀的职员要学会与别人合作、学会与别人交流、学会尽快地适应不同的社会环境。

（九）学习和创新方面的素质：主要是学习能力、信息搜索能力、创新意识、创新精神、创新能力等方面的素质。学习和创新能力是现代社会呼声最高的需求能力，它代表着一个职员和一个公司的发展前景和发达水平。

二　职业素质的培养

当代大学生要想培养良好的职业素质，需要做好以下准备：

（一）思想道德素质的准备

首先，要树立科学、求实的职业理想。职业理想是一个人对未来所要从事职业的向往和追求，我们在树立自己的职业理想时一定要科学、求实，不能好高骛远，更不能胡乱树立职业理想或无职业理想。

其次，培养良好的敬业精神。三百六十行，行行出状元，我们应该干一行爱一行，要有敬业精神。只有敬业，才会爱业，才会钻研，才会不断有新成果。

再次，拓展社会视野、增强竞争意识。当今社会是一个竞争的社会，大学生要有竞争意识，但应正确对待竞争，在竞争中保持健康的心态，要有胜不骄、败不馁的精神和气魄。

最后，还要树立面向基层、艰苦创业的思想。我们不能希望从踏上职业生涯之路开始就能够一帆风顺，而是要做好接受挑战和克服困难的准备，只有这样我们才能心平气和地去面对随之而来的一切。

（二）科学文化素质的准备

首先，我们要扎实学好专业基础知识 要根据自己的专业和研究方向不断进行知识积累，在此过程中要重点瞄准自己将来的发展目标，要做到学有所长，增加自己的专业资本，保留自己的专业特色。

其次，要广泛摄取专业之外的其他各种知识，以增强知识的整体性和综合性。现代的社会，越来越需要复合型人才、综合型人才。我们在平时的学习中也要注重知识的全面学习，以便建立起不同知识体系的内部联系，成为一个有完整知识结构的高级人才。

最后，要善于把握本专业和相近专业的发展规律，预测其发展趋势，以便明确自己的学习方向，确立合理可行的学习目标，做到心中有数，更好地适应社会发展的需要，提高自身竞争力。

（三）注重综合能力的准备

首先，要热爱生活，在大学中不断积累人生的点滴，增加人生的阅历，努力把自己培养成有理想、有道德、有文化、有纪律的一代新人。

一个热爱生活的人，会对其他一切都保持积极乐观的心态。

其次，积极参与校园文化活动。学校会经常组建各种社团，开展形式多样的文体活动，经常参加一些有意义的校园文化活动对于自身能力的锻炼以及综合素质的提高都很有帮助。

再次，注意认识和培养自己的特长及兴趣。大学时期课余时间相对较多，除了学习书本知识和参与社会实践以外，要善于发现自己各方面的兴趣爱好，并要有意识、有针对性地培养自己。

最后，如果能在某个团体中充当一次领导者的角色，对于以后的就业也是十分有帮助的，每一次经历都是人生中的一次积淀，参与过了，就会有很深的感受和很难忘的记忆。

（四）良好心理素质的准备

首先，要敢于承受挫折和压力，在人生的每一个阶段几乎都不是一帆风顺的，就业也一样，无论你是处于就业前，就业时还是就业后的哪一个阶段，都会面对着压力和挫折，此时，承受力就显得十分重要。

其次，要特别有自信，积极主动地展示自己。每一个大学毕业生都希望自己找到理想的工作以及在未来的工作中有好的表现，看到身边的同学找到好工作或有好的发展，非常羡慕。但是羡慕归羡慕，多数大学生不知道周围的同学是如何做到这一点的。能够找到理想的工作以及在工作中有好的表现当然有很多原因，比如：有精湛的知识技能，有独到的能力，并且与岗位很匹配等等。但是，还有一个很重要的原因，就是那些大学生大多能积极主动地展示自己，而不是坐等。而现在的一些大学生在择业及工作后，常常很被动，不善于表现自己，更不能积极主动地参与各种活动，往往使自己才美不外现。只有积极主动地推销自己、展示自己，才能在更大程度上为自己赢得机会。

附录 1　大学生职业素质主要分类

大学生职业素质主要分类

1. 身体素质：指体质和健康（主要指生理）方面的素质。

2. 心理素质：指认知、感知、记忆、想象、情感、意志、态度、个性特征（兴趣、能力、气质、性格、习惯）等方面的素质。拓展训练以提高心理素质，很多知名企业都通过拓展训练来提高员工的心理素质以及团队信任关系。

3. 政治素质：指政治立场、政治观点、政治信念与信仰等方面的素质。

4. 思想素质：指思想认识、思想觉悟、思想方法、价值观念等方面的素质。思想素质受客观环境等因素影响，例如家庭、社会、环境等。

5. 道德素质：指道德认识、道德情感、道德意志、道德行为、道德修养、组织纪律观念方面的素质。

6. 科技文化素质：指科学知识、技术知识、文化知识、文化修养方面的素质。

7. 审美素质：指美感、审美意识、审美观、审美情趣、审美能力方面的素质。

8. 专业素质：指专业知识、专业理论、专业技能、必要的组织管理能力等。

9. 社会交往和适应素质：主要是语言表达能力、社交活动能力、社会适应能力等。社交适应是后天培养的个人能力，职业素质的另一核心之一，侧面反映个人能力。

10. 学习和创新方面的素质：主要是学习能力、信息能力、创新意识、创新精神、创新能力、创业意识与创业能力等。学习和创新是个人价值的另一种形式，能体现个人的发展潜力以及对企业的价值。

附录 2   名企用人概述

诺基亚的企业文化的核心是"以人为本"

体现在人才的判断价值上,公司是通过两个方面去实践"以人为本":

一是硬件系统,包括专业水平,业务水平和技术背景,一般由部门的执行经理来考察;

二是软件系统,包括沟通能力、创新能力以及灵活性等,一般由人力资源部门来考察。

摩托罗拉:5 个 E

第一个 E——Envision(远见卓识):对科学技术和公司的前景有所了解,对未来有憧憬;

第二个 E——Energy(活力):要有创造力,并且灵活地适应各种变化,具有凝聚力,带领团队共同进步;

第三个 E——Execution(行动力):不能光说不做,要行动迅速、有步骤、有条理、有系统性;

第四个 E——Edge(果断):有判断力、是非分明、敢于并且做出正确的决定;

第五个 E——Ethics(道德):品行端正、诚实、值得信任、尊重他人、具有合作精神。

西门子:企业家类型的人物

百年老店西门子被誉为"企业家的摇篮"。事实上,西门子寻找的正是"企业家类型的人物",他们对未来的"企业家们"的基本要求是：良好的考试成绩、丰富的语言知识、广泛的兴趣、强烈的好奇心、有改进工作的愿望，以及在紧急情况下的冷静沉着和坚定顽强。

壳牌：CAR 潜质

壳牌招聘人才主要是着眼于未来的需要，所以十分看重人的发展潜质。壳牌把发展潜质定义为"CAR"，即：

分析力（Capacity）：能够迅速分析数据，在信息不完整和不清晰的情况下能确定主要议题，分析外部环境的约束，分析潜在影响和联系，在复杂的环境中和局势不明的情况下能提出创造性的解决方案；

成就力（Achievement）：给自己和他人有挑战性的目标，出成果，百折不挠，能够权衡轻重缓急和不断变化的要求，有勇气处理不熟悉的问题；

关系力（Relation）：尊重不同背景的人提出的意见并主动寻求这种意见，表现诚实和正直，有能力感染和激励他人，坦率、直接和清晰地沟通，建立富有成效的工作关系。

惠普：看推荐人怎么说

惠普既重视你的潜力，更注重你的能力，所以惠普除了一般的招聘程序，还需要求职者提供两个比较了解你的推荐人——可以是客户、同事，也可以是以前的老板。

附录3　职业素质案例

案例一：2013 年 3 月 9 日，山东交运集团的一名年仅 34 岁的客车驾驶员宋洋，在驾车执行从聊城到济南运送旅客的途中，突发脑干出血疾病。危急时刻，他果断将车停靠在高速路的应急车道上，之后打开双闪报警灯，并试图用左手拉手刹，但左手已不听使唤，他艰难地调整身体后用右手拉起了手刹，随后又顽强地为旅客打开车门，直到他自己渐渐失去了意识……

宋洋在从出血到昏迷的短短几分钟内完成了高速公路上紧急停车的动作，这些动作使车上 33 名乘客的生命得到了保证。

这件事引起了山东省及全国人民的广泛关注，掀起了向宋洋同志学习的热潮。宋洋同志的事迹感动了无数中国人，他是当之无愧的驾驶员优秀代表。

案例点评：宋洋同志的事迹展示了一个优秀驾驶员应该具备的职业素质，他的思想政治素质、专业技能素质以及心理素质等都值得我们每个即将走上工作岗位的大学生去学习。在危险来临之时，将乘客的生命安全放在首位，展现了他良好的思想政治素养以及高尚的职业道德，用短短的几分钟完成了一系列停车动作又防止了危险的发生，也从另一个侧面展现出他高超的开车技术，反映了他良好的专业技能。

案例二：广州医学院第一附属医院广州呼吸疾病研究所所长钟南山是一名可亲、可敬、可爱、可信的医学专家。他有一句名言：看病只看病情，不看背景。他还有著名的"三个一样"——高干、平民，有钱、无钱，城市、农村，一样的热情耐心，一样的无微不至，一样的负责到底。他是这么说的，也是这么做的。也正是因为如此，使他得到了患者的一致好评。

在全国上下抗击"非典"时期，钟南山奋不顾身地与同事们一道冲在救治病人的最前线。他以非凡的学术勇气和不惧艰险的勇于涉险滩的精神，倾尽全力工作。他带领所在的研究所主动请缨专门收治重症病人，进行开创性的工作，在工作的过程中，由于过度劳累，他也几度病倒，但仍然将病人放在最重要的位置。终于功夫不负有心人，经过大量的研究，钟南山率领其他医务人员摸索出一套行之有效的临床治疗方法，在防治非典的过程中谱写了一曲壮歌。

案例点评：钟南山院士为所有的医护人员做出了榜样，在他身上体现了一名医务工作者应有的职业素质。良好的思想道德素质使他时刻将病人的安慰挂在自己的心上，无论在多么危急的情况下，他首先想到的是病人的康复。高尚的医德和高超的医术使他得到患者的一致好评。在抗击非典时期，他能够带领工作人员摸索出一套行之有效的临床治疗办法，这又恰恰充分体现了他在工作中所具有的创新能力和创新思维。

第五章 就业政策与就业程序

我国的高校毕业生就业制度的形成与发展，是我国不同的社会发展阶段的必然选择。随着我国经济体制由计划经济向市场经济转换，大中专毕业生的分配制度也随之发生了变化，大学生就业政策经历了由"统包统分"、"计划分配"到"供需见面、双向选择"以及在一定范围内"自主择业"等几个发展阶段。

第一节 毕业生就业相关政策

一 我国现行的毕业生就业政策

现行的大学生就业政策可具体归纳为：国家计划统招毕业生在国家政策规定的时间和范围内，通过供需见面、双向选择、自主择业的方式落实就业单位，逐步实现"建立市场导向、政府调控、学校推荐、学生与用人单位双向选择"的就业机制。定向和委托培养的毕业生按合同就业。

（一）鼓励和引导毕业生到城乡基层就业的政策

到城乡基层一线工作，既能实现就业，又能得到锻炼，是大学生就业的大方向。国务院办公厅下发的《关于加强普通高等学校毕业生就业工作的通知》提出实行四项具体鼓励政策：第一，基层社会管理和公共服务岗位就业补贴政策。第二，学费和助学贷款代偿政策。第三，选聘招录优惠政策。第四，继续实施和完善面向基层就业的专门项目，扩大项目范围。

（二）鼓励毕业生到中小企业、非公有制企业就业的政策

目前，绝大多数的大学生去中小企业和非公有制企业就业，这已经成为大学生就业的主要渠道，但这一渠道还不够通畅，相关制度和政策

有待进一步完善，完善落实制度和政策的相关工作要求，主要包括三个方面：第一，清理影响就业的制度性障碍和限制。第二，取消落户限制。第三，落户就业扶植政策。企业招用符合条件的高校毕业生，可享受相应的就业扶持政策。

（三）鼓励和支持高校毕业生自主创业的政策措施

自主创业是大学生就业的重要增长点。据有关调查，目前应届毕业生中自主创业的比例较低。创业难度很大，潜力也很大，今后需要加大政策扶持和服务力度，鼓励大学生自主创业。目前有四项政策鼓励自主创业：

1. 免收行政事业性收费

对高校毕业生从事个体经营符合条件的，免收行政事业性收费。

2. 提供小额担保贷款。在当地公共就业服务机构登记失业的自主创业高校毕业生，自筹资金不足，可申请不超过 5 万元的小额担保贷款，对合伙经营和组织起来就业的，可按规定适当扩大贷款规模；从事当地政府规定微利项目的，可按规定享受贴息扶持。

3. 享受职业培训补贴。为了鼓励更多高校毕业生参加创业培训，相关政策明确要求，有创业意愿的高校毕业生参加创业培训的，按规定给予职业培训补贴。

4. 享受更多公共服务。强化高校毕业生创业指导服务，提供政策咨询、创业培训、创业孵化、小额贷款、开业指导、跟踪辅导的"一条龙"服务。此外，政策鼓励支持高校毕业生通过多种形式灵活就业，并保障其合法权益，符合规定的，可享受社会保险补贴政策。

二　特殊大学生的就业政策

（一）结业生就业

结业生由学校向用人单位一次性或自荐就业，找到工作单位，可以办理就业手续，但必须在报到证上注明"结业生"字样；在规定时间内无单位接收的，由学校将其档案、户口关系转至家庭所在地（家居农村的保留非农业户口）自谋职业。已经被录用的结业生，在国家财政拨款单位就业的，其工资待遇按照国务院有关文件规定，比国家规定的普通高校毕业生工资标准降低一级。

结业生在一年内补考及格换发毕业证书者，国家承认其毕业资格，工资待遇从换发之日起按毕业生对待。

（二）毕业生就业

大学毕业的学生由学校发毕业证书，国家不负责其就业和办理就业手续，并将其档案和户口转回其生源所在地自谋职业。

（三）残疾毕业生的就业

国家政策规定，对残疾毕业生学校应帮助其就业，确有困难的，按有关规定由生源所在地民政部门安置。必要时，学校可与民政部门联系安排残疾毕业生的工作单位。

（四）升学、考公务员的毕业生就业

多数考研、专升本、考公务员的毕业生在择业时，结果还未确定，因此这类毕业生就业时应在协议中向用人单位声明，双方取得一致意见。如果毕业生在录取为研究生、专升本和公务员，则就业协议无效；如果用人单位不愿意接受此条款，则不应与该生签订就业协议。

（五）军队接受大学毕业生的有关规定

1. 军队接受大学毕业生参军的条件。按照解放军总政治部的有关规定，接受对象应当是参加全国普通高校统一考试录取的应届毕业生，大学毕业生参军的基本条件有三条：

（1）拥护党的基本路线，忠于祖国，热爱军队，志愿献身国防事业，符合公民现役的政治条件。

（2）学习成绩均在良好以上。

（3）本科毕业生年龄不超过 24 周岁。

2. 接受大学生到部队工作的程序

（1）报名。毕业生可向所在学校的毕业生分配部门和不对大军区级单位的大学生接收站报名，并提供本人的有关材料，向用人单位推荐。

（2）接受考核。部队用人单位在规定的期限内，将派人到有关高校，对接收对象进行全面考核。

（3）审批。对考核合格的毕业生，部队将组织填写《地方高等学校毕业生献身国防事业志愿书》，逐级上报至大军区级单位政治部审批。

（4）参加培训。毕业生到部队报到后，一般要经过一定时间的集中训练，然后再分配到各部队。

3. 地方大学生入伍后在部队的服役期限一般不少于两年。地方大学生入伍后在部队的服役期的长短主要取决于本人。如果安心在部队服役，而且各方面表现良好，一般都具有较好的发展前途。

第二节 毕业生就业工作程序

一 高等学校就业工作的工作职责

高等学校在毕业生择业、就业过程中担负着管理、服务、指导、监督、执行等工作职责。具体工作职责包括：向毕业生宣传国家和地方政府有关就业政策，在实际工作中贯彻落实各项政策和规定；进行毕业生资格审查；发放就业协议；举办毕业生招聘活动；指导毕业生签订就业协议；制定学校就业方案并按规定上报省毕业生就业主管部门；毕业生派遣离校；寄送毕业生档案；择业期间内毕业生调整改派。

二 毕业生就业工作的工作程序

（一）结合当年毕业生就业情况，制定毕业生就业政策，确定年度的就业工作实施意见及日常安排。

（二）教育部门和各高校对毕业生资格进行审查、统计、汇总和向社会公布毕业生资源信息。

（三）省毕业生就业主管部门、高等学校对应届毕业生进行就业指导与教育，帮助毕业生根据自身特点和社会需求选择职业，落实就业单位或实现自主创业。

（四）组织招聘会、就业洽谈会。按教育部和省毕业生就业主管部门规定，每年11月末至下一年的5月中旬，各级就业主管部门将通过高校毕业生市场，采取多种形式举办毕业生和用人单位参加的洽谈活动，供需双方达成一致即可签订《全国普通高等学校毕业生就业协议书》。

（五）毕业生与用人单位签订《全国普通高等学校毕业生就业协议书》后，由学校鉴证，签署意见，再报省就业主管部门审核，纳入毕业生就业方案。

（六）毕业生就业派遣。每年6月底至7月中旬由省毕业生就业主管部门按照毕业生就业方案办理高校毕业生《就业报到证》和有关派遣手续。在派遣过程中如出现特殊情况需要调整改派的，经学校同意后由省毕业生就业主管部门审核批准方可办理。

（七）毕业生报道与接收。已落实就业单位的毕业生，在规定时限内持《全国普通高等学校毕业生就业报到证》到工作单位报道，用人单位凭《全国普通高等学校毕业生就业报到证》按当地有关要求和规定办理接收手续和户口关系。

（八）回家庭所在地二次就业的毕业生继续通过毕业生就业市场落实就业单位。在此期间，在本地区找到工作单位的，由当地就业主管部门办理派遣手续；如果在生源地之外地区找到就业单位的，经生源地毕业生就业主管部门签署意见后仍可经毕业院校所在地区的省级毕业生就业主管部门办理改派手续。

三 就业协议书

（一）就业协议书

就业协议书一般由国家教育部或各省，市，自治区就业主管部门统一规定，是明确毕业生，用人单位和学校在毕业生就业工作中权利和义务的书面表达形式，也是学校编制就业计划和毕业生派遣的依据。

（二）毕业生就业协议书的签订的步骤

1. 毕业生与用人单位双方签订就业协议。

2. 毕业生〈或用人单位〉将双方签订好的就业协议书送到学校就业主管部门审核签证。

3. 凡填写不符合规定和要求的，以及材料不齐备的，要求毕业生（或用人单位）补齐后，学校就业主管部门再予以审核和签证登记。

4. 就业协议一般分为三份（部分省市为四份），用人单位，学生，学校各一份（如果就业协议书为四分，第四份一般由学校或用人单位保存备查）。

（三）就业协议书的签证

就业协议书的签证登记是指学校就业主管部门对协议书的有效性及双方当事人的资格的认可。

第三节 毕业生就业报到程序

一 报到证

报到证的全称是"全国普通高等学本专科毕业生就业报到证"，由教育部统一印制，省级高校毕业生就业主管部门签发。用人单位以报到证为依据，接受安排毕业生工作，并转接毕业生的人事档案，户口。报到证一人只能一份，毕业生报到证要妥善保管，凡自行涂改，撕毁的报到证一律作废。毕业生领取报到证后，到报到证上指定的人事部门报道。离校时，暂未落实工作单位的毕业生，应及时持报到证到生源所在地就业主管部门（人事局或就业主管部门）办理报到手续。

报到证的主要作用：

1. 到报到单位报到的凭证

2. 证明持证的毕业生是纳入国家统一招生方案的学生

3. 凭报到证及其他相关材料办理人事档案、户口迁移手续

4. 证明持证的毕业生具有毕业资格

二　大学毕业生一般报到程序

（一）已落实工作单位的毕业生报到程序。

1. 报到时需要的材料：

全国普通高等学校本专科毕业生报到证；

毕业证书（本科及以上学历需要准备学位证）；

就业协议书（接收函或接收证明）；

户口迁移证（如不办理户口，则不需要携带）；

党团组织关系介绍信。根据党章规定，党员因工作等原因调动必须转移正式组织关系参加组织活动，行使党员权利，履行党员义务。

2. 报到程序。毕业生在规定时间内，持报到证等相关材料到用人单位报道。

（二）未落实工作的毕业生报到程序。毕业生暂未找到接收单位，要求档案派遣回原籍的：

1. 报到时需要的材料：

全国普通高等学校本专科毕业生报到证；

毕业证书（本科及以上学位需准备学位证）；

户口迁移证（如不办理户口，则不需要携带）；

党团组织关系介绍信。

2. 报到程序：

省外毕业生可根据各省毕业生就业主管部门的要求派遣，回生源所在地毕业生就业主管部门帮助推荐就业。

省内各市毕业生，原则上派回地级市人事局、教育局，由各市人事局或教育局帮助推荐或安排就业。

没有落实就业单位的毕业生，在离校前也需转出组织关系。一般情况下，可将组织关系转往居住地（街道，乡镇）的党组织。

（三）报到时可能出现的问题及处理

1. 改派。毕业生派遣后原则上不予改派，确因特殊情况需要改派的，按下列规则办理：

（1）在本省（市，自治区）范围内调整的，由本省毕业生主管部门办理改派手续，不需回原学校办理。

（2）跨省市自治区调整的，毕业生应于当年 8 月 15 日至 10 月 15 日期间，持相关材料交学校就业主管部门，由学校统一报省人事厅（教育厅）审批。被批准调整的，方可办理改派手续，同时缴纳违约金。

（3）符合改派条件的毕业生申请改派时必须携带以下材料：

特殊情况的证明材料；

原就业单位的有效退函；

与新接收单位所签收的就业协议或接收函；

就业报到证。

2. 补发报到证。报到证只能一人一份，有其他部门印刷和签发的报到证无效。毕业生对报到证要妥善保管，凡自行涂改，撕毁的报到证一律作废。派遣期间若报到证丢失，应及时到报道当地或就读学校所在地日报登报挂失，并持报纸，个人申请，毕业证书，回学校办理录简表和就业方案复印件加盖公章，然后到省就业主管部门申请补发。

第四节　相关录用岗位及程序

大学生毕业后录用的岗位不同，其办事的程序也有所区别，大学生录用的岗位有公务员、选调生、选聘生、"三支一扶"、西部计划等岗位，其在办理上都有一定的程序。

一　国家公务员

报考公务员是大学毕业生就业的一条重要途径。公务员，是指依法履行公职、纳入国家行政编制、由国家财政负担工资福利的工作人员。

公务员职位按职位的性质、特点和管理需要，划分为综合管理类、专业技术类和行政执法类等类别。

（一）公务员考试

国家公务员考试是指：中央、国家机关以及中央国家行政机关派驻机构、垂直管理系统所属机构录用机关工作人员和国家公务员的考试。

地方的公务员考试是指：地方各级党政机关，社团等为招录机关工作人员和国家公务员而组织进行的各级地方性考试。

（二）考试录用程序

公务员考试录用有严格的程序，具体包括编制录用计划，发布招考公告，组织报名和资格审查，考试、考核，确定人选、录用等。

1. 编制录用计划。公务员的录用计划是行政机关根据实际工作需要制定的计划录用的公务员人数、专业、所需资格条件、招考范围等。

2. 发布招考公告。发布招考公告的目的是让广大公民了解职位的空缺情况，并让报考者做充分准备。招考公告应在考试前一定时间，在报刊、杂志或其他新闻媒体向社会公布。招考内容一般包括录用人数、报考的资格条件、报名日期、地点和报名手续、考试科目、程序和考试日期、考试地点及考试区域等。

3. 资格审查。主要是为了了解报考者是否具备公务员的基本条件和所要报考职位所特别要求的条件。符合条件者方可取得准考证，参加考试。资格审查工作由行政人事部门和用人单位共同负责。

4. 组织报名。在报名阶段，主考机关和用人单位要重点做好相关工作，比如确定报名地点、做好资料准备工作、做好报名点的工作，培训报名工作人员等。

5. 考试。考试的目的是测试报考者基础知识和专业知识水平以及适应职位要求的业务素质。主要分笔试和面试两种。笔试内容分为公共科目和专业科目。

6. 考核。考核在考试的基础上进行的，其对象是考试合格者。考核的内容主要包括政治素质、道德品质、工作能力、工作表现和实绩以及是否需要回避等。

7. 录用。考核完毕后，由用人部门根据模拟职位的要求综合评定报考者的考试考核结果，确定录取人员名单。

二　选调生

组织部门有计划地从高等院校选调品学兼优的应届大学本科以上毕业生到基层工作，作为党领导干部后备人选和县级以上党政机关高素质的工作人员人选进行重点培养，这批毕业生简称"选调生"。

三　选聘生

选聘生特指从 2008 年开始由中央组织部牵头，各省委组织部负责实施的一项组织高校毕业生到农村任职的工程。目的是从广大高校应届和近几届毕业生中，选择聘用一批优秀大学毕业生到农村任职，既有利于发挥大学生眼界宽、知识丰富的优势，优化农村基层党组织建设，提高村级组织为民服务质量；也有利于大学生自身丰富人生阅历，在基层经受磨炼，培养同基层群众的深厚感情；同时，选聘高校毕业生到农村任职还有利于为党和国家培养来自基层一线的干部，改变近几年直接从应届高校毕业生中招录公务员多，而从农村基层一线招录公务员少的格局。

各省委组织部根据当地实际情况制定选聘生报考条件，一般需具备中共党员或预备党员的政治身份，在大学获得优秀学生干部以及"三好"学生等荣誉的毕业生也可以报名。由省委组织部门进行资格审查后，对符合条件的考生进行笔试，多数省份的选聘生考试在 4 到 6 月份进行，省内学生一般要求报考原籍所在县。按照考试成绩确定参加面试的人员（比例为 1:1.5），之后是体检，公示等手续。

四　三支一扶

"三支一扶"，是指大学生在毕业后到农村基层从事支农、支教、支医和扶贫计划。

每年通过公开招募、自愿报名、组织选拔、集中派遣的方式，招募 2000 名高校毕业生，主要安排到乡镇从事教育、卫生、农技、扶贫等工作。服务期限为两年。招募计划侧重于经济欠发达地区。

招募工作按以下程序进行：

（1）制定计划，每年 4 月 20 日前，各市"三支一扶"办公室要收集、汇总当地乡镇一级教育、农业、卫生、扶贫等基层岗位需求信息，形成全省年度"三支一扶"招募计划，于每年5月份面向社会发布。

（2）组织招募，高校毕业生自行登录"高校毕业生就业信息网"，按照报名程序要求填写"高校毕业生'三支一扶'计划报名表"，经学校审核后，向有关市"三支一扶"办公室发送。

（3）确定人选，6月下旬，省"三支一扶"办公室对各市确定的人选审核后，统一指定时间和医院，对入选学生进行体检。体检标准执行人事部《高校毕业生"三支一扶"计划健康状况要求》。经审核、体检合格的大学生，由省"三支一扶"办公室组织其填写《高校毕业生"三支一扶"计划登记表》，同时与服务单位签署《高校毕业生"三支一扶"计划协议书》。6月底前，将确定的"三支一扶"大学生名单上报全国"三支一扶"办公室备案。

（4）培训上岗，"三支一扶"大学生上岗前，要集中进行培训。培训主要内容为党和国家关于基层工作特别是农业、农村、农民等方面的方针政策，本地区基层工作的现状，拟服务单位和岗位的基本情况等，同时也应对服务地的生活、民情、风俗等予以介绍，帮助他们更快地适应工作和生活环境。

五 "西部计划"

"西部计划"的全称为"大学生志愿服务西部计划"，它是由共青团中央、教育部、组织部门、人事部门于2003年根据国务院有关要求共同组织实施的。主管单位是中国共产主义青年团中央委员会。

（一）活动内容

1. 支教，本专项行动志愿者主要在西部地区贫困县的乡镇中小学校从事教育和教学管理工作。

2. 支医，本专项行动志愿者主要在西部地区贫困县的乡镇卫生院以及部分县级医院、防疫站从事医疗卫生工作。

3. 支农，本专项行动志愿者主要在西部贫困县的乡镇农业（林业、水利）技术站从事农业科技、扶贫工作。

4. 区域化推进农村共青团工作，本专项行动志愿者主要在西部地区贫困县的团委开展志愿服务，一般担任乡镇团委副书记兼任一个区域推进农村共青团工作联系村的团委书记。

5. 农村现代远程教育志愿服务行动，本专项行动由全国农村党员干部现代远程教育试点工作领导协调小组办公室、共青团中央共同组织实施。

此外，还有基层检察院志愿服务行动、基层法律援助志愿服务行动、基层人民法院志愿服务行动、开发性金融志愿服务行动、农村平安建设志愿服务行动、灾后重建志愿服务行动等。

（二）报名程序

1. 了解条件和政策。认真阅读西部计划的有关文件，详细了解西部计划及各专项活动的报名条件和相关政策。

2. 填写个人信息。报名者需在网上如实填写个人信息，本人对报名登记表的真实性和准确性负责。

3. 交表。网上报名成功后，请下载打印报名表，必须由辅导员或所在院（系）团委负责人签字，并由所在院（系）党组织盖章后，于5月10日前交至本校项目办进行审核。

4. 确认。交表后，请与高校项目办保持联系，确认自己是否通过审核，进一步了解服务地和服务单位的详细情况。

如在填写报名信息的过程中，无法检索到自己的毕业高校，请向所在省项目办咨询。

第五节　大学生毕业就业市场

毕业生就业市场是社会主义市场体系中的重要组成部分，是专门以大学毕业生这一特殊劳动力资源为配置对象，通过自主择业而形成的初次就业市场。

一　大学生就业市场的形成

社会主义市场经济体制的建立，要求社会资源和生产要素通过市场机制调节来配置，劳动力作为最主要的社会资源和生产要素自然也不例外。高校毕业生是我国专业技术人才和管理人才的主要来源和补充，更是劳动力中优秀的一部分，因此，如果没有完善的大中专学生就业市场，就不可能形成完整的劳动力市场和社会主义市场经济体制。大学生就业市场正是为适应这种需要应运而生的。大学生就业市场的形成是以我国劳动人事制度和教育制度的改革为前提，以社会人才市场的产生为基础的。

1984 年《中共中央关于经济体制改革的决定》的颁布，标志着我国劳动人事制度的改革进入到了一个深入发展的新阶段。之后，政府开始劳务市场机制的培育和建立，从此，人才市场在我国起步发展。

二　大学生就业市场的基本职能

（一）为供需双方提供信息服务

大学生就业市场的设立，就是为了能给高校毕业生和用人单位提供一个双向选择、自主择业的场所，为双方提供信息服务是它的主要职能。没有大量的供求信息，就没有真正意义上的"双向选择"，更谈不上自主择业。

（二）为大学生就业提供配套服务

服务是大学生就业市场的宗旨，为简化毕业生就业程序，拓宽毕业生就业途径，市场正在努力为毕业生就业提供配套服务，诸如精心准备双选会场，户粮、指标、档案保管一体化，毕业生待业、失业保险等，为毕业生免除后顾之忧。

（三）加强市场监督

认真监督检查用人单位和毕业生双方履行就业协议，维护用人单位和毕业生双方的合法权益，促成合法交易。

三　大学生就业市场的作用

（一）通过两个主体的双向选择实现择业择人

大学生作为就业主体，在国家政策范围内具有自我支配权，可以根据自身的素质、意愿和市场信息，选择职业和用人单位；用人单位作为用人主体，具有按照工作需要选择人才的权力。二者的择业和择人都必须通过大学生人才市场来实现。

（二）利用两个规律调节人才活动

在大学生就业市场中，人力资源的配置受价值规律的调控。大学生主要依据人才价格信息、个人与职业匹配、人才就业竞争情况来决定是否就业。用人单位则是根据工作要求、经营状况、社会平均人才价格决定对人才的录用。而供求规律、价值规律就是通过人才供求的变化影响人才价格高低和人才市场竞争强弱，从而决定人才的组合和配置，推动人才的合理流动。

（三）为毕业生和用人单位引入公平竞争机制

优胜劣汰是市场经济的主要特点，大学生就业市场也不例外。毕业生在就业市场中取胜的直接原因，就是自身的竞争实力。当竞争实力较弱时，就业相对来说就比较困难，毕业生甚至会被淘汰出局。大学生为了毕业后能找到一份理想的工作，根据市场需求和个人意向，不断调整自己的知识结构或择业方向，以增加自己的实力。近几年高校出现的"考证热"、"考研热"等，都与用人单位择人标准不断升级有关。可以说，市场竞争机制有力地激发了学生们的求知欲望，调动了学生们的学习积极性。

四　大学生就业市场的运行原则

高校毕业生就业市场本着"公正、公平、竞争、择优"的原则，为大学生和用人单位提供就业、招聘服务。

（一）公开

所谓公开就是毕业生就业过程中所有方面和环节必须对毕业生、用人单位和学校公开，其中包括信息公开、政策公开、程序公开、结果公开等。

（二）平等

我国《劳动法》第十二条、十三条规定"劳动者就业，不因民族、种族、性别、宗教信仰不同而受歧视"。"妇女享有同男子平等的就业权利。在录用职工时，除国家规定的不适合妇女的工作或岗位外，不能以性别为由拒绝录用或提高对妇女的录用标准。"

（三）竞争

公开、平等的竞争是市场体制存在和运行的必要条件。大学生人才市场的平等竞争体现在两个方面：就用人单位而言，尽早成为有选人自主权的实体，依靠自身的效益、环境以及提供必要条件在人才市场上吸引优秀的人；就大中专学生而言，之所以被理想的用人单位优先录用，是完全凭借自己良好素质，而不是其他。用人单位、毕业生和学校中若有一方出现有违平等竞争的行为，他方有权提出异议或拒绝履行就业协议中所议定的义务。

（四）择优

所谓择优原则，就是要在公开、平等、竞争的基础上，实行优胜劣汰，择优选用，即用人单位择优录用毕业生；毕业生择优选定职业岗位；高等学校重点推荐优秀毕业生。

第六节　毕业生人事代理制度

为建立与市场经济体制相配套的人事管理体制，促进单位自主用人与个人自主择业，合理开发和利用人才资源，我国各省都制定了人事代理制度。

一　人事代理内涵

人事代理是指各级政府人事行政部门所属的人才流动服务机构依据国家有关人事政策法规，接受用人单位或个人委托，对其人事业务实行集中、规范、统一的社会化管理和系列服务的人事管理方式。

人事代理的当事人为代理方和委托方，一般是县级以上政府人事行政部门所属的人才流动服务机构；委托方为需要人事代理服务的各类企业、事业单位和个人。

人事代理业务可由单位委托，也可由个人委托。委托代理的方式由委托方与代理方商定，并以合同的方式予以明确。

二　人事代理的具体内容

人事代理的具体内容有代理方和委托方协商确定，代理方可以提供如下服务：

为委托方提供人事政策咨询，协商研究制定人才发展规划和人事管理档案等。

为委托方管理人事关系、人事档案。

为委托方结转党团组织关系，建立流动人员党团组织，开展组织活动。

为委托方代办失业、养老等社会保险业务。

为委托方代办人才招聘业务，提供人才供需信息，推荐所需专业技术人员和管理人员，负责聘用人员合同签证。

根据委托方要求，开展岗位培训，并协助委托方制定培训计划。

根据委托方要求，开展人才测评业务。

代理与人事管理相关业务。

三 人事代理程序

（一）委托方向代理方提出申请，并提供有关材料。

（二）代理方对委托方申报的材料进行审核。

（三）委托方与代理方签订人事代理合同。

（四）代理方向有关方面索取人事档案及行政、工资、组织关系等材料，并办理有关手续。

（五）人事代理当事人的权利和义务，由双方以协议的形式予以明确，共同遵守。

（六）各级政府人事行政部门所属的人才流动服务机构负责本行政区域内人事代理业务，为委托方提供相应服务。

（七）人事代理实行有偿服务，其收费标准按国家和各省有关规定执行。

（八）凡需要毕业生的代理单位均须按照其委托代理的县级以上人才流动机构的要求填写毕业生需求信息，由人才交流机构统一向毕业生就业主管部门申报，经核准的需求信息即作为该单位的需求计划。

（九）代理单位将拟接收的毕业生情况（推荐表复印件）报当地人才交流机构，经批准后，代理单位可与毕业生、学校签订一份统一规定的协议书，并纳入各省毕业生调配计划。

（十）与尚未落实单位的毕业生和要求自谋职业的毕业生，可以向生源所在地县以上人才流动机构申请办理人事代理。

人才代理制度的建立是人事制度改革的重要内容。它的出现，对于开拓毕业生的就业渠道，改革传统的就业方式，保障毕业生和用人单位的合法权益有着重要的意义。

附录 1　普通高等学校毕业生就业工作暂行规定

普通高等学校毕业生就业工作暂行规定

（国家教育部 1997 年 3 月 24 日发布）

第一章　总则

第一条　为做好普通高等学校（含研究生培养单位）毕业生（含毕业研究生）就业工作，更好地为经济建设和社会发展服务，维护毕业生和用人单位的合法权益，根据国家的有关法律和政策，制定本规定。

第二条　普通高等学校毕业生凡取得毕业资格的，在国家就业方针、政策指导下，按有关规定就业。

第三条　毕业生是国家按计划培养的专门人才，各级主管毕业生就业部门、高等学校和用人单位共同做好毕业生就业工作。毕业生有执行国家就业方针、政策和根据需要为国家服务的义务。必要时，国家采取行政手段，安置毕业生就业。

第四条　毕业生就业工作要贯彻统筹安排、合理使用、加强重点、兼顾一般和面向基层，充实生产、科研、教学第一线的方针。在保证国家需要的前提下，贯彻学以致用、人尽其才的原则。国家采取措施，鼓励和指导毕业生到边远地区、艰苦行业和其他国家急需人才的地方去工作。

第五条　国家教委归口管理全国毕业生就业工作，国务院其他部委（以下简称部委）和各省、自治区、直辖市（以下简称地方）负责本部门、本地方的毕业生就业工作。

第二章　职责分工

第六条　国家教委的主要职责：

制定全国毕业生就业工作的法规和政策，部署全国毕业生就业工作；组织研究并指导实施全国毕业生就业制度改革；收集和发布全国毕业生供需信息，组织指导和管理毕业生就业供需见面、双向选择活动；编制全国普通高等学校毕业生就业计划，制订国家教委直属高校毕业生就业计划和部委、地方所属高校抽调计划；负责全国毕业生就业计划协调工作，管理全国毕业生调配工作；指导、检查毕业生就业工作，授权各省、自治区、直辖市调配部门派遣本地区高校毕业生；组织开展毕业教育、就业指导和人员培训工作；开展毕业生就业工作的科学研究和宣传工作；检查毕业生的使用情况。

第七条　国务院有关部委主管部门的主要职责；

根据国家的有关方针、政策和国家教委的统一部署，提出本部门毕业生就业的具体工作意见；及时向国家教委报送所属院校毕业生就业计划和本部委需求信息；组织协调所属院校的毕业生供需信息交流活动；制订并组织实施所属院校的毕业生就业计划；组织开展所属院校毕业生教育、就业指导工作；负责本部门毕业生的接收工作，了解和掌握毕业生的使用情况；开展有关毕业生就业工作改革的研究和宣传工作。

第八条　省、自治区、直辖市主管部门的主要职责：

根据国家的有关方针、政策和国家教委的统一部署，提出本省、自治区、直辖市毕业生就业的具体工作意见；负责本地区毕业生的资源统计工作，并按时报送国家教委；收集本地区毕业生的需求信息并及时报送国家教委；制订本地区所属院校毕业生的就业计划并及时报送国家教委；组织管理本地区毕业生就业供需见面和双向选择活动；受国家教委委托组织实施本地区高校毕业生的资格审查，并负责毕业生的调配派遣和接收工作；组织开展毕业教育、就业指导工作；检查、监督本地区用人单位和高等学校的毕业生就业工作；开展毕业生就业制度改革的研究和宣传工作；完成国家教委交办的其他工作。

第九条　高等学校的主要职责：

根据国家的就业方针、政策和规定以及学校主管部门的工作意见，制定本学校的工作细则；负责本校毕业生的资格审查工作，及时向主管部门和地方调配部门报送毕业生资源情况；收集需求信息，开展毕业生就业供需见面和双向选择活动，负责毕业生的推荐工作；按照主管部门的要求提出毕业生就业建议计划；开展毕业教育和就业指导工作；负责办理毕业生的离校手续；开展与毕业生就业有关的调查研究工作；完成主管部门交办的其他工作。

第十条 用人单位的主要职责

及时向主管部门报送毕业生需求计划，向有关高等学校提供需求信息；参加供需见面和双向选择活动，如实介绍本单位情况，积极招聘毕业生；按照国家下达的就业计划接收、安排毕业生；负责毕业生见习期间的管理工作；向有关部门和学校反馈毕业生的使用情况。

第三章 毕业生就业工作程序

第十一条 全国高等学校毕业生就业工作程序和时间安排由国家教委统一部署，各部委和地方应按照统一部署具体指导所属院校毕业生的就业工作。

第十二条 毕业生就业工作程序分为就业指导、收集发布信息、供需见面及双向选择、制订就业计划、进行毕业生资格审查、派遣、调整、接收等阶段。

第十三条 毕业生就业工作一般从毕业生在校内的最后一学年开始。

第十四条 用人单位一般应每年11月－12月向主管部门及有关高校提出下一年度毕业生需求计划，11月－5月与毕业生签订录用协议。

第十五条 毕业生的就业活动不得影响学校正常的教学秩序和学生的学习。毕业生联系工作时间应安排在1月－5月，春季毕业研究生可适当提前。

第四章 毕业生就业指导与毕业生鉴定

第十六条 毕业生就业指导是高校教学工作的一个重要组成部分，是帮助毕业生了解国家的就业方针政策，树立正确的择业观念，保障毕业生顺利就业的有效手段。

第十七条 毕业生就业指导重点进行人生观、价值观、择业观和职业道德教育，突出毕业生就业政策的宣传。

第十八条 毕业生就业指导要理论联系实际，注重实效，可采用授课、报告、讲座、咨询等多种形式。

第十九条　毕业生就业指导要与毕业教育相结合，教育毕业生以国家利益为重，正确处理国家利益与个人发展的关系，自觉服从国家需要，到基层去，到艰苦的地方去，走与实践相结合的成才之路。

第二十条　高等学校要按照国家教委《普通高等学校学生管理规定》、《高等学校学生行为准则（试行）》和《研究生学籍管理规定》的要求，实事求是地对毕业生做出组织鉴定。

第二十一条　毕业鉴定主要包括毕业生在校期间德、智、体等各方面的基本情况，这些基本情况要按照档案管理的有关规定，认真核对无误后归档。档案材料应在毕业生派遣两周内寄送毕业生报到单位。

第五章　供需见面和双向选择活动

第二十二条　供需见面和双向选择活动是落实毕业生就业计划的重要方式。各部委、各地方主管毕业生就业工作部门负责管理举办本部门、本地区的毕业生就业供需见面和双向选择活动，其它部门不得举办以毕业生就业为主的洽谈会或招聘会。举办省级上述活动要报国家教委备案，跨省区、跨部门的有关活动须报国家教委审批。

第二十四条　经供需见面和双向选择后，毕业生、用人单位和高等学校应当签订毕业生就业协议书，作为制定就业计划和派遣的依据。未经学校同意，毕业生擅自签订的协议无效。

第二十五条　供需见面和双向选择活动要在国家就业方针、政策指导下，有组织、有计划、有步骤地进行，时间应安排在节假日。

第二十六条　供需见面和双向选择活动，不得以赢利为目的向学生收费，不得影响学校正常的教学秩序和学生的学习。

第六章　就业计划的制订

第二十七条　国家教委直属学校毕业生面向全国就业，其他部委所属学校毕业生主要面向本系统、本行业就业，地方所属学校主要面向本地区就业。根据招生"并轨"改革的进程，有关部委和各省、自治区、直辖市可根据本部门、本地区的实际情况确定所属高校毕业生的就业范围。

第二十八条　制订就业计划的原则：

遵循国家有关毕业生就业的方针、政策和规定；依据国民经济和社会发展的需要；优先保证国防、军工、国有大中型企业、重点科研和教学单位的需要；来源于边远省区的本、专科毕业生，只要是边远省区急需的，原则上回来源省区就业；师范类毕业生原则上在教育系统内就业；定向生、委培生按合同就业；实行招生"并轨"改革学校的毕业生在国家就业政策指导下，在一定范围内自主择业；毕业研究生在国家规定的服务范围内就业；其他类型毕业生按国家有关规定就业。

第二十九条　本、专科毕业生就业计划每年编制一次，毕业研究生就业计划分为春季和暑期两次编制。就业计划按部委、地方和高校各自的职责分工经上下结合，充分协商形成；有关部委和地方审核、汇总所属学校毕业生就业建议计划，并按时报送国家教委；国家教委审核、编制全国普通高等学校毕业生就业计划。

第三十条　毕业生就业计划经国家教委审核下达后，各部委、地方、高等学校和用人单位必须严格执行。

第七章　调配、派遣工作

第三十一条　地方主管毕业生调配部门和高等学校按照国家下达的就业计划派遣毕业生。派遣毕业生统一使用《全国普通高等学校毕业生就业派遣报到证》和《全国毕业研究生就业派遣报到证》（以下简称《报到证》），《报到证》由国家教委授权地方主管毕业生就业调配部门审核签发，特殊情况可由国家教委直接签发。

第三十二条　国家招生计划内招收的自费生（含电大、函授等普通专科班）毕业后自主择业，在规定时间内找到单位的由地方主管调配部门开具《报到证》。

第三十三条　对于华侨和来自港澳台地区的毕业生愿意留大陆工作的，学校可根据国家有关规定提供必要的帮助。

第三十四条　免试推荐和考取硕士、博士研究生的毕业生，在学校就业计划上报后提出不再攻读的，应回家庭所在地就业。

第三十五条　符合国家规定申请自费留学的毕业生，要在学校规定的期限内提出申请并按规定偿还教育培养费，经批准后，学校不再负责其就业。派遣时未获准出境的，学校可将其档案、户粮关系转家庭所在地自谋职业。

第三十六条　对残疾毕业生学校应帮助其就业，确有困难的，按有关规定由生源所在地民政部门安置。

第三十七条　学校应在派遣前认真负责对毕业生进行健康检查，不能坚持正常工作的，让其回家休养。一年内治愈的（须经学校指定县级以上医院证明能坚持正常工作的）可以随下一届毕业生就业；一年后仍未治愈或无用人单位接收的，户粮关系和档案材料转至家庭所在地，按社会待业人员办理。

第三十八条　结业生由学校向用人单位推荐或自荐，找到工作单位的，可以派遣，但必须在《报到证》上注明"结业生"字样；在规定时间内无接收单位的，由学校将其档案、户粮关系转至家庭所在地（家居农村的保留非农业户口），自谋职业。

第三十九条　全国普通高等学校要在七月一日后派遣毕业生（春季毕业研究生例外）。

第四十条　在派遣过程中出现特殊情况需要调整改派的，按下列原则办理：

在本省、自治区、直辖市辖区内用人单位之间调整的，由地方主管毕业生调配部门审批并办理改派手续；跨部委、跨省（自治区、直辖市）调整的，由学校主管部门审核同意后，统一报国家教委审批并下达调整计划，学校所在地方主管毕业生调配部门按照调整计划办理改派手续；毕业生调整改派须在一年内办理，逾期不再办理有关调整改派手续。毕业生就业后的调整按在职人员有关规定办理。

第八章　接收工作及毕业生待遇

第四十一条　毕业生持《报到证》到工作单位报到，用人单位凭《报到证》予以办理接收手续和户粮关系。凡纳入国家就业计划的毕业生，地方政府不得征收其城市增容费。

第四十二条　毕业生报到后，用人单位应根据工作需要和毕业生所学专业及时安排工作岗位。

第四十三条　按国家计划派遣的毕业生，用人单位不得拒绝接收或退回学校。

第四十四条　毕业生报到后，发生疾病不能坚持正常工作的，按在职人员有关规定处理，不得把上岗后发生疾病的毕业生退回学校。

第四十五条　毕业生就业后，其工资标准和福利待遇按国家有关规定执行，工龄从报到之日计算。

第四十六条　到非公有制单位就业的毕业生，其档案按国家有关规定进行管理，工资待遇由毕业生与用人单位协商确定，但工资标准原则上应不低于国家规定。

第九章　违反规定的处理

第四十七条　有以下情形之一的部委、地方和学校就业部门，要通报批评，情节严重的，建议主管部门对有关责任人员给予行政处分：

不按要求和时间报送生源、需求计划的；不按国家的有关规定派遣毕业生的；其他违反毕业生就业工作规定的。

第四十八条　对违反就业协议或不履行定向、委托培养合同的用人单位、毕业生、高等学校按协议书或合同书的有关条款办理，并依法承担赔偿责任。

第四十九条　对擅自拒收、截留按国家计划派遣毕业生的用人单位，由其主管部门责令改正，并对有关负责人员给予行政处分。

第五十条　有下列情形之一的毕业生，由学校报地方主管毕业生调配部门批准，不再负责其就业。在其向学校缴纳全部培养费和奖（助）学金后，由学校将其户粮关系和档案转至家庭所在地，按社会待业人员处理：

不顾国家需要，坚持个人无理要求，经多方教育仍拒不改正的；自派遣之日起，无正当理由超过三个月不去就业单位报到的；报到后，拒不服从安排或无理要求用人单位退回的；其他违反毕业生就业规定的。

第五十一条　对利用职权干涉毕业生就业或在毕业生就业工作中徇私舞弊的工作人员，由主管部门或同级纪检、监察部门依法处理；情节严重、构成犯罪的，依法追究其刑事责任。

第十章　附则

第五十二条　本规定中普通高等学校毕业生系指按照国家普通高等学校招生计划和研究生计划招收的具有学籍、取得毕业资格的本、专科生（含招生并轨招收的学生和招生并轨前招收的国家任务生、定向生、委培生、自费生及电大、函授普通专科班学生）和硕士、博士研究生（含统分生、定向生、委培生、自筹经费生）。

第五十三条　各有关部委和地方可根据本规定制定实施细则并报国家教委备案。

第五十四条　本规定由国家教育委员会负责解释。

第五十五条　本规定自发布之日起执行。

（摘自中华人民共和国教育部网站，网址：http://www.moe.edu.cn）

附录 2　就业协议书

	单位名称			组织机构代码				
用人单位情况	通讯地址				单位所在地			
	安排岗位		单位所属行业		邮编			
	联系人		联系电话		E－mail			
	单位性质	国有企业/其他企业/机关事业单位/医疗卫生/教育/科研/其它						
	毕业生档案、户口党团关系接收	档案接收单位名称			联系人			
		档案转寄详细地址			邮编			
		户口接收单位			接收单位电话			
		党、团组织关系接收单位						
毕业生情况	姓名		身份证号			性别		民族
	政治面貌		学号		专业			
	毕业时间		学历		学位类别			
	联系方式	/			E－mail			
	家庭地址				QQ			
	应聘方式	学校招聘会/政府举办招聘会/人才市场/网络签约				应聘时间		
	应聘意见： 　　　　　　　　　　　毕业生签名：　　　年　月　日							

用人单位意见	用人单位上级主管部门或所属地人社局意见
   　　　　　　签 章 　　　　　　年　月　日	 　　　　　　签 章 　　　　　　年　月　日
院（系）意见	校（院）就业部门意见
   经办人：　　　　　签 章 联系电话：　　　年　月　日	 经办人：　　　　　签 章 联系电话：　　　年　月　日

附录 3　中共中央组织部、人事部关于加强流动人员
　　　　人事档案管理工作的通知

中共中央组织部、人事部关于加强
流动人员人事档案管理工作的通知

（1988 年 12 月 1 日人调发 ［1988］ 5 号）

随着人员流动政策的逐步放开，单位和个人相互选择的余地逐步扩大，流动人员的人事档案管理，已成为人事工作中亟待解决的问题之一。为进一步贯彻执行有关人事档案管理的法规、政策，妥善保管流动人员的人事档案，创造人员合理流动的社会条件，现将有关事项通知如下：

一、流动人员的人事档案管理是人事管理工作的组成部分，各级党委组织部门、政府人事部门要重视和加强这项工作，并积极创造条件，使人事档案管理适应人员合理流动的要求。

二、流动人员人事档案的管理应按照人事管理权限，统一由党委组织部门、政府人事部门及其所属的人才流动服务中心等机构负责。其他机构不得承担流动人员人事档案的管理工作；任何人不得私自保管他人或本人档案。

三、流动人员的人事档案包括：辞职或辞退人员的档案；外商投资企业中方人员的档案；外国企业驻华代表机构中国雇员的档案；乡镇企业、民办科研机构、私人企业聘用的专业技术人员的档案；不包分配暂未落实工作单位的大中专毕业生的档案；自费出国留学人员的档案；其他流动人员的档案。

四、流动人中的人事档案管理，必须坚决执行国家的保密制度，遵循分级管理的原则。档案的查阅、借用和传递应遵守有关规定；档案材料的收集、鉴别、整理、归档工作必须按照规定做好；任何部门、单位不得随意涂改、撤换、销毁档案材料。

五、流动人员的人事档案需由专人管理。管理人员必须是党性强、作风正、忠于职守，且具有一定的档案管理专业知识的党员干部。

六、擅自承办流动人员人事档案管理工作的非党委组织部门、政府人事部门，应从本通知发布之日起，停止新的承接工作，并在三个月内将现保管的流动人员人事档案，按照人事管理权限，移交给党委组织部门、政府人事部门及其所属的人才流动服务中心等机构。各级党委组织部门、政府人事部门负责对移交情况进行监督检查。

（摘自广西人事代理网站，网址 http：//www.gxrcdl.com）

第六章 就业礼仪与就业心态

中国自古以来就有"礼仪之邦"之称。重"礼"明"仪"是我们国家的传统美德。在社会交往的过程中，礼仪已经成个体、组织、国家展现自我、实现自我的重要标志之一，礼仪更是协调人际关系之间约定俗成的行为规划。在社会交往中，特别是大学生在求职的过程中，如何注重礼仪的修养，有利于树立良好的形象，赢得招聘单位的尊重与信任，是大学生就业成功的重要途径。

第一节 礼仪概述

一 礼仪的基本概念

（一）礼仪的古义

人们把"礼"和"仪"连在一起使用始于《诗·小雅·楚茨》："献醻交错，礼仪卒度。"根据古辞书《说文解字》，礼即"履也，所以事神致福也"，其基本的含义是等级制的社会规范和道德规范的意思；《淮南子修务》中说："高仪立度，可以为法则。"《周礼·春官·肆师》是说："凡国之大事，治其礼仪，以佐宗伯。"即在《诗经》和《周礼》中提到的礼仪，在一定程度上是特指准则和规范。在《辞源》中，"礼仪，乃行礼之仪式也。"说明了礼仪即行礼之仪式，不但有其道德方面的内容，更是道德的一种表现形式。

（二）礼仪的今义

现代礼仪，是在长期的社会实践中形成的一种行为模式或行为规范，是指人们在社会交往过程中逐渐形成的，并且以建立和谐关系为主要目标、符合"礼"的精神的行为规范和准则的总和。

现代礼仪，早已得到了社会的认可，有的体现在规章的制度里，有的融入了民间的习俗之内，例如大至国家的庆功大典，小到个人的婚丧礼仪，无论是在等级森严的社会制度里，还是在平等的社会交际中，礼仪的行为已经是人类文明进步的重要标志，是促进个人进步和成功的重要手段。

二　礼仪的内涵与作用

（一）礼仪的内涵

在礼学的体系中，礼仪存在于一切社会交往活动过程之中，其基本形式受历史传统文化、传统风俗习惯、各类宗教信仰、社会时代潮流等众多因素的影响。在层次上要高于礼节、礼貌，在内涵上又更加深远、深广。礼仪实际上是由一系列具体的、表现出的礼貌的礼节构成的范畴。其内涵有以下几个方面：

1. 礼仪是人们遵守的行为准则。礼仪是一个整体的系统，有一定的章法，表现为一定的行为准则性和规范性，只有遵守这种行为规范、准则或习俗，才能顺应时代的发展，社会的需求。

2. 礼仪是约定俗成的行为规范。礼仪是在一定的社会关系中人们约定俗成、共同认可的行为规范。从点滴、零散的规矩、习俗，上升为共同认可的，可以用语言、文字、动作、行为进行准确描述和规定的行为准则，最终成为人们有章可循，并自觉学习和遵守的行为规范。

3. 礼仪是交往情感的表达方式。在礼仪实施的整个过程中，既有施礼者的调控行为，又有受礼者的反馈行为。即施礼者与受礼者之间的相互尊重、相互信任、情感交流的一种表达方式。

4. 礼仪是获取自由的重要手段。礼仪的目的是为了实现社会交往各方的相互尊重，从而达到人与人之间关系的和睦。在现代社会中，礼仪体现着一个人对他人的社会的认知水平、尊重程序，是一个人的学识、修养、价值的外在表现，更是个人获得自由的重要手段和途径之一。

（二）礼仪的作用

礼仪的作用概括地说，是表示人们在不同地位的相互关系的调节、处理人们相互关系的手段。其作用表现在以下几点：

1. 礼仪具有道德习俗的教育作用

礼仪是一个国家、民族、地区的文明程度的体现，是社会风尚、道德水准的重要标志之一。就个人而言，可以通过各种高尚、美好的心理和行为方式的引导，净化人的心灵，陶冶人的情操，提高人的品位，完善人的人格；通过对礼仪学习与实践，可使人的心胸豁达，谦虚诚恳，遵守准则，乐于助人。在实施过程中，礼仪具有引导、示范、榜样的作用，潜移默化地影响、教育着周围的人们。特别是在对各种不良的行为习惯，礼仪有着无形的劝阻和约束的作用，促使其按照礼仪的规范来调节人际关系，维护健康、和谐的环境。礼仪对社会、国家而言，可以通过国民的综合素质，尤其是道德素质的提升，使国民能知书达礼，遵守职业道德，维护社会公德，促进社会的安定、团结、文明与和谐。礼仪对即将走向工作岗位的大学生尤为重要，可以通过提升礼仪修养，提升就业的成功率。

2. 礼仪具有行为规范的约束作用

礼仪是一种文化现象，从始至终对人们的行为都构成了一种有效的约束力。古时代，人们从恶劣的生存环境中进行自我防卫和自我约束，是出于安全考虑的一种警惕和防范，表达了人类反对暴力、向往和平、友好往来的意愿。如今，人们对自身行为的控制和约束，用礼仪代替暴力，是人类文明进步的重要标志。

礼仪作为一种行为规范，对人们的社会行为仍具有很强的约束作用，缓冲着人与人之间的矛盾关系。礼仪是人们在长期社会交往活动中逐渐形成的约定俗成的行为规范，虽没有法律规定的那样对人的违法行为具有严格的强制性，但对一些非礼仪的、不道德的行为却有一定的约束作用。礼仪以社会道德为内在底蕴，是社会道德的外在化，在一定程度上阻止人们放纵、骄傲等无礼行为。人们在社会交往中自觉接受礼仪的约束，是成熟的表现，不接受礼仪约束的人，社会会以道德和舆论的手段加以谴责，必要时会使用法律的手段加以约束。

3. 礼仪具有促进和谐的调节作用

由于人们在社会交往中不可避免地发生各种各样的关系，如经济关系、政治关系等，无论是个体之间、群体之间、国家之间，都与礼仪有着密切的联系。礼仪作为一种规范和程序，作为一种文化传统，对人们之间相互关系模式起着稳固、约束、规范和调节的作用，人们可以通过礼仪调节生活、建立友谊、交流情感、增长知识、扩展信息、促进和谐等，可以说，礼仪是桥梁和纽带，通过建立和谐的人际关系来推动社会的进步与发展。

另一方面，由于各个社会、政治、经济、文化背景的不同，性格、职业、年龄、性别各方面的差异，人们在交往中往往存在不同的价值取向，在交流过程中为维护其自身利益发生不同程度的矛盾或冲突，这种情况就得借助礼仪形式、礼仪活动来化解矛盾、建立新 关系模式。如联谊会、宴请、联欢等活动沟通情感，改善人际关系。可见礼仪在处理和发展良好的人际关系中，有其重要的作用。

4. 礼仪具有提升道德的美化作用

从客观上讲，礼仪能引起人们愉悦等情感反映的属性，所以具有美的价值和指向。第一，礼仪可以美化个人。通过礼仪的教化，一个人的形体、服饰、仪容、举止、言谈、表情等方面都会表现出越来越符合规范、适度得体的审美特征，体现出时代的特色和精神面貌，进而在社会交往中塑造良好的社会形象，带有愉悦、轻松、和谐的感觉。第二，礼仪可以善化社会。由于整个社会素质的提升是个人修养的总和，礼仪，凝聚着人类的理想、智慧和创造力量，有利于人类的生存和相处，有利于社会进步和发展的属性；遵守礼仪有助于净化社会环境，有助于提升人类生活品位。特别是在我国大力推行社会主义精神文明建设和公民道德纲要的今天，要求全社会公民讲文明、讲礼貌、讲道德、讲卫生、讲秩序等与礼仪都息息相关。

三　礼仪的特点与原则

（一）礼仪的特点

礼仪是人类文明的一种表现和象征，是人们在社会交往中必须遵守的行为规范，具有鲜明的时代特点和社会特点，了解礼仪的特点，对于大学生更好的继承和发扬优良传统礼仪，在就业求职过程中具有十分重要的现实意义。

1. 普遍性

礼仪具有极为明显的社会性和人文性，属于上层建筑的范畴。古往今来，礼仪早已穿越了国家、民族、时代的界限，也不分性别、年龄、阶层等，为全人类共同拥有，成为全人类的共同财富。可以说，只要有人类生存之地，就会有社会生活需求的礼仪；礼仪渗透在各级社会关系之中，只要人与人之间关系的存在，只要人类存在着社会活动，人们就需要礼仪来表达彼此之间的情感和尊重。例如：问候、打招呼、礼貌用语、各种庆典仪式、签字仪式等等。因此，礼仪适用于不同时代、不同场合，即礼仪无时不在、无处不在。

礼仪是普遍存在的，只是由于时代、地域、国别、民族、阶级状况的不同而存在不同的表达方式。

2. 规范性

所谓规范性，主要是指人们在社会交往中对具体的交际行为必须遵守的行为规范和准则。这种规范性不但约束着人们在社会交往场合中的言谈举止、行为表现；而且还反映了行为主体思想、道德等内在品质和外在的行为标准。礼仪是约定俗成的一种自尊、自重、敬人的惯用形式。所以，人们在社会交往中应表现得合乎礼仪，彬彬有礼，遵守礼仪。如违背礼仪，自搞一套，很难得到交往对象的理解和认可。

礼仪的规范性与法律规范、宗教规范、道德规范相比较而言，属于相对较弱的行为规范，是提倡人们在社会生活中这样去做，如果有违背礼仪规范的地方，只是失礼的一种表现，一般也不会追究法律责任。

3. 差异性

礼仪作为人类相互交往过程中一种约定俗成的行为规范，有其普遍存在的共性，但由于其所处的现实条件的不同，礼仪的差异性不可避免地突显出来。首先表现为时代的差异性，伴随着社会的进步而不断发展、丰富和完善，礼仪也随之体现着时代需求，从而会随时代发展而产生差异。其次，礼仪的差异性表现为民族差异性，不同民族的礼仪各种各样，各具特色。各个民族的风俗礼仪都凝聚着本民族特色，体现本民族的文化情结，显现本民族不同的表现形式。再次，礼仪的差异性还表现为个性差异，由于个人地位、性格、资质等因素的不同，在使用相同的礼仪时会显现出不同的形式和特点。

4. 传承性

礼仪作为人类历史发展过程中逐步积淀形成重要文化之一，本身经过了一个长期动态发展过程，在这种发展过程中，表现为一种传承和发展。任何一个国家的礼仪都有其自己鲜明的民族特点，任何一个国家的礼仪都是在本国古代礼仪的基础之上传承、发扬光大的。体现了礼仪的稳固的传承性。

礼仪的传承性还具有与时俱进的变革性，不是一味不变地全盘沿用，而是经过一代代人的去粗取精，取其精华，去其糟粕，在扬弃中推陈出新，不断适应时代和社会的需求，推动时代和社会的进步。

5. 等级性

礼仪的等级性在阶级社会体现为鲜明的阶级性。统治阶级为了使自己的统治能够长治久安，除了建立强大的国家机构，充分发挥镇压和压迫的政治职能外，在思想领域通过建立完善的礼仪制度使统治者与被统治者的关系合法化、秩序化。阶级社会的礼仪，在统治阶级的主宰中繁衍和成长，使不同身份的人在称谓、穿着、礼节、食住行等各方面体现着阶级的印记。

现代的礼仪虽然不再沿袭等级森严的陈腐形式，但应体现出现代社会人与人之间平等、友好、自由、团结的新风尚。于是礼仪的等级性表现为人际交往中长辈与晚辈、上级与下级、男士与女士、主人与客人之间的先后顺序、分寸、规格。这种等级的差异性与阶级社会的上尊下卑有着本质上的区别。

（二）礼仪的原则

礼仪的原则是指人际交往中具有普遍性、共同性和指导性的礼仪规律。也是对礼仪实践一种高度的概括，可以帮助人们规范礼仪行为，提升礼仪认识、增强礼仪的指导作用，避免社会交往活动中出现尴尬现象。

1. 平等

平等是指对待任何交往的对象都要一视同仁，给予同等程度的礼遇。这是礼仪的核心内容，即相互尊重，相互平等，以礼相待。不允许因为交往对象彼此之间在身份、地位、文化、职业、财富等方面有所不同，区别对待，给予不同待遇。这也是社交礼仪中平等原则的基本要求。

2. 尊重

尊重是礼仪的本质，包括自尊和尊重他人，是礼仪的情感基础。只有人与人之间相互尊重，才能保持和谐的人际关系。也只有懂得尊重他人，才能赢得他人的尊重，可见，尊重是相互的。

人类本性中最深的愿望是期望被钦佩、赞美和尊重。个人只有足够的自尊，才能有上进心，才会自爱、自信和自强。如缺少自尊，将导致自卑无望，进而绝望。尊重他人更是一种美德，意味着已经超越了各种偏见、敌意等，真诚、客观地认识、评价对方。第一，要尊重他人的人格、劳动和价值，以平等的身份与他人相处，一视同仁，不因人而异，厚此薄彼，区别对待；第二，要尊重他人的兴趣、爱好和情感，各人由于性格、特点、生活阅历的不同，便形成了不同的爱好和习惯；第三，要理解、尊重他人的习俗礼仪，不违反其风俗习惯。

3. 真诚

真诚是人与人交往过程中相处的基本态度，它是礼仪活动的基础条件之一。在社会交往场合，个人在礼节、礼貌等方面并非做得尽善尽美，但只要以诚为本，就会赢得他人的理解、尊重和信任。人与人交往过程中，只有建立在真诚的基础之上，才能沟通情感、增进友谊。可见，礼仪需要真诚，真诚是礼仪的基础。

4. 守信

守信是指在人际交往过程中，要讲真话，遵守承诺，信守诺言。守信是一种美德，反映了个人行为的规律性和稳固性。人们在社会交往中很难洞察出他人的内心世界和实际想法，但通过其言谈举止，可以察觉出他人是否守信，判断他人是否真诚。通过其行为方式，可以促进人际交往的健康、稳定、延续地发展。遵守时间、遵守约定、遵守承诺等，都体现了守信的基本精神。

伴随着社会节奏加快，守信在社会交往中的地位尤为重要，没有诚信，就不会有经济稳步的发展，就不会有国际合作的加强。就不会有社会的进步。对于大学生而言，没诚信，将会被用人单位拒之门外。

5. 宽容

宽容，是指宽宏大度，能够原谅他人的过失。即心胸宽广、宽以待人，不过分计较对方礼仪上的过失，也是尊重他人的一种体现。

首先，要做到了解他人。注意其民族、宗教信仰等方面的情况，尊重其地方习俗，融入其礼仪模式，从而达到亲切、友好，亲近人际关系；其次，在社会交往中为他人着想，理解他人、关心他人、体谅他人，树立宽容他人的意识；再次，认真听从他人意见，在礼仪交往过程中，接受他人的看法和主张，实事求是，虚心接受。

6. 适度

适度是指使用礼仪一定要具体情况具体分析，在运用礼仪过程中要因人、因事、因时、因地恰当地进行处理。做到把握分寸，认真得体，热情大方，不卑不亢，收到有理、有利、有节的效果，避免过犹不及的出现。可以说，把握好分寸是礼仪实践的最高技巧，如在礼仪过程中做得过激，或者未做到位，都不能正确地表达自己的自律、敬人之意。所以一定要做到和谐适度、适当得体。

第二节 礼仪形象

英国著名教育学家洛克认为："大多数的青年人入世的时候都因为不持重，缺乏礼仪而吃了苦头。"这就要求大学生在日常生活中注意礼仪方面的培养，来适应当下的社会形势和职场的要求。

一 举止形象

英国 20 世纪著名画家培根曾经说过："相貌之美高于色泽之美，而优雅适宜的举止之美又高于相貌之美，这是美的精华。"可见，举止形象是礼仪形象的重要组成部分。举止形象主要包括站姿、坐姿、走姿和蹲姿，这些姿态共同反映出大学生的气质与风度。

（一）立姿

立姿，即站姿，是人类的一种形象象征，更是人类的静态造型之一，典型而庄重的立姿，更是个人动态美的根基和始点。正确的立姿要保持体态优美、挺拔笔直、精神饱满，其要领有：头正、梗颈、展肩、挺胸、收腹、平视、腿直、微笑等。

立姿时双手的放置位置极为重要，左右手一定不要插在口袋里，也不能双手交叉于胸前，更不要双手背手。在面试的过程中，如出现上述类似现象，会给人以骄傲自大的感觉，更不能依赖一只脚立着，这时会给人以目中无人的印象，真正失去了站相的意义。

（二）坐姿

坐姿是指人就座时和坐定之后身体所呈现出来的动作和姿势。它是一种静态的姿势，在人际交往的过程中，坐姿是人们在相互沟通、交往时最常用的一种姿势。

正确的坐姿的要领有：头部要端端正正，双目平视，面带微笑，下巴内收；躯干要挺拔直立，腰部内收；双腿要并拢；双手自然放在双腿之上。例如女士在入座前应该先用手扶裙，坐下之后再将裙角收拢，最后两腿并拢，双脚同时向左或向右放，双手叠放于腿上。

坐姿时，要根据身材体形来调整座椅的位置，从左侧或者右侧靠近座椅轻轻落座；在就座后要避免抖动双腿、晃动脚尖，将双腿八字伸开较远等趾高气扬的表现。

（三）行姿

行姿，即走姿，是人们在行走过程中所形成的一种姿势，行姿是始终处于动态之中，体现了人类的运动之美及精神面貌。

行走时要稳健自如，步子迈得要适当，双臂的摆动要与脚步相协调。任何一步都要抬起脚来，鞋不要在地面上拖拖拉拉。男性步伐要刚健有力、豪迈稳重、突显阳刚之气、风骨之美；女子步伐要轻盈自如、含蓄飘逸，突显阴柔之气、窈窕之美。

（四）蹲姿

蹲姿是人的身体在低处取物、拾物时所呈现的一种姿势，它是人体静态美和动态美相结合的一种表现。在工作或求职过程中，需要在低处进行整理时，要动作美观、姿态优美。

在下蹲取物时，一般是左脚在前，右脚在后，目视物品，直腰下蹲；之后是弯腰捡起地面物品，完毕后，先直起腰部，使头部、上身、腰部在一条直线上，再稳稳站起来。

二　言谈形象

卡耐基曾经说过："推销自己是一种才华，是一种艺术。有了这种才华，你就能安身立命，使自己处于不败之地。你一旦学会了推销自己，你就可以推销任何值得拥有的东西。"言谈，即是一种语言谈吐，是人们为了某种目的在一定的语境下以口头表达的方式，运用语言的一种社会活动。它是一种社会现象，与人类的劳动、生活、交往等活动是相依相伴的，存在于整个社会之中并被每个个体所运用。

（一）称呼礼仪

称呼是人际交往过程中双方的称谓语。突显着人与人之间的亲疏关系、态度态势和情感

方式。在称谓时要表现尊敬、亲切和文雅，使双方心灵沟通、情感融洽，恰当地使用称谓是社会交往活动中的一种基本礼貌方式，是人际交往中必不可少的礼仪因素之一。

常用的称谓有性别称谓、职务称谓、职业称谓、姓名称谓、亲属称谓、教会称谓等，在称呼中首先要有主有次，在需要称呼多人时，分清主次，由主及次、先尊后卑、先长后幼、先上后下、先宾后主、先女后男、先疏后亲等；其次是灵活运用，根据应聘单位存在的语言习惯、文化背景、风土人情等方面的差异，称呼时应区别对待，灵活多变。如"同志"一词在我国是最主要的称呼方式，而在西方却极为少见。

在称呼礼仪时，首先不能称呼错误，要小心谨慎，不可贸然行事，多音字"朴"、"查"等；其次是称谓具有时效性，不能用过时的称谓，如封建时期的"老爷"、"少爷"等词，在当今用起来就不伦不类；再次是在称呼过程中不能嘲笑、挖苦、戏弄他人，对一些带有侮辱性的别号，如"傻子"、"罗锅"等，更应杜绝随意称呼。在称呼交往时，还应该注意个人习俗、语句过快等因素。

（二）交谈礼仪

朱光潜说过："话说得好就会如实地达意，使听者感到舒适，产生美感，这样说话就成了艺术。"作为人际交往中传递信息的最重要的媒介——言谈礼仪，是一个人的知识、阅历、智慧与教养的现实体现，更是交流思想，增进情感的重要纽带。

在交谈过程中，首先要讲普通话，流利的普通话，能增强双方之间的相互理解、相互信任、激发交流的情感，带来心理上的愉悦感、舒服感和享受感；其次要语音清晰，一方面要口齿清晰，准确把握发音方法，另一方面发音标准、减少缺陷；再次是语速适当，一般的会话交谈中，每分钟80—100字为宜，才能表达出交流的真情实感。

交谈的内容应禁忌谈论个人隐私的话题，如工作、婚姻、金钱、习惯、信仰等；不谈论令人不快的话题，如天灾人祸、衰老死亡、挫折沮丧等；不谈论他人的话题，如无事生非、无中生有等。

（三）演讲礼仪

演讲是通过口头语言的表达，借助外表、表情、动作、形象等进行信息交流、情感传递、思想交流的一种社会活动方式。演讲礼仪以讲为主，以演为辅，演讲结合的一种表达情感的方式。

在求职过程中，应聘者主要通过自己简介式的演讲方式，展现自己的才华与才能，特别是在社会交往中，当需要应聘新职、联系工作时要进行的自我简介，在某种意义上就是一种必要的"自我推销"。

在演讲自我时，内容上包涵姓名、单位、专长、业绩能力等，突出个人特点；态度上谦虚、诚实、不张扬；欢迎他人指正，增强信任感、理解感。

三　服饰形象

服饰，即指服装和饰物。主要体现在有形的器物（衣、裙、履、饰等）和无形的文化（知识、风俗、审美等），说明服饰即具有物质形态和使用价值，又具有非物质化的隐性价值。服饰是一种外在语言，是应聘者向外界传达重要个人信息的媒介，它反映出个人的爱好、审美能力和对生活、对工作的理解。

（一）服装着装的规则

1. 色彩与个性一致的规则

知觉是人类交往的第一印象，色彩是服装构成的主要要素之一，也是最直接、最快速、最强烈的刺激要素。

首先，要注意服装色彩数量的控制。色彩最好控制在三种颜色以内，使服装效果简洁、规划、和谐，给人以舒服感；如色彩超过三种颜色，会使对方"眼花缭乱"，给人以杂乱、粗俗之感。

其次，要注意服装本身色彩的搭配。俗话说："没有不美的色彩，只有不美的搭配"近色搭配是同一色系按深浅不同程序进行搭配以创造其和谐的效果；反差搭配是运用相互排斥的色彩进行组合搭配以突出个性的审美；呼应搭配是某些相关部位采用同一色彩使之相互呼应以突出协调的审美；这些色彩的搭配都适用于各种应聘的场合。

再次，要注意色彩本身内部的个性。色彩本身都有内在的个性，例如暖色、淡色等色调都具有活泼鲜明的个性特征；杂色、近色等色调具有含蓄文雅的个性特征。人本身具有的个性色彩，并通过色彩及本人的肤色来展现个人的魅力及与众不同，使其精神焕发、神采奕奕。每个人都要通过几个色系来展现自己的个性，突显自己的魅力。

2. 年龄与体形协调的规则

色彩伴随着年龄的不同而改变。一般情况下，20—30岁之间的女性喜爱色彩鲜艳的服装，来展现其生气勃勃的青春风采；30—40岁之间的女性则是喜爱中性过渡色彩的服装，来展现其成熟稳重、含蓄典雅的气质……所以，不同年龄时段、不同性别的人，所展现的色彩是有差异的。

服装的得体，可以使人的形体取长补短、隐丑显美。如从线条上来说，垂直线条会增加形体的高度，水平线条会增加形体的宽度，斜线条会使人的体型显得伸长魁梧，曲线条会使人的形体宽大；从款式上来说，由于衣服的结构和设计线条会使体形的比例发生变化，通常上下身比例以 3:5 的水平线进行分割，可以创造出令人愉悦的身体比例等等。

3. 职业和身份相适应的规则

虽然服装开始不属于职业范畴，但当从事某一职业的人们来说，由于某种习惯或规律形成时，服装便有了职业的一些属性。特别是应聘过程中，不同的应聘单位需要不同的社会角色，应聘者的着装行为即成为应聘单位的重要内容之一。

职业服装应该做到文明着装，即要求着装要文明大方，又要符合社会道德传统和行为规范准则。其要求是：不要穿过露、过短、过紧、过透的服装；大学生在试用、办公期间不宜穿拖鞋上班，会给人以拖拉、不利落的感觉，特别是随着社会的进步，女士的凉鞋向着"拖鞋化"发展，更应该注重拖鞋的穿着场所。

4. 环境和场合相匹配的规则

人们的穿着在一定的环境和场合相匹配时，会给人以舒服、愉悦感，更体现了对同一场合人的尊敬与敬意。如在面试的场合适合穿西装、裙装等；在公务场合时适合穿西装、制服等；在休闲时适合穿便装等。

（二）饰物佩戴的规则

1. 数量上以少为佳。大学生在佩戴饰物时应该以少为佳，一般情况下首饰不超过三件，同一种类的饰物不超过两件。对于特殊的职业或相应的岗位不允许佩戴任何首饰。对于男性售货员而言，不必佩戴任何饰物。

2. 质地上以同为主。在同时佩戴两件或两件以上的饰物时，要以同质为主。各类饰物要讲究质地相同；帽子、手套、围巾等要讲究质料相同；在佩戴镶嵌首饰时，也应该讲究与被镶嵌物的质地相同、托架相同，在总体上保持和谐一致。

3. 色彩上以似为宜。在同时佩戴两件或两件以上的饰物时，要以同色为宜。佩戴手表、眼镜、腰带头的颜色力求同一色系或色彩相近；

各类饰物要在质地相同的基础之上力求色彩相同，否则看起来色彩斑斓，令人眼花缭乱、目不暇接。

四 仪容形象

人们常说："三分在长相，七分在打扮。"仪容即是人的容貌，是个人仪表的主要组成部分之一。主要由发式、面容和人体所有未被服饰遮掩的肌肤（如手部、颈部等）等内容构成。仪容美是自我完善重要体现，更是人的气质形成的重要标志之一。体现着一个人欣赏美、追求美、创造美的学识与修养。

容貌服饰在仪容美中起着重要作用，特别是女性的容貌，好的容貌能体现出色彩美、线条美、质感美，更能体现出诗意美、画境美、乐感美。不同的容貌打扮体现出不同的个人审美观点和生活口味，更能体现出一个人的精神面貌和文明修养。容貌与服饰一样，体现了个人对他人、对社会的一种尊敬。随着社会的进步、时间的消逝，人的容貌受外界的影响因素会越来越大。

仪容的健康与得体，需要依靠经常性的保养和美化才能实现，因此需要掌握一定的美学知识和美容技艺，从而养成良好的美容习惯。

（一）仪容美的基本知识

1. 皮肤

古往今来，皮肤一直是人类审美的重要内容。就位置而言，有时候皮肤甚至排在容貌之前，可见，皮肤在仪容仪表中有其重要性。

皮肤是人体最大的感觉器官。皮肤是软组织，柔韧而富有弹性，在一定的范围内可以推动和伸张。其厚度因年龄、性别、部位的不同而各不相同。皮肤是人体最重要的器官，重量约占人体的8%，皮肤内容纳了人体约1/3的循环血液和约1/4的水分。

皮肤由表皮、真皮和皮下组织组成。表皮直接与外界接触，每28天脱落、更新一次。表皮最厚处不到0.2毫米，由基底层发育而成，基底层由基底细胞和黑色素细胞组成，黑色素细胞产生黑色素，基底细胞不断进行分裂产生新的细胞，皮肤的颜色取决于皮肤所含黑色素的多少和血流速度的快慢。真皮位于中层，由胶原纤维、网状纤维、弹力纤维、细胞和基质构成，富含丰富的血管，负责向皮肤表面输送养料。皮下组织位于真皮之下，由疏松的结缔组织和大量的脂肪细胞构成，它与皮肤的弹性、光泽和张力有着重要的关系，可以保温、防寒、储备能量，参与体内脂肪代谢，供给身体热能、缓冲外力伤害，保护肌肉和骨骼等。

皮肤具有保护，调节、分泌和排泄，感觉，吸收等功能。在皮肤保养中要保持皮肤的充足水分，防止皱纹出现；要注意保护皮肤膜，防止皮肤过敏和发生炎症；要避免外界刺激，防止皮肤感染；要经常按摩、锻炼，促进血液循环，延缓衰老。

2. 眉毛

春秋战国时期就已经出现了对眉毛的修饰，眉毛在仪容仪表中也具有其重要的位置。主要由眉头、眉峰、眉梢组成。

眉毛不但具有防止汗水、雨水、尘埃等进入眼睛的作用，而且还影响着人的面容和表情，眉毛的形状随着面部的表情的变化而改变，眉毛的颜色与形态影响着人的脸型相貌。

在修饰眉毛时，对于眉毛的不同有着不同的修饰方法。对于眉毛过短或者缺少眉毛的人，可进行描眉或绣眉，要顺着眉毛的生长方向一根一根地画或绣，在眉头下侧及眉峰与眉的上侧重画以突出立体感；对于眉毛过长且杂乱的人，可采用修眉、剪眉、拔眉、剃眉等方法，修出眉型后，现进行描画，也可用透明睫毛膏顺着眉毛生长方向涂；对于眉毛较淡或过细的人，可用眉粉或眼影刷在眉毛上，确定眉型。

3. 眼睛

眼睛是五官中最重要的器官，具有视觉的作用。在人的各种感觉器官所获得的信息总量中，眼睛要独占80%以上，眼睛的结构比例直接影响着人的容貌美丑。

眼睛具有传递信息的功能，可以传递心灵和情感的信息；眼睛是人类交流的重要工具，目光在谈话时具有补偿的作用。

在眼部的化妆，大多数人从审美习惯的角度来看，双眼皮比单眼皮理想；眼裂大比眼裂小理想；黑白分明比不分明理想；眼间距适中比宽或较窄理想；眼轴线略向上斜、睫毛长而密比轴线向下斜、睫毛长短而稀理想；眼皮厚薄适中比太厚、太薄理想；在现实生活中，人的眼睛并不完全理想，所以经常通过化妆来勾勒出眼的轮廓，突出眼的立体感觉，增强眼部的神采。

眼部的化妆通常有两种方法；一种是修饰化妆，即在眼睛本身的外形条件比较理想的情况下，用色彩和线条来加强明暗对比，或者强调眼睛的形态及神采，如涂眼线、涂眼影、卷翘睫毛等。另一种是矫正化妆，即在眼型不理想或者与其他器官比例不协调时，就有必要用化妆手段来改变形象。除修饰化妆外，可以用粘贴、视觉造型、色彩造型、线条引导等复杂的化妆方法，还可以借助整容手术来补救。根据化妆的风格和本人的具体条件，可选择其中的一项作修饰，也可以几种修饰方法综合运用，但以不改变原来的眼睛形象为原则。

眼部的修饰主要有涂眼影、涂眼线、涂睫毛膏等几种方法。

4. 鼻子

鼻子在脸部占据最显眼的位置，它类似一条中轴线，将面部分成左右对称的两部分。具有呼吸、通气的功能。

理想的鼻型应该是鼻梁挺拔，鼻尖圆润，鼻翼大小适度，不露鼻毛，鼻型与脸型比例协调，一般正常的鼻子占面部横向的1/5，纵向的1/3。生活中的朝天鼻、大鼻子、短鼻子等，都是不理想的鼻型。化妆时移动和改变鼻子的形状并不现实，单独化妆鼻子也极其不容易，所以要修饰好鼻子，就是处理好鼻子和其他部位的关系。

正常情况下，鼻子的修饰方法是画鼻翼，即用颜色加深鼻梁两侧的阴影，通常是在鼻梁上涂亮色，在鼻侧涂暗色，使鼻子挺立起来，张显立体感。同时，鼻侧影的深暗与眼睛巩膜的浅亮形成对比，使眼睛更具有神采。值得注意的是：鼻梁高的人、鼻梁窄的人、两眼间距离近的人、眼窝深陷的人不宜涂鼻侧影。

5. 嘴唇

嘴唇位于面部的中心线，是人体兼职最多的器官。嘴唇光滑而红润、敏感而显眼，是面部最为灵活的部分。理想的唇型为嘴唇轮廓线清晰，下唇略厚于上唇，大小与脸型相宜，唇轮廓较明显，嘴角上翘，整个嘴唇富有立体感，嘴的宽度等于眼睛的1.5倍为最佳。生活中常见的有薄嘴唇、厚嘴唇、唇角上翘、嘴角下挂、尖突型、瘪上唇等。

标准的唇型从嘴唇的薄厚来看，上唇和下唇的比例为1:2，常见的方法有画唇线、涂口红、修改嘴唇、进行保养等。现实生活中，结合嘴唇的过厚、过薄、嘴角下垂、过宽和不均匀等情况，通过适当的方法和技巧加以矫正。

6. 面颊

面颊位于面部左右两侧，其毛细血管极为丰富。当面颊缺乏红润，苍白、枯黄而无光泽时，就会呈现出营养不良、过度劳累、身体不适等症状。所以面颊是身体健康的主要标志。

在修饰面颊时首先要注意化妆的位置，胭脂通常涂在眼和脸颊间脸颊突起的地方，最低不能超过鼻尖，最宽不能超过眼仁，更不能与眼影连片，特别注意胭脂要与周围的皮肤自然衔接与融合，避免在面颊上形成一块孤立的红色。其次要注意色彩的基调，基调应该是自然、柔和，透明度强，能与肤色协调的中性红色比较理想，让人感觉是从皮肤中的血管里透出的"血色"，而不是涂上去的一块红色。再次是不同脸型的人进行不同的方法矫正。如对突出的面颊，可在面颊突出的部位涂发暗的颜色，下眼窝处加亮色，可以转变人的视线；对轮廓较宽的面颊，可选用暗色胭脂，从下眼睑到面颊中央涂亮；对于颧骨高的面颊，可在颧骨下侧加暗色，上侧加亮色，中央涂胭脂。

7. 头发

头发是头皮的附属物，也是头皮的重要组成部分。头发的纵向切面从下向上可分为毛乳头、毛囊、毛根和毛干四部分组成。

头发是人体健康的一面"明镜"，对人体有保护作用，可以保护人的头脑，能挡风、保暖，减轻头部受到撞击的伤害，防止阳光中的紫外线对头脑的强烈辐射等。头发的类型由头发的天然状态所决定，即由身体产生的皮脂量决定，不同的发质有不同的特点，可分为油性发质、干性发质、中性发质和混合性发质。

头发的修饰主要是通过修、剪、吹、烫、染等方法使头发形成一定的造型，即通常所说的发型。它反映了一个人的礼貌修养和艺术品位。发型的选择要考虑发质、职业、身材、脸形、时尚等。服务行业所要求的发型是比较讲究的，如男子发型要前不遮目，侧不遮耳，后不过领，面不留须；女子发型要前不遮眉，发不过肩，不可以随意披头散发，长发要盘起等；工作场合不允许焗彩发，喷彩色发胶、发膏等；男子不能用任何发饰，女子在使用必要的发卡、发带时应朴实无华，不宜用大花、艳丽、带钻石的头饰，通常以小巧、深色、单色、不耀眼的发饰为宜。

8. 手

手是人类进化的活化石，是文明进步的凝聚。在人们的日常生活、工作及活动中，手往往充当"先行官"的角色。在国际交往活动中，手势语是一种国际语言，可以用来交流思想，表达情感，传递信息。

手的美没有固化的标准，但对于年轻的女子而言，理想的手要丰满、修长、流畅、细腻、平滑。形成一种在观感形态上的美和接触中感觉上的美，所以要对手部进行清洁、保养和美化。

在现实生活、工作中，要养成勤洗手的习惯、要注意手的护理、要经常美化手部指甲，但注意的是，在服务行业上班时不允许涂指甲油或只允许涂无色的指甲油。

（二）化妆的原则

化妆可以帮助人们增强自信心，提升自信能力，营造良好情绪，创设自我情境，体现个性与气质，自然流露内在美。化妆能使人精神振奋、情绪愉悦、消除疲劳、减轻压力，有利于身心健康。

化妆总的原则是少而精，具体体现在适度、协调、个性等方面。

1. 适度

除特殊场合外，一般的生活妆和工作妆均以淡妆为宜，通过淡妆突显人的天然丽质，做到扬长避短，自然纯真，恰到好处。

第一，在化妆时要注意时间、空间、服饰、环境等因素。如在白天要化淡妆，自然光下要力求自然美；在小空间时适合化淡妆，以产生距离的美感；在外出工作或旅游时，宜化淡妆等。

第二，在化妆时要注意各种化妆品品性和特点等因素。如化妆时要注意化妆品的品性和个人皮肤性质的一致性；化妆时要避免油腻装和彩装等。

第三，在化妆时注意化妆品的使用量。过多或过少都不可以，过多的用量，不但浪费，反而适得其反，如果每天化妆的话，通常配套的化妆品可以使用半年左右。

2. 协调

由于化妆时，粉底霜、眼影、胭脂、口红等颜色是以未化过妆的皮肤颜色为基本条件而添加上去的，所以在设计面部化妆的色彩时，应该和服装一起进行整体统筹考虑。要根据服装的颜色的类别配以相应的化妆品。如颜色较多，可以以面积大的色调作为主色调，唇膏的颜色要与之一致；如上衣与裙子、裤子是两种颜色，唇膏的颜色要与面部接近的上衣颜色相协调。

第一，要注意与年龄相协调。不同年龄有着不同的审美标准，如中年化妆时可稍微浓烈一些，尤其要注意皮肤的护理与保养，除通过化妆来修饰面容外，还可以采用特殊的矫正方法来达到美化的目的。

第二，要注意与职业相协调。不同职业有着不同的职业环境，所以要求有与此相适应的化妆与发型。如教师、学生要端庄大方、清静素雅；工作装要简约、清丽、素雅等。

第三，要注意与季节相协调。根据不同季节进行调整，如春季肌肤脆弱、敏感、容易引起粗糙、斑疹等，因而要注意肌肤清洁；秋季油脂分泌变得缓慢，肌肤容易变得粗糙，要补充肌肤的水分和营养，酸性化妆品要改为碱性化妆品等。

第四，要注意与时间相协调。在同一天内，由于光线的变化，化妆也要作相应的调整。如在白天，要以自然生动为主，白天使用的眼影颜色要与肤色、眼睛的颜色统一协调；对嘴唇的修饰一定要忠实于原来的轮廓，不能试图用唇膏去改变嘴的大小和厚薄。

3. 个性

在化妆的过程中，虽然存在着一些共性的规律，但要因人而异、因形不同。假如只体现在描眉、涂眼、抹口红上，那只能算停留在化妆的初级阶段，只是把握了化妆的技术而已。通过化妆对自我进行塑造，取长补短，通过外部形象来体现内在的气质和性格，从而表现出个性魅力的最佳境界。

通过化妆来表现出不同的风格，如现代型、知识型、聪慧型等；也可以通过化妆表现出自己的性格，如文静型、理智型、艳丽型等；还可以通过不同的脸型张显自己的个性美。如圆脸型化妆时要强调面部的立体感，方脸型化妆时要强调面部的结实感，长脸型化妆时要强调面部的柔和感。

（三）化妆时应注意的问题

1. 要注意尊重别人

在化妆过程中，要注意时间和地点，不能随时随地拿出化妆品进行涂抹；在生活、工作过程中，不能借用他人的化妆品；在工作场合时，努力维护妆面的完整性，在出汗、休息、用餐后要及时自察妆容；不可当众整理头发，不可直接用手梳理头发、乱丢纸屑和头屑等。

2. 要注意言谈举止

仪容美只是一个人整体美的一部分，是整体美外在表现形式之一。

需要通过个人的文雅的情趣、优美的风度、得体的举止、适当的言谈才能使外在美与内在美相协调。在应聘过程中，有的学生虽然进行了整体打扮，但却很难给人以美感，缺少一种感人的特殊魅力；有的学生虽然打扮得并不时髦，却使应聘单位感到温馨、质朴，这些都是因为仪容与行为举止、言谈不一致造成的不同效果。

3. 要注意性别差异

在当今社会，男子美容早已呈现出大众化、社会化的趋势。男子的皮肤比较粗糙、毛孔较大、表皮容易老化；另外，男子的汗液和油脂分泌量多，常使灰尘、污垢积聚，毛孔堵塞，引起细菌感染，皮肤发炎等症状。所以，男子更需要接受美容指导和皮肤护理。

正常情况下，男子的美容应以自我保健为主，一般都是使用护肤化妆品；修剪头部和面部多余的毛发；适当使用香水等。

第三节　社交礼仪

社会交往礼仪是人们在社会交往活动中所具有的表示尊重、敬意、亲善和友好的行为规范与惯用形式。《礼记·曲礼》中记载："礼尚往来。往而不来，非礼也；来而不往，亦非礼也。"可见，礼尚往来自古以来就是人与人之间、团队之间、国家之间最常见的交往活动。主要包括尊位礼仪、介绍礼仪、名片礼仪、行路礼仪、电梯礼仪、应酬礼仪等等。

一　尊位礼仪

在各类活动中，位次的排列往往备受人们的关注。因为位次是否正确、规范，是否合乎礼仪的要求，反映了交往对象的尊重和友好的程度，同时也反映了人与人之间的相互关系。

（一）会议时的位次排列

应聘过程中，经常有一些模拟面试的场景，会议时的位次排列将是个难以回避的过程。通常情况下可分为大型会议和日常会议。

大型会议时应该考虑主席台、主持人、发言人的位次。主席台的位次排列：前排高于后排；中央高于两侧；右侧高于左侧（政务会议则是左侧高于右侧）。主持人的位置，可在前排正中；也可居于前排最右侧。

发言人的位席一般可设于主席台的前方，或者右前方。主席台的位次排列一般讲究居中为上，以右为上，前排为上。

日常会议中位次排列需要注意讲究面门为上，面对房间正门的位置视为上座。小型的会议中只考虑主持人的位置，但同时也强调自由选择座位。

（二）宴会时的位次排列

我国的习惯传统是按各个的职务排列，以便于相互谈话、相互了解。当只有一位主人时，1 号来宾坐在主人右手的一侧，2 号来宾坐在主人左手的一侧，3、4、5、6、7、8、9 号来宾依次分别坐在两侧。当有两位主人时，即有第一主人和第二主人时，1 号来宾坐在第一主人右手的一侧，2 号来宾坐在第一主人左手的一侧，3 号来宾坐在第二主人右手的一侧，4 号来宾坐在第二主人左手的一侧，5、6 号来宾分别坐在1、2 号来宾的两侧，7、8 号来宾分别坐在3、4 号来宾的两侧，其他来宾依次排座。

餐桌上具体位置的排列主要抓住以下几个方面：一是面门居中者为主人；二是主人右侧者为主宾；三是主宾左右分两侧而坐。如图下图所示。

A 为上座，其次 B、C、D

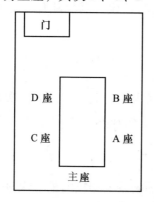
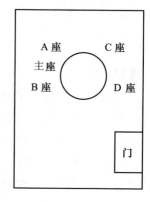

宴会的位次排列

（三）乘车时的位次排列

在乘坐轿车时，主要涉及礼仪的问题有座次、举止、上下车顺序等三个方面。应聘过程中应聘者应熟记礼仪规范，以提升就业能力。

1. 座次

在较为正规的场合，乘坐轿车时一定要辨清座次的尊卑，并在自己较为适宜之处就。当在非正式场合时，则没有必要过分拘束。轿车上座次的尊卑，从礼仪上来说，主要取决于以下几个因素：

（1）轿车的驾驶者

驾驶轿车的司机，一般可分为两类人：一是主人，即轿车的拥有者；二是专职司机。

国内目前所见的轿车多为双排座与三排座，由于驾驶者的不同，固上座次尊卑就存在不同差异。

当由主人亲自驾驶轿车时，一般前排座为上，后排座为下；以右为尊，以左为卑。当乘坐主人驾驶的轿车时，最主要是不能令前排座空着，一定要有一个人坐在那里，以示陪伴。

当由先生驾驶自己的轿车时，则其夫人一般应该坐在副驾驶的位置上。由主人驾车送其友人夫妇回家时，友人之中的男士，一定要坐在副驾驶的位置上，与主人相伴，而不适合与其夫人坐在后排，那将是失礼之举。

当由专职司机驾驶轿车时，通常仍讲究右尊左卑，但座次同时变化为后排为上，前排为下。

（2）乘车人的意愿

在通常情况下，正式场合乘坐轿车时，应该请尊长、女士、来宾就座于上座，这是对对方的一种尊重。然而，更为重要的是，不能忘了尊重嘉宾本人的意愿和选择，并应该将其放在最为重要的位置。尊重嘉宾本人对轿车座次的选择，嘉宾要求坐在哪个位置，即应该认定哪里是上座。即便嘉宾不懂座次，坐错了地方，也不要轻易对其指出或者纠正。即遵循"主随客便"的原则。在具体运用时，可根据实际情况而定。

2. 举止

当与其他人同时坐轿车时，即应该将轿车视为一处公共场所。在这个移动的公共场所里，更有必要对个人的言谈举止加以约束。具体来说，主要注意以下几点：

（1）避免争抢座位

在上下轿车时，要有条不紊，井然有序，相互谦让。不要推推搡搡，生拉硬扯，特别是不要争抢座位，更不应该为自己的同行之人抢占座位。

（2）避免动作不雅

在轿车上应该注意言谈举止，不要与异性演出"爱情故事"，或者是东倒西歪。穿短裙的女士在上下车时最好采用背入式或正出式，即上车的时候，双腿并拢，背对车门坐下后，再收双腿；下车的时候，正面面对车门，双脚着地后，再移身车外。如跨上跨下，爬上爬下，则显得姿态不雅观。

（3）避免不讲卫生

在轿车上，不要吸烟，或者是连吃带喝，随意乱扔杂物。不要向车外乱丢东西、吐痰或擤鼻涕。不要在车上脱鞋、脱袜、换衣服。不要用脚蹬踩座位，更不许将手或腿、脚伸出车窗之外。

3. 顺序

在上下轿车的时候，应有礼可循，其基本的要求有：在条件允许的情况下，应请尊长、女士、来宾先上车，后下车。具体情况而言，主要包括以下几个方面：

（1）主人亲自驾车

主人亲自驾驶轿车的时候，在有可能的情况下，均应该后上车，先下车，以便照顾客人上下车。

（2）分坐于前后排

当有专职司机驾驶轿车时，坐在前排的人，大都应该后上车，先下车，以便于照顾坐在后排的人。

（3）同坐于后排者

当有专职司机驾驶轿车时，并与其他人同时坐在后排，应该请尊长、女士、来宾从右侧车门先上车，自己再从车后绕到左侧车门后上车。下车的时候，则是自己先从左侧下车，再从车后绕过来帮助对方。如果轿车停在闹市区，左侧车门不宜打开，则于右门上车时，应该里座先上，外座后上。在下车的时候，则应该外座先下，里座后下。总体来说，以方便易行为恰到好处。

二　介绍礼仪

介绍礼仪是人际交往过程中与他人相互沟通、相互了解、建立联系的一种最为常见的方式。正确地介绍不但可以使互不相识的人抛弃陌生感、畏惧感，广交朋友，扩大影响，而且有利于消解误会，缩短人与人之间的距离、增进情谊。

（一）介绍的规范

在介绍时，应该遵循一定的规则，即"卑者先行"。当为他人做介绍前，要先确定一下双方的主次尊卑关系，再由此先介绍卑者，再介绍尊者。具体情况如下：

1. 年轻与年长：在介绍年轻者与年长者时，应该先介绍年轻者，后介绍年长者。

2. 上级与下级：在介绍上级与下级认识时，应该先介绍下级，后介绍上级。

3. 男子与女子：在介绍男子与女子认识时，应该先介绍男子，后介绍女子。

4. 已婚与未婚：在介绍已婚者与未婚者认识时，应该先介绍未婚者，后介绍已婚者。

5. 主人与客人：在介绍主人与客人认识时，应该先介绍主人，后介绍来宾。

6. 身份重叠时：在介绍的双方身份上有重叠时，要根据实际情况而定。根据当时的场合来决定男女、长幼、上下、宾主等关系的重要程度，再进行介绍。

（二）介绍的种类

1. 正式介绍

正式介绍是指在比较正式、郑重的场合下进行的介绍。在做正式介绍时，有一定的规范性。

（1）介绍主体：通常都是具有一定身份的人，如东道主、年长者、在人际交往过程中的接待人员、熟知双方的人等充当介绍者。

（2）介绍原则：尊者先行。

（3）介绍内容：在介绍的过程中，要小心谨慎，字斟句酌，不可掉以轻心，马马虎虎；在正式的场合，介绍的内容要以双方的姓名、单位、职务等公共信息为主，也可以强调介绍者与被介绍者之间的特殊关系。

2. 非正式介绍

非正式介绍是指在一般或者非正式的场合进行的介绍。这种介绍不讲究正式介绍的相关规范，可以相对轻松、随意一点。

（1）介绍朋友：在介绍朋友时，可以直接说出双方的姓名，如"让我来介绍一下，李明，刘朋"；也可以加上"这位是"、"他就是"、"这就是"等之类语言加以强调；介绍的过程中，最好提一下双方与自己的关系，如"这位是我的大学同学——刘明；这位是我的好哥们——张朋"。

（2）介绍亲属：在介绍自己与亲属之间的关系后，要介绍其姓名，如"这位是我的弟弟——李明"，方便对方加以称呼。这种亲切、自然、随便的介绍方式，使人感到舒服、得体。

3. 自我介绍

自我介绍一般是在较为必要、急其需要的社会交往的场合时，由自己担当介绍的主角，将自己介绍给其他人，以便让对方了解自己而进行的自我介绍。

（1）自我介绍的类别

主动介绍：在与他人进行交往时，或者是在没有其他人引荐时，将自己介绍给对方的一种介绍方式。在应聘过程中，可以主动向应聘单位介绍自己。如"您好，我是李明，是辽宁大学经济学专业 2013 届毕业生，这是我的简历，请您过目，谢谢！"

被动介绍：在与他人进行交往时，根据他人的一些要求，将本人的相关情况介绍给对方的介绍方式。如在随同学参加某项活动时，经常遇到被动介绍的情景。

（2）自我介绍的契机

自我介绍要把握一定的契机，当在社会交往的场合时，和陌生人初次见面又没有其他人介绍时；与己见过面，但对方又记不太清楚自己时；主动上门拜访业务单位或者陌生人时；应聘求聘时；在公共场合演讲、宣传自己时等等；这些都是把握时机的最佳场合。

（3）自我介绍的内容

自我介绍的内容是指在自我介绍时所表达的具体内容。具有较强的针对性和灵活性，在不同的场所、面对不同的对象，所介绍的内容不同，千万不能千篇一律，并为一谈。

在公共场合时，只要简单介绍一下姓名就可以了，如"你好，我是刘明"。在双方有意再需要建立联系，需要进一步沟通时，可多介绍一些自己的情况，如"我是刘明，是沈阳师范大学 2013 届物理学专业本科毕业生，听说贵单位需求此专业的人选，想应聘一下。"

在参加工作的场合时，需要介绍本人的姓名、工作单位、部门、从事的职业等，如："我叫张朋，是辽宁国际旅行社的导游员。"

在正式而隆重的场合时，除简单的自我介绍外，要多加一些尊敬、谦虚、优雅的语言，表示对对方的友好和敬重，如"各位来宾，大家下午好，我是李明，是山水影楼的总经理，首先，我代表本公司的所有员工对大家的光临表示热烈的欢迎和衷心的感谢！"

（4）自我介绍的技巧

在做自我介绍时要讲究一定的方法，熟知一定的技巧，恰如其分，不失分寸。

在做自我介绍时，要掌握时间的长短。原则上是越短越好，以简要的语句为宜，一般情况下，半分钟左右为最佳，特殊情况下可以达到一分钟左右。

在做自我介绍时，要选择介绍的时机。原则是在双方空闲时、心情较好时或在干扰较少的时候为最佳契机，以达到介绍的最佳效果。值得提醒的是，当与对方曾有过一面之交，但好像对方因健忘而想不清楚时，自己要主动自我介绍，避免相互尴尬的局面发生。

在做自我介绍时，要调整介绍的心态。介绍过程中，态度要自然、和谐、友好、亲切，落落大方，沉沉稳稳，不慌不忙；在介绍的过程中，能表达出自己渴望认识对方的热情；不要装腔作势，瞻前顾后，更不能言过其实，自吹自擂，正常情况下进行自我介绍时只介绍单位，不介绍职务、职称等。

4. 集体介绍

集体介绍是指介绍者在为他人做介绍时，双方可能是一人或者多人相识时而进行的介绍。在做集体介绍时，介绍顺序成为介绍的主要要点。

在做集体介绍时，要少数服从多数。在被介绍者双方的身份、地位基本一致或无法确定时，应该是人数少的一方礼让给人数多的一方，即先介绍人数较少的一方，后介绍人数较多的一方。

集体介绍的过程中，要卑者先行。当双方的身份、地位有着明显的差别，即使位尊一方是少数，也要在最后加以介绍，即先介绍位卑的一方后，后介绍位尊的一方，以表示对位尊者的敬重。

在多方介绍时，要由尊而卑。当被介绍的人来自多方时，可以依据不同的规则进行位次排列，再根据位次由尊而卑地进行介绍。其排列的位次方法可以依据各方负责人的身份为准则，可依据到达的时间顺序为准则，可依据座次的顺序为准则，可依据介绍者的远近为准则等等。

（三）注意的事项

1. 标准的手势：在做介绍时，介绍者应该平举双掌，四指并拢，掌心朝上，眼神要随着手势目视着被介绍人，雍容大雅，全神贯注。

2. 充分的准备：在做介绍之前，最好选择最佳时机，征求一下双方的意见，了解一下双方是否有认识的愿望，使双方有认识的思想准备，不会感到鲁莽，被介绍者在这种情况下也会欣然接受，不可羞羞怯怯，如果出现不情愿的缘由，应该说明原因。

3. 得体的内容：介绍者在做介绍时，应该帮助双方寻找共同的话题（共同的经历、共同的兴趣、共同的爱好等等），也不要急于走开，以增强双方的熟悉感。如："这位是我们公司公关部的经理李明先生，这位是我们辽宁地区的经理刘小光先生，二位可都是乒乓球高手啊"！值得注意的是，在男女认识时，通常情况下不介绍双方的私人生活。

4. 强调的重复：在介绍的过程中，重复对方的姓名可以加深介绍者的记忆，对对方有亲和而敬重的反应，特别是对尊者，使用重复表达更带有敬重的意味，使对方更加感到愉悦。

5. 恰当的全称：在介绍的过程中，千万别使用歧义的简单称谓，如上海吊车有限公司简称"上吊的"、将范局长简称为"范局"等；介绍时也不能使用粗俗、捉弄的语言，如"这位胖胖的同志是张军！"等等。

6. 热情的问候：在介绍完毕时，被介绍者双方要相互握手，彼此来问候对方，如"你好，很高兴认识您"、"幸会幸会"、"久仰大名"等。

三　名片礼仪

名片是现代社会人际交往过程中最为普遍、最为实用的一种媒介。其特点是简单明了，便于携带，容易保存，用途广泛，受到人们的普遍青睐。

（一）名片的选择

在日常交往中，名片虽然只是一张纸片，但却是一种个人的"介绍信"和社会交往的"联谊卡",也是介绍者张显个人形象、突显个性的展示,所以对名片的选择就显得尤为重要。

1. 规格的选择

通常情况下,人们所使用的名片规格为9×5.5厘米,即长为9厘米,宽为5.5厘米。在没有特殊要求的时候,不应该将名片制作得过大或过小,也不宜制作折叠式名片,这样便于保管,名片大小要规范更为美观。

2. 材质的选择

人们常用的名片材质以纸张为宜,常用的有白卡纸、再生纸、合成纸、布纹纸、皮纹纸等,在必要的时候可以覆层薄膜。通常情况下,塑料、木材、金银、皮革等类型的材质不宜制作名片,原因是用这些材质制作名片会显得颠三倒四,与名片本身的作用相违背。

3. 色彩的选择

在社会交往中,人们常用的名片均以淡色为宜,如白色、米色、淡蓝色、淡黄色等,不适合用色彩较明亮或较深的颜色,如粉色、红色、紫色、绿色等;并且一张名片以一种颜色为最佳,用多色或者杂色的名片,使人目不暇接,也失去了名片朴素、庄重的感觉。

4. 图案的选择

名片的图案以少为佳,正常情况可以印上单位的标识,用来增添他人的印象;制作名片过程中,不宜印一些头像、漫画、植物、花卉、动物等图案,会使人感到浮躁、内容空虚。

5. 文字的选择

在文字的选择上,通常以一种文字为主,汉字多以简体字为佳;在对港台联系时,可使用繁体字,但不允许繁简体混用;当进行国际交往时,名片上要印有两种文字,即正面印有当地文字,背面印有外文或其他文字,千万不能将名片的单独一面交错印有两种文字;名片制作时,字体要清楚规范,使人容易辨认,不允许用行书、草书、篆书等字体来印制名片,也不允许手写名片。

6. 版式的选择

在制作名片时,版式的选择通常有两种,一种是横式的名片,行序自上而下,字序从左到右;另一种是竖式的名片,行序由右向左,字序从上而下。在现代社会交往中,以横式名片为宜,同一张名片上不宜一面为横式，另一面为竖式。

7. 内容的选择

根据个人的需求，名片可以设计不同的内容，有的名片只是印有自己的姓名；有的名片上只印有自己的单位及标识、联系方式等；有的名片则是在背面印有经营的范围、所在地的方位图等；人们常用的一种名片是结合在一起的名片，通常情况下第一行写清持片人的单位或机构，中间写其姓名，姓名的右下方写其职务、职称、学衔等；最下面写持片人的联系方式（通讯地址、联系电话、邮政编码、传真、电子邮件、QQ号等）；特别提醒的是，不宜在个人名片上印有公司的广告用语等。

（二）名片的作用

1. 便于自我介绍

在初次见面时，以名片作为介绍的辅助手段，会增强交往的效果。传递过程中，可以简单明了地说明自己的身份，节省了时间，提高了效率；名片的使用，还可以避免初次见面口头表达介绍时造成的误听、误会、误解等烦扰，使人耳目一新。通过名片，更能突出深化对方的印象，长时间内始终提醒着对方的作用；特别是对于不便于介绍自己职务的人来说，名片则避免了一些尴尬的局面。

2. 易于保持联系

名片的特点是容易保存，它如同一张清楚明了的通讯录，上面的各种联系方式为交往的双方提供了便利条件，加深了联络情感。

3. 助于扩大交流

名片类似于广告，有其宣传的效应，为个人广交朋友提供了方便条件，为单位扩大影响提供了可能。

名片在特殊的场合下使用时，也有其特定的用途和意义。如在求见他人、馈赠礼品、传递贺卡、辞行答谢、信件往来等方面都起到了各类不同的作用。

（三）递交的方法

1. 递送的方法

在递送名片之前要做好准备工作，放在容易拿出来的地方，千万不能在使用时乱翻一气；通常情况下，名片放在名片夹或上衣口袋内以表尊重，不要放在裤兜或钱包内，在办公桌和公文包内要经常备有一些名片，以方便随时随地使用。

递送过程中要有礼貌，谦虚、诚恳，起身站立，身体微向前倾。正面朝向对方，名片的正面和文字都朝向对方，体现细致入微的礼仪本质。递送时，双手捧递，如用单手递送，必须用右手，忌用左手。递送过程中，可以说："请多关照"、"保持联系"、"认识一下"等，表示真挚。特别注意的是，在递送名片时，千万别用手指夹递名片、散发名片、选择式发放名片等。

2. 接受的方法

首先，要端正态度。停止手中的工作，起身站立，面带微笑，目视对方，态度和蔼；

其次，要举止得体。在接受名片时，双手捧接为宜，不宜单手接，更不能用左手接；接过名片后，约用半分钟左右的时间细看一遍，特别是关注一下名片上的姓名、职务等，以示敬重，切忌接过名片后看都不看，顺手放在桌上，或装入衣袋中等不礼貌的行为；看完名片后，应该再看赠名片者，将名字和人核对好，再收起名片。

再次，要礼貌待人。在接受名片的过程中，应该口头致谢，或说"认识您很高兴"之类的话语；接递名片时，均不能同时进行，即一手接名片，另一手递名片，应一来一往以示尊敬。

3. 索要的方法

在社会交往中，向他人索要名片时，应该尊重他人。千万不能开门见山或强行索要，如"你有名片吗?"、"能否给一张你的名片"等，这样会使没有名片的人较为尴尬。所以，在交往中，应该含蓄、细致地咨询对方的姓名、单位等，学会保护他人的自尊心和虚荣心。

在需要向尊者索要名片时，可向对方询问："今后怎样向您请教"? 在需要向平辈或晚辈索要名片时，可向对方询问："以后怎么和您联系"?

四　行路礼仪

行路，是一个人最为基本的活动方式之一。不管是个人行走还是多人同行；不管是行于寂静之处还是行于闹市；不管是行于正式场所还是行于街头小巷。行路，都有着应该遵循的礼仪规范。

（一）讲究位置

在行路时，总体的规则是以右为尊，以内为尊，以前为尊；以左为卑，以外为卑，以后为卑。但遇到具体情况时，要根据实际而定，

1. 一人行时，右为尊者

当在中国的道路上行走时，应该依据交通规则自觉地走在右边以保证人身安全，不能因为自身的方便和省时间等，而逆行于左侧的一方，这样会给自己和他人带来不便；在比较狭窄的道路或走廊里行走时，也应该主动走在右侧，迎面来人时，应该侧身礼让，必要的时候更应该稍停片刻让对方先过，避免阻挡对方，以示礼貌。

2. 两人行时，右为尊者

当两个人并肩行走时，应该让位尊者走在右侧，位卑者走在左侧，以表示对尊者的敬重、仰慕之情。

3. 三人行时，中为尊者

正常情况下，不倡导三人或者多人并排而行，这样会阻挡过往的行人。但有必要三人在一起行走时，应该以中间人为位尊者。

4. 多人行时，迎客在前

在迎接客人的时候，不须客气推让，主动走在客人的左前侧，以做到引领客人的作用。在送客人的时候，要走在客人的右后侧，适时的用言语提醒客人行走的方向。

5. 上楼梯时，内为尊者

在上下楼梯的时候，走在楼梯外侧的人在拐角处会多迈几步，而走在楼梯内侧的人在拐角处只需转身即可。所以，应该让尊者走在楼梯的内侧，体现其工作的细致入微、方便他人的原则。

（二）讲究礼节

由于个体行为具有的社会属性，当行走于公共场合时，个体的行为会直接影响着他人或受到他人的影响；所以个人在行走时应该根据约定俗成的行业规划和社会公德约束自己，形成自律习惯。

在行走时，要杜绝边走边吃、大声喧哗、乱扔杂物、随地吐痰、踢物毁物、过分亲密等无礼行为。

五　电梯礼仪

电梯是代替步行上下的主要工具之一。在乘电梯时更应该遵循相应的礼仪规范。

（一）讲究出入顺序

在与素不相识的人同乘电梯时，进入的时候要讲究先来后到，不允许抢行先进；出来的时候应由外及里按顺序而出，不可推推搡搡，匆匆而出。

在与相识的人出入电梯时，应该注意尊卑顺序：在电梯有人看管的情况下，主人应礼记客人，即主人后进后出，客人先进先出；当电梯无人看管的情况下，主人应先行一步控制电梯，以方便客人进出，确保客人的安全，即主人先进先出，客人要后进后出。

（二）讲究礼貌规范

在乘坐电梯时，应该注意安全和礼节。在电梯关门时，不允许扒门强行挤进；在电梯超载时，应礼让他人，先下一步，耐心地等待；在电梯里人员较多时，应尽可能朝向电梯门的方向站立，不与他人面对面站立；在需要下电梯时，应提前礼貌地请他人先下，不允许用手推拨他人；在电梯里禁止吸烟，不宜大声说话，不宜凝视他人；在电梯出现故障时，应冷静、稳定，千方百计与外界联系。

除上述社会交往礼仪外，还有距离礼仪、馈赠礼仪、舞会礼仪、待客礼仪、拜访礼仪等。

第四节　就业心态

就业心态关系到个人的事业能否成功、生活质量的优劣高低，关系到人与人之间的和谐与否及社会的协调和稳定程度，对大学生的就业与成才也有着重大影响，良好的心理素质对择业目标的实现起着促进和保障作用，可使求职者充分发挥自己的聪明才智，挖掘自己的潜力，综合自己的优势，扬长避短，不懈努力，从而找到最能施展自己才华、实现人生抱负的舞台。

一　良好的心态

（一）良好心态的标准

一般认为，心理素质良好的主要标准是：

1. 智力正常。智力正常与否是判断一个人心理是否健康、心理素质是否良好的基本标准。智力正常是具备良好心理素质的基本条件，是保证人们有效地进行认识活动并间接地适应环境的心理特点的有机综合。智力正常主要包括观察力、记忆力、想象力、思维能力、注意力和创造力等因素正常。

2. 意志健全。意志是实现人的活动目标过程的心理素质。意志健全表现为：行为目的明确而合理，自觉性高；意志顽强，能自觉克服前进道路中的各种困难和挫折，不实现奋斗目标誓不罢休；善于冷静、客观地分析情况，处事果断；自制力与忍耐性强，能有效地控制自己。

3. 情绪稳定。情绪反应适度，心境良好，积极乐观，无论成功或失败，都能适时自我调整情绪，正确支配自己的情感与行动，对周围环境和外界刺激做出合适的反应。特别是身处逆境时，能发掘生活的希望，增强自信心；受到挫折或失败时，不气馁、不灰心，能控制自己的情绪，调整自己的心境，及时摆脱消极情绪的困扰，避免情绪大起大落。

4. 行为适度。行为是心理品质在具体活动中的表现。行为适度指行为符合年龄特点，对外界刺激能做出符合社会认可的反应。

5. 人格统一。人格是指个体区别他人的比较稳定的心理特征的总和。人格统一的主要表现是：性格乐观开朗；有较强的自我意识，能比较正确地认识和评价自我，并有效地支配自己的行为；有积极的价值取向；人格结构中无明显的冲突与分裂的现象。

6. 人际关系和谐。人际关系从社会关系的侧面反映一个人的心理素质。人际关系和谐的主要表现是：乐于与人交往，在心理上能够接纳大多数人，积极主动地广交朋友；在与人交往中能够保持独立而完整的人格，不依赖别人，也不驾驭别人，不卑不亢，言谈举止与自己所扮演的社会角色相符；严于律己，宽以待人，正直诚实，乐于助人，与人相处和谐愉快，使人有安全感。

（二）良好心态的培养

良好的就业心态对求职有一定的现实作用，主要有以下几方面：

1. 开发智力

正常的智力活动是人从事一切活动的最基本的心理条件。智力和知识密不可分。知识是人类在社会实践中积累起来的经验，是前人运用他们的智力认识世界的成果，也是后人开发智力的养料。掌握知识，用社会需要的知识丰富自己，才能见多识广，高瞻远瞩，如此，必然有利于提高心理素质。智力是通过学习活动在掌握知识技能的基础上发展起来的，但反过来影响知识技能的掌握。智力的一个主要表现就是学习知识、运用知识的能力，不学习知识，就不可能有智力的发展。人的智力就是通过对知识加工表现出来的，也是在加工的过程中发展完善的。

大学是人生最宝贵的求知阶段，作为一个大学生来说，要培养良好的择业心理素质，必须用丰富的、全面的、先进的知识武装自己，积极开发自己的智力。首先是要搞好专业知识与技能的学习，把自己培养成社会需要的专门人才；其次要加强自己动手能力的锻炼，具有上岗适应快、动手能力强，有别于其他人的优势；再次要加强系统、综合知识的学习，特别要注意人文知识、外语知识、计算机知识的学习，拓宽自己的知识面，使自己能够适应 21 世纪科学技术的发展。同时，还要加强社会实践知识的学习，在实践中汲取营养，使自己学到的知识能力在实践中得到检验和运用。

2. 保持良好的情绪和情感

情绪和情感是人的感情活动，是人对客观事物是否满足自己的需要的主观体验。即将毕业的大学生面对社会的选择，感情活动复杂，大多数毕业生会表现出激动、兴奋、满意的积极情绪，但也有的毕业生表现出消极悲观的情绪。为了能择业成功、顺利就业，大学生保持良好的情绪和情感是非常重要的。实际上，学生学业即将结束，许多人将踏上工作岗位，体验自己十几年的学习所得，发挥自己的潜力、特长、优势，一展青春风采，无论回顾往事，还是审视今天，或者展望未来，大学生都应该感到幸福、成功、振奋。因而，对未来应该充满希望，要期盼自己早日走入社会，得到社会的认可。

3. 构建合理的生活秩序

许多进入高等院校学习的学生，是第一次过独立自主的生活，开始时往往觉得时间多得不知怎样利用。因此，必须尽快构建合理的生活秩序。要掌握一定的适应高等院校学习的方法，合理地安排学习时间，确立合理的生活节奏。

学生的主要任务是学习。在紧张的学习中，要特别注意科学用脑，改进学习方法，提倡"积极性休息"。所谓"积极性休息"，就是采取合理措施，让大脑的各种神经细胞依次轮替，大脑皮层的兴奋和抑制过程重新分配的休息方法。青年学生实行"积极性休息"，可以使大脑皮层活动消耗量减少，不易疲劳，兴趣专注，提高学习效率。有张有弛，劳逸结合，科学用脑，提高学习效率，增添生活情趣，使自己达到最佳适应与发展状态。合理的生活秩序，可以养成良好的生活习惯、卫生习惯、健康意识，为就业打下良好的基础。用人单位需要具有良好的生活习惯的人，这样的人才，具有良好的时间观念，可以在平凡的岗位为企业的发展兢兢业业的工作。

4. 建立良好的人际关系

国际21世纪教育委员会郑重提出，21世纪教育的四大支柱是：学会求知、学会做事、学会做人、学会共处。个人的生存和发展是离不开纷繁复杂的人际关系的。学生在学校期间主要的目的就是做人、求知、健体。而做人除了自我道德修养的提高以外，和谐的人际关系与人交往的能力是很重要的。每个学生都有社交的需要，与同学、老师、亲属、朋友交往能使其在心理上得到充实感和安全感。交往可使人多知，友情可使人欢悦。因为当你忧伤苦闷之时，可以向同学、朋友去倾诉，能从中得到安慰、鼓励和帮助，增添学习劲头和信心。在人际交往中，广大同学要学会谅解人，尊重人，严于律己，宽以待人，与人为善，以诚待人。可以说，学会做人、学会做事、学会去爱，与良好的人际关系（学会共处）的建立是相辅相成的，是每个人毕生的学习课程，它们对于一个人心理的健康成长与养护有着举足轻重的作用。

5. 正视现实

正视现实是大学生择业必备的良好素质。正视现实包括两个方面：一是正视社会。人是社会的人，是现实的人，无论正视与否，都是客观存在的。正确的态度就是正视社会，适应社会。随着我国经济社会的发展，社会将尽可能地为大学生求职择业提供良好的条件和环境，但我国人口多、就业压力大，社会为大学生提供的就业岗位不可能尽如人意。有的地区、有的专业供需不平衡，如边远地区、艰苦行业、基层和第一线急需人才。大城市环境好，工作待遇高，但是理想中的单位需求总是有限。所以，大学生应该面对现实，从实际出发，正确处理好理想和现实的关系。二是正视自己。"知人者智，自知者明。"正视自己，就是要客观全面地看待自己，实事求是地评价自己，要对自己的思想政治表现、学业成绩、知识结构、专业技能、一般能力、特殊才能、身体状况、兴趣、特长、情感、意志、性格、气质、社交等方面进行客观公正的评价，选择适合自己及今后发展的具有竞争实力的职业和单位，走出盲目从众、单凭主观愿望选择单位的择业误区。同时，要正视自己的不足，自觉地排除各种不利于认识自我的干扰，力争在竞争中居于主动地位。

6. 正确对待挫折

大学生在求职择业中遇到挫折是正常的，要认识到生活中的挫折是造就强者的必经之路，挫折是锻炼意志、增强能力的好机会。遭遇挫折时，不应惊慌失措，切不可因此而自卑，更不能偃旗息鼓，而是要认真分析，仔细寻找失利的原因：是主观努力不够还是客观要求太高，是客观条件苛刻还是主观条件不具备。认真分析，才能心中有数，才能更好地调节心理。遇到挫折，要保持健康的心理，不能乱了方寸。遇到挫折，应采取积极的态度，放下心理包袱，调整好目标，脚踏实地前进，争取新的机会。当然，一个人战胜挫折的能力不是一时的努力形成的，而有赖于平时加强挫折心理承受力的训练。

二　择业的心态

当大学生带着他们的知识与力量满怀激情地走出大学校园时，虽然是胸怀大志，但在审视社会的过程中也存有焦虑的目光，时常思索着如何迈好这一步。

（一）大学生择业心态的误区

保持较好的心态，面对现实，确定合理的择业目标对大学生来说极为重要。但在现实过程中，有较多的大学生却步入了择业心态的误区。

1. 主观理想与社会现实的矛盾

在人的成长过程中，总是有不断的理想与追求。大学生在择业的追求上显得尤为突出，四年的大学生活使他们的知识储备与技能日渐丰富，使他们雄心万丈，准备做一番大的事业。然而，由于他们涉世尚浅，接触社会较少，理想与现实往往相脱离，自己想干点大事，有较多困难的因素；想尽快在工作中有起色，又不那么容易。有时在大学时所读的热门专业，到毕业时变冷了，原来的"短线"专业又变成了"长线"。在理想与现实的交错中，调整心态，确定目标，成为大学生求职择业前必须面对的主要问题。

2. 自我意识与驾驭自我的矛盾

大学生的自我意识随着年龄的增长、知识的积累而不断增强。在选择就业岗位时，大学生主要强调自我意识。在大学生活中，他们的经历简单而且顺利，通常没有对事件的客观判断和自我评价，大多数的毕业生对自己的评价偏高，在择业的过程中，骄傲自满，期望值较高，不能面对现实，把握自我。部分学生对自我的评价又偏低，在执业的过程中，妄自菲薄，又缺少驾驭自我的能力。

3. 渴望竞争与缺少自信的勇气

随着就业政策的落实与实施，大学生择业的公平、平等的竞争环境越为明显，大多数毕业生都希望凭借自己的实力迈向社会，迎接新的挑战。公开、平等竞争的平台为大学生提供了新的机遇，较多的毕业生想在这个充满竞争的时代中展示自己的才能；但在竞争机会来临的时刻，有许多大学生步履艰难，顾虑重重，缺少竞争的胆气，虽然在内心中有参与竞争的意识，但面对竞争时缺乏自信。

4. 贪图实惠与安逸自我的心理

在大学生择业的过程中，有较多大学生首要考虑的问题就是单位的薪酬待遇。如工资多少、津贴如何、有无住房、生活补贴等，单位用人是否与本人的专业相符、自己的能力、爱好、性格是否符合岗位的需求则排在后面，关键的思想是能否赚钱。这种功利性的择业标准，致使一些大学生败下阵来，没有选到自己适合的岗位。

5. 好高骛远与盲目攀比的心态

大学生在选择用人单位时，常常与去了知名度高、效益好的单位的同学相攀比，以去了大城市或政府部门的同学作为自己价值的标准。在择业过程中形成了攀比的心理，在心里上抱有"我不能比别人差"、"过去我一切顺利，现在我依然会没问题"的念头和想法，特别是学习较好的学生更为明显。于是在择业中，攀比嫉妒、倔强来平衡心态，总是以自己比别人有能力作为标准。

有些大学生，看到与自己的学习成绩、日常表现差不多的同学找到了较好的工作，认为自己没有找到理想的职业，心理过意不去，没有面子。其结果是高不成、低不就，陷入了就业误区之中。于是，为了寻求心理平衡，也不从实际出发，将自己择业的标准设计的较高，不考虑择业时的综合性因素，虽然就业单位非常适合自身的发展，但由于某些方面与同学的就业单位相比存在差距，则彷徨放弃，事后却追悔莫及。

（二）大学生择业心态的障碍

择业是一个有规划、有目的的心理训练过程。大学生在择业时应该主动培养良好的心理素质，将心理压力降至最低点，来及时克服择业过程中经常出现的心理障碍，以良好的心态应对激烈的就业市场。常见的择业心态主要有以下几种。

1. 焦虑心态

焦虑心态是指由心理冲突或个人遭受挫折以及可能要遭受挫折而产生的一种紧张、恐惧的情绪状态。就像挫折一样难以避免，焦虑也是人们生活中的一部分。过度的焦虑会对大学生择业就业产生消极的影响，不但会压抑大学生正常的思维活动，而且会使大学生的注意力不集中，记忆力明显减退，从而影响大学生正常的学习和生活。在择业的过程中，大多数毕业生都会出现不同程度的焦虑心理。调查表明，有20%的毕业生在择业过程中出现过明显的焦虑状态。引发毕业生焦虑的主要问题有自己的理想能否实现；是否能找到一个适合自己专业特长、技能突显、工作环境优越的单位；用人单位是否选中自己，被拒绝怎么办；选择的用人单位是否是最适合自己的选择方案等。特别是一些基础学科专业、学习成绩不佳、学历层次不高的大学生、农村学生以及女大学生，表现得更为焦虑。

当大学生迈出校门，缺乏社会经验的大学生对选择职业这一人生重大课题产生择业的焦虑心态属于正常现象。一般来说，适度的焦虑使学生产生压力，这种压力是对自身惰性的进攻，它可以增强人的进取心、自信心。人只有面对压力才会迫使自己积极行动起来，产生求胜的心理及行动。这样的战胜压力取得成功的事例不胜枚举。但是，如果心态上过度地焦躁、沮丧、不安，像一些大学生焦虑过了头，成天都充满了各种不必要的担心以及造成精神上的紧张不宁、忧心忡忡、烦躁不安、意志消沉，行为上反应迟钝、手忙脚乱、无所适从，自己又不能在一定时间内化解这些情绪，这些情绪就有可能向病态发展。此时，焦虑就会影响大学生主观能动性的发挥，干扰大学生正常的学习和生活，甚至影响选择就业的成功。

2. 自卑心态

自卑是由于受到暂时性挫折而产生的一种心理障碍。这种心态表现在对自己的评价过于偏低，不能正确认识自己的优缺点。大学生在择业之前，往往踌躇满志，跃跃欲试，很想一显身手，大展宏图；而一旦受到挫折后，容易产生自卑心理，对自身能力产生怀疑，自信心大大减弱，自尊心受损伤，自惭形秽；总是低估自己，这个不行，那个也不行，导致在择业过程中，往往缺乏自信心和勇气，不敢面对竞争。

在择业之前，面对社会现实，见到人才市场的激烈竞争，涉世未深的大学生产生自卑心态属于正常现象，也是比较普遍现象。就业中的自卑一般产生于以下一些情况：一些冷门专业、学历较低的学生看到就业市场对本专业需求的单位少、待遇差，或在求职中遭冷遇，就容易悲观失望；一些性格比较内向，不善言辞的大学生看到其他应聘者口若悬河，自己什么也说不出来也会自惭形秽；一些在校成绩与表现一般的大学生看到别人的自荐书上奖励、证书、成果一大堆，自己什么也没有，也容易自我贬低；由于来自非重点高校，在面对竞争对手时缩手缩脚，不能充分向用人单位展示自己的才华；一些女大学生在就业遭受到用人单位的歧视后也会自怨自艾。总之，自卑的大学生不敢正视现实，对自己的长处估计不够，怀疑自己的能力，不善于发现适合自己的职业岗位，在对自己的抱怨、贬低中失去了求职的勇气。

3. 怯懦心态

由于毕业生对自己的能力评价偏低，致使大学生在择业过程中往往表现出被动性和退缩性的怯懦心态。怯懦心态在毕业生面试过程中表现得尤为明显。在面试之前，有的同学如临大敌、紧张不安、手忙脚乱；面试过程中，有的同学面红耳赤、语无伦次、支支吾吾、答非所问、手足无措，辛辛苦苦准备的"台词"、"腹稿"在一急之下，都抛到了九霄云外，忘得一干二净；有的同学谨小慎微，生怕一句话说错，一个问题回答不好影响自己给用人单位的印象，以至于不敢放开说话，没有把自己的特点和优势表现出来。这些同学渴望公平竞争，但在机遇到来时却手忙脚乱，未能充分发挥出自己的才能。怯懦心态也多见于一些女生和性格内向的大学生。为克服上述弱点，就要求毕业生平时要加强面试技巧的训练，培养自己的应变能力和语言表达能力，以便给用人单位留下良好的"第一印象"，从而帮助自己顺利就业。

4. 自负心态

自负心态是缺乏客观地自我分析和自我评价的一种表现。目前有很多大学生总想一步到位找到满意的职位和工作，一些大学生对自己的评价过于偏高，他们或因所学专业紧俏、需求旺盛，或因就读学校为名牌学府，或自认为无论专业知识还是能力素质都胜人一筹，或因为被不少用人单位垂青，因而盲目自信，择业胃口吊得很高，认为理所当然地应该能够得到一个理想的职业，而产生了一种高人一等的自负心态。在这种心态的支配下，他们好高骛远，期望值较高，往往是"这山望着那山高"，这个单位不顺眼，那个单位也看不上，因而错过较多适合自己发展的机会。一旦产生自傲心态，就很容易脱离现实，以幻想代替实际，使自己的择业目标和现实产生很大反差，如果未能如愿，其情绪就会一落千丈，从而产生孤独、失落、烦躁、抑郁的心理现象。

5. 依赖心态

依赖心态是大学生择业过程中不成熟的表现，任何事情总是依赖别人，缺乏独立意识。在大学期间虽然接受了3、4年的大学教育，但是在许多问题上还是缺乏应有的分析和解决问题的能力。由于缺乏足够的自信心，缺乏自我选择判断能力，在择业过程中缺乏积极主动的择业准备观念，不敢或不愿意面对激烈的择业竞争，而是将希望寄托在学校、家长和亲朋好友身上。他们或者认为自己家里有关系，找个好工作不成问题，用不着自己去操心；或者自暴自弃，认为自己即没关系，又不是出类拔萃的好学生，索性就听天由命。前者将希望寄托在别人身上，想不通过努力就找到满意的工作；后者则完全放弃了竞争，将自己的命运交给了不确定的偶然。

6. 抑郁心态

伴随着"双向选择"就业体制的改革，择业竞争的加剧，大学生承受的外在压力也就随之增多、增强，择业过程中遭受的挫折也会越来越大。有些大学生在求职过程中屡屡遭受挫折，不为用人单位认可接受，受挫后不能正确调整心态，表现为不思进取、情绪低落、愁眉不展、意志消沉；有的甚至放弃一切积极的求职努力，听天由命；严重时甚至对外界的环境漠然置之，不与外界交往，对一切都无所谓，导致抑郁心态发生。有抑郁心态的毕业生，一般较长时间陷于择业失败事件的阴影中而不能自拔，表现出信心不足，过度敏感，生活中稍有不顺意的时候，情绪就很难平静下来。长期处于抑郁心态的人最终会导致神经衰弱等心理疾病，严重影响自己顺利就业。

大学毕业生的就业引入人才市场机制后，竞争是必然的，是谁都逃避不了的现实，毕业生应该勇敢地面对这个事实，保持良好的心态。良好的心态可以使大学生在择业中客观地分析自我、认识自我，客观地分析现实和社会需求，从而使自己的理想与现实有机地结合起来，给自己的择业目标合理地定位，不会由于过低地低估自己而降低择业目标或因过高估计自己而脱离现实。

良好的心态对大学生择业前后的各个环节都非常重要。具备良好的择业心态，确定合理的择业目标，有助于择业过程的实施。具备良好的心态，能使大学生尽快地适应环境，顺利完成择业、求职、就业这个从大学生到社会主义建设者的过度。

三 心态的调整

大学生在求职择业中，不可避免地会遇到挫折、困难和冲突。这些挫折和冲突常常会引起各种心理问题，既不利于择业，也不利于身心健康，有时甚至会影响整个人生的成长。解决这些心理问题的根本对策是学会心态调整，在遇到挫折和冲突时，能够客观地分析自我与实现，有效地排除心态问题，从而使自己保持一种稳定而积极的心态，达到如愿择业的最终目的。

（一）调整心理，自我调适

心理调适是实现心理健康的主要手段。为了维护心理健康，大学生应该了解并掌握心理调适的途径与方法，不断调整自身的心理状态，积极适应社会的变化，勇敢地迎接就业的挑战。

1. 提高心理调适的自觉性

人生的成长是一个不断变化发展的过程，也是个人对社会环境适应的过程。在人生的某些阶段里，由于受环境条件的影响，社会对个人提出了更新更高的要求，对个人来说有时会感到难以适应。这个时候，如果个人能够主动、自觉地适应社会的要求，就可以更为顺利地进入一个新的人生阶段；相反，如果个人无法适应社会的新要求，就会影响着自身的成长和发展，严重的还会影响着自己的身心健康。

大学生在面临毕业时，会考虑到社会给自己提供了哪些职业岗位，有多少选择的机会和可能；同时也影响到如何认识自己，调节自己，使自己做出最佳选择并尽快适应职业活动。前者属于就业的环境问题，在很大程度上不以个人的意志为转移；后者则是心理问题，属于个人可以掌握的部分。认识环境、把握自己、尽快做到心理适应，是最积极可行的途径。在日常生活中，人们有时在实现自己目标的过程中，常常不去认真地了解、分析自己可掌握的那一部分因素，却企图主宰自己不可能驾驭的那一部分因素。不少大学生在择业的过程中也容易步入同样的误区。

因此,在求职择业过程中,大学生应当充分认识心理调适的作用,提高自我心理调适的自觉性,尽量通过自身的努力使自己保持一种良好的心态,以利于合理择业、顺利就业和健康成长。

2. 积极进行自我心理调适

面对激烈的就业竞争,从以下几方面积极地进行自我心理调适,可以帮助大学生解除心理紧张,促进心理平衡,保持好的心态。

(1) 认识和评价自我

在进行自我心理调适时,首先要正确认识和评价自我,这是进行自我心理调适的基础。因为只有正确地认识和评价自我才能找到自我调适的立足点。认识和评价自我的方法主要有以下三种。

①自我反省

自我反省也叫自我静思,就是面对各种矛盾和冲突,首先能冷静地、理智地思考自我、认识自我、评价自我,找到自我的确切位置。面对择业,大学生除了要客观地分析就业环境外,最主要的是要正确地认识自我和评价自我,应当明确自己的爱好特点是什么,自己的性格气质是什么,自己最适合干什么工作,自己的优势和劣势是什么,自己的择业发展方向是什么等。只有通过理智、冷静的自我思考,才能对自己有一个客观的评价,使自己在择业过程中处于积极主动的地位。

②社会比较

人不可能脱离社会而存在,要正确地认识和评价自我,离不开社会。大学生要正确地认识和评价自我,首先要将自己与社会上其他人做比较,特别是要通过与自己条件、地位类似的人比较来认识自己,而不是孤立地认识自己;其次,要通过社会上其他人对自己的态度来认识自己;通过对自己参加社会活动结果的分析来评价和认识自己,即通过在客观上寻找评价的参照尺度来认识自己。如果一个人对自己的评价与他所进行的各种比较基本一致,那就基本可以认为他的自我认识发展得比较好,比较客观;如果不一致,差距太大甚至相反,那就表明他的自我认识发展不好,不够客观,缺乏自知之明。

③心理测验

心理测验是心理测量的一种工具和手段。心理测验的方法很多,主要包括智力测验、人格测验和能力测验等,有关的心理学著作中都有详细的介绍，大学生可以根据自己的需要选择使用。要注意的问题是，一定要选择心理学专家编制的标准化的测量表，最好能在专业指导下使用。

（2）心理调适的方法

心理调适是实现心理健康的手段。为了在激烈的就业竞争中维护心理健康，大学生应该了解并掌握心理调适的途径和方法，不断调整自身的心理状态，积极适应社会的变化，勇敢地迎接就业的挑战。

①自我转化

有些时候，不良情绪是不易控制的。这时，可以采取自我转化的方法，把自己的情感和精力转移到其他活动中去。如学习一种新知识、新技能，参加自己感兴趣的活动，利用假期去旅游等，使自己不沉浸在不良情绪中，以保持心理平衡。

②自我适度

因挫折造成焦虑和紧张时，消除不良情绪的最简单方法莫过于"宣泄"。切记要把不良情绪强压于心底，忧虑隐藏得越久，受到的伤害就越大。较妥善的办法是向朋友等自己信任的人倾诉、一吐为快，甚至可以痛哭一场，把痛苦全部宣泄出来；也可以去打球、爬山、参加大运动量的活动，宣泄情绪。但是宣泄一定要注意场合、身份、气氛，注意适度，应是无破坏性的。

③自我安慰

人不可能事事皆顺心，处处是英雄。择业中遇到困难和挫折，如果自己已尽力仍无法改变时，要说服自己作适当让步，不必苛求，找一个自己可以接收的理由让自己保持内心的平静，承认并接受现实，以保持心理平衡。

④松弛练习

松弛练习也叫放松练习，是一种通过练习学会在心理上和躯体上放松的方法。放松训练可以帮助人们减轻或消除各种不良的身心反应，如焦虑、恐惧、紧张、心理冲突、入睡困难、血压增高、头痛等症状，且见效迅速。大学生在择业时如遇类似心理反应，可在有关人员指导下尝试进行放松训练。

⑤情绪理性

人有理性和非理性两种观念，在这些观念指引下的认识方式会影响人的情绪。人的不良情绪产生的根源是人的非理性观念，反之亦然。要消除人的不良情绪，就要想方设法将人的非理性观念转化为理性观念。例如有的学生在择业中受了挫折便消沉苦闷或怨天尤人，其原因在于他原本认为"大学生就业应当是顺利的"、"我很优秀，择业应该很理想"等。正是这些观念作怪，才导致或加剧了他的不良情绪。如果将这些想法加以纠正，不良情绪一定能得到克服。大学生在运用理性情绪化法时，应首先分析自己有哪些消极情绪，从中分析、综合、抽象、概括出相应的非理性观念，并对其进行质疑；同时对比两种观念状态下个人的内心感受，鼓励自己向理性观念方面转化，从而有助于排除不良情绪。

（二）调整紧张，增强自信

当前，大学生就业面临着严峻的形势，这就不可避免地给大学生带来紧张和压力。为了更好地求职择业，大学生要克服紧张的心理，设法把自己从紧张的情绪中解脱出来。

1. 建立自信

自信，是求职成功的心理基础，自信程度与推荐自我的关系远远超过推荐其他任何东西。缺乏自信，常常是性格软弱和事业不能成功的主要原因，也是推荐自我的最大心理障碍。

一般来说，缺乏自信的人多是性格内向，勤于反思而又敏感多疑的人。他们自尊心很强，但不懂得如何积极地获取自尊，为了追求一种不使自尊心受到伤害的安全感，为了不在别人面前暴露自己的弱点，不敢坦率地介绍自己，不敢大胆地推荐自己，实际上这正是低估自己的表现。而被别人轻视，也常常是由于自己的自卑和退避造成的、在求职过程中，有的大学生希望给对方留下好的印象，但又总怀疑自己的能力，不相信自己能够做到，所以，只要置身于陌生人面前，便会产生不知所措的惊慌。面对当今激烈竞争的人才市场，自信、敢于竞争者就能够掌握求职成功的主动权；缺乏自信，唯唯诺诺的人，定会成为竞争中的失败者。建立自信心的前提要看到自己的长处、优势，要认识到别人也不一定什么都好，你也不是什么都不如人。不要把招聘者看得过于神秘。从心理学上讲，求职者在面试时心理上处于劣势，往往把招聘者看得过高，好像他们能洞悉自己内心一切似的。其实，并不是每个招聘者都学识渊博、难以对付。他们同你一样，都是普普通通的人，了解了这一点也就不会有畏惧感了。其次，不要老想着自己的缺点，每个人都有自己的缺点和不足，也有自己的优点和特长。多想想自己的优点、优势和特长，即使有缺点，对这一工作来说也可能是优点。通过这样的暗示作用，可以增加自信，消除紧张。可以肯定地说，坚定、自信是求职成功的基础。

2. 消除紧张

许多求职者失败，并不是因为他们缺乏适应工作的能力，而是因为过度紧张，使招聘者对其稳定性发生怀疑而造成的。因为面试不仅是了解求职者的知识和人品，更重要的是通过相互交谈来测试求职者的应变能力和处事能力。如果过度紧张，甚至怯场，那么，求职者的能力，才华就无法展现，失去求职的机会，也在所难免。克服紧张情绪主要有以下几方面。

（1）不要过于看重结果

如果总是担心面试失败而失去工作机会，就会加重心理负担，增加紧张感。如果面试时采取超然的态度，记住这样一句话：即使面试失败了，也没有失去什么，却得到了面试的经验，还有更好的机会在等待，胜败乃兵家常事。

（2）掌握说话节奏

控制说话速度也有利于减少紧张。在紧张的情况下，说话速度会越来越快，进而使思维混乱，讲话的内容也会条理不清，甚至张口结舌，对方难以听懂你要表达的真正含义，同时，还会给人以慌张或有气无力的感觉。这时，放慢说话速度有助于稳定情绪和理顺思路，从而保证口齿清楚、思路清晰、有条不紊。当然，放慢速度要适当，不要故意把话音拖长。

（3）承认紧张心理

如果紧张难以消除，可以坦率地告诉招聘者："对不起，我有点紧张。"对方会理解的，甚至还会安慰你，帮助你放松。对求职者自己来说，承认紧张，心情就会慢慢安定下来，紧张情绪就会逐步消失，而且面试的气氛也会融洽起来。承认紧张，对推荐自己并没有什么消极影响，反而会表现你的诚实、坦率和求职的诚意。

有时采用破釜沉舟、背水一战的态度面试，也能消除紧张。有一位女大学毕业生有过这样的经历：在一次毕业生与招聘单位见面会上，由于害怕失败而造成的紧张使她连续被六家单位拒绝，当见面会快结束时，她心急如焚，抱着"豁出去"的想法，找了个招聘单位发泄自己的"愤怒"。出乎意料，这家单位看中了她，当即决定录用，原因是她这种背水一战的态度，使她变得轻松、豁达、无忧无虑了。

3. 克服羞怯

羞怯是许多人都有过的一种普遍的情绪体验，主要是由于性格内向或挫折引起过多地约束自己的言行，以至无法真实表现自己情感的一种心理障碍。羞怯感强的人，在招聘者面前会感到有一种无形的压力，不敢迎视对方的目光，缺乏表现自己的信心和勇气。面试时常出现脸红、冒汗、张口结舌、语无伦次等现象，对自己的神态举止和言谈过分敏感，生怕自己在别人面前失态出丑。越是害怕和检点自己的言谈举止，就越无法恰当地控制自己的失态行为，反而会异常紧张，不自然的表情和行为通过反馈更进一步增加了紧张心理，形成恶性循环。那么怎样才能克服羞怯心理呢？增强自信心是最有效的途径之一，除此之外还要注意以下几点。

（1）不要计较他人评论

羞怯感强的人，最怕得到否定的评价，结果越害怕越不敢表现自己，越不敢与人交往，恶性循环使他在羞怯的旋涡中越陷越深。其实，被人评论是正常的事，应把它作为改善自己的动力，而不应把它当成精神负担。

（2）扩大自己的知识面

只有具备丰富的知识，才能在各种面试活动中，不会因知识过分狭窄而受窘。这里所说的知识，不仅包括专业知识和其他科学文化知识，也包括面试的基本礼节和推销自我的基本技巧。你可以从有关求职的书刊上获得这些知识，也可以从周围的同学、朋友身上获得。

（3）学会控制自己情绪

常用的方法是自我暗示法，每当面试自感有可能紧张、羞怯时，就提醒自己镇定下来，什么都不去想，把招聘者当作自己的熟人和朋友一样，"羞怯心理"就会减少大半。心理学的研究表明，一个非常怕羞的人，当他在陌生场合讲出第一局勇敢的言语后，随之而来的将不再是新的羞怯，而可能是顺理成章的演说。

（4）争取得到锻炼机会

开始可以从容易的事做起，如先在熟人的范围里联系面试，锻炼自己的表达能力，运用和梳洗推荐自我的技巧，培养对"羞怯"的心里抵抗；然后遵守循序渐进的原则，扩大范围、增加难度。我们建议，要尽可能地参加各种类型的"人才交流会"和"毕业生供需见面会"，把它们看成是锻炼自己的机会。在有意识地克服羞怯心理的过程中，对每一个机会，都必须做好充分的准备，以获得好的效果。

4. 不怕挫折

挫折是指个人在从事有目的的活动过程中，遇到的干扰和障碍，致使动机不能实现时的情绪状态。生活中的挫折是造就强者的必由之路，挫折是锻炼意志、增强能力的好机会。崇高的职业理想与现实总会有差距，失败者常叹求职择业真难。现实确实如此，就业竞争非常激烈，尤其是理想或热门的职业。但大学生应当了解，职业理想的追求与实现，并不一定取决于职业本身。在中外众多伟大的科学家们的成长过程中，我们常常可以看到他们当初职业的起点并非那么"理想"。富兰克林曾经是个钉书工人，华罗庚初中毕业后便帮助家里料理小杂货铺，也曾在母校干过杂工。可见，较低的职业起点，并不贬低职业理想的价值，现实的生活之路，也正是大多数科学家的职业理想迸发、形成的环境。大学生在择业时，应该保持健康、稳定的心理，采取积极的态度，遇到挫折时，不要消极退缩。当然，从根本上说，一个人战胜挫折的能力绝不是一时的努力能培养出来的，它有赖于大学生平日不断地增强自身修养，学会科学地认识、分析事务，特别是主动接收一些磨难，增加一些挫折经历。

（三）调整心态，积极面对

就业是大学生人生的重大转折，面对严峻的就业形势，大学生应客观地认识社会、认识自己，调整好自己的择业心态，做好充分的就业心理准备，积极地迎接竞争挑战。

1. 正视现实

正视现实是大学生择业必备的健康心态之一。正视现实包括两方面的内容，即正视社会和正视自身。

（1）正视社会

现实是客观的，既有有利于自己的一面，也有不利于自己的一面。随着社会的发展和国家人事制度的改革，大学生求职择业会面对越来越有利的环境，这将为大学生施展自己的才能提供广阔的天地，有利于大学生的发展与成才。但目前我国就业形势比较严峻，人才供需状况不平衡，边远地区、艰苦行业、基层急需人才。另外，我国的毕业生就业市场还不规范，尚需进一步完善。同时，用人单位对大学毕业生的要求也越来越严格。这些都是客观现实，大学生应该面对这些现实，一切从实际出发，处理好理想与现实的关系。那种脱离社会、脱离现实、好高骛远、凭空臆想的做法都是不正确的；同时，逃避社会、回避现实的想法更是不可取的。

（2）正视自身

常言道：知人为聪，知己为明；知人不易，知己更难。一个不能正确认识自己的人，就不能把主观愿望和客观条件有机地结合起来，从而选择切合实际的目标。正视自身，首先要对自己有充分的认识，如价值取向、专业学习状况、各种能力、身心素质等。对自己有充分的认识，有助于明确自身定位，从容应对挫折和挑战。

2. 敢于竞争

在激烈的就业竞争中，大学生要想取得胜利，既要敢于竞争，又要善于竞争。

（1）敢于竞争

大学生就业制度的改革，为毕业生和用人单位提供了"双向选择"的机会，使大学生能够根据国家的就业政策，结合自己的专业、爱好、性格、特长、愿望等选择工作岗位，可以通过适当的途径和方式展示自己、推荐自己，获得用人单位的青睐。大学生应当珍惜这个机遇，敢于竞争，努力实现自己的抱负。

要做到敢于竞争，就要树立竞争意识，敢想、敢说、敢干，有敢为天下先的精神；还要从实际出发，充分考虑到自己的专业、性格、气质、爱好等，扬长避短；并且要靠真才实学参与竞争，不能互相拆台或不讲信誉；同时还要准备经受挫折，求职择业的过程中充满竞争，失败在所难免，有了充分的思想准备，才会成为竞争中的强者。

（2）善于竞争

大学生要想在求职择业中取得成功，仅仅做到敢于竞争是不够的，还必须善于竞争。善于竞争体现在具备良好的心理素质、实力和良好的竞技状态。在求职面试时一定要轻松自如，特别是要克服情绪上的紧张和焦虑；同时还要做到仪表端庄，举止得体，交流表述清晰，采用适当的方式推荐自己，给用人单位留下良好的第一印象。如果大学生能以稳定的情绪对待求职择业，就能在激烈的就业竞争中取胜。

3. 化解压力

面对求职时的心理压力，大学生要学会善于化解。

（1）善于调整求职心态

大学生对求职择业要有正确的认识，求职择业是人生的一件大事，但又是一件十分平常的具有多种选择的事情，不要把它看的举足轻重。对求职择业要有一颗平常心，找到满意的工作不要沾沾自喜，暂时找不到工作，也不要悲观失望，而要运用智慧积极寻求，耐心等待，对求职择业保持信心、耐心和恒心。

（2）时常注意自我减压

对于求职择业的大学生来说，被自己心仪的用人单位拒绝，个人的情绪可能会受影响，产生挫折感和失落感，这是非常正常的现象。对此大学生要用积极的心态，认真地思考、分析求职失败的原因，找出自己存在的不足，总结经验教训，改变求职的策略，为下次求职成功奠定基础。

4. 调整期望

面对严峻的就业形势，大学生要从以下方面合理调整自己的就业期望值。

（1）不要盲目与人攀比

有比较才会有差距，有差距就会有压力，有压力就会有动力，有动力才会进步。但盲目比较就是嫉妒，会陷入误区，成了在别人的拥有里寻找痛苦。在求职择业过程中，由于许多复杂的主客观因素的存在，人与人之间有许多情况是不可比也无法去比的，比来比去，除了增加个人的烦恼，对求职没有任何帮助，也没有任何实际意义。

（2）适时调整求职期望

对于求职者来说，求职的期望值越高，一旦遭遇失败，失落感就会越强烈，心里承受的压力就会越大。大学生在求职择业时，要处理好就业理想与就业现实的关系，认清就业的形势，正确地评价自己，不要定位过高。这样在求职时，就不会好高骛远，人为提高就业的难度，也就会降低求职择业的压力。

附录1　大学生求职服饰礼仪要领

大学生求职服饰礼仪要领

一　男生面试时的服饰礼仪

1. 西装

男生应在平时就准备好一至两套得体的西装，不要到面试前才去匆匆购买，那样不容易选购到合身的西装。应注意选购整套的两件式的，颜色应当以主流颜色为主，如灰色或深蓝色，这样在各种场合穿着都不会显得失态，在价钱档次上应符合学生身份，不要盲目攀比，乱花钱买高级名牌西服，因为用人单位看到求职者的衣着太过讲究，不符合学生身份，对求职者的第一印象也会打折扣的。

2. 衬衫

以白色或浅色为主，这样较好配领带和西裤。平时也应该注意选购一些较合身的衬衫，面试前应熨平整，不能给人"皱巴巴"的感觉。崭新的衬衣穿上去会显得不自然，太抢眼，以至于削弱了人事主管对求职者其他方面的注意。这里要提醒一点，面试时你所穿的西服、衬衫、裤子、皮鞋、袜子都不宜给人以崭新发亮的感觉，原因是人事主管会认为你的服饰都是匆匆凑齐的，那么你的其他材料是不是也加入了过多人工雕琢的痕迹呢？而且太多从没穿过的东西，从头到脚包裹在你的身上，一定有某些东西会让你觉得别扭，从而分散你的精力，影响你的面试表现。

3. 皮鞋

不要以为越贵越好，而要以舒适大方为度。皮鞋以黑色为宜，且面试前一天要擦亮。

4. 领带

男生参加面试一定要在衬衣外打领带，领带以真丝的为好，上面不能有油污,不能皱巴巴,平时应准备好与西服颜色相衬的领带。

5. 袜子

袜子的颜色也有讲究,穿西服革履时的袜子必须是深灰色、蓝色、黑色等深色,这样在任何场合都不失礼。

6. 头发

尽量避免在面试前一天理发,以免看上去不够自然,最好在三天前理发。男生女生都应在面试前一天洗干净头发,避免头屑留在头发或衣服上,保持仪容整洁是取得用人单位良好第一印象的前提。此外,男生要将胡须剃干净,并且在刮的时候不要刮伤皮肤,指甲应在面试前一天剪整齐。

二 女生面试时的服饰礼仪

1. 套装

每位女生应准备一至两套较正规的套装,以备去不同单位面试之需。女式套装的花样可谓层出不穷,每个人可根据自己的喜好来选择,但原则是必须与准上班族的身份相符,颜色鲜艳的服饰会使人显得活泼、有朝气,素色稳重的套装会使人显得大方干练。记住这个原则,针对不同背景的用人单位选择适合的套装吧。

2. 化妆

参加面试的女生可以适当地化点淡妆,包括口红,但不能浓妆艳抹,过于妖娆,不符合大学生的形象与身份。

3. 皮鞋

鞋跟不宜过高,过于前卫,夏日最好不要穿露出脚趾的凉鞋,更不宜将脚趾甲涂抹成红色或其他颜色,丝袜以肉色为雅致。

4. 皮包

女生的皮包要能背的,与装面试材料的公文包有所区别,可以只拿公文包而不背皮包,但不能把公文包里的文件全部塞在皮包里而不带公文包。

5. 手表

面试时不宜佩戴过于花哨的手表,给人过于稚气的感觉。面试前应调准时间,以免迟到或闹笑话。禁忌:男女生都不能在面试时穿 T 恤、牛仔裤、运动鞋,一副随 随便便的样子,百分之百是不受人事主管欢迎的一类。女生一定不要在服饰上给人错误的信号，例如过于花枝招展、性感暴露的打扮会让人有别的想法，惹来许多不必要的麻烦甚至性骚扰，对求职本身毫无益处。

附录 2　求职礼仪自我检视清单

一　求职面试前的礼仪：

1. 头发干净自然，如要染发则注意颜色和发型不可太标新立异。

2. 服饰大方整齐合身。男女皆以时尚大方的套服为宜。

3. 面试前一天修剪指甲，忌涂指甲油。

4. 不要佩戴标新立异的装饰物。

5. 选择平时习惯穿的皮鞋，出门办事前一定要清洁擦拭。

二　求职面试过程的礼仪：

1. 任何情况下都要注意进房先敲门。

2. 待人态度从容，有礼貌。

3. 眼睛平视，面带微笑。

4. 说话清晰，音量适中。

5. 神情专注，切忌边说话边整理头发。

6. 手势不宜过多，需要时适度配合。

7. 进入面谈办公室前，可以嚼一片口香糖，消除口气，缓和稳定紧张的情绪。

三　求职面试结束时的礼仪：

1. 礼貌地与主考官握手并致谢。

2. 轻声起立并将座椅轻手推至原位置。

3. 出公司大门时对接待小姐表示感谢。

4. 24 小时之内发出书面感谢信

第七章 就业策略与应聘技巧

2014 年全国毕业生预计将超过 699 万人，再创毕业人数新高，加上历年沉淀下来未就业的毕业生，供大于求的矛盾更加突出。2014 届毕业生就业工作任务依然繁重，毕业生要正确认识当前就业形势，增强做好就业工作的紧迫感和责任感。特别是在求职的策略与技巧方面，提高大学生的就业能力。

第一节 就业信息的搜集

在当今信息化的时代里，信息在应聘过程中的作用尤为突出。以最快捷的方式占有广泛、准确、有效的就业信息成为大学生求职成功的关键所在。大学生在求职时，不仅取决于个人的学业水平、能力表现、综合技能、所学专业等因素，同时也取决于毕业生获得的有效信息以及对信息的加工、整合的能力。

一 就业信息概念及功能

（一）就业信息的概念

就业信息是指通过各种媒介传递的有关就业方面的消息和情况，包括就业形势、就业政策、用人单位、招聘信息情况等。

就业信息具有如下特点：

第一，具有时效性。就业信息具有极强的时效性，求职者必须在有效时间内把握和利用相关信息，否则就失去了意义和作用。

第二，具有针对性。就业信息中包含着选用对象和应该具备的学历层次、专业技巧、能力水平等各方面具体的要求。

第三，具有共享性。就业信息的传播途径极其广泛。就业信息一旦被公布，就指向所有的求职者，即每个求职者都有可能知晓。就业信息的共享性就意味着就业的竞争力。

（二）就业信息的功能

1. 就业信息是职业选择的基本前提

对大学毕业生而言，就业信息是选择就业的基础，在求职的过程中，某种意义上来说就是就业信息的竞争。大学生在择业过程中获取的信息越多，视野越开阔，选择的就业面越宽广，成功就业的机会就越大。如果在择业过程中没有获取准确可靠的就业信息，就不能准确把握择业的自主权，也不会顺利实现自己的人生理想。

2. 就业信息是择业决策的重要依据

在择业过程中获取足够的就业信息，才能保证择业的科学性、实效性、操作性。例如国家的就业方针、各地方及行业的就业政策、所在院校的体制等。当然，在择业过程中，各用人单位的需求信息成为毕业生的主要因素。占有足够用人单位的需求信息，对毕业生在择业过程中的决策性、准确性提供依据。如果对用人单位的需求信息把握不足，对其选择的决策性、准确性就会大打折扣。在择业过程中，大学生只有获取更多的用人单位的需求信息，通过筛选、比较、甄别，为自己进行职业决策提供直接可靠的有力依据。

3. 就业信息是顺利就业的根本保障

当毕业生经过对用人单位的需求信息进行筛选比较、科学决策、锁定目标时，迎接的便是求职面试了，现在的用人单位对毕业生都有面试的要求。就毕业生而言，要想顺利通过面试关，就必须对用人单位的情况有一定的掌握，从而达到就业信息的深层化。毕业生可以通过网络、向其他人打听的方式进行了解，在面试过程中，就用人单位的文化建设、经营模式、产品结构、市场行情等情况来谈自己的理解，会给用人单位较为深刻的印象。

二 就业信息种类的划分

就业信息根据不同的划分标准有各种不同的类别。

（一）依据就业信息包含的内容不同，可以将就业信息分为就业形式信息、社会需求信息、用人单位信息等。

1. 就业形式信息

就业形式信息是指大学毕业生就业市场上毕业生和用人单位之间总体的供需状况。当前，我国高等教育正从精英教育向大众化教育转变，高等教育的规模不断扩大。毕业生应当意识到，就业已经从昔日的卖方市场转向了今日的买方市场，"皇帝的女儿不愁嫁"的日子已经不再出现了。

如今就业形势不容乐观已由一种担忧的话题变成了一个活生生的现实。但就业形式的严峻并非人才过剩，主要还是有供需的结构性矛盾和个人的职业偏向造成的。主要表现为：社会对计算机、通讯、电子等专业的毕业生需求较多，对哲学、历史、考古学等专业的毕业生需求相对较少；专科毕业生供大于求，本科生供需大体持平；研究生整体还是供不应求。另外，就业形式也表现为地区间的供求不平衡，经济发达地区对毕业生的需求量大，经济欠发达地区用人单位需求则明显不足。

毕业生首先要了解国家经济发展战略，了解产业的分类与结构，以及随社会发展，产业结构的调整和变化趋势；了解职业的分类与结构以及该职业的发展趋势，使自己总揽全局，更好地把握自己，在国家建设的大背景下找到自己的正确位置。

随着我国市场经济的不断发展，大学生就业正逐步走向社会化、市场化。就业的市场化使大学生的就业与我国经济发展的形式紧密联系起来：经济高速发展的年份，对毕业生的需求量大，就业形式相对较好；相反，经济发展如果处于调整时期，毕业生的就业形式就较严峻。因此，还要对我国经济发展的总体态势有一个较全面的了解。

其次要了解当年毕业生总的供求形式。即：与自己同一年毕业的毕业生全国有多少，而用人单位的需求有多少，是供大于求，还是求大于供，或者两者基本平衡，哪些专业紧俏，哪些专业供大于求。

再次要了解同自己专业直接对口或相关的行业、部门和单位的现状和发展趋势。另外，毕业生对全国各地经济形势也应有所了解，因为经济状况不同，对人才的需求也就不同，毕业生可结合自己的实际情况有针对性地选择就业区域，从而使自己的才能得到最大限度的发挥。

2. 社会需求信息

社会需求信息是指各级、各用人单位对毕业生需求的情况。主要包括用人单位对毕业生的学历层次、专业、性别、人数以及对所需人才的具体要求等等。

这是对广大毕业生求职最为直接有效的信息，它直接代表着一个就业岗位。毕业生通过各种途径极想收集到的主要也是这方面的信息，这类信息具有较强的针对性。毕业生应该根据自己专业情况和兴趣、爱好对它们进行选择。

3. 用人单位信息

用人单位信息是指具有用人单位内部特点的信息，主要包括用人单位的所有制性质、隶属关系、规模、发展前景、地理环境、经营范围和种类、经济状况、福利待遇（包括工资、福利、奖金、住房等），以及用人单位的联系方法等。

毕业生择业时，若对用人单位的情况不甚了解，有没有相应的对比，择业时将带有很大的随意性和盲目性。

掌握足够的用人单位信息可以从该单位的介绍资料中获得，也可以从该单位的主管部门处获得，当然也可以向学校的就业指导中心咨询，或者通过亲戚、朋友甚至毕业生本人也可以自己去实地考察一番。

总的来说，对用人单位了解多一点，求职的成功希望则会多一点；掌握和了解用人单位的信息量越大，判断的准确率就越高，反之，则越低。

不同的单位对毕业生有不同的要求，毕业生也应有所了解。比如，企业单位希望毕业生知识扎实、勇于开拓创新、做事踏实、勤奋忠诚。越来越多的企业认识到创新对于一个单位的整体发展的重要性，日益看重能够在实际工作中有独特想法、勇于提出不同见解的大学毕业生。另外，由于近几年毕业生的就业期望普遍抬高，能够安心在一个单位里踏踏实实工作的大学生日渐减少，不少人都不愿意去从事基础性的工作，抱有"这山望着那山高"的心态，从而出现了不顾个人的实际情况频频违约、跳槽的现象。在这种情况下，用人单位开始注重对一个人求实和忠诚程度的考察。那些对具体工作不刻意挑肥拣瘦、能够脚踏实地地从事本职工作、不随波逐流、有个人成熟的职业发展计划的毕业生倍受青睐。当然，良好的外语和计算机水平是各个应聘单位的重要条件，尤其是对于外资企业。而教学与科研单位的用人标准又不一样，这些单位重视毕业生的专业功底和科研能力。在这种情形下，为了考察毕业生的专业水平和科研潜力，用人单位比较重视应聘者求学期间的学业成绩、科研成果以及毕业论文等。要搞好科研，外语是一门重要的工具。目前，我国在不少领域的研究还与国际先进水平保持一段距离，要查阅国外相关材料，借鉴他人先进的成果和经验，没有良好的外语水平就很难使自己以后的学术研究与国际领域接轨。教学岗位还看重求职者的口头表达能力，因为教师的首要任务是担任教学工作，要有将知识清楚地表述给学生的能力。

（二）从信息语言的角度来分，可以将就业信息分为口头信息、书面信息、媒体信息等

1. 口头信息

口头信息是指通过与人交谈获取的信息。毕业生通过与老师、同学、亲朋好友交谈、了解、打听到的就业信息都属于口头信息。口头信息不太系统全面，而且其权威性和可信度与谈话的对象本身对信息掌握的程度有一定的关系。因此，毕业生对口头信息要作进一步了解和落实。

2. 书面信息

书面信息是指通过书面材料获取的信息。比如，毕业生通过各种有关就业工作的指导性文件、学校和用人单位的各种书面通知、函件等。书面信息比较正式，权威性强，是毕业生必须重视和把握的信息。

3. 媒体信息

媒体信息是指通过各种正式公开发行、发布的媒介载体获取的信息。比如，在有关报纸杂志、电视广播、网络发布的就业信息等。在信息时代，它们是承载信息的主要载体。特别是网络，因其信息更新速度快、信息量大，收到广大毕业生的青睐。但是，网上的就业信息鱼目混珠、真假难辨，毕业生一定要慎重选择，并及时向就业指导老师咨询，以免上当受骗、误入圈套。

三　就业信息的获取途径

就业信息多种多样，收集的渠道也各有不同。总体上说，目前毕业生获取就业信息的途径有以下几种：

（一）学校就业指导部门

高校的毕业生就业指导部门，是高校毕业生就业工作的行政管理部门，包括学校就业指导中心和各院、系的负责学生工作的有关部门。学

校就业指导中心是受学校委托的全权负责全校毕业生就业指导工作的权威部门，也是用人单位向学校寄送需求情况的信息集中地。

学校就业指导部门因为长期从事就业指导工作，与用人单位建立了长期友好的合作关系，与各部委和省市的毕业生就业主管部门及用人单位有着密切的联系。在毕业生就业过程中，他们会及时向毕业生发布有关需求信息，进行就业指导，让毕业生了解当年社会对大学生需求的状况及有关就业的政策规定，学生本人也可以就有关问题进行咨询。所以，学校毕业生就业指导中心是获取用人单位信息的主要渠道，他们提供的信息无论是数量还是质量，都有明显的优势。毕业生从学校就业指导中心一般可以获得以下几类信息：就业政策法规信息、用人单位需求信息、用人单位背景信息等。

1. 通过学校毕业生就业指导部门获得的信息特点：

（1）针对性强

一般用人单位是在掌握了学校的专业设置、生源情况、教学质量等信息后，才向学校发出需求信息的，这些信息是完全针对应届毕业生，针对该校学生的，针对性强。而在人才市场和报纸杂志上获得的需求信息，是面向社会人士的，针对性较弱。

（2）可靠性高

为了对广大毕业生负责，在把用人单位发送给学校的需求信息公布给学生之前，学校就业主管部门要先审核就业信息的真假，保证信息的可靠性。

（3）成功率大

一般毕业生只要符合条件并善于把握好自己，供需双方面谈合适，很快就能签下协议书，成功率较大。

因此，毕业生应主动及时地通过这一途径了解就业信息，这是广大毕业生收集就业信息的非常方便、直接、有效的途径之一。

2. 学校毕业生就业指导部门发布就业信息的主要途径：

（1）通过公告栏随时发布就业信息

毕业生就业服务机构通常都会将近期收集到的最新招聘信息、就业政策、求职技巧等张贴在公告栏处加以发布。对于重要的就业信息，如应届毕业生招聘会、各用人单位对毕业生的需求等信息，学校就业指导中心都会及时发出通知，供广大毕业生选择、参加。因此，毕业生应时时留意公告栏更新的内容。

（2）定期向院系传达人才需求信息

学校毕业生就业指导中心通常会与各学院、各系负责就业的老师保持密切的联系，及时将收集到的重要招聘信息传递给院系办公室负责人以及毕业班的辅导员。尤其是在用人单位对所需毕业生的专业提出了明确要求，希望学校直接推荐时，就业指导中心通常会直接与专业对口的院、系联系，甚至可能不再对外发布这些信息。因此，应届毕业生要及时与所在院系负责毕业生工作的老师进行沟通，洞悉并掌握用人单位对所学专业的需求情况，获得就业先机。

（3）通过就业信息网公布就业信息

为应对网络时代的挑战和广大用人单位和毕业生的要求，现在大多数高校的就业指导中心都建有相关的就业网站，在以书面形式发布就业信息的同时，注意通过网络为学生快速及时地传递相关信息。在校园网接入学生宿舍的今天，毕业生可随时上网浏览就业信息。因此，毕业生应养成随时上网浏览就业信息的习惯，使其成为自己日常生活的一个重要组成部分。

此外，高校就业指导中心编制的《就业指导报》、《就业指导手册》等资料所提供的求职信息、求职技巧等内容也不可轻视。只有全面、及时地掌握学校发布的各种就业信息，才能为自己的就业带来成功的机遇。

（二）通过人才招聘渠道

目前，毕业生就业面临三大人才市场：一是教育系统的毕业生就业市场；二是人事部门的人才市场；三是劳动部门的人才市场。除此之外，还有一些私营中介举办的不同层次和规模的招聘会。如果说校园供需见面是专门针对高校学生的"专卖店"，那么各种招聘会则是人才的"招聘超市"。就业渠道多元化，有利于毕业生获取更多的就业信息。毕业生与用人单位供需双方在供需见面会上直接见面、直接洽谈，信息来源较直接、可靠，用人单位也可以挑选到自己满意的毕业生。

对于应届毕业生，尤其是对于学校位于大城市的毕业生，最为常见的求职方式就是校园的供需见面会，这是学生独享的求职"专卖店"。每年都会有很多公司到各大高校展开校园招聘，而且越是具有实力的用人单位约会主动进入校园大张旗鼓地招聘，因为他们认为这不仅是广纳良才的好机会，更是宣传公司形象的极好平台。一般情况下，招聘公司会在招聘会上向毕业生介绍公司情况、岗位职责、应聘条件、人力资源政策以及招聘程序应聘程序应聘中必须掌握的重要信息，这是含金量很高的信息发布会。由于招聘会是在校园中举行，这相对其他求职方式有着许多显而易见的优势。首先是地利的方便，其次招聘的职位直接针对高校毕业生，针对性强使成功的可能性相对较高。

为了弥补校园招聘名额有限的不足，毕业生要多辟通道，广开职路。人才招聘会仍是公司招收人才的一种传统方法。但招聘会上人山人海，简历漫天飞舞，招聘人员不可能对你印象深刻，实际效果并不如意，将招聘会视作了解一个行业对相关人才最新要求的窗口却是上策。

由于招聘会具有面试的功能，招聘公司一般都会派出具备现场面试能力、能做判断和决定资格的人员，他们对你的印象将决定你的未来，因此你应该尽量博得他们的好感。先到有意向的招聘单位的展台前，看看招聘介绍材料，与招聘人员诚恳地交谈，问一些得体的问题，简单地介绍一下自己。当招聘人员表露出一定的兴趣时，你可以适时地留下你的简历。口头的交流比文字更有效、更有说服力。

各地有关主管部门每年也要组织几次大型人才招聘会，有的还分季节、分专场。比如，上海市有关部门组织的春季师资专场招聘会等。这些招聘会组织正规、规模大，参加的用人单位多，信息量丰富，由于参加的毕业生较多，针对性较差。

社会上各级人才市场举办的人才招聘会，有人才市场在一定的时间向用人单位提供场地，让他们进场招聘所需的毕业生。人才市场向用人单位收取摊位费，向毕业生收取门票费。这类招聘会以赢利为目的，注重广告宣传，规模较大，但参加单位成分复杂，有时难免鱼目混珠，场面尽管壮观，签约成功率非常低，毕业生付出了较高的成本，却得不到相应的回报。当然，还有一些实力雄厚的用人单位自己组织人才招聘会，这样的招聘常常是多重筛选，要求严格。因此，竞争激烈，淘汰率高。不过，这也是毕业生展现自己风采，实现自己人生抱负的好机会。

要提高参加招聘会的成功率，毕业生要注意以下几点：

1. 精心准备

毕业生事先应准备好有关应聘材料，要根据自己的实际情况制作简历，把自己的学校经历及求职意向表达清楚。

就业指导中心

2. 整体把握

毕业生进入招聘会的现场不要太晚，宜早进入，以便有充分的时间收集信息，了解行情，掌握到会单位的情况。注意与招聘者交谈不必太早。进入人才市场后，先浏览一遍整个会场，对到场的单位情况做了初步的了解后，再根据自己的求职意向，确定重点应聘单位，按主次顺序，一个一个地去进行交谈。一般情况下，招聘会都有专门的会刊，毕业生可以在上面查找和自己所学专业对口的公司，然后直接去其所在的展位，这样能够节省很多的时间，提高应聘成功率。

3. 注意形象

毕业生参加招聘会时要适当打扮，适当地"包装"自己，在招聘现场要注意自己的一言一行，特别是在与用人单位交谈时要掌握必要的礼仪和谈话技巧。面谈时，因为现场人多，不要问得太多、太啰唆，主要了解用人单位的性质、规模、招聘的岗位及其工作的内容，避免闲谈待遇。另外，在招聘会现场，不要让家长跟随在身边，否则，用人单位会认为你缺乏独立性。

4. 小心防骗

近年来，一些骗子利用人才招聘会行骗之事时有发生，一些毕业生被骗钱财，对就业造成了很大的负面影响，使他们对社会产生了不信任感。一些骗子的手法往往并不高明，但却屡屡得手，主要原因是毕业生涉世不深，识别能力较低，又求职心切，缺乏必要的自我保护意识。

（三）通过网络获取信息

随着信息时代的到来，计算机网络的应用已经越来越普遍。通过网络求职是近年来大学毕业生中比较流行的求职方式。用人单位和毕业生将招聘信息及求职信息上网公开，通过网络互相选择、直接交流。网上获取信息的优势不言而喻：快速、成本低、信息量丰富。即使毕业生身在异地也能获得大量招聘信息及就业机会。它突破了人才信息与招聘信息难以沟通的种种局限，实现跨越时空界限、打破单项选择的传统人才交流格局。网络的信息容量之大，是其他求职方式所不能比拟的。毕业生不仅可以自由地从因特网上获取各种就业信息，而且还能利用因特网把自己的个人信息输入网中。从网上获取就业信息省时、省钱、省力，可以说是多、快、好、省。打开电脑，进入网络，你想找什么类型的公司、想做什么职业、期望收入多少报酬，通过愿望、确定、检索等程序，适合你的求职信息即可在你面前展现。

1. 网络求职容易犯以下的错误

（1）毫无目的地四处收集

许多毕业生事先不知道哪些求职网站比较权威，也不知道自己要找什么，毫无目的在网上乱逛，四处收集就业信息，只要是与自己专业有关的、自己感兴趣的信息就下载下来，也不管信息的来源渠道是否可靠，"放到篮里都是菜"，结果是鱼目混珠、良莠不齐。其中最令人担忧的是由于毕业生社会经验不足、缺乏识别虚假信息，特别是欺骗信息的能力，很容易被某些欺骗性的信息所蒙骗。今年来许多毕业生就是由于轻信网上的一些虚假信息，导致钱财被骗，求职落空的悲惨结局。因此，广大毕业生在上网收集信息时一定要选择正规、权威的网站，对网上的信息也要在网下求证。

（2）漫不经心地到处张贴

在尽可能多的地方张贴简历，看起来似乎是个很聪明的举动，因为这样毕竟可以最大限度地引来用人单位的注意。但是要知道，在某些网上求职服务站点上，任何人都可以随意浏览简历库。在向这样一个所谓"开放"站点发送简历前，必须充分考虑危险因素。一些企图利用网络骗钱的不良分子，四处收集大学毕业生的求职信息，并伺机向大学毕业生们发送虚假信息。因此，应把张贴简历的范围限制在招聘人员需要密码才能浏览简历的站点。这些有密码保护的网站，可以限制公开私人资料的范围，比较安全。

另外，毕业生要注意在发送求职信和个人简历时，不要以附件的形式寄送。由于计算机病毒的流行，用人单位的有关人员最不愿意打开的就是电子邮件的附件。相反，他们希望毕业生能把简历直接贴在信的正文或是申请表的后面。有许多求职站点和公司站点都提供表格，可以把简历贴在填完的表格后直接"寄"出。如果公司指明接收简历的渠道，一定要操作无误。

（3）所有希望寄托于网络

网络能为大学毕业生提供大量的求职信息，可以说是无所不包、无所不有，这令广大毕业生非常着迷，导致部分毕业生对网络过分崇拜和迷信，把所有的"蛋"都放在网络这个篮子里了。利用网络求职在大学毕业生中越来越流行，这是事实，但是毕业生们也要意识到网络只是求职的方式之一。不要把网络作为唯一选择，在利用网络的同时，求职者也应充分利用传统求职方式，这样才能提高求职的成功率。

2. 网络求职时应注意的事项

（1）选择适合求职网站

现在政府教育、人事部门所属的人才机构和各高校的就业指导机构都纷纷上网，为毕业生提供了大量的就业信息。毕业生首先要知道哪些招聘网站能够提供足够多的信息供浏览。找到理想的网站后，最好把它放在"收藏夹"内，以便下次能迅速查询。

（2）及时下载重要信息

在求职招聘的高峰期，招聘网站上的内容特别多，岗位、条件罗列一大堆，内容繁杂，最好的方法就是把网页内容下载保存。毕业生可以建立一个名为"求职"的新文件夹，把选中的网页内容下载到"求职"文件夹目录中，等下载后再细细"品味"。下网后，应及时整理信息，可以用笔记本记录，也可以采用电子文本的形式，把网上有用的求职信息、网站、招聘单位、个人信息激烈密码等写在本子上，以备日后参考。

（3）有目的地投递简历

毕业生应根据自己的专业、爱好、特长，有目的、有针对性地向用人单位投递自己的简历，不要简历"满天飞"，无目的地投简历等于没投。注意不要应聘同一单位的不同岗位，容易给用人单位留下随意、不专业、缺少诚信的不良印象。求职的自荐材料内容突出专业、学校、社会实践、自身性格，是否具有工作经验等重点内容。面面俱到、内容太多、太花哨的简历往往最容易被淘汰。求职者发送简历的同时，应该发送一封求职信，这是求职者常常忽略的。为了让用人单位阅读方便，避免在电脑上多次翻页，求职信、简历都应该采用文本格式。措辞和语气要得当，不要出现错别字，可使用项目符号突出求职重点。

发出求职资料后，要主动与用人单位联系。在网上招聘会结束后几天，要主动通过 E-mail 或打电话询问情况，向用人单位表示诚意，也让自己心中有数。

（4）求职过程中防受骗

网上招聘存在不少局限，求职者并不能全面了解用人单位的情况，与其他广告载体相比较，网络招聘广告的真实性值得推敲。各类人才网站，特别是小型网站，信息量明显欠缺，信息本来就是以速度见长的，但是小网站上的招聘信息都是从大网站上下载的，虽然招聘信息内容没有错，但绝大部分已经过时无效。大型公司在发布招聘信息时，往往一次招聘很多类型的人才，一些人才网站此时却充当"筛子"的作用，只发布其中一部分职位。还有一些人才网站发布招聘信息时，将招聘单位的地址、电话、e‒mail 都撤换掉，致使求职过程中多了一道关卡。不少求职信不能寄到招聘单位，耽误了求职者的宝贵时间。对此，求职者一定要注意虚拟世界与现实世界的差别，在找到理想的求职信息后，应先致电招聘单位确定其真实性，再发送求职简历，尽快进入供求双方的真实接触阶段。为了防止受骗，大学生网上求职应多参加由学校、教育部门、人事部门组织的正规网上招聘活动。

（5）制作过程彰显特色

大学生网上求职，可以化被动为主动，利用自己的技术优势，在互联网上简历自己的个人主页，充分展示自己特色，吸引用人单位的目光。一个制作精美的主页往往能体现求职者相当高的计算机综合处理能力，包括文字处理能力、图像处理能力及信息综合处理能力。用人单位根据个人主页制作情况，便可对其电脑水平做出初步的评判，这比"口头回答"要真实、准确、直观得多。个人主页对求职者个人来说更是如虎添翼。个人主页放在网络上可随时随地访问，不受时间空间的限制，求职者只要告知用人单位个人主页所在"网址"后，用人单位 24 小时都可以随时随地地调阅，十分方便、快捷。

由于网络具有超越时空的特点，使得求职者的信息能快速、便捷地传遍全国，甚至全球，可选择的用人单位大大增加，就业范围也大大扩大。采用各种主页制作技术制作版面精美、内容丰富的"个人主页"，除采用图像、动画、声音等多媒体技术外，更重要的是内容要丰富。由于是求职性主页，因此，"自我介绍"就是重头戏了。主页可以将有关的资料整理后作系统的设计，不仅有自我介绍，还有求职信、推荐信等，可能的话，可以将专业介绍、学校概况、个人详细履历、家庭环境等内容全面上网。以利于用人单位对自己有一个更为全面、深入地了解。然后，制作"个人主页"对求职者的计算机 \ 文字写作、创意策划、版面编排等各方面都提出了较高的要求，从目前来看，拥有个人主页基本上还是资深"网虫"的专利。个人主页应该图文并茂，内容包括自己的求职信、简历、论文、实习报告、日记、个人论坛以及已见报文章、发表的论文等。

（四）通过人际关系获得

俗话说"多一个朋友多一条路"，人际网络也是获得就业信息的一个重要渠道。信息的发出和接受者都是人，信息自始至终都是在人与人之间传递的。但是由于人与人之间的关系不一样，有亲疏远近之分，从而彼此之间的信息关系也就不一样，信息总是在关系较密切的朋友圈子里流动、传递。由于是朋友，特别是要好的朋友，对自己各方面的情况比较了解，他们的信息就比较有针对性、适合性。大学生因为长期生活在校园环境中，接触面较窄，社会关系不广，所以要善于利用父母亲朋好友的社会关系，拓宽信息的来源，让更多的人帮助自己收集就业信息，寻找就业机会。

1. 家长、亲属

对于即将进入社会的大学生而言，亲朋好友是获得就业信息的重要渠道，因为他们都非常关心毕业生的就业问题，又来自社会的各个行业、各个阶层，与社会有多种联系，可以从不同渠道带来各种用人单位的需求信息。家长、亲友提供的信息具有直接、有效、可靠的特性，比较符合学生本人的求职意向。这些信息一旦被毕业生获得，很有可能转变为就业岗位。美国学者鲍利斯在其撰写的求职手册《你的降落伞是什么颜色的？》一书中，也将家人列入五种最佳的求职方法之一，他认为：通过这一途径，100 个求职者中有 33 个能够找到相关工作。人际网络在毕业生就业过程中发挥的重要作用由此可见一斑。

2. 学校老师

毕业生所在专业的教师，比一般人更了解本专业毕业生适合就业的方向和范围，以及近几年毕业生就业情况。在与校外的研究所、企业、公司合作开发科研项目或兼职教学、培训活动中，教师会熟悉这些用人单位的经营状况、工作环境和人才需求情况，他们提供的信息针对性强，更能满足学生对专业发展的要求。因此，毕业生可以通过自己的老师获得有关用人单位的相关信息，从而不断充实自己的信息库，而且可以直接通过老师作为推荐人或引荐人，以此增加自己求职成功的系数。用人单位在发布用人信息后，通常希望较多的求职者前来应聘，能够有较大的选择空间。但是，招聘者往往难以在众多的求职者中挑选出最佳人选，因为他们毕竟对求职者的过去不太熟悉，这时，如果自己的老师稍加推荐，那么被录用的概率就会大幅度增加。

3. 借助校友

校友是指那些已经毕业参加工作的"师兄"、"师姐"们。他们大多在对口的单位工作，对所在单位、行业的情况比较了解。通过他们，毕业生可以寻求去他们单位实习的机会，预先获得许多具体、准确的就业信息。校友提供的就业信息，其最大的特点是比较接近本校尤其是本专业的毕业生在人才市场上的供求状况及其在具体行业中的实际工作、发展状况。近几年毕业的校友更有着对职业信息的获取、比较、选择、处理的经验和竞争择业的亲身体会，这比一般纯粹的职业信息更有参考、利用价值。由于校友和求职者曾经在同一所学校学习、生活过，有共同熟悉的师长、近似的专业，他们容易将母校、老师、校友的情感扩散，常会不遗余力地为"师弟"、"师妹"们提供有用信息和种种帮助。

为了尽可能多地从自己的社会关系中获取有用的就业信息，首先，应该列出社会关系网中能够直接帮助求职的人的名单。然后，通过打电话、写信、拜访、E-mail 等各种方式，与他们取得联系，确定会晤和电话交谈的目的。尽量争取和对方会面，做好每一次会晤的准备，事先准备好想了解的问题，当场做好笔记。别忘了让对方提供更多的联系人。在联系被推荐者的时候，要注意是否可提及推荐者的名字等。同时。对帮助过自己的人，事后要表示忠诚的感谢。对无意或无法帮助自己的人，也应礼貌对待之。

（五）借助新闻媒体力量

当前，毕业生就业已不再是纯粹的个人事件，它受到了新闻媒体的普通关注，成为社会热点。每年大学生毕业就业之际，报纸杂志上一般都会刊登许多关于大学生就业的信息，就业政策、行业现状、职业前景、人才需求等方面的分析报道常常会成为广播、电视、报纸、杂志、网络关注的重要话题。这些信息从不同侧面和角度反映了当年大学生就业的整体情况。在传媒业高速发展的今天，广播、电视、报刊、杂志等新闻媒体都受到了招聘结构和求职者们的共同青睐。近年来，随着国家和社会对大学生就业工作的重视，关注大学生就业工作的新闻媒体不断增加。比如，国家教育部主管、全国高校学生信息咨询与就业指导中心、高等教育出版社主办的《中国大学生就业》、各地的《就业指导报》、《人才市场报》、《劳动信息报》等。它们都刊登了每年大学生就业的政策法规、用人单位需求等方面的信息，是毕业生收集就业信息的一种可靠途径。

另外，手机功能的不断增强也使得它在订阅求职信息方面显露出便捷的功能。如上海人才市场开通的"上海人才移动网暨招聘信息短信服务"，求职者只要通过手机订阅相关的短信息，就可以及时，准确地收到最新的招聘信息，包括公司名称，招聘单位、联系方式等内容。

（六）通过实习实践机会

社会实践是大学生自我开发职业信息的重要途径。在社会实践的过程中，大学生通过自己的努力赢得用人单位的好感、信任，取得职业信息甚至直接谋得职业的不乏其人。因此，大学生在各种社会实践活动中、在了解社会、提高思想觉悟、培养社会能力的同时，要做一个收集职业信息的有心人。另外，还有一个很重要的实践环节是毕业实习。毕业实习单位一般比较对口，通过实习可以直接掌握就业信息。如果在实习过程中与用人单位达成就业协议也是一个很好的就业途径。

以上几种获取信息的途径各有利弊，不妨稍作比较。

从费用角度讲，关注校内信息和网上招聘信息所需费用最少，参加社会人才招聘会活动除了需要门票开支外，还需要做必要的文字材料准备和衣着准备。求助于亲友虽然有时并不需要较大花销，但是感情投资却是相当的。对学生而言，查看各类报纸上的招聘广告并不需要太大的花销，而在报纸上刊登个人求职广告的开支与借助中介机构的支出一般相差无几，有时甚至更高。

从周期角度考察，不论何种途径都需要漫长的等待，但是相比较而言还是有所区别。求助于亲友花费的时间或许是最短的；到刊登招聘广告的单位应聘，如果被选中，会参加面试，但到录用还是要等待；参加人才招聘会，尽管也有面试的机会，但是由于招聘活动的规模大，竞争比较激烈，耐心等待也是必不可少的；网络发展尽管缩短了人与人之间交流的时间和空间，但是在决定一个人是否被录用的事情上，任何一家用人单位都不会草率行事，等待的时间与参加人才招聘会的时间基本上是一致的；同样，求助于中介机构，不论是登记本人信息还是查找单位信息，时效性都会打折扣。

对个人而言，花费力气最小的求职方式莫过于浏览网上信息。在网上不仅能迅速查阅到需求信息，而且能够了解到用人单位的动态，掌握企业的发展前景，从而为就业奠定基础。关注校内的就业信息是每个毕业生的必修课，但是有些毕业生已经养成等、靠、要的习惯，对那些重要信息视而不见，充耳不闻。参加人才招聘会与找一家中介机构相比，参加招聘会会耗费心力和体力，而一个好的中介机构似乎更难找。

在困难的时候，家人和亲友的帮助会使大部分人很快地确定就业单位，然而针对性强的东西势必选择面窄，有时朋友热心推荐的单位并不见得让人满意。报纸上刊登的招聘广告，大多数是针对社会上有一定相关从业经验的人员，给应届大学毕业生提供的机会比较少。

四、就业信息整理与使用

当毕业生在收集到就业信息后，面对纷繁复杂的信息进行分析处理，并从中找到适合于自己有用的信息。毕业生在求职时往往由于求职心切，或由于时间紧，或由于重视不够，没有对收集到的信息进行认真、细致的处理，结果易在择业求职的开始阶段犯一些本可以避免的错误，导致时间、财力和精力的浪费，造成求职一开始就陷入被动。因此，毕业生掌握一些信息处理方面的技巧，可以使自己少走一些弯路，为自己顺利就业打下良好的基础。

1. 就业信息处理的过程

（1）去伪存真

去伪存真是信息处理的第一步，也是一个重要的前提条件。这项工作做得好，就能保证随后的工作按照正常的方向进行下去；相反，这项工作判断错误，则使毕业生一开始就处于被动地位，给自己心理和行为带来许多负面影响。

信息既蕴藏着机会，也可能蕴藏着陷阱；有时无比珍贵，有时却是一堆"垃圾"。毕业生收集的信息来源复杂，信息发布者的目的、企图各异。有的用人单位真心求才，发布的信息也真实可靠；有的因为实力不济，又想招到优秀人才，便浮夸粉饰，真假相掺；而最可恨的是那些职介骗子，利用毕业生涉世未深、求职心切、就业形势有非常严峻的现实，以诈骗毕业生钱财为目的，发布欺骗信息，使一些毕业生受骗上当。因此，毕业生在遇到一些各方面条件非常诱人，但对用人单位的实际情况又一无所知的情况时，毕业生应多做调查和了解。譬如，向学校就业指导中心咨询，请老师、亲朋好友多方打听，或者给用人单位去电、去函。如果单位在本地，也可实地去考察一番。对在外地的单位则要更加的小心，可以委托当地的同学、好友调查，或者向当地的人事部门咨询。

（2）把握重点

经过一番去伪存真后，对剩下的信息也要再一次进行分析和处理。因为，即使在真实的信息里面也不是每条信息都适合毕业生自己的实际情况。毕业生要对所掌握的信息进行比较和选择，看看自己的性格、兴趣、特长与哪一个单位更匹配，哪个单位更能让自己得到工作的满足感，再从中重点把握。毕业生对这几个重点把握的单位内部信息要进行深入细致的分析，分析它需要的人才特点、它对人才使用的方向、以自己的实际情况和自己对未来职业的设想，有针对性的设计自己的应聘材料，提高应聘的成功率。

（3）善于挖掘

许多信息的价值往往不是浮在表面，必须经过深入挖掘才能发现。比如，根据用人单位的一些现状预测该单位和自己以后的发展，这并不是一下子就能判断正确的。有些用人单位从长远看是能够给人比较大的发展空间，虽然目前可能条件差一些，这就要求毕业生有一双独具的慧眼，能够识别出具有内涵的信息。

（4）及时反馈

信息社会是一个节奏快、变化快的社会，信息传播的速度快、共享度高，它仅仅代表着一种可能的机会，而且充满着竞争。如果毕业生不主动积极地去把握，机会稍纵即逝。因此，当毕业生收到信息后，一定要尽快分析处理并向信息发布者反馈信息。早点行动未必一定能得到这个岗位，但反应迟钝则可能就会失去这个机会。正所谓"花开堪折直须折，莫待无花空折枝"。

2. 就业信息处理的模式

求职择业不像在超市购物一样简单，整个求职的过程，实际就是一个不断地分析和处理信息的过程。经过不断处理，占有的信息由多到少，最后只能选择一个。对许多毕业生来说，这是一个艰难的过程。选择的同时也意味着放弃，何去何从就在一念之间。求职择业虽不能说是终身大事，但良好的开端就是成功的一半，谁不想迈好踏入社会的第一步呢？

下面介绍一个信息处理的简单模式，以帮助毕业生们在处理信息时能理智地做出自己的分析和判断。

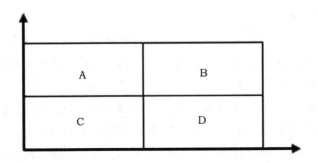

上图中纵坐标表示对一项工作的满意程度，即毕业生对这项工作评价的高低；横坐标表示一项工作获得的难易程度，即毕业生要付出多大的努力才能得到这份工作，或者说获得这个工作的可能性有多大。在四个象限中：A区既是好工作，又容易得到，这个选择最好不过，但这种机会极少；B区是很好的工作，但竞争者众多，或用人单位很挑剔，要求很多，需要付出极大的努力，或者说得到这个工作的可能性很小，C区，工作不太好，但比较容易得到，这样的工作毕业生也不太愿意去做；D区，工作不好，又不容易得到，这种类型的工作也不多，毕业生可以不必去考虑。

一般来说，在毕业生收集到的信息中，大部分信息位于C区，而且大部分毕业生最后的就业也是落在C区的工作单位。但在求职的过程中，毕业生对这种类型的工作总是抱着一种犹豫、观望的态度，总企盼着有更好的单位出现；那么，我们不妨首先全力去争取B区的工作。B区的工作岗位既条件诱人，又充满挑战性，符合现代大学生敢于竞争、冒险的个性，对于他们来说，挑战也是一种人生的宝贵体验。因此，毕业生在对待这类信息时，一是要倾注时间和精力，认真分析研究，并精心准备自己的应对之策；二是要充满自信，充满展示自己的风采，努力去争取。不过，毕竟能在B区成功的毕业生只是少数，因此，毕业生对C区的信息也不能漠然视之，应将之视为后备方案；对A区的信息，毕业生要持审慎的态度，既不能放过像足球场上"捡漏"一样的机会，也要防止这类信息中诱人的陷阱；D区的信息对于毕业生的价值不大，可以将其排除在自己的视野之外。因此，在处理就业信息时，毕业生可将信息按 A、B、C、D 分为四类，分不同情况处理，以保证充分、高效地利用好收集到的信息。

3. 就业信息处理的技巧

（1）建立个人就业信息管理库

由于毕业生获得就业信息时总是处于随机的状态，时断时续，时多时少，收集到的信息也是七彩纷呈、各种各样，常常如一团乱麻，让人晕头转向。毕业生如不进行有效的信息管理，将会造成混乱，甚至丢三落四，白白错过许多机会。但有些毕业生总是不想做这项工作，认为没有时间、也没有必要去做这项工作，就业信息随便抄下来就行了；还有部分毕业生平时就懒散惯了，做事情本来就缺乏条理性，在就业信息的处理上更显得杂乱无章。其实建立一个简单的个人就业信息管理库非常容易，可以按前讲到的办法，将就业信息分为 A、B、C、D 四类，每一类设置一些相关的栏目，将用人单位的基本信息输入即可。现在的大学生大部分都有自己的电脑，可利用 WORD 或其他软件完成这个工作。下面是一简单的样表，供毕业生参考。毕业生可以结合自己的情况，加以修改和完善。

另外，毕业生还可以建立其他类型的专门信息库。比如，供需见面会信息管理库、用人单位基本情况数据库等。下面是这两种类型的表格，可以参考。

当然，如果毕业生个人计算机能力和数理统计分析能力特别强，可以将几项特别重要的指标设立权重系数。比如，单位的地理位置占多大权重，经济状况、福利待遇、单位的发展前景又各占多大权重，再利用数理统计公式计算出对一个用人单位的综合评价结果，就能较客观地为毕业生提供一个量化的信息数据，避免毕业生在比较条件相似的用人单位时，出现左右摇摆、拿不定主意的情况。

（2）成立就业信息咨询智囊团

毕业生从小到大，一直在学校环境中长大，对社会充满向往和憧憬，但由于缺乏社会经验，在对就业信息进行分析和处理时难免幼稚粗糙，有失偏颇。因此，毕业生在处理信息时一定要注意民主决策，最好是成立自己的就业信息智囊团。当然，这并不是要毕业生真的去请一些人来担任参谋，而是指毕业生在对自己收集到的就业信息，特别是一些自己没把握、自己不能决定的信息进行抉择时，要有意识地去请教一些能提供帮助的人。比如，就业指导老师、辅导员、家长、已参加工作的校友、老乡等。要有意识地经常去请教这部分人，征求他们意见，他们实际就成了义务的智囊团。"兼听则明，偏信则暗"，"三个臭皮匠，顶一个诸葛亮"，心高气傲、涉世未深的大学生在就业时应多方听取有工作经验的"过来人"的意见，特别是在辨别信息的真假、鉴别单位的优劣、选择适合自己将来发展的单位等问题上，毕业生将得到非常有效的指导。

（3）对虚假信息实行反向侦察

网上虚假信息令人深恶痛绝，但又防不胜防。如何有效地识别和预防这些虚假信息？除前面已经讲到的方法外，还有一招就是"以其人之道，还治其人之身"。毕业生在面对一条自己很感兴趣，但又感到无法确定、害怕上当的信息时，不妨给对方发一条虚假的信息。这条信息毕业生应故意贬低自己，把自己塑造成一个毫无可爱之处的平庸之辈，这样的信息发出去之后，用人单位还对你热情有加，那这样的用人单位十有八九属于子虚乌有之类，应坚决将他排除。

第二节　应聘材料的准备

随着就业制度的改革，"双向选择"将成为毕业生就业的主要途径。毕业生要实现自身就业的愿望，就必须在了解认识对方的同时，利用各种途径和方法来宣传自己、展示自己、推销自己，让用人单位充分地认识自己、了解自己、选择自己，能否成功地进行自我推荐在很大程度上决定了能否获得进一步面试的机会。实际上，用人单位主要是通过毕业生的求职自荐材料来确定是否需要进一步接触的。

一　求职简历的准备

个人简历，是一个人的简要经历，是对自己基本情况、经历的记载和陈述。它比求职信的容量稍大，求职信只求引起招聘者的注意和兴趣，要进一步在书面上反映自己的情况就要借助简历。所以，它一般作为求职信的附件，呈送用人单位。

投递个人简历是大学生在求职路上迈出的第一步。一份卓有成效的简历，将把一个最适合招聘岗位需要的你展现在招聘者的面前，使你在众多的求职者中脱颖而出，赢得用人单位的青睐，获得面试机会。其实，简历就是求职的"敲门砖"，一份好的简历才能吸引用人单位的青睐。

（一）简历写作的原则

一份完美的简历从形式、内容和用词上都应当恰如其分地把求职者的个人情况、能力、经验、性格和特长等充分表现出来，见其文如见其人，一个人才栩栩跃然纸上。这样的简历，往往能让人眼前一亮。这里有三条重要的原则：

1. 主要围绕一个求职目标

雇主们都想知道你可以为他们做什么。含糊的、笼统的、毫无针对性的简历会使你失去很多机会。比如："我想在一个不断发展的组织里得到一个高收入的职位"或者"我干什么都行"都是毫无意义的。所以，要为你的简历定位，围绕一个求职目标来写。如果你也有多个目标，最好写上多份不同的简历，在每一份上突出重点。

2. 看做是推销自己的广告

最成功的广告通常要求简短而富有感召力，并能够多次重复重要信息。你的简历应该限制在一页以内，情况介绍不要以段落的形式出现，尽量运用动作性短语使语言鲜活有力。最为醒目的做法是：在简历页面上端写一段总结性语言，陈述你在事业上最大的优势，然后在情况介绍中再将这些优势加以叙述。好的简历要放眼未来，要让雇主相信你能创造未来，而不仅是过去的业绩。因为，未来和过去是不同的时间概念。另外，你的简历不妨增加一些现代气息，让雇主感觉到你的时代适应能力和旺盛生气。如设计个人资料的网页、整理个人成就手册等。

3. 借有利信息争取成功机遇

招聘者对理想的应聘者有自己的要求：相应的教育背景、工作经历以及技术水平，这是应聘者在新的职位上取得成功的关键。应聘者符合这些关键条件，这样才能打动招聘者并赢得面试机会。同时，简历中不要有其他无关信息，以免影响招聘者对你的看法。

记住，写作简历时，要强调工作目标和重点，语言简短，并且避免会使你被淘汰的不相关的信息。当你获准参加面试，简历就完成了使命。

（二）简历写作的样式

简历通常应包括下面五部分的基本内容：个人基本情况、求职目标、学习经历（教育背景）、工作经历、个人成就以及特长和兴趣。

每名毕业生在求职时，都会给招聘单位送去或邮寄去求职信和简历。如果你千篇一律，向不同的单位投递的是一份相同的简历，或所有求职人员的简历样式如出一辙，这样的简历最不受招聘单位欢迎，也使用人单位怀疑我们大学生的创造力，会使这块"敲门砖"的质量和效果大打折扣。因此，简历必须讲究针对性，内容和形式都要根据应聘的单位性质、工作性质和个人的实际情况而定。首先要因人而异，量体裁衣，选择合适的简历样式，然后用你所拥有的材料，再进行精雕细琢，打造一份大有裨益的求职简历。这里介绍几种常用的简历样式，你可根据自己的实际情况，选择其中的一种，作为你的简历样式。

1. 通用式

这种求职简历使用报流水账的方式，按时间顺序来排列。尤其在"教育背景"、"工作经历"两部分中按照先后顺序排列，不可有遗漏。对于高职毕业生来说，教育背景一般从高中写起；工作经历可改为"实习经历"或"社会实践"。这是最普通也是最直接的简历样式。它的特点是不受申请职位的限制，通用性强，清晰、简洁，便于阅者。缺点是针对性不强，命中率可能要低些。

在确定简历样式时，同学们要扬长避短，不要以弱敌强；如果你缺乏与正在申请的职位相关的工作经验，那么就不要使用时序型的通用式简历。不妨试试功能式或复合式的简历格式，这样，你可以把与此职位最相关的经验和技能放在最醒目的位置。

2. 功能式

这种求职简历在开头就注明求职目标，然后整个求职简历围绕这一主题展开，因此除简历的基本内容外，还应详细说明求职者申请某一职位的基础及过去所有的工作经历中与该职位相关部分，包括取得什么成绩、解决什么问题、获得何种奖励等。它的特点是针对性强，突出那些与应聘职务相关的内容，可以说与所申请的职位一一对应，不能通用。

3. 复合式

这种简历是通用式和功能式的综合运用。你可以按时间顺序列举个人信息，同时刻意突出你的优势。复合式简历能最直接地体现你的求职目的，突出个人的能力与素质。

（三）简历撰写的要求

1. 内容简洁

对于那些时间有限的人来说，厚厚的简历只会使他们心生厌烦。简历一般以一页为宜，如果要强调相关的工作经历，最好不要超过两个页码。

2. 杜绝错误

我们总是很吃惊地看到一份简历中常常出现印刷错误、语法错误及标点符号错误。要是没有这些错误的话，那会是一份很好的简历。别出这样的错误！如果有必要的话，找个擅长校对的人，让他检查一下，然后自己再检查一遍。

3. 惜墨如金

一份理想的简历应该在有限的时间内向招聘者传达最为有效的信息。最好的办法是了解招聘单位的需求，对症下药，准确地介绍自己的相关优势。方法有三：

一是避免段落过长（每段不应超过6—7行）；

二是多用动词，省略第一人称"我"，避免过于主观的"宣布式"口气；

三是写一个长一点的初稿，仔细推敲每一个词，然后删改，删改，再删改。对于不能很好证明你工作能力的词语，删掉它。

4. 措辞明确

措辞不要含糊。如果能量化自己的成绩，用人单位就能够对你有个非常客观的看法。

5. 诚实自信

充分介绍自己与夸张编造是有区别的。用人单位一般都能识破这种骗局，即使一时被迷惑，求职者也很难躲过面试这一关。当然，也不能过分谦虚：像面试一样，你的简历不能写得太谦虚。太过谦虚，会让人事经理觉得你的自信心有问题。

6. 强调成就

使用有分量的词来强调自己的成就。在简历中，你千万不要简单地列举你所干过的职务，而应强调你都干了些什么。一定要重点强调你能干某项工作的特别技能以及你所取得的成就和证书，即便是一份简单的简历也应这样写。

7. 文如其人

简历是求职者的脸面，用人单位通常会以简历为窗口判断是否向求职者发出面试通知。一份简历的成功不仅取决于你说了什么，而且取决于你怎么说。一份高水准的简历的表现之一，就是把简历中的个性描述与全文的形式、内容统一起来。

8. 赏心悦目

要能够让你的简历看上去很舒服，你一定知道，简历的总体形象将会影响雇主对你的看法。留白可以使页面显得干净整洁。最理想的标准是上下留白1厘米，左右留白1.25厘米。如果把所有内容都堆到一个页面上，阅读者就会感到压抑。避免求新求异，字体的选择最好能具有专业水准。制作完简历后，你要不断地问自己三个问题：你写的简历是否布局合理？是否干净利索而且看上去很专业？它是否充分利用了整张纸？

9. 制作精致

你可以使用不同的文字、字形、字号，很好地设计版式，使用优质的纸张。总之，要引起雇主的兴趣。如果需要把简历备份，在复印时一定要保证清晰整洁。即便是最好的简历也可能被马虎的复印员搞得一塌糊涂。因此，最好请专业复印员来复印你的文件。要善于利用电脑来写简历，电脑中的文字处理程序有着丰富的文字处理功能，它会帮助你设计出令人满意的简历格式。另外，最好找一台高质量的电脑打印机打出一份整洁的样本，再用复印机复印。

10. 找准目标

注意强调自己能为目标公司带来哪些收益。如果你应聘的公司有很多职位空缺，不妨把重点放在目标职位上。剔除那些毫无益处的细节，尽量避免所谓的"目标"陈述——如果你非要阐述自己的目标，那最好说得具体些。

11. 自己动手

你的简历代表你自己，而不是别人。在你的简历中展现你的技能，并用你所取得的成果证明它们。如果你写作能力差，最好请能力强的人帮个忙，但一定要让这份简历像你自己写的。

制作简历时不必拘泥格式，要时刻记住简历是你自己的简历，所以不管你写什么，只要看着合情合理就行。写简历并没有什么固定的格式。

12. 善用求职

三两页的简历也许还不能完整地把你的能力和潜质展现出来，尤其是你想表现自己的个性和独到见解的时候。附上一封求职信就可以帮你的忙。不必太长，因为谁也没有时间拜读你的长篇大论，你只需精心地选择一个合适的角度，或抒发志趣，或自我评价，或对工作中的某个问题谈谈自己的见解，目的是为了突出自己的优点，给人留下更深刻的印象，同时告诉别人，你是一个清楚自身价值，明确追求目标，知道自己的路该怎么走的人。

（四）简历写作禁忌

毕业生在向用人单位发送简历之前，应该再三地进行检查和修改，只有这样，你所准备的简历才不会去充塞别人的废纸篓。在简历制作时，应该严格禁忌以下几点：

1. 篇幅冗长，应力求在一页 A4 纸内完成。

2. 书面差错，出现错别字、病句、格式错误。

3. 简单学舌，仅仅把招聘公司的工作职位说明拷贝到简历中，来说明白己的工作能力。

4. 主次不分，不分巨细地罗列所有工作经历，无点睛之笔。

5. 自我吹嘘，说谎和伪造自己的干部经历、获奖情况、计算机、外语过级情况。

6. 个人信息太多。在简历中说明太多个人信息，比如婚姻状况、个人年龄、家庭情况及个人爱好等。

二　自荐信的准备

（一）自荐信的作用

自荐信实质上就是自我介绍信，是争取与用人单位进行面谈的媒介之一。同其他自荐材料一样，写自荐信的目的在于获得重视并引起用人单位的兴趣，最终被录用。因此，写好自荐信对于广大毕业生来说，有着十分重要的作用。

1. 全面反映毕业生的基本情况

自荐信要向用人单位全面反映自身特点和求职意向，尤其是兴趣、爱好、性格、成绩等。面试过程中难以直接反映的情况，可以通过认真总结归纳，以文字的形式向用人单位说明。

2. 自荐信具有方便快捷的特点

自荐信对于时间、空间、对方的情绪等要求不高，求职者不必事先预约，可以随时随地以寄、送、转等多种方式交与用人单位，然后等待消息，基本上消除了面试、笔试的紧张情绪，避免了某些不必要的沟通障碍。对于用人单位，看自荐信只需十几分钟的时间，节省了大量的时间。

3. 自荐信是展示自己宽广舞台

自荐信的写作能体现毕业生的主观能动性、勇气胆识、写作水平、综合能力以及工作态度、人生取向等多方面的素质。不少用人单位是在看了求职信后才考虑安排面试、笔试的。一封好的自荐信等于求职成功的一半。

4. 有利于达到"广种精收"的效果

毕业生可以根据自己的意向，向任何一个单位发自荐信，时间上不必计较早晚，空间上不必担心远近，也不必担心单位拒绝，只要写好自荐信，就可以同时向几个、十几个甚至几十个单位发送，最大限度地拓展自荐范围。

（二）自荐信的书写技巧

大多数情况下，用人单位出于节约人力和时间的考虑，一般不采取直接面试的形式，而是要求毕业生寄送自荐材料，经过比较、筛选后，再进行有目标的面试。作为毕业生，也不可能同时参加几个单位的应聘。因此，向用人单位写一封能反映自身情况和特点、说明求职意向的自荐信，是十分重要的。

1. 写信前的准备

在动笔之前，你需了解相关信息，并进行认真思考。如了解用人单位的要求，分析自己应聘的优势、劣势等。先知己知彼，然后趋利避害，有的放矢。

一般写求职信应着重考虑以下五个问题：

（1）用人单位需要的是什么？在你期望得到的职位中，什么样的技能、知识、素质、经历是最重要的？

（2）你写求职信的目的是什么？是想获得一个具体的职位，还是一次面试的机会？

（3）你能为用人单位或职位提供哪几种优势？如果你是针对某个具体的职位而写此信，那么你所列的优势应该就是招聘广告上所需求的；如果不是针对具体的职位，就按通常所需知识和经历来考虑吧。

（4）如何把你的经历与职位挂钩？列举曾取得的两个具体成绩。

（5）你为什么想到该单位或公司就业？你对他们的了解有多少？产品、任务、企业文化、目标、宗旨等一切与你自己的背景、价值观和目标相关联的东西。

当你对以上问题考虑成熟之后，才可以动笔撰写求职信。

2. 自荐信的格式

自荐信的格式和一般书信大致相同，即称呼、正文、结尾、落款。开头要写明用人单位并向其负责人问好，如"某单位负责同志，您好"。也可以统称，增加求职信的适用范围，如"贵单位领导，您好"，"尊敬的领导，您好"等。正文部分是关键，主要用于向用人单位介绍个人的基本情况和求职意向，言辞力求简捷，语气不卑不亢。结尾应当表示热切希望能与用人单位进一步接触，并送上祝福的话。最后写明自己的详细通信地址、邮政编码、联系电话、联系人等情况和落款。整篇自荐信应当给人留下完整、正规、认真的印象。

3. 自荐信的内容

（1）为什么愿意到该单位就职，具体希望从事何种工作。

（2）介绍自己所学专业情况。这是求职信的核心内容。要将在校期间学习的主要课程作简单介绍，特别是与用人单位所需要的岗位关系密切的课程要重点介绍。

（3）介绍自己学习成绩及其他各方面的才能和爱好。

（4）介绍自己在校的表现，是否担任过学生干部，工作能力如何等。

（5）介绍自己的兴趣和特长。对于兴趣和特长要写得具体。但对于没有把握、成绩平平的东西，不要写在自荐信内，以免面试时在"懂行"的考官面前出丑。

（6）最后，自荐信应该提醒用人单位给予答复，并留下自己的联系地址、单位等。

4. 写作技巧方法

（1）扬长避短

围绕自己的长处去写，突出那些能引起对方兴趣，有助于获得工作的内容，如专业知识、工作经验、可能会引起对方好感的特长、个性等。要用自己的成绩、专长、优势，引人注目的"闪光点"去吸引并打动对方，让对方了解你的能力、特长、优势之所在。

（2）篇幅简短

求职信一般以1—2页为好。

（3）言简意赅

在介绍专业时，要写清楚你所学的专业和重点课程，经过何种专业实习，特别是与用人单位所需的专业、特长相一致的地方要作重点详细介绍。对用人单位需要的专业特长，要有针对性地说明你现在所达到的程度，以便用人单位考虑如何安排你的工作。

（4）具体诚信

求职信的内容只有做到具体实在，真实可信，才能给用人单位留下明确而深刻的印象，并且增加自我介绍的可信度。要正确评价自己，既反映你的实际能力和素质，又不过分夸大自己，尽可能少用抽象的修饰性词语，多举具体事例、成果。比如你担任过学生干部，不要光写头衔，更重要的是写你在这个职位上做了哪些工作，有什么效果，又比如说自己成绩优秀，用曾获得过的学院奖学金来证明就更有说服力；说自己有一定的社会经验，不如说何时何地参加过假期社会调查、社会实践活动等；说自己表达能力强，不如说"我获'青春的风采'演讲赛一等奖"；说自己写作能力强，不如说"我在某某刊物上发表过几篇文章"；说自己兴趣爱好广泛，不如说我会某种乐器或擅长某项运动等等，用事实说话。

（5）讲究"包装"

求职信是求职者给用人单位的第一印象。为了让用人单位对自己产生美好的第一印象，必须重视求职信的包装。因为阅信人最早看到的不是信的内容，而是信的外观形式。因此，求职信的工整、美观是十分必要的。

第一，字迹清晰工整。如果有一手漂亮好字，最好工工整整地把求职信手写出来。这不仅给对方留下办事认真负责的印象，也可以显示你的书法特长，如果字写得不好，还是不要献丑为好，可以用打印机打印，切记不要用复印件，以给人留下良好的第一印象。

第二，纸张有所选择。最好选择标准信封，收信人的地址、名称要准确、清楚。因为信封的样式，乃至邮票的图案都可能在一定程度上吸引对方的注意。如果你有美术功底，在信封上适当的位置展示一下，也许会被人欣赏。署有外单位名字的信封最好不要使用，本校信封除外。选用质地好的信纸，布局要和谐，美观，将预先打好的草稿抄上去。

第三，巧妙装点"素质"。如"我是从封闭、贫困的大山里走出来的，家乡给了我质朴、坚毅、能吃苦的作风"，"出身教师世家，我养成了喜欢读书、写作的习惯"，我创建了学校的'书友协会'，经常性开展读书活动等，用此来佐证自身素质符合用人单位的需求。

（6）重视签名

求职信的落款处，自己的姓名最好不要打印，应留出空间自己签名。

求职信要表现出自己独到的才干，使用人单位从你身上看到希望，并做出对你有利的决定。要记住，在这一过程中，占主动地位的是撰写求职信的你，而非阅读求职信的用人单位。

5. 撰写注意事项

（1）精益求精，言简意赅

繁杂冗长的自荐信会使用人单位对你的求职信不感兴趣，进而会对你本人产生一些看法。当然自荐信也不能太短，让用人单位感觉你并没有诚意，只是打听打听情况而已。

（2）独立成篇，形式多样

自荐信同简历一样重要，但它又是独立的，不能让它的内容成为简历的翻版，不要写成公式化的信。

（3）真实生动，不卑不亢

自荐信不要写得太死板，也不要写得像在乞求。语气要热情、大方、谨慎，既充分说明自己的长处，又要让用人单位感到真诚和实在。

（4）着眼现实，目标明确

动笔之前，最好对求职单位的情况有所了解，以免脱离实际说外行话。

（5）诚实诚恳，实事求是

自己的优点要突出，缺点也不要隐讳，万万不可夸夸其谈，弄虚作假。

（6）富有个性，不落俗套

如果能谈一谈该行业的前景展望、市场分析或建设性意见，将会收到良好的效果。在这方面没有什么成规，需要自己动脑筋发挥。

（7）言简意赅，用语准确

废话连篇的自荐信不但会浪费读者的时间，还会引起反感。这一点一定要注意，写出草稿后要反复推敲，确保意思表达清楚，语法、用词得当，标点准确无误。为了保证简明扼要，字数应有所限制，一般以1000字左右为宜。

（8）字迹工整、清晰明了

自荐信是用人单位对毕业生的一次非正式的考核，字迹要清晰，书写要工整，即使字写得好也不要潦草，否则会给对方留下办事草率、敷衍了事的感觉。如果字写得不好或不想手写，也可以打印，但不要请人代写。自荐信要认真检查，不要出现涂改和错别字。书写要用墨水笔，墨水要色泽鲜艳。另外，求职信还应选择标准的信封、适当色彩的信纸，注意书写章法，并贴上精美的邮票。

当然，每个毕业生的具体情况千差万别，语言风格和脾气秉性也有不同，因此制作自荐信要结合自己的实际情况，力争做到真实、诚恳、有特色，能准确全面地反映自己的学习、生活情况和求职愿望。

三　其他材料的准备

由于求职信和简历受篇幅限制，不可能把自己的所有成绩和特长都描述清楚，这时如果能够巧用其他材料，证明你的能力，将为你的成功应聘又添几分胜算。大学毕业生的其他求职材料主要有以下几种：

1. 就业的通行证——职业资格证书。

2. 特殊技能的证明材料——计算机、英语等级证书，汽车驾驶证等。

3. 专业学习成果证明材料——作品、专业实践经历证明、科研论文等。

4. 综合素质的展示材料——各类奖励证书（各类优秀证书、各种活动获奖证书）。

在求职中，这些材料的运用也有一定的艺术。如果面见招聘者或亲自上门去推荐自己，凡能反映自己各方面能力的材料尽可能带齐全，而且最好带原件。

若采取寄送自荐材料的方式，则应根据各用人单位的不同情况选择最具针对性、代表性的材料，寄去复印件。除以上几种需要自己准备的自荐材料外，还需要附上学校的推荐表。

其他材料也是重要的求职文件，一般附在求职信之后，因此也是自我推销的重要手段。

第三节　笔试与面试技巧

笔试和面试作为重要的人才选拔手段已经被用人单位广泛使用，如何顺利通过笔试和面试是大学毕业生求职择业过程中至关重要的问题。

一　笔试

（一）笔试的含义及特点

1. 笔试的含义

所谓笔试是指用人单位采用书面形式对求职者所掌握的基本知识、专业知识、文化素养和心理健康等综合素质进行考核和评估的方法。

笔试是求职择业中常用的一种考核方法，是考核应聘者学识水平的重要工具。这种方法可以有效地测试应聘人的基本知识、专业知识、管理知识、综合分析能力和文字表达能力等素质及能力的差异，对求职者来说是相对公平的一种考核方式，因而被越来越多的用人单位所采用。

笔试考核主要适用于两种情况：一是应试者人数较多，需要考核的知识面较广；二是考核一些应聘特殊岗位的求职者，如文秘、广告、公关等。现在，大企业大单位大批量用人、国家机关选聘公务员，往往采用此种考核形式。

2. 笔试的特点

与其他考核方法相比，笔试有三个显著的优点和特点：

第一，具有客观性，试题依据一定的内容和客观标准拟制，成绩评定比较客观，人为干扰因素少，具有较强的区别功能。

第二，具有广博性，试题可以多种多样，测试范围广泛，对知识、技能和能力考核结果的可信度较高。

第三，具有经济性，可在同一时间不同的地点、同时考核大批应试者，时间少，效率高，报考人的心理压力较小，较易发挥水平，从而提高考试的效率。但笔试也有缺点，笔试的缺点主要表现在不能全面的考察应试者的工作态度、品德修养以及组织管理能力、口头表达能力和操作技能等。因此，笔试虽然有效，但还必须与其他方法交叉使用。

（二）笔试的准备

1. 了解笔试题型，做到心中有数

不同的笔试类型，有不同的考试内容，毕业生在考前应作详细的了解，针对不同情况做出相应的准备。现在的求职考试的题型越来越强调用学过的知识来解决问题。从考试准备角度讲，知识分为两大类：一类是靠记忆掌握的知识；另一类是通过不断的运用来掌握的知识。实际上，现在求职考试主要是考求职者对知识的运用能力。因此，在复习过程中必须始终突出一个"用"字，通过各种实践，把学得的知识运用到工作实际中去解决各种具体的问题。

2. 了解笔试重点，进行认真复习

对大学专业知识进行必要复习是笔试准备的重要方式。在知识与能力这二者中，知识无疑是基础，没有扎实的基础知识，也就无从谈什么能力的培养和提高，掌握知识的一个有效方法就是把零散的知识化为系统知识。但是求职笔试的题目往往范围大、内容广，使考生在复习时无从着手，存在着一定的随意性和盲目性。因此，在着手应聘笔试的复习时，应首先打破各学科的界限，认真梳理各科要点，整理成一个条例化、具体化的知识系统总纲目，然后按照这个总纲目有计划、有步骤地进行复习。凡是与求职有关的一些知识，如文史知识、科技知识、经济知识、法律知识和一般的电脑知识，均要系统地复习一遍。一般说来，笔试都有大体的范围，可围绕这个范围翻阅一些有关图书资料，复习巩固所学过的课程内容，温故知新，做到心中有底。但一些用人单位的笔试则相对灵活，范围也比较大，没有明确相关的参考书。毕业生可围绕用人单位划定的大致范围翻阅一些有关的图书资料。

3. 熟悉考试环境，做到有备无患

提前熟悉考场环境，有利于消除应试时的紧张心理。还应仔细看看考场注意事项，尽量按要求做好。除携带必备的证件外，一些考试必备的文具（钢笔、橡皮等）也要准备齐全。

4. 保持良好心态，做到轻松自信

笔试怯场，大多是缺乏信心所致。要客观冷静地对自己进行正确评估，克服自卑心理，增强信心。临考前，一要适当减轻思想负担，二要保证充足的睡眠，三要适当参加一些文体活动，从而使高度紧张的大脑得到放松休息，以充沛的精力去参加考试。

（三）笔试的技巧

笔试成绩的高低，不仅与自己的实际水平和考前复习有关，还与自己的答题技巧有关。

1. 保持良好的考试状态

首先，考试心理要做到适度紧张。没有一点紧张情绪，抱着无所谓或松散的心态，就考不出最佳成绩。过于紧张，情绪慌乱，更考不出最佳成绩。只有适度紧张，情绪稳定认真审题，努力回忆学过的知识，先易后难，迅速答题，才能考出最佳成绩。

其次，要相信自己的实力。求职笔试同高考不同，高考是"一锤定音"，而求职应聘考试则有着多次机会。只要了解考试的特点，了解各类考试题目的特点和解答各类题目的方法，充分利用自己已掌握的知识，充分发挥自己的真实水平，就一定能考好。如果试卷中出现特殊的试题，考生也千万不要慌张，应该相信大家的水平相近。

2. 掌握科学的答卷方法

（1）通览全卷，确定步骤。笔试题型多，内容多，又要限时答好，必须合理安排答题时间。拿到试卷后，先要看清注意事项，答题要求，然后从头到尾大略看一下试题，了解题目类型、题目多少、分量轻重、难易程度。

（2）先易后难，先简后繁。按先易后难的原则排出答题顺序，先攻相对简单的题，后攻难题。这样就不会因为攻难题而浪费时间太多，而没有时间做会答的题。遇到较大的综合题或论述题，则应先列出提纲，再逐条撰写。根据先易后难、先简后繁的原则确定答题步骤和答题的速度

（3）精心审题，认真作答。在进行作答时，必须认真审题，切实弄清题目要求，逐字逐句分析题意，按要求进行回答。

（4）全面复查，防止遗漏。在答完试卷后，要尽量挤出时间，进行一次全面复查，要特别注意不要漏题，更不能跑题或出现错别字、语法不通、词不达意等错误。

3. 把握正确的答题方法

要从各科考题的特点出发，熟悉各科考题的题型，了解每种题型的

答题方法，防止出现不必要的差错。常用的题型有填空题、选择题、判断题、问答题、再生题、应用题、作文题等。

4. 笔试应该注意的问题

（1）注意考场纪律。毕业生一定要注意按规定的时间到场，不能迟到。

（2）答题要注意字迹工整，卷面清洁。因为有些用人单位并不特别在意应试者的考分稍许高低，而更为注意的是应试者认真的态度、细致的作风。因此，书写时，卷面力求做到字迹清楚，格式、标点正确，没有错别字。

（3）考试绝对不能作弊或搞小动作，用人单位对这一点也尤为关注。因为求职笔试不同于其他专业考试，"醉翁之意不在酒"，有时招聘单位并不特别在意应试者考分的高低。

二　面试

（一）面试的含义及考查要素

1. 面试的含义

所谓面试即当面测试，是指招聘单位事先设计安排好的，通过与求职者以谈话为主、观察为辅了解求职者素质和相关信息为目的的测试方法。在大学生求职择业过程中，面试是一个必经的阶段，也是取得求职成功的关键一步。

面试是个互动过程，对于招聘单位来讲，是在阅读了求职者提交的自荐信、个人简历等相关证明材料的基础上，更深入地考察和了解求职者的素质，它可以考核到其他考核方式难以考核到的内容，比如一个人的仪表风度、口才、反应的敏捷性等；还可以灵活地考查应试者的知识、能力、工作经验及其他素质特征，为录用决策提供依据，并有效地避免高分低能者和冒名顶替者。所以多数用人单位对这种方式更感兴趣。对求职者而言，相当于抛开简历等书面材料，站在主考官面前，通过自己的言谈举止来展现自己的才能和素质，让招聘单位相信自己是最合适的人选，同时还通过自己的主动咨询，更多地了解招聘单位的用人政策和运作情况。

由于参加应聘的不只是一个人，所以，面试过程还是与其他条件相当的求职者竞争的过程，这就更需要求职者善于突出自己的长处，争取最后的胜利。但对大多数大学生来说，由于缺乏社会实践经验，社会交往比较少，人际关系相对单一，面对面试，常常会不知所措，心里打怵。因此，学会面试，是大学生求职择业时面临的重要课题。

2. 面试考查的要素

根据上面所描述的，面试的类型虽然各不相同，但通过面试传递的信息不外乎以下几个方面。

（1）仪表风度

仪表风度指应聘者的外貌仪容、穿着打扮、行为举止、精神状态等。

（2）求职动机

考查求职者为何希望来本单位工作、对哪种职位最感兴趣、在工作中追求什么等。

（3）专业特长

考查应聘者掌握专业知识的深度和广度，作为对专业知识笔试的补充。

（4）工作经验

这是面试过程中所要考查的重点内容。通过了解应聘者的工作经历，来查询其过去工作的有关情况，以考查应聘者所具有的实践经验程度，还可以了解应聘者的责任感、主动精神、思维能力以及遇到紧急情况的理智状态。

（5）工作态度

工作态度的考查有两层含义：一是了解应聘者过去对工作、学习的态度；二是了解对要应聘的岗位的了解、态度以及对企业的了解等。

（6）事业态度

事业心和进取心强的人一般都确立有事业上的奋斗目标，并为之积极努力。表现在工作上兢兢业业、刻意追求、不安于现状、有创新的欲望；进取心不强的人必然是无所事事、安于现状，对什么事情都不热心。

（7）语言表达

通过回答面试中特殊的问题还可以透露出应聘者的表达能力，如口齿是否清晰、表达是否有逻辑性、是否有感染力和自信心等。

（8）分析能力

应聘者对所提的问题是否能够通过综合分析抓住本质，并且说理透彻、分析全面、条理清楚。

（9）反应能力

反应能力即头脑的机敏程度。应聘者对主试者提出的问题能否迅速准确的理解并尽快做出相应的回答而且答案简练贴切。

（10）社交能力

通过询问应聘者经常参与哪些社团活动，喜欢和什么类型的人打交道、结交什么样的朋友等，可以了解其人际交往的倾向及与人相处的技巧。

（11）兴趣爱好

应聘者休闲时间爱好从事哪种活动、喜欢阅读哪些书籍、喜欢什么样的电影与电视节目、有什么样的嗜好等，可以了解其兴趣和爱好，对录用后的职位安排将很有益。

了解面试传递的信息可以帮助求职者有针对性地进行面试的准备工作。

（二）面试的准备

为了获得所求的工作，在参加面试前进行一些必要的准备，对成功求职是必不可少的。

1. 充分了解应聘单位

面试前千万不要对你要应聘的单位和岗位一无所知。知己知彼，百战不殆。面试前要做好调查工作，对用人单位的性质、地址、业务范围、经营业绩、历史、发展前景，对应聘岗位职务及所需的专业知识和技能等要有一个全面的了解。单位的性质不同，对求职者面试的侧重点就不同。一位资深的人力资源主管说："面试时，我们都会问求职者对我们公司了解多少，如果他能很详细地回答出我们公司的历史、现状、主要产品，我们会认为他很重视我们公司，对我们公司也有信心。"

可以通过下列途径了解应聘单位的情况：

（1）学校辅导人员。你认识的教师以及教师为你推荐的有关的专业教师。

（2）亲友及其同学。亲友的社会经验可能比你丰富，信息来源可能更多、更广。向他们咨询，必定会得到热心的帮助。

（3）用人单位人员。他（她）们对本行业、本职业可能已驾轻就熟，是最好的咨询对象。

（4）各种就业信息。一般来说，图书馆、职业介绍所、劳动人事等部门都备有各行各业详尽的档案材料，并有一定专业人员负责，通过向这些部门咨询获得。另外还可以通过网络、新闻报道、广告、杂志、企业名录及其他书籍找到应聘单位的资料。

同时，还应该通过熟人、朋友或有关部门了解当天对你进行面试的考官的有关情况和面试的方法、过程，以及面试时间安排，索取可能提供给你的说明材料。

2. 准备齐全个人资料

首先，衡量自己是否具有应聘必备的条件。有些行业、职业在学历、能力、年龄、性别等各方面都有一定的限制。事先核查自己的条件是否符合，不要存在碰运气的念头，这是对己、对人认真负责的态度，于己于人都有利。如果觉得自己符合应聘条件，还得确定自己可以胜任哪种职位。

其次，准备好自己的有关证明材料。面试前，要把自己的毕业证书、学位证书、专业资格任职证书、获奖证书、身份证、照片、推荐信、推荐表等材料准备好。去面试时，应把这些资料有条不紊地放在一个公文包里随身带去，以便主考官随时查看。公文包里除了放置上述个人资料外，还可以装一些有关工作或有助于谈话的资料，说不定这些资料在面试中会发生惊人的效果。另外，还可以准备一本大一点的书或杂志放在公文包里。如果应试人数较多，等待时间较长，便可以把书或杂志拿出来看，让自己安静镇定。

最后，背熟自己的求职履历。由于有些求职太过频繁，而自己的求职履历又是经过精心包装的，往往轮到面试时可能记不清自己的履历究竟是怎样排列组合的了，因此，必须背熟自己的求职履历。

3. 准备可能遇到问题

首先，面试前将有关自己的情况进行浓缩提炼，拟好提纲性腹稿，以便很短时间内较完整流利地介绍自己，重点突出，以免临时手足无措，词不达意。因为，主考官往往询问求职者的有关情况作为面试的切入点。这个问题看似简单，其实往往不是所有的人都应付自如的。

其次，面试前应该模拟可能询问的应聘问题，这项准备有助于认清自己真正的想法，有助于在面试的现场能够清晰地自我表达。

最后，准备好业务知识和有关技能。与应聘岗位相关的专业知识、业务技能等要熟知。如果获得面试的通知，所谋求的职业需要某种特殊的知识或技能，就需要预先温习这方面的知识，练习有关的技能，防止面试时可能会被问到某一方面的问题，或当场作测验，以衡量自己的知识或能力，如：打字的速度，操作机器的能力，用算盘计算的准确性和速度等。

4. 做好充分心理准备

面试就好比是一场考试，在测试每个人的能力的同时，也在测试每个人的心理素质和临场发挥水平。心态对于面试来说极为重要，紧张的心态会抑制思维的活力，不利于面试。如果有一个放松而平静的心态，那就会稳定思绪，发挥出本来就想到的东西，甚至还会创造性地应答意外性的问题。因此，要成功面试，就必须保持正常心态。

首先，要充满信心，保持良好的状态和快乐的心情。

其次，要正确分析自我，根据自身的特长，选准适当的就业位置，保持积极主动的择业心态，敢于竞争、敢于自荐，增强心理承受能力。

再次，要有充足的睡眠，保持清醒的头脑，对可能出现的问题预测，回答问题的策略做好通盘考虑，以良好的心态从容应试。

最后，在进入面试房间前，先深吸一口气，镇静地有信心地步入。

（三）面试的技巧

面试是整个求职过程中最重要的阶段。成败均决定于面试时的短短一瞬间的表现。每个人都应该而且能够学会怎么出色地面试，预期到可能的错误并且尽量避免它。

1. 掌握面试的基本程序

掌握了面试的基本程序，可以使求职者从容准备面试和应对面试，做到心中有数。面试的基本程序主要包括下列步骤：

（1）招聘单位对求职者的申请材料进行审核，确定面试名单。

（2）招聘单位向求职者通知面试时间、地点。面试地点一般按照就地、就近和方便的原则进行安排。通常有两种情况：学校或其附近的场地，招聘单位或其附近的场地。通知面试的方式大致有二：一是招聘单位先通知学校就业主管部门，由学校通知学生；二是用人单位直接通知学生本人。

（3）求职者作好面试的准备。

（4）到达面试场所。面试时，无论何种情况，千万不能迟到，最好是提前 15 分钟到达指定地点等候，以表示你求职的诚意，给对方以信任感，同时也可调整自己的心态，作一些简单的仪表准备，以免仓促上阵，手忙脚乱。为了做到这一点，一定要牢记面试的时间地点，有条件的同学最好能提前去一趟，这样，一来可以观察熟悉环境，二来便于掌握路途往返时间，以免因一时找不到地方或途中延误而迟到。

（5）正式面试。正式面试的过程一般是：要求自我介绍、主考官提问、应试者回答问题、应试者提问、双方交谈等。面试自我介绍大体包括本人的姓名、工作、籍贯、学历、兴趣以及与交往对象的某些熟人的关系等。进行自我介绍一定要力求简洁，尽可能地节省时间。通常以半分钟左右为佳，如无特殊情况最好不要长于 1 分钟。面试的其他环节则根据具体情况而定。

（6）面试结束。面试时间的长短要视面试内容而定。主考官认为该结束面试时，往往会说一些暗示的话语，如：我很感激你对我们公司这项工作的关注；谢谢你对我们招聘工作的关心，我们一旦做出决定就会立刻通知你；你的情况我们已经了解了；你知道，在做出最后决定之前我们还要面试其他几位申请人。求职者听了诸如此类的暗示语之后，就应该主动提出告辞。告辞时要礼貌再见，因为面试结束时的礼节也是公司考察录用的一个砝码，因此求职者不要在主考官结束谈话前表现出浮躁不安、急欲离去的样子。另外，告辞时应感谢对方花时间同你面谈。

2. 应试者语言运用技巧

在面试中，求职者能恰当地运用语言来表达，标志着你的成熟程度和综合素养。因此，对求职应试者来说，掌握语言表达的技巧无疑是重要的。

（1）口齿清晰，语言流利。交谈时要注意发音准确，吐字清晰。要注意控制说话的速度，以免磕磕绊绊，影响语言的流畅。为了增添语言的魅力，应注意修辞美妙，忌用口头禅，更不能有不文明的语言。

（2）语气平和，语调恰当，音量适中。面试时要注意语言、语调、语气的正确运用。打招呼时宜用上语调，加重语气并带拖音，以引起对方的注意。自我介绍时，最好多用平缓的陈述语气，不宜使用感叹语气或祈使句。声音过大令人厌烦，声音过小则难以听清，音量的大小要以每个主考官都能听请你的讲话为原则。

（3）语言要含蓄、幽默、机智。说话时除了表达清晰以外，适当的时候可以插进幽默的语言，使谈话增加轻松愉快的气氛，也会展示自己的优越气质和从容风度。尤其是当遇到难以回答的问题时，机智幽默的语言会显示自己的聪明智慧，有助于化险为夷，并给人以良好的印象。但使用也要适度，若给对方一种"随意调侃"的印象则不好。

（4）注意对方的反应。求职面试不同于演讲，而是更接近于一般的交谈。交谈中，应随时注意听者的反应，比如：听者心不在焉，可能表示他对自己这段话没有兴趣，这时就得设法转移话题；侧耳倾听，可能说明由于自己音量过小使对方难于听清，就要提高音量；皱眉、摆头可能表示自己言语有不当之处。根据对方的这些反应，就要适时地调整自己的语言、语调、语气、音量、修辞，包括陈述内容，这样才能取得良好的面试效果。

3. 应试者肢体语言技巧

人们在日常生活交往中，都在自觉不自觉地运用各种身体语言来帮助自己表达意愿。因此，在面试中也要注意身体语言的运用。

（1）保持恰当的坐姿。要让对方感觉到求职者对他的发言很关注，要表示出自己在认真地听，这样他才能愉快专心地交谈，并产生好感。这时最好是把双手交叉，身体前倾。切忌坐在那儿大大咧咧，如果是坐在椅子上，更忌身体后仰、跷起二郎腿。

（2）面带微笑的自信。要让对方感觉到自己的热情和自信，关键是要在交谈过程中避免过分紧张和拘谨，面容要尽量带着微笑，动作尽量舒缓、大方。

（3）借助手势的表达。如果表示关注，双手交合放在嘴前，或把手指搁在耳下或把双手交叉，身体前倾；如果求职者想表现出对所述主题的把握，可先将一只手伸向前，掌心向下，然后从左向右做一个大的环绕动作，就好像用手"覆盖"着所要表达的主题；如果想吸引听者的注意力或强调很重要的一点，可以把食指和大拇指捏到一起，以示强调。

4. 应试者回答问题的技巧

（1）把握重点，有理有据

面试时间有限，回答问题时要力求言简意赅。长篇大论，会让人不得要领；多余的话太多，容易把自己绕在问题堆里，造成走题，会将主题冲淡或漏掉。一般情况下，回答问题要结论在先，议论在后，先将自己的中心意思表达清晰，然后再做叙述和论证。

（2）讲清原委，避免抽象

在面试中，主考官通过提问来了解求职者的一些具体情况，因此，求职应试者在回答问题时，切不可简单地仅仅以"是"或"否"作答。针对所提问题的不同，有的需要解释原因，有的需要说明程度。不讲原委、过于抽象的回答，往往不会给主考官留下具体的印象。

（3）确认内容，对答如流

如果在面试中对主考官提出的问题，一时摸不着头脑，以致不知从何答起或难以理解对方问题的含义时，可将问题复述一遍，并先谈自己对这一问题的理解，请教对方以确认内容。对不太明确的问题，一定要搞清楚。这样才会有的放矢，不致答非所问。

（4）独到见解，汇聚特色

主考官每年接待的应试者无数，对同样的问题已经问了无数遍，相似的回答也听无数遍。因此，主考官会有乏味、枯燥之感。只有独到的个人见解和个人特色的回答，才会引起对方的兴趣和注意。

（5）坦诚相待，切忌骄傲

面试中遇到自己不知、不懂、不会的问题时，回避闪烁、默不作声、牵强附会、不懂装懂的做法均不足取，诚恳坦率地承认自己的不足之处，反倒会赢得主试者的信任和好感。

（6）言简意赅，避重就轻

在面试过程中要仔细地聆听、观察、判断考官喜欢什么样的回答。有的人喜欢听工作经历中的实例，有的人希望了解求职者的工作能力，有的人希望求职者能做简单的自我介绍，有的人则喜欢听详尽的阐述。尽可能从考官的言谈举止中发现什么是他们喜欢的回答，然后投其所好，准确地回答这些或类似的问题。当遇到难回答的问题时，原则是：避其锋芒、转移话锋、暗度陈仓、避重就轻。关键是：要变被动为主动，把问题转向可以主动操纵的方面来。

5. 消除过度紧张时的技巧

由于面试成功与否关系到求职者的前途，所以大学生毕业面试时往往容易产生紧张情绪。紧张是求职者在考官面前精神活动过度的一种心理状态。初次参加面试的求职者都会有紧张的感觉。有些大学生可能由于过度紧张导致面试失败。因此，求职者在面试时必须设法消除过度紧张情绪。

（1）要保持平常的心态

一个求职者在面试时如果能保持平常的心态，一般不会造成紧张，起码不会过于紧张。要使自己处于平常平静的心态，可以采取的办法有：一是不要顾虑过多，坦率地接受紧张这一客观事实，认识到面试时求职者紧张是一种较普遍的现象，自己紧张，其他求职者也会紧张，如果想到这些，心情也许会平静下来；二是在面试前可阅读一些幽默故事或翻看轻松、有趣的书籍杂志，或听听音乐，或和朋友们平静交谈等，这样，可以较好地转移注意力，调整情绪；三是在面试中进行自我暗示，提醒自己"镇静"、"放松"；把面对的主考官当作熟人来对待；或做深呼吸，或默默地数数等。

（2）不要过于看重面试

在求职面试中，要把注意力集中在谈话和回答问题上，不要老是想到面试失败了怎么办这样的问题，应该想到这次机会不行，还有下次机会；这个单位不聘用，还有别的单位；这次求职不成，自己也没有失去什么，相反自己得到了锻炼，取得了面试的经验教训。如果能这样来看待面试，那么，求职者紧张的情绪就比较容易被克服。

（3）面试过程增强自信

求职者在面试中产生紧张情绪的一个重要原因就是自信心不足。要增强自信心，求职者应该做到：一是正确认识自己的优势，确认自己的优势，不要低估自己的优势；二是不要用自己的劣势与求职竞争者的优势相比，否则，越比越会使自己失去信心，应当想到自己与他们的共同点；三是充分展示自己的气质和风度。

（4）注意把握谈话节奏

在进入面试场所致礼落座后，可先不急于说话，而应集中精力听完问题，再从容应答。一般开始谈话时可以有意识地放慢讲话速度，等自己进入状态后再适当增加语气和语速。这样，既可以稳定自己的紧张情绪，又可以扭转面试沉闷的气氛。

（5）注意把握面试环节

有的人在回答问题时眼睛不知道往哪看，有的魂不守舍、目光不定，有的眼睛下垂，有的两眼直盯着提问者，往往造成自己的紧张。要消除这种紧张情绪，面试时可以把目光集中在提问者的额头上，既可以给对方以诚恳、自信的印象，也可以鼓起自己的勇气、消除自己的紧张情绪。

6. 正确对待面试中的失误

第一次参加面试难免因紧张而出现失误，实际上也不可能通过一次面试就能成功。此时，切不可因一时的失误而丧气。要记住，一时失误不等于面试失败，重要的是要战胜自己，不要轻易地放弃机会。要明白被用人单位拒绝几乎是多数求职者必然的经历，求职失败是最终求职成功的必要组成部分。在面试时，如果感到自己有失败的苗头，也不要轻言放弃，要有不到最后关头誓不罢休的决心。即使面试失败了，也要分析具体原因，总结经验教训，以新的姿态迎接下一次面试。

附录 1　求职信与简历范本

一　自荐信

尊敬的总经理（部长）：

您好！

衷心感谢您在百忙之中翻阅我的求职自荐书。

我叫 XXX，是某大学 2014 届工商管理系会计专业应届毕业生。通过一定的了解，我认为贵公司事业有着光明的发展前景，充满了生机与活力。经过深思熟虑，我郑重申请加入贵公司。我想，今天我来寻求的不仅是一份养家糊口的职业，更是追求一份我愿意为之终身付出的事业。

"艰难困苦，玉汝以成！"经过大学四年坚持不懈的努力，我掌握了比较扎实的专业知识，能胜任会计和经济管理、企业管理等工作。此外，我曾经担任校学生会主席，组织、策划、参与过多种社会实践活动，具备了一定的组织协调、合作竞争能力。通过锻炼，我深深体会到一个人必须要有良好的道德和涵养、强烈的事业心和责任感，才能面对困难和挑战。

为了实现自己的人生价值，为自己争取一个施展才华的良好环境，我真诚希望加入贵公司。我相信，通过自己的努力，一定能很快胜任贵公司的工作。知遇之恩，永世不忘，企盼您能给我机会。若有幸成为贵公司的一员，我将倍加珍惜这次机会，与公司所有的员工一起，精诚团结，用智慧和汗水去创造公司美好的未来！

随信附上我的简历及联系方式，如有机会与您面谈，我将十分感谢。

祝您身体健康，万事如意！

求职人：XXX

年　月　日

二　简历表

<table>
<tr><td rowspan="5">个人概况</td><td>求职意向</td><td colspan="7">1. 贵公司技术部 2. 贵公司企业规划处</td></tr>
<tr><td>姓名</td><td>xxx</td><td>性别</td><td>男</td><td>籍贯</td><td colspan="2">辽宁省沈阳市</td></tr>
<tr><td>出生年月</td><td>1994.06</td><td>健康状况</td><td>良好</td><td>手机</td><td colspan="2">139xxxxxxxx</td></tr>
<tr><td>毕业院校</td><td>沈阳师范大学</td><td>邮编</td><td>110034</td><td>联系电话</td><td colspan="2">024 – xxxxxxxx</td></tr>
<tr><td>通讯地址</td><td>沈阳市黄河北大街253号</td><td>专业</td><td>计算机科学与技术</td><td>电子邮箱</td><td colspan="2">15xxxx@.com</td></tr>
<tr><td>教育背景</td><td colspan="8">2009 年 – 2013 年　沈阳师范大学软件学院计算机科学与技术专业</td></tr>
<tr><td>主修课程</td><td colspan="8">计算机应用基础，C 语言程序设计，离散数学，数据结构，计算机组成原理，数据库原理，
操作系统，计算机网络原理，CAI 课件设计与制作，面向对象的程序设计，软件工程
（注：如需要详细成绩单，请与本人联系）</td></tr>
<tr><td>论文情况</td><td colspan="8">（注：请注明是否已发表）</td></tr>
<tr><td>英文水平</td><td colspan="8">基本技能：具有初步的听、说、读、写能力
标准测试：通过英语四级</td></tr>
<tr><td>计算机水平</td><td colspan="8">通过了本省计算机二级考试</td></tr>
<tr><td>获奖情况</td><td colspan="8">三年均获得本校（一等或二等）奖学金；获得 2010、2012 年度三好学生</td></tr>
<tr><td>实践与学习</td><td colspan="8">2012 年 9 月 – 2012 年 11 月，沈阳东软进行实习期；
2013 年 5 月 – 2013 年 6 月，参加省级科研项目的编程
　　　　　　　　　　　　　　　　（请依据个人情况酌情增减）</td></tr>
<tr><td>工作经历</td><td colspan="8">年　月 – 　年　月　　　　公司　　　工作
　　　　　　　　　　　　　　　　（请依据个人情况酌情增减）</td></tr>
<tr><td>个性特点</td><td colspan="8">（请描述出自己的个性、工作态度、自我评价等）</td></tr>
<tr><td>备注</td><td colspan="8">（请写出你的希望或者总结此简历的一句精炼的话！）
例如：希望我能为贵单位贡献自己的力量！或相信您的信任与我的实力将为我们带来共同的成功！</td></tr>
</table>

附录 2　应聘过程中常见的笔试题型

一　常见的笔试题型

（一）政论类

1. 你对当前的改革有何见解；

2. 请你谈谈对群众路线的理解；

3. 请你谈谈对当前国际形势的看法；

4. 试用马克思主义的基本原理说明一两个具体问题。

（二）公文类

1. 某单位要采购一台复印机，请你写份报告；

2. 某省人事厅将举办大中专毕业生招聘会，请拟一份会议通知。

（三）技能类

1. 翻译（英译汉或汉译英）一篇短文；

2. 请动用 C 语言编写一段程序；

3. 请把一段文字录入计算机并打印出来。

（四）综合类

1. 根据所提供数据，对某种产品作市场分析和预测并写出分析报告；

2. 参加一次主题讨论会，会后，请应试者就本次讨论会写出一份会议纪要和英文提要，并用计算机打印出来；

3. 结合给出的一组数据，论述当前高校大学生就业难的症结所在及应对策略；

4. 某外商要来公司洽谈合作事宜，来电话告知有关日程安排，要求应试者用相应的语种接电话，并打印电话记录呈报有关领导；

5. 材料显示某地发生了洪涝灾害，请结合秘书工作的特点写出一份情况汇报。

（五）专业类

由于专业不同，具体的笔试题型也不同。

二　笔试题型说明

填空题是一般试卷中不可缺少的题型，用以检查考生对各种知识所掌握的情况。答题必须看清题目要求，是填词还是填句、填词语还是填符号，是填写一个词、短语或句子。

选择题一般由题干和几个备选答案即选项组成，要求从给出的几个备选答案中，选择一个或几个正确、恰当的答案。要答好这种题型，可用经验法，根据已掌握的知识经验填写；可用排除法，把题目中的所有备选答案，采取逐一排除的方法，最后确定正确的答案；可用假设法，假设某备选答案正确，代入验证，以获取正确答案；也可用计算法，通过计算来确定正确答案。

判断题是对所给的命题做出明确的是或非的回答。一般判断题只有一个误点，最多两个，较多出现在易混淆、易误解的常识性知识部分。

问答题要求考生对试题提出的问题做出回答，较多的是要求用简单的语句回答简单的问题。答题前先理清思路，按要求顺序回答。答题时要对准中心，抓住重点，开门见山，简明扼要。

再生题是指通过默写、听写、记录等方法来检验考生对某些知识的掌握程度和应用能力的题型。答题时要明确这类题目的内容是所学课程的重点和精华，解答的基础在于平时对字、词、句、段、篇的理解和记忆。

应用题是要求考生运用所学的知识、原理来解决实际问题的题型。要根据题目的要求，选择适当方法，予以解决。解题时先找出关键词，理解题意，再认真仔细地做，确保正确无误。

作文题是给出范围或特定要求，在规定的时间和空间内写完。审题要果断、正确，迅速地扣住作文题目的关键词，确定写作中心。写作提纲应简略，不要太费时间，只要能反映文章的基本思路、段落层次即可。行文时要正确计时，合理分配时间，对需要修改加工的词句，可先跳过去，留待最后解决。

附录3　面试中常见的问题

一　关于个人情况

——请简要介绍一下你自己。（通常作为第一个问题提出，以便消除求职者的紧张心理。回答这个问题关键是要有条理，即自己想告诉对方哪些有用信息，回答要求言简意赅。）

——请介绍一下你的家庭情况。（主考官提问这个问题的目的可以有多个出发点，回答这个问题关键是要简明扼要。）

——你有什么爱好和特长？（这个问题要据实回答，要把自己爱好广泛、多才多艺的特点和优势表现出来，但切忌无中生有，也不可过分谦虚。）

——你有什么优缺点？（这是一个比较难于回答的问题，但也是非常有可能被问到的问题。在谈这个问题时态度尤为重要，其重要性甚至超过回答的内容。）

——你的最大的理想和愿望是什么？（回答这个问题一定要务实，那些听上去就虚无缥缈的所谓理想或愿望只会减少被录用的砝码。）

二　关于应聘动机

——你了解我们单位吗？

——你为什么会应聘这个岗位？

——你为什么喜欢这种工作？

——你找工作首先考虑的因素是什么？

——到本单位上岗之前，让你先到基层锻炼两年，你愿意吗？

回答这些问题要求你事先进行准备。应该对用人单位和对你进行面试的人的情况做一些调查研究。你对情况了解得越多，招聘单位越认为你有诚意。同时你要站在人生的高度上来回答其他问题。

三　关于专业和学习情况

——你为什么选择学这个专业？

——你所学专业与你应聘的这个岗位有什么关系？

——你最喜欢或最不喜欢什么课程？为什么？

——你对自己的学习成绩是否满意？

——除了学习本专业外，你还学习过哪些课程或知识？你都读过哪些课外书？

回答这些问题要根据你的专业知识和技能水平、个人志趣、特长等正确评价自己，恰如其分地回答。

四 关于工作能力

——上了几年大学，你最大的收获是什么？

——你组织过或参加过哪些社会实践活动或集体活动？

——你在大学里曾担任过何种职务？

——请你对自己的工作能力作评价。

——你感觉自己能充分胜任这项工作吗？为什么？

回答这些问题要实事求是，突出重点，富有条理。要让主考官充分了解你的能力和学会了做人的道理。

五 关于人际关系

——你交友的原则是什么？你的朋友多么？

——你喜欢与什么样的人交往？

——你喜欢独立完成工作还是与人合作？

——你喜欢什么样的领导？

良好的人际关系是团结合作的基础。一个单位需要良好的人际关系，人际关系好，单位同事及上下级之间会齐心协力，工作高效而愉快；反之，人际关系紧张，必然内耗丛生、涣散无力、缺乏生气。所以，你到一个单位一定要搞好人际关系。在回答这些问题时主考官会考察出你的为人处事怎么样。

六 关于工作态度

——领导经常让你加班，你会怎么办？

——你想怎样取得成功？

——你认为在本单位能实现个人理想和价值吗？

——如果为了某事你受到批评怎么办？

——怎样对待面前的困难？

在回答这些问题时要表现出你具有竞争进取，顽强拼搏的精神。

七 其他问题

——你喜欢你的学校吗？

——你还有继续学习的打算吗？

——你恋爱了吗？

——你喜欢玩电脑游戏吗？为什么？

——如果你上网聊天，那你聊天的目的是什么？

——你有哪些工作经验？

——你觉得学历和工作经验哪个更重要？

对刚毕业的大学生来讲，没有什么工作经验的优势，这些问题针对兴趣、爱好等。回答这些问题要从自己在大学期间所从事的各项社会工作来谈，如组织或参加过的社会实践、实习、课外活动以及打工经历等，如果再聊点体会和感受效果会更好些。面试内容广泛，绝不仅限于上述这些。因此，大学生们应广泛涉猎政治、经济、文化及国际国内社会各方面的知识，用科学的世界观和人生观武装自己的头脑，来应对考官提出的各种问题。

——你还有什么疑问？

这预示着面试即将结束。面试者应主动抓住这个机会，通过咨询问题或表明态度等方式，来进一步强化给主考官的印象。但是表述的内容不宜过多，应力求思路清晰，语言精练，主题鲜明，要点突出。

附录 4　面试过程中的案例分析

案例一：克服紧张和树立自信

李同学求职意向首选是国际四大会计师事务所，经过层层筛选，他如愿进入普华永道和安永华明的最后一轮面试，也就是要去见事务所的合伙人。能在数千大军中杀到见合伙人已经实属不易。然而，在见合伙人的时候，他特别紧张。在见普华的合伙人时，他叫错了合伙人的姓名，并且临走时把包忘在了合伙人的办公室里；在见安永的合伙人时，由于是英文面试，他重复一个英文单词数遍，唯恐对方听不清楚，直至那位合伙人亲自打断并说明他已经明白了李同学的意思，他才明白该适可而止。结果是两家国际一流的会计公司都在最后面试时将他拒之门外。

王同学面试中信集团总部时，面试官问他对中信了解多少。他想了半分钟然后说道：我接到面试时还没来得及查看中信的资料，所以不太了解。面试官对他说："我们招人自然希望他能了解中信。你还是回去再多了解了解吧。"

赵同学在面试人民银行时，面试官问他为什么想来人民银行。赵同学心里想：还不是因为你人民银行权力大。但是碍于不方便直白地说这样的话，他一时没了主意。吭哧吭哧中，和人民银行说了再见。

从上面的案例中可以看出李同学精神紧张，缺乏自信，跌倒在自己最想去的公司前；赵同学和王同学对用人单位缺乏了解，回答不出常规问题。要想在面试中脱颖而出，给招聘人员留下深刻的印象，就要克服紧张，建立自信。要想自信，就必须知己知彼，对自己和用人单位都有客观的认识。求职应聘，是一个了解自己、了解用人单位，向用人单位展示自己能力与素质的面对面的接触。只有做好了充分的准备，才能用特色和真才实学为自己铺就成功之路。

案例二：建立诚信和实话实说

魏同学在简历的著作栏里写下了曾发表过一篇关于汇率稳定的文章，以期在面试银行时会有作用。结果在面试中国银行时，当主考官问起她对汇率稳定的观点时，她结结巴巴，说不出个所以然。事实是身为会计专业的她对金融问题根本没有什么研究，只是托研究金融的同学在所发表的文章后带了自己的名字。因此，她也和中国银行失之交臂。

孙同学一心想进入国际性的咨询公司，在遭到拒绝后，转而将目标锁定于国际会计师事务所。最后，只有安永给了她面试邀请。原本此机会已是弥足珍贵，但面试中，考官问到她还投递了哪些单位时，孙同学将她投递过的单位如数家珍般一股脑儿兜出，表现了极强的兴趣。但她就是没有表现出对安永的兴趣。此情此景下，考官也只能寒心将她拒之门外。

小李是学应用数学的毕业生，到一家条件不错的外企应聘，第一次面试，他以自己的能力、素质和自信给考官留下了良好的第一印象。第二轮面试时，考官是一位美籍华人，在谈了一些专业问题之后，想让小李用英语与他继续交谈。小李知道自己学的是哑巴英语，难以招架考官，于是坦诚地对考官说，"虽然我的英语通过了六级考试，但我是一名数学专业学生，因为缺乏英语语言环境，口语不是很好，只能进行简单的会话，进行深入的交流还有些困难，希望我能参加你们的英语培训，培训结束后再和您深入交谈。"这位考官笑着说了声："OK！"小李成功了。

上面的几个小例子讲的是在面试中既保持诚实的态度，又不可过于说大实话。用人单位招聘考核毕业生时，对毕业生的素质要求应该说是各有所求，不尽相同，但是其中有一条是每个单位一致看重的，那就是诚实守信的品德。在应聘面试过程中，不少毕业生就是用自己的诚信赢得了考官的青睐。

诚信是用人单位在招聘新人时重视的品质之一，诚信也是社会交往赖以维系和发展的基础。古人云："一语为重万金轻。"在以人为本的时代背景下，人性化的选材用人，是用人单位的管理方式。在进行双向选择时，应当将自己真实的情况展现在用人单位面前，以自己的风采赢得用人单位的认同，进而与用人单位达成协议。此外，保持诚信和不讲大实话是不矛盾的。如果孙同学在真实说出自己还投了哪些单位后，不是谈自己对那些单位的兴趣，而是表明在这些选择之间她对安永情有独钟，并且能够用足够的理由说服对方认为她说的话是真实的，那么孙同学今天很可能已经是安永的一员了。

案例三：用执着敲开成功之门

毕业于某省外贸学校的李某，是一个品学兼优的学生，虽说由于家境贫寒她不得不选择上中专，但在校期间她几乎把所有的精力都花在了学业上，不仅拿到了大学英语四级证书，还获得了自学考试英语专业的大专文凭，李某还有股子"初生牛犊不怕虎"的劲头，她听说省里一家进出口公司招聘本科的毕业生，便带上材料去应聘，到场以后才知道今天是最后的面试。但她还是硬着头皮坐了下来，一直等到面试的学生全部走完，她才推开门进去。"对不起，面试已经结束了。"一位女士拦住她。"不，还少我一个。""你叫什么名字？"那位女士边查看名单边问。"您不用找了，名单里没有我，我叫李某，是外贸学校的，给你们送过材料。""对不起，除了两所重点大学的，其他学校我们没通知。""既然我来了，就请给我一次机会好吗？我不在乎结果，只想测试一下自己的能力。"李某带有央求的语气中透着几许执着。这时，从里间走出一个戴眼镜的中年男士，李某赶忙迎上前去，用英语说道："您好，李总，我在省政府门口的宣传栏里见过您的照片，您是省十佳青年企业家。我叫李某，是省外贸学校来应聘的。""外贸学校的？口语不错嘛，进来吧，我们聊聊。"经过十几分钟的交谈，两天后，李某成为公司唯一通过自荐而被录用的中专生。

在激烈的竞争中，遭遇失败与挫折是在所难免的。有的人在碰壁之后便心灰意冷，有的却在受挫之后认真总结反思，凭着一种执着精神终于获得成功。

毕业生李杨谈到他应聘北京一家单位的经历时说，他的面试顺利通过，笔试不是很好但感觉还可以，可录用名单上却没有他。他鼓起勇气拨通对方电话，得到的答复是：他条件不错，只要出现空额，公司会优先考虑他。他告诉自己，一定要坚持。一连三天，对方都是同样的答复。第三天晚上，他在床上翻来覆去，明天还要不要再打电话？早上8点多醒来，他又告诉自己：还是应该再打一个电话。这时，他的呼机响起了美妙的音乐，对方通知他明天去签约！签约的时候，单位的人事主管对他说："你很幸运，也很执着，如果你不坚持，这个名额就是别人的了。"

第八章　就业权益与法律保护

随着我国经济体制的根本性变化，我国大学毕业生的就业制度经历了从"统包统分"到"供需见面"、"双向选择"、"自主择业"的深刻变革。这种变革使大学毕业生的择业观念及择业方式发生了重大的变化，也获得了自主择业的机遇。但与此同时，也为大学毕业生们带来了就业方面的诸多问题和困扰，其中最受关注的就是就业权益侵害问题。为此，大学生应充分了解就业的相关法律问题，知其在求职或就业中享有的权益，懂得维护自己合法权益的方法和途径。

第一节　熟知就业权益　懂得自我保护

大学毕业生在择业过程中享有多方面的权益，熟知自己就业过程中享有的一系列权利和更好地维护自己的权益是毕业生实现顺利就业的重要保障。

一　大学生就业的基本权益

所谓就业权益，就是指根据国家法律或法规的规定，求职应聘者在求职或就业过程中应该享受的不容侵犯的权利。目前，根据就业法律法规的有关规定，毕业生应当享有以下权益。

（一）享受知情权

所谓知情权，就是毕业生的信息获取权。就业信息是毕业生择业成功的前提和关键，只有在充分占有信息的基础上，才能结合自身情况选择适合自身发展的就业方向。毕业生的知情权，应包括以下三方面的含义：

1. 信息公开。即所有用人信息向全体毕业生公开。目前有些地方已建立高校毕业生需求登记制度，凡需录用高校毕业生的用人单位，须到当地高校毕业生就业指导中心和有关高校办理信息登记，各高校必须向毕业生发布用人需求信息，任何单位和个人不得隐瞒、截留需求信息。

2. 信息及时。就是学校相关部门应当及时、有效地将用人单位发布的信息传递给毕业生，使大学毕业生获得就业方面的相关信息。

3. 信息全面。就业信息是否准确、全面，直接影响毕业生的择业决策。毕业生有权获得准确、全面的就业信息，以便充分了解用人单位的情况，从而做出符合自身要求的选择。

（二）接受指导权

毕业生享有接受学校就业指导的权利，包括接受国家关于毕业生就业的有关法律、法规、方针、政策的培训以及择业方法、技巧的指导等。各学校应成立专门机构，安排专人引导毕业生根据国家、社会需要，结合个人实际情况进行择业。使毕业生通过就业指导培训，给予自己准确定位，合理择业。当然，随着就业形势的完全市场化，毕业生也将由被动接受学校就业指导，而转为主动到市场寻求和接受一些专业的社会培训机构的就业指导。

（三）被推荐权益

高等学校在就业工作中的一个重要职责就是向用人单位推荐毕业生。根据历年的工作经验表明，学校的推荐在很大程度上会影响用人单位对毕业生的取舍。毕业生享有的被推荐权应当包含以下几方面的内容：

1. 如实推荐。高校在对毕业生进行推荐时，应实事求是，根据毕业生本人的实际情况向用人单位进行介绍、推荐，不能故意贬低或随意抬高对毕业生在校表现的评价。

2. 公正推荐。公正推荐是学校的基本责任，也是毕业生享有的最基本的权益。学校对毕业生进行推荐应当做到公平、公正，给每一位毕业生平等的就业推荐机会，不能厚此薄彼。

3. 择优推荐。学校根据毕业生在校期间的表现，在公正、公开的基础上，应当择优推荐，而用人单位在选择和录用毕业生时也应当坚持择优标准，真正体现优生优用、人尽其才。这样，在就业过程中大学毕业生只能凭自身综合素质的提高来取胜，同时，择优推荐也能充分地调动广大毕业生和在校大学生学习的积极性。

（四）自主择业权

根据国家有关规定，高校毕业生在国家就业方针、政策的指导下进行自主择业。大学毕业生只要符合国家的就业方针、政策，就可以自主地选择用人单位，学校、其他单位和个人均不得干涉。任何将个人意志强加给大学毕业生，强令毕业生到某单位工作的行为都是侵犯大学毕业生自主择业权的行为。

（五）公平待遇权

用人单位在录用毕业生的过程中，应当做到公正、公平，一视同仁。但是目前，由于缺乏就业市场监管机制，完全公平、开放的就业市场尚未真正形成，致使用人单位录用大学毕业生时还不同程度存在着不公平、不公正的现象，使毕业生的公平待遇权受到很大的冲击，令大学毕业生最担忧。例如女大学生求职就业中受到性别歧视，不能被公平录用仍然是一大难题。公平待遇权是毕业生最迫切需要得到维护的权益。

（六）违约求偿权

大学生毕业就业协议书是毕业生、用人单位、学校三方签订的协议。在签订就业协议、履行就业协议等方面，大学毕业生应当依照国家法律、法规进行自我保护。就业协议后，三方都应严格履行协议的内容，任何一方提出变更或解除协议时，都必须得到另外两方的同意，并承担违约责任。如果用人单位无故要求解除就业协议的，毕业生有权要求对方严格履行就业协议。否则毕业生有权要求用人单位进行补偿，用人单位应对毕业生承担违约责任，支付违约金。

当然，毕业生在享有就业权益的时候，也应当履行就业的义务，大学生的就业义务主要有：

1. 毕业生有服从国家需要，遵守国家就业政策以及学校据此制定的具体规定的义务；

2. 毕业生有向用人单位如实介绍个人基本情况的义务；

3. 严格按照就业协议及其他合法约定履行相应义务；

4. 承担自身违约而带来的相应责任；

5. 依法应履行的其他义务。

二 法律对就业权益的保障

为切实保障毕业生就业工作的顺利进行，保障毕业生就业活动的有序开展，近年来我国政府和有关部门制定了一系列的就业政策和法规，这是毕业生就业权益最根本的保护，毕业生如果不熟悉或未完全了解就业的有关政策规定，自己的就业权益就不能得到有效的保障。

当前毕业生就业依据的政策、法规主要有：国家教育部颁发的《普通高等学校毕业生就业工作暂行规定》及有关就业政策；各地方就业主管部门制订的有关毕业生就业的规范性文件；各高校关于毕业生就业的实施办法、细则。与大学毕业生就业相关的法律、法规，如《中华人民共和国宪法》、《中华人民共和国合同法》、《中华人民共和国劳动法》、《中华人民共和国劳动合同法》、《就业促进法》、《国家公务员暂行条例》等。其中《中华人民共和国宪法》和《中华人民共和国劳动法》都规定了劳动者的劳动权利保障。其主要内容有：

1. 公民享有劳动的权利和义务

我国《宪法》第四十二条规定："中华人民共和国公民有劳动的权利和义务。"这一规定被确定为《劳动法》的一项基本原则。劳动既是公民的权利，也是公民应尽的义务。

2. 劳动者享有受培训的权利和义务

职业培训亦称"职业技术培训"，是培养和提高人们直接从事各种职业所需要的专业技术、业务知识和操作技能的一种培养训练制度。我国职业培训制度包括两大类：一类是就业前的职业培训，它又可分为初次就业前的培训和再就业（转业）前的职业培训两种；另一类是在职职业培训。我国《宪法》第四十二条规定，国家对就业前的公民进行必要的劳动就业训练；第十九条规定要发展职业教育。因此，接受职业教育不仅是劳动者享有的一项权利，而且也是应该履行的一项义务。

3. 劳动者享有按劳分配的权利

按劳分配原则是社会主义重要的分配原则。劳动者的工资分配遵循按劳分配原则，体现脑力劳动和体力劳动、复杂劳动和简单劳动、繁重劳动和非繁重劳动、熟练劳动和非熟练劳动之间的差别，体现等量劳动取得等量报酬，同工同酬，多劳多得，少劳少得，因而可以调动劳动者的劳动积极性，促进生产力的发展。

4. 休息和安全卫生保护的权利

休息权是指劳动者除了规定的工作时间以外可以自行支配休息时间的权利。我国《宪法》第四十三条规定："中华人民共和国劳动者有休息的权利。"劳动安全卫生又称劳动保护，是指劳动者在劳动过程中安全和健康的法律保障。我国《宪法》第四十二条规定："国家通过各种途径，加强劳动保护，改善劳动条件"。

5. 组织工会和民主参与的权利

我国《宪法》第三十五条规定，中华人民共和国公民有结社的自由。劳动者有参加工会的权利。我国工会是中国共产党领导的职工自愿结合的工人阶级群众组织。工会通过广泛参与国家和社会事务的管理，在维护全国人民总体利益的同时，更好地表达和维护劳动者的具体利益，为劳动者争取利益，充分发挥工人阶级在国家社会主义现代化建设中的作用。

6. 劳动者享有平等的就业权利

我国《宪法》第四十八条规定：中华人民共和国妇女在政治的、经济的、文化的、社会的和家庭生活等各方面有同男子平等的权利。国家保护妇女的权利和利益，实行男女同工同酬，培养和选拔妇女干部。我国《宪法》第四条规定中华人民共和国各民族一律平等。我国是统一的多民族的国家，国家保障各民族的合法权益，禁止对任何民族的歧视和压迫，禁止破坏民族团结和制造民族分裂的行为。如：在就业方面，妇女与男子享有平等的就业权利，在工资方面，男女同工同酬。

7. 提请处理劳动争议的权利

劳动争议是指劳动法律关系当事人之间因劳动权利和劳动义务发生分歧而引起的争议。劳动法律关系当事人因劳动权利受到侵犯发生争议时，首先应当依照《劳动法》规定的程序提请解决劳动争议，以保护其合法权益不受侵害。

案例一：

"自愿加班"有没有加班工资

案情介绍：王某是某外资公司的职员，他每日努力工作，当日工作任务在 8 小时内未完成的，为了不把工作任务留到下一个工作日，就在下班后自动加班完成。一年以后，王某对公司的工作安排难以承受，就在合同期限届满时表示不再续签劳动合同，但要求公司支付其一年内延长工作时间的加班工资，并出示了一年内延长工作时间的考勤记录。公司对王某不愿续签劳动合同表示遗憾，但认为公司实行的是计时工资制度，对加班情况按加班制度规定执行；公司并未安排王某延时加班，王某延长工作时间是个人自愿的行为，公司不能另行支付加班工资。所以，公司对王某的要求予以拒绝。

评析：现代社会的激烈竞争已经渗透到我们的工作中，因为各种原因，有时候我们不得不自己延长工作时间。根据劳动法律的规定，用人单位应当支付加班职工的加班工资。但这种加班必须有个前提，即是上级安排的加班。如果是"自愿加班"，则用人单位可以不承担加班工资。根据《劳动法》及《国务院关于职工工作时间的规定》等相关规定，我国现行的标准工时制度为每日工作 8 小时、每周工作 40 小时。按照以上标准工时制度计发工资待遇的，是计时工资制度。实行计时工资制度的用人单位，其加班工资的支付有着明确的规定，其前提是"用人单位根据实际需要安排劳动者在法定标准工作时间以外工作"，即由用人单位安排加班的，用人单位才应支付加班工资。如果不是用人单位安排加班，而由劳动者自愿加班的，用人单位依据以上规定可以不支付加班工资。

本案中，公司虽然对王某实行了计时工资制度，但王某平时的延时加班不是由公司安排的，而是王某自愿进行的；公司对企业内加班有加班制度的规定，王某在延时加班时并未履行公司规定的加班审批手续。因此，王某要求公司支付其自愿且未履行手续的延时加班工资缺乏依据。

第二节　把握就业协议　合理签订合同

在新颁布实施的《劳动合同法》、《就业促进法》等劳动保护法律法规中，对毕业生就业有关极其重要的作用。结合相关法律法规，对高校毕业生就业协议书和就业劳动合同的签订进行详细的分析，是十分必要的。

一　就业协议书的签订

（一）就业协议书

1. 就业协议书的内容

1997 年，原国家教育委员会颁布的《普通高等学校毕业生就业工作暂行规定》第二十四条明确："经供需见面和双向选择后，毕业生、用人单位和高等学校应当签订毕业生就业协议书，作为制定就业计划和派遣的依据。"我国目前高校毕业生通用的就业协议书是由国家教育部制订，省、自治区、直辖市就业主管部门印制的《高等学校毕业生就业协议书》。毕业生就业协议书又称"三方协议"，是指由大学毕业生、用人单位和毕业生所在学校三方签订，明确大学毕业生、用人单位和学校三方在毕业生就业择业过程中权利和义务的书面协议。

就业协议书是教育部门制定就业计划、进行毕业生派遣以及毕业生将来与用人单位签订劳动合同的依据，就业协议书中关于服务期、违约金等涉及劳动关系存续期间权利义务内容的约定，应在日后订立的劳动合同中予以认可。如果大学毕业生届时到用人单位报到，用人单位未根据就业协议书中预约的内容与毕业生签订劳动合同，则应视为对预约的违反，必须承担预约合同的违约责任。就业协议的效力仅限于对学生就业过程的约定，当大学毕业生到单位报到后，其使命就已完成。其关键在于，毕业生必须凭就业协议书，与用人单位另行签订劳动合同。就业协议书主要包括以下内容：

（1）毕业生基本情况及意见

毕业生基本情况和意见主要内容包括：姓名、性别、年龄、民族、政治面貌、培养方式、健康情况、专业、学制、学历、家庭住址、应聘意见等。

（2）用人单位情况及意见

用人单位情况及意见主要内容有：单位名称、单位隶属、联系人、联系电话、邮政编码、通信地址、所有制性质、单位性质、档案转寄地址、用人单位意见、用人单位上级主管部门意见等。

（3）学校意见

学校意见主要包括：学校联系人、联系电话、邮政编码、学校通信地址、院系意见、学校毕业生就业部门意见等内容。

随着毕业生就业制度改革的深化，毕业生就业协议书的内容也在进一步规范化、法制化。目前，一些用人单位或学校在就业协议书上已经附加上了有关劳动合同的内容，以保证大学毕业生的权益，进一步明确用人单位与大学毕业生之间的权利和义务。这些内容包括：服务期、工作岗位和工作内容；劳动保护和工作条件、工资报酬和福利待遇、劳动纪律、协议终止的条件、违反协议的责任等。

签订就业协议书是一种法律行为，协议书一经签订，便视为生效合同，具有法律效力。签订就业协议书是确认签约双方权利和义务的必要程序，又是处理就业纠纷的主要依据，大学毕业生应该正确认识和严肃对待就业协议书，慎重签订就业协议。

2. 各方的权利和义务

在高校毕业生就业活动中，主要涉及大学毕业生、用人单位和学校三个方面，因此就业协议书规定了这三方的权利和义务。

（1）大学毕业生的权利和义务

大学毕业生作为签订就业协议的主体之一，清楚了解自己的权利和义务是签订协议非常重要的一个环节。

①毕业生享有平等就业和自主选择职业的权利。我国《劳动法》规定："劳动者享有平等就业和选择职业的权利。"对高职高专毕业生而言，在求职择业过程中具有自主性，其选择某一职业或不选择某一职业，都是毕业生自己享有的权利，任何单位或个人无权干涉，即使毕业生的家长和亲属也不能对毕业生选择职业进行干涉和强迫。当然，毕业生在做出职业选择前，应与家长和亲属进行沟通，在听取他们意见的基础上，做出符合自己意愿和实际情况的选择。

②毕业生有全面了解用人单位情况的权利。选择职业，确定用人单位，关系到毕业生未来的工作、生活状况和事业前途。毕业生在与用人单位签约前，完全有必要也有权利对用人单位的情况进行全面细致的了解，包括用人单位的招聘意图、工作环境、生活待遇、服务时间等。用人单位有义务向毕业生和学校如实介绍本单位的情况，并尽可能提供能够证明这些情况的有关资料。

③毕业生有如实向用人单位介绍自己情况的义务。包括培养方式、学习成绩、健康情况、在校表现、社会实践经历以及各方面能力，并如实提供可以证明自己情况的相关资料，这是用人单位准确了解毕业生的

重要基础。

④毕业生有接受用人单位组织的测试或考核的义务。用人单位为了招聘到符合要求的毕业生，一般都要通过一些测试或考核手段来掌握毕业生的情况，以进行比较，从而做出是否录用的决定。毕业生应予以积极配合，接受测试和考核，充分展现自己的能力，获得期望的工作。

（2）用人单位的权利和义务

用人单位是与毕业生签订就业协议的另一主体，其主要权利和义务包括：

①用人单位享有全面了解毕业生情况的权利。用人单位根据本单位对所需人员综合素质、知识水平和专业能力等方面的要求，通过学校有关部门或毕业生所在院（系）以及毕业生个人的介绍，了解毕业生的各方面情况，并对毕业生进行测试、考核。

②用人单位享有录用毕业生的权利。在掌握了求职的大学毕业生基本情况，并对毕业生进行了笔试、面试等测试和考核后，再经过综合比较，用人单位最终决定能否适应工作岗位，是否录用。

③在招聘活动中，用人单位有如实向毕业生和学校介绍本单位情况的义务。包括对毕业生的使用意图、工作环境、生活待遇、服务时间以及本单位的具体情况等。

（3）高等学校的权利和义务

高等学校作为毕业生培养单位，在毕业生就业中具有重要的作用。其权利和义务对毕业生和用人单位都有直接的意义。

①高等学校有义务对毕业生进行就业指导，向用人单位推荐毕业生。

②高等学校有义务向毕业生和用人单位介绍学校情况和提供有关介绍资料。

③高等学校对毕业生、用人单位双方当事人的资格和学生相关材料的真实性、合法性进行鉴证，根据国家的有关政策和规定，对就业协议书需要签署是否同意的意见。

④根据毕业生和用人单位的需求，高等学校向他们提供有关政策和就业信息指导、咨询等方面的服务。

3. 签订的基本程序

在毕业生和用人单位供需见面、双向选择之后达成一致意见结果时，需要签订就业协议，一般须经过以下的程序：

（1）由毕业生本人在协议书上以文字的形式，明确表达自己同意到选定单位应聘工作的意愿，同时签署本人姓名。

（2）由用人单位人事部门负责人代表单位签署同意接收该毕业生的文字意见，并签字盖章。如果该单位没有人事决定权，则还需要报送其上级主管部门签字盖章，予以批准认可。

（3）毕业生所在院（系）和学校主管部门签署意见并签字盖章。

（4）报学校上级主管部门审批。

在完成上述程序之后，协议就正式生效，并列入国家就业方案，下达学校和有关部门、地区执行。随着毕业生就业制度改革的不断深入，国家和高校的审批权力将日益弱化。目前，在一些地区和高校已经在此方面迈出重要一步，学校在就业协议上的签字基本不具有审批的意义，而是见证的作用。在不久的将来，在签订毕业生就业协议中，毕业生和用人单位将拥有完全的自主选择权，学校和政府主管部门不再需要直接审批就业协议，而只需要掌握毕业生就业情况即可。

现行的高校毕业生就业协议书一式三份，协议签订以后，其中一份由毕业生本人收存；一份交学校主管部门，作为列入学校就业建议方案的依据；一份交用人单位，作为接收毕业生就业的凭证，并以此作好相应的人事及其他安排。

（二）就业协议书与劳动合同的区别

就业协议书与劳动合同均为用人单位与劳动者确立劳动关系的协议。但二者又是两种不同类型的协议，就业协议书不是劳动合同，两者是有区别的且不能互相代替，它们的区别主要表现在：

1. 两者的主体不同

就业协议书专指高等学校应届毕业生与用人单位签订的就业工作协议，仅适用于应届毕业生与用人单位、高等学校三方之间，学校是就业协议的鉴证方，就业协议书对用人单位的性质没有规定，适用于任何单位；而劳动合同是指劳动者与用人单位确立劳动关系、明确双方权利与义务的协议，这里的劳动者既可以是高校毕业生，也可以是其他人。劳动合同只适用于劳动者（含应届毕业生）与用人单位（不含公务员单位和比照实行公务员制度的组织和社会团体以及军队系统）之间，与高等学校无关。

2. 两者的内容不同

就业协议书是高校毕业生与用人单位签订的初次工作协议，其主要意义在于将毕业生与用人单位双方互相选择的关系确定下来，一般并没有详细规定双方具体的权利与义务；毕业生就业协议书的内容主要是毕业生如实介绍自身情况，并表示愿意到用人单位就业，用人单位表示愿意接收毕业生、学校同意推荐毕业生并列入就业方案，而不涉及毕业生到用人单位报到后所享有的权利与义务。

劳动合同则指用人单位在与劳动者确定工作关系之后签订的关于双方权利与义务的协议。劳动合同中的内容比较具体，劳动权利与义务关系十分明确。具体内容包括：劳动合同期限、工作内容、劳动保护和劳动条件、劳动报酬、社会保险和福利、劳动纪律、劳动合同终止的条件、违反劳动合同的责任等。

3. 签订的时间不同

一般来说就业协议签订书在毕业生就业之前签订，而劳动合同往往是毕业生到用人单位报到后才签订。

4. 两者的目的不同

就业协议书是毕业生和用人单位关于双方将来就业意向的初步要约，是对双方的基本条件以及即将签订的劳动合同中的部分基本内容的大体认可，并经用人单位的上级主管部门和高校就业部门统一鉴证，毕业生、用人单位、高校、用人单位主管部门签字盖章后，即具有一定的法律效力，是编制毕业生就业方案和将来双方订立劳动合同的依据。

5. 处理的依据不同

在履行毕业生就业协议书中的内容，发生问题需要处理时，一般首先由毕业生和用人单位进行协商，如果取得一致意见，则报送毕业生所属的学校主管部门，由学校主管部门审查认可后，报上级主管部门批准，予以调整。就业协议发生争议时，除了协议本身内容之外，主要是依据现有的毕业生就业政策和法律对合同的一般规定来加以解决，尚没有专门的一部法律对毕业生就业协议书加以调整。而劳动合同发生争议时，则毕业生和用人单位可以向劳动争议调解委员会请求调解，或是向劳动仲裁机构申请仲裁。还可以根据《中华人民共和国劳动法》、《中华人民共和国劳动合同法》处理劳动纠纷。

因此，毕业生与用人单位签订了就业协议书不能等同于签订了劳动合同，毕业生与用人单位在签订就业协议之后，还必须签订劳动合同，以保护自己的合法权益。目前实践中通常的做法是，大学毕业生到单位工作后，双方才签订劳动合同。

二 劳动合同的签订

（一）签订劳动合同的必要性

毕业生就业制度改革的进一步深化，必将对就业规范的要求越来越高。当前无论是从规范的效力程度，还是规范的全面性、可操作性而言，均不能适应毕业生就业全面走向市场对法律、法规的要求，这是导致一系列侵权行为的根源。健全各项配套法规，使毕业生就业真正走向市场化、法制化，已成为当务之急。签订一份完备、公平合理的劳动合同对于实行劳动关系法制化，明确毕业生与用人单位的权利与义务，维护双方的合法权益，促进劳动关系的和谐发展具有重大意义。

1. 签订劳动合同是依法确定劳动关系的要求

劳动合同是劳动者与用人单位确立劳动关系、明确双方权利和义务的协议，也是维护劳动者和用人单位合法权益的法律保障。根据《劳动法》、《劳动合同法》的规定，建立劳动关系应当订立劳动合同。毕业生在和用人单位签订就业协议书后，应通过劳动合同确定双方的法律关系。

2. 签订劳动合同能够促进全面履行合同

劳动合同可以对劳动内容和法律未尽事宜进行详细、具体的规定，明确双方权利和义务，促进双方全面履行合同，防止因违约而导致责任争议。

3. 签订劳动合同是解决劳动争议纠纷的依据

在发生劳动争议时劳动合同也是解决纠纷的重要证据，使用人单位和劳动者解决纠纷更为便利，降低争议解决成本和社会耗损费用。

用人单位在大学毕业生报到后，通常都会及时与其签订劳动合同，但也有一部分用人单位为了达到不缴或少缴社会保险费（养老、失业和医疗保险费）、压低劳动者报酬（所谓试用期工资）、低成本轮换使用劳动力的目的，会通过拖延和逃避订立劳动合同、延长试用期等手段，侵害劳动者的合法权益。为了依法维护自身的合法权益，大学毕业生应该到单位报到后及时与单位签订劳动合同。

（二）劳动合同的内容

劳动合同的内容是指劳动者与用人单位双方在平等自愿、协商一致、合法公平的基础上所达成的确定双关劳动权利和劳动义务的具体条款。它是劳动合同的核心部分，也是劳动者获得劳动报酬的法律依据。因此，双方当事人必须认真签订合同，签订之后即应遵守，全面履行，不得任意违反合同的约定。它包括的条款有：

1. 合同必备条款

又称"法定条款"，是指由国家劳动法规所规定，双方当事人签订的劳动协议中必须具备的条款。根据我国《劳动法》第 19 条第 1 款和《劳动合同法》第 17 条的规定，劳动合同应当具备的以下条款：

（1）用人单位的名称、住所和法定代表人或者主要负责人。

这些内容是劳动关系主体——用人单位的基本情况，应当在劳动合同中明确。

（2）劳动者的姓名、住址和居民身份证或者其他有效身份证件号码。

作为劳动关系的另一主体，劳动者的相关基本情况也必须在劳动合同中加以明确。

（3）劳动合同期限。

劳动法规定的合同期限有三种，即不定期合同、定期合同和完成特定工作的劳动合同。合同双方当事人所签合同属于哪一种，应在合同书中说明，并填写合同期的起止日期。

（4）工作内容和工作地点。

合同中应说明劳动者在用人单位具体何种工作，何种岗位，劳动者是否同意担任此工作。工作内容可以规定劳动者从事某一项或者几项具体的工作，也可以是某一类或者几类工作，但都要求明确而具体。由于实践中劳动者的工作地点可能与用人单位住所地不一致，因此工作地点也有必要在订立劳动合同时予以明确。

（5）工作时间和休息休假。

一般情况下，劳动者的工作时间每日不超过 8 小时，每周平均 40 小时工作制，各种公休假、探亲假、婚丧假、女工产假等福利待遇，按国家有关规定执行。在法定标准基础上，合同中需要进一步明确该劳动者在该用人单位具体的工作时间和休息休假安排。

（6）劳动报酬。

劳动报酬的支付标准、支付方法和地点等应该在合同中明确规定，但不得违背国家有关最低工资的法律规定。

（7）社会保险。

依法参加社会保险和缴纳社会保险费，是用人单位和劳动者的法定义务，无论用人单位与劳动者是否约定、如何约定，均应依法参加社会保险和缴纳社会保险费。为了强化用人单位和劳动者的社会保险权利义务意识，必须在合同中进一步加以明确。

（8）劳动保护、劳动条件和职业危害防护。

劳动者在用人单位的指挥、管理下进行劳动，用人单位有责任提供各种劳动条件和保护设施。具体来说，包括提供生产或工作条件，如工作场所、生产设备等其他便利条件，提供劳动保护设备，认真做好生产中的安全工作。《职业病防治法》规定：用人单位与劳动者订立劳动合同时，应当将工作过程中可能产生的职业病危害及其后果、职业病防护措施和待遇等如实告知劳动者，并在劳动合同中写明，不得隐瞒或者欺骗。为了做好与《职业病防治法》以上规定的衔接，促进该条款的落实，《劳动合同法》中增加了职业危害防护的必备条款。

（9）法律、法规规定应当纳入劳动合同的其他事项。

2. 双方协商约定条款

《劳动合同法》第 17 条第 2 款规定："劳动合同除前款规定的必备条款外，用人单位与劳动者可以约定试用期、培训、保守秘密、补充保险和福利待遇等其他事项。"这是指双方另行协商约定的条款，是指劳动者和用人单位之间在必备条款之外，根据双方的意愿另行协商，认为有必要在劳动合同中加以约定的条款。

案例二：

2011 年 5 月，齐某被某电力企业招聘为仓库保管员，但该企业人力资源管理较为混乱，一直未同齐某签订书面劳动合同，这符合《劳动合同法》规定吗？

书面劳动合同不仅能证明劳动关系的存在，而且清楚地记载劳动合同双方的权利和义务，有利于劳动争议纠纷的及时解决。

《劳动合同法》明确了建立劳动关系，必须订立书面劳动合同。

该企业自用工之日起满一年不与齐某订立书面劳动合同的，视为与齐某已订立无固定期限劳动合同，自用工之日起超过一个月不满一年未与齐某订立书面劳动合同的，应当向劳动者每月支付两倍的工资。电力企业应依法同劳动者签订书面劳动合同，签订合同应符合法律法规要求，避免出现合同无效或部分无效情形发生。合同内容要尽量全面详尽，应载明法律规定的劳动合同必备条款，合同的条款表述要明确易懂，不发生歧义。

案例三：

　　某企业在制订或修改涉及劳动者切身利益的规章制度或者重大事项时，仅通过党委会及总经理办公会议研究决定，没有经职工代表大会或者全体职工讨论，没有履行平等协商和公示程序，这些规章制度具有法律效力吗？

　　《劳动合同法》规定，企业制定规章制度的行为是一个民主表决和集体协商的双方行为。该企业在制定、修改或者决定有关劳动报酬、工作时间、休息休假、劳动安全卫生、保险福利、职工培训、劳动纪律以及劳动定额管理等直接涉及劳动者切身利益的规章制度或者重大事项时，应当经职工代表大会或者全体职工讨论，提出方案和意见，与工会或者职工代表平等协商确定。

　　该企业应当将直接涉及劳动者切身利益的规章制度和重大事项决定公示，或者告知劳动者。由于该企业在制订规章制度时，忽视了按法律规定程序操作，发生劳动合同纠纷时，规章制度的法律效力将不被法律认可，这将使企业处于非常尴尬的境地。

案例四：

　　2011 年 6 月 1 日，某企业同职工签订了集体合同，2012 年 3 月 1 日，该企业刚刚结束试用期的刘某发现，自己劳动合同中劳动报酬的标准低于集体合同规定的标准，该企业确定的刘某劳动报酬标准符合法律规定吗？

　　集体合同制度是市场经济条件下协调市场化、契约化劳动关系的重要法律制度，是维护劳动者合法权益的重要机制。依法订立的集体合同对用人单位和劳动者具有约束力。企业职工一方与用人单位通过平等协商，可以就劳动报酬、工作时间、休息休假、劳动安全卫生、保险福利等事项订立集体合同。

刘某的劳动报酬标准违反了法律规定。根据法律规定，该企业与劳动者订立的劳动合同中劳动报酬和劳动条件等标准不得低于集体合同规定的标准。同时集体合同中劳动报酬和劳动条件等标准也不得低于当地人民政府规定的最低标准。

若刘某的劳动合同对劳动报酬和劳动条件等标准约定不明确，引发争议时，刘某如果与企业协商不成，应适用集体合同规定。

集体合同订立后，应当报送劳动行政部门；劳动行政部门自收到集体合同文本之日起十五日内未提出异议的，集体合同即行生效。

案例五：

孙某在某企业工作已有 12 年，近日，他向企业人力资源部门提出，要求签订无固定期限劳动合同，该企业负责人担心这将形成"铁饭碗"，不利于企业人才流动和管理，孙某的要求合法吗？该企业负责人观点是否正确？

无固定期限劳动合同，是指用人单位与劳动者约定无确定终止时间的劳动合同。无固定期限劳动合同并非没有终止时间的"铁饭碗"，只要符合法律规定的条件，劳动者和用人单位都可以依法解除劳动合同。

《劳动合同法》第十四条第 2 款规定：用人单位与劳动者协商一致，可以订立无固定期限劳动合同。有下列情形之一，劳动者提出或者同意续订、订立劳动合同的，除劳动者提出订立固定期限劳动合同外，应当订立无固定期限劳动合同：

（一）劳动者在该用人单位连续工作满十年的；

（二）用人单位初次实行劳动合同制度或者国有企业改制重新订立劳动合同时，劳动者在该用人单位连续工作满十年且距法定退休年龄不足十年的；

（三）连续订立二次固定期限劳动合同，且劳动者没有本法第三十九条和第四十条第一项、第二项规定的情形，续订劳动合同的。

用人单位自用工之日起满一年不与劳动者订立书面劳动合同的，视为用人单位与劳动者已订立无固定期限劳动合同。

孙某在该企业连续工作已满十年，按《劳动合同法》规定，孙某提出或者同意续订、订立劳动合同的，该企业应当同其订立无固定期限劳动合同。用人单位违反法律规定不与劳动者订立无固定期限劳动合同的，自应当订立无固定期限劳动合同之日起向劳动者每月支付两倍的工资。

案例六：

魏某同某企业签订了两年期限的劳动合同，合同中约定试用期为六个月，试用期的工资为劳动合同约定工资的50%，该劳动合同关于试用期限及工资的约定是否合法？

《劳动法》规定，劳动合同可以约定试用期，但最长不得超过六个月，《劳动合同法》对试用期做出了有针对性的规定：劳动合同期限三个月以上不满一年的，试用期不得超过一个月；劳动合同期限一年以上不满三年的，试用期不得超过两个月；三年以上固定期限和无固定期限的劳动合同，试用期不得超过六个月。同一用人单位与同一劳动者只能约定一次试用期。以完成一定工作任务为期限的劳动合同或者劳动合同期限不满三个月的，不得约定试用期。试用期包含在劳动合同期限内。劳动合同仅约定试用期的，试用期不成立，该期限为劳动合同期限。劳动者在试用期的工资不得低于本单位相同岗位最低档工资或者劳动合同约定工资的百分之八十，并不得低于用人单位所在地的最低工资标准。

而本案六个月试用期及其工资的约定明显违反《劳动合同法》的上述强制性规定，属无效条款，周某的试用期不应超过两个月，试用期的工资不得低于劳动合同约定工资的80%。

应当注意的是，试用期是劳动合同的一个约定的条款，如果双方事先没有约定，用人单位就不能以试用期为由解除劳动合同。

（三）劳动合同的法律效力

1. 劳动合同法律效力的概念

劳动合同的法律效力就是指依法赋予劳动合同对双方当事人及相关第三人的法律约束力。我国《劳动法》第十七条第 2 款规定："劳动合同依法订立即具有法律约束力，当事人必须履行劳动合同规定的义务。"《劳动合同法》第十六条进一步明确规定："劳动合同由用人单位与劳动者协商一致，并经用人单位与劳动者在劳动合同文本上签字或者盖章生效。"

2. 劳动合同的生效与成立

劳动合同的成立是劳动合同生效的前提条件。但是，劳动合同成立并不意味着劳动合同一定生效，只有依法成立的劳动合同才具有法律约束力。签订劳动合同是一种法律行为，是劳动法律关系产生的重要法律事实。订立劳动合同应当遵循平等自愿、协商一致的原则，不得违反法律、行政法规的规定。只有订立劳动合同的行为符合《劳动法》及有关法律规范时，才能受到国家法律的保护，产生当事人期望的法律后果，否则，将导致劳动合同无效的后果。

3. 不具备效力的劳动合同

无效劳动合同指当事人违反法律、法规或违背平等、自愿原则签订的不具有法律约束力的劳动合同。我国《劳动法》第十八条规定："下列劳动合同无效：1. 违反法律、行政法规的劳动合同；2. 采取欺诈、威胁等手段订立的劳动合同。无效的劳动合同从订立的时候起，就没有法律约束。确认劳动合同部分无效力的，如果不影响其余部分的效力，其余部分仍然有效。"

《劳动合同法》第二十六条进一步重申并具体规定："下列劳动合同无效或者部分无效：1. 以欺诈、胁迫的手段或者乘人之危，使对方在违背真实意思的情况下订立或者变更劳动合同的；2. 用人单位免除自己的法定责任、排除劳动者权利的；3. 违反法律、行政法规强制性规定的。"

（1）按导致劳动合同无效的原因划分，无效劳动合同可以分为以下两类：

①违反法律、行政法规的无效劳动合同

签订劳动合同时，必须遵循合法原则，否则，不仅得不到法律的保护，还要受到法律的追究。违反合法原则的具体情况，主要有：主体资格不合法。如：劳动者一方未达到法定就业年龄；用人单位由其职能部门直接与劳动者签订劳动合同等。内容不合法。如：违反劳动安全卫生标准、违反最低工资与社会保险等条款，与国家法规相矛盾、抵触的劳动合同条款，均属内容不合法。程序不合法。如：有些单行法规、地方性法规规定劳动合同未按有关规定签字、盖章、批准或鉴证等手续，不具有法律效力。

②采取欺诈、威胁等手段订立的劳动合同

欺诈是指一方当事人故意隐瞒事实真相或制造假象，以使对方当事人在上当受骗的情况下表示同意签订合同。如：用人单位提供虚假的劳动条件、劳动待遇信息等；劳动者提供假证件、假文凭等。

胁迫是指一方当事人以暴力或其他手段相威胁，强迫对方当事人与自己订立合同。如：用人单位以限制人身自由的手段、拖欠工资等方式迫使劳动者与其订立或续订劳动合同等。

采取欺诈、胁迫等手段签订的劳动合同，违背平等自愿、协商一致原则，是严重的违法行为。对这种劳动合同，除了宣告无效外，还应追究过错方当事人的法律责任。

（2）按劳动合同无效的程度分类

按劳动合同无效程度的不同，可以分为全部无效和部分无效两种：

①全部无效劳动合同，指该劳动合同整体无效。如：劳动合同中只有部分内容无效，但无效部分足以影响其他部分的效力导致全部无效的后果。对主体不合法以及采取欺诈、胁迫等手段签订的劳动合同即为全部无效劳动合同。

②部分无效劳动合同，指劳动合同中某些条款违法，但不影响其他条款的履行，只要认定该条款无效，而其余条款仍有效。如：劳动合同中的工资标准低于最低工资标准或低于集体合同中规定的标准，就属于此类情况。

3. 无效劳动合同的确认和处理

我国《劳动法》第十八条、《劳动合同法》第二十六条第 2 款都明确规定：对劳动合同无效或者部分无效有争议的，由劳动争议仲裁机构或者人民法院确认。对无效劳动合同的处理，一般包括以下三种：

（1）撤销合同。被确认全部无效的劳动合同是国家不予承认和保护的合同。它从订立时起就无法律效力，应通过撤销合同来终止依据该合同而产生的劳动关系。未履行的，不得履行；正在履行的，停止履行。对于已经履行的部分，应按事实劳动关系对待。劳动者已支出的劳动，应得到相应的报酬和有关待遇。

（2）修改合同。劳动合同中的某项条款如果被确认无效，是属于部分无效的劳动合同，应依法予以修改，修改后的合法条款应溯及合同生效之时。对于程序不合法而无法律效力的劳动合同，应从程序上予以补充修正，以确认该项劳动关系存在的合法性。

（3）赔偿损失。我国《劳动法》第九十七条规定："由于用人单位的原因订立的无效合同，对劳动者造成损害的，应当承担赔偿责任。"《劳动合同法》第八十六条进一步明确规定，劳动合同依法被确认无效，给对方造成损害的，有过错的一方应当承担赔偿责任。因此，无效劳动合同所引起的赔偿责任，以用人单位为主，劳动者次之。这项规定是基于在劳动过程中，劳动者容易受到损失，而用人单位是强者，一般不易由此而蒙受损失。

（四）签订劳动合同时应该注意的问题

依据法律的规定，用人单位和劳动者在签订劳动合同时应当遵循平等自愿、协商一致、合法公平、诚实信用的原则。实践中较为常见的劳动合同是用人单位事先拟好的劳动合同，劳动者只能做出是否签约的决定而不允许改变合同内容，这种格式合同中虽然单方面限制劳动者主要权利、免除用人单位主要义务的条款因违反公平和诚实信用原则而归于无效，但劳动者签约时仍然要特别注意充分理解这种格式合同的条款内容，并对其中的不合理部分提出异议。为此，大学毕业生在签订劳动合同应该注意以下问题：

1. 认真了解合同文本内容

在劳动合同订立前可以要求用人单位提供合同文本，以便对合同文本内容有充分的了解，特别是对于双方协商约定的条款，尤应引起高度重视。在劳动合同中，一般都会有一些附加条款的，大学毕业生在签订前一定要让企业拿出原文，仔细审查，无异议后，还要盖章留存，作为依据。要认真检查有无遗漏的约定事项或附加说明，需要立即补齐的绝对不可拖延。

2. 确定违约责任条款内容

大学毕业生还应当特别注意合同中的违约责任条款，《劳动法》和《违反（劳动法）有关劳动合同规定的赔偿办法》规定了双方可以协商约定责任的认定、赔偿的范围、计算方法和承担方式，所以由用人单位提供的格式合同中的"霸王条款"常见于此处，一旦发生纠纷用人单位常以此为由提请仲裁，而使劳动者处于不利的地位。另外，还应当注意的是：根据我国《劳动合同法》第二十五条规定，用人单位与劳动者约定由劳动者承担违约金的情况仅限于劳动者违反服务期约定和违反竞业限制约定两种。用人单位与劳动者约定由用人单位承担违约金的情况，我国《劳动合同法》并没有限制。

对于劳动者违反服务期约定需要向用人单位支付的违约金数额，《劳动合同法》第二十二条对此严格限制：违约金的数额不得超过用人单位提供的培训费用，而且用人单位要求劳动者支付违约金不得超过服务期尚未履行部分所应分摊的培训费用。对于劳动者违反竞业限制约定，向用人单位支付违约金的数额，《劳动合同法》并没有进行限制。

3. 有效进行自我法律保护

当前我国人才流动比较频繁，为防止不正当竞争，用人单位一般与高级职员或关键岗位员工在劳动合同中约定，劳动者在终止或解除劳动合同后的一定期限内，负有保密义务，不能到生产同类产品或经营同类业务，且有直接竞争关系的其他单位任职，这就是劳动合同中的竞争限制条款。因为竞争限制肯定会限制劳动者的职业自由，而且直接影响到劳动者离开用人单位后的职业发展和经济收入，所以用人单位应向劳动者支付一定数额的补偿费，在竞争限制的年限内，补偿额一般不低于限制人员原工资的50%，而且限制的年限应当适当，一般不超过两年。劳动者在签订限制条款时要特别注意工资补偿、限制年限、限制范围等，进行有效的自我保护。

4. 协商约定合同补充条款

除了劳动合同的必备条款，双方还可以协商约定劳动合同的补充条款，用人单位与劳动者可以就试用期、培训、保守秘密、补充保险和福利待遇等其他事项进行约定。如果劳动者家庭驻地离工作单位特别远，在合同中还应有食宿的解决方案。由于国务院目前尚未对企业职工带薪年休假制度做出具体规定，对于企业高级职员来说，应当要求在劳动合同中对带薪休假做明确规定。双方还可以就医疗、养老和人身意外伤害等补充商业保险订立相应的条款。

三　劳动合同的履行

（一）劳动合同履行的概念

劳动合同的履行，指劳动合同的双方当事人按照合同约定完成各自义务的行为。只有双方当事人按照合同的约定全面地、实际地履行了自己的义务，劳动过程才能顺利实现。我国《劳动法》第十七条第 2 款、《劳动合同法》第二十九条规定了劳动合同依法订立即具有法律约束力，用人单位与劳动者应当按照劳动合同的约定，全面履行各自的义务。

（二）劳动合同履行的原则

在履行劳动合同过程中，双方当事人必须坚持的原则有：

1. 实际履行原则

用人单位和劳动者都必须亲自履行各自的义务，不能由第三者代替履行。这是由劳动合同主体的劳动权利能力和劳动行为能力不可分割所决定的，是在双方当事人相互考察并取得信任的基础上签订的。只有劳动者按劳动合同规定的工作岗位和劳动任务完成劳动过程，才能促使劳动力与生产资料的最佳结合。

2. 全面履行原则

用人单位和劳动者都必须按照劳动合同规定的要求，全面地履行各自的义务。劳动者一方应按照规定的时间、地点和方式，保质保量地完成劳动任务；用人单位一方应按照规定向劳动者提供劳动条件、劳动报酬和福利待遇等。只有全面履行劳动合同规定的内容，才能顺利地实现劳动过程。

3. 合作履行原则

用人单位和劳动者在履行劳动合同过程中，应相互配合、友好合作，在遇到问题时应相互理解、帮助解决。在集体劳动中，劳动者一方应遵守劳动纪律、服从管理和指挥；用人单位一方也应关心劳动者的切身利益方面的要求，在法律允许的范围内尽力给予帮助、解决困难。双方当事人之间发生劳动争议时，应通过协商、调解或法定程序予以解决，防止矛盾激化或采取任何过激的行为。只有这样，才能维护和发展稳定的和谐劳动关系，促进经济发展、社会进步。

四　劳动合同的变更

劳动合同的变更指在劳动合同履行过程中，因某种原因或法律规定，劳动者和用人单位经过协商一致，对原合同条款进行修改或补充。我国《劳动法》第十七条规定："订立和变更劳动合同，应当遵循平等自愿、协商一致的原则，不得违反法律、行政法规的规定。"《劳动合同法》第三十五条进一步重申并规定："用人单位与劳动者协商一致，可以变更劳动合同约定的内容。变更劳动合同，应当采用书面形式。变更后的劳动合同文本由用人单位和劳动者各执一份。"

劳动合同的变更，仅限于劳动合同内容的变更，不包括当事人主体的变更。劳动合同依法订立后，即具有法律约束力，双方当事人必须履行劳动合同规定的义务，任何一方当事人不得擅自改变劳动合同的内容。

变更劳动合同时，一般经过以下三个程序：

1. 提出要求。要求变更劳动合同的一方当事人，应事先向对方提出，并说明情况和理由，请对方在限期内答复。

2. 作出答复。接到变更劳动合同要求的另一方当事人，应在规定的限期内给予答复，表示同意或不同意变更，或提出建议再协商解决。

3. 签订协议。双方当事人意思表示取得一致后，签订变更劳动合同的书面协议，经签字盖章，立即生效。

变更劳动合同和订立时一样，也必须遵循平等自愿、协商一致的原则。如果单方将自己的意志强加给对方，擅自变更，必然损害另一方的劳动权益。因此，只有修改、补充合同条款，真实地反映双方当事人的意志，才具有法律效力。

五　劳动合同的解除和终止

劳动合同的解除是指在劳动合同订立后，尚未履行完毕之前，由于某些因素导致双方当事人提前终止合同效力的法律行为。具体分为法定解除和协商解除。

我国《劳动法》第二十四条、《劳动合同法》第三十六条都明确规定："经劳动合同当事人协商一致，劳动合同可以解除。""用人单位与劳动者协商一致，可以解除劳动合同"。当事人一方要求解除劳动合同，应事先向对方提出要求，经过双方协商一致，同意解除劳动合同，才可以解除。双方当事人应按照要约、承诺的程序，签订解除劳动合同的书面协议。《劳动合同法》第三十九至四十三条都对用人单位提前解除劳动合同规定了法定条件、程序和经济补偿办法。

（一）劳动者可解除劳动合同的情形

1. 协商一致解除劳动合同

劳动者首先提出的，用人单位可不支付经济补偿。

2. 提前通知解除劳动合同

劳动者提前 30 日以书面形式通知用人单位，可以解除劳动合同。劳动者在试用期内提前 3 日通知用人单位，可以解除劳动合同。注意这里劳动者解除劳动合同用人单位是不能附加条件的，通知期满后，即使用人单位不批准劳动者也可以离职。

3. 被迫解除劳动关系合同

用人单位有下列情形之一的，劳动者可以解除劳动合同：

（1）未按照劳动合同约定提供劳动保护或者劳动条件的；

（2）未及时足额支付劳动报酬的；

（3）未依法为劳动者缴纳社会保险费的；

（4）用人单位的规章制度违反法律、法规的规定，损害劳动者权益的；

（5）用人单位以欺诈、胁迫的手段或者乘人之危，使劳动者在违背真实意思的情况下订立或者变更劳动合同，或者用人单位免除自己的法定责任、排除劳动者权利的，或者违反法律、行政法规强制性规定，致使劳动合同无效的；

（6）法律、行政法规规定劳动者可以解除劳动合同的其他情形。

用人单位以暴力、威胁或者非法限制人身自由的手段强迫劳动者劳动的，或者用人单位违章指挥、强令冒险作业危及劳动者人身安全的，劳动者可以立即解除劳动合同，不需事先告知用人单位。劳动者被迫解除劳动合同的，用人单位需支付经济补偿金。

（二）用人单位可以解除劳动合同的情形

1. 协商一致解除劳动合同

双方协商一致时可以解除劳动合同，但是用人单位需向劳动者支付经济补偿金；

2. 过失性辞退解除劳动合同

劳动者有下列情形之一的，用人单位可以解除劳动合同，无须支付经济补偿：

（1）在试用期间被证明不符合录用条件的；

（2）严重违反用人单位的规章制度的；

（3）严重失职，营私舞弊，给用人单位造成重大损害的；

（4）劳动者同时与其他用人单位建立劳动关系，对完成本单位的工作任务造成严重影响，或者经用人单位提出，拒不改正的；

（5）因《劳动法》第二十六条第一款第一项规定的情形致使劳动合同无效的；

（6）被依法追究刑事责任的。

3. 非过失辞退解除劳动合同

有下列情形之一的，用人单位提前 30 日以书面形式通知劳动者本人或者额外支付劳动者一个月工资后，可以解除劳动合同：

（1）劳动者患病或者非因工负伤，在规定的医疗期满后不能从事原工作，也不能从事由用人单位另行安排的工作的；必须注意医疗期的期限，关于医疗期：实际工作年限十年以下的，在本单位工作年限五年以下的为三个月，五年以上的为六个月；实际工作年限十年以上的，在本单位工作年限五年以下的为六个月；五年以上十年以下的为九个月；十年以上十五年以下的为十二个月；十五年以上二十年以下的为十八个月；二十年以上的为二十四个月。

（2）劳动者不能胜任工作，经过培训或者调整工作岗位，仍不能胜任工作的；

（3）劳动合同订立时所依据的客观情况发生重大变化，致使劳动合同无法履行，经用人单位与劳动者协商，未能就变更劳动合同内容达成协议的。

（4）经济性裁员

有下列情形之一，需要裁减人员 20 人以上或者裁减不足 20 人但占企业职工总数百分之十以上的，用人单位提前 30 日向工会或者全体职工说明情况，听取工会或者职工的意见后，裁减人员方案经向劳动行政部门报告，可以裁减人员：

①依照企业破产法规定进行重整的；

②生产经营发生严重困难的；

③企业转产、重大技术革新或者经营方式调整，经变更劳动合同后，仍需裁减人员的；

④其他因劳动合同订立时所依据的客观经济情况发生重大变化，致使劳动合同无法履行的。

裁减人员时，应当优先留用下列人员：

①与本单位订立较长期限的固定期限劳动合同的；

②与本单位订立无固定期限劳动合同的；

③家庭无其他就业人员，有需要扶养的老人或者未成年人的。

用人单位依照本条第一款规定裁减人员，在六个月内重新招用人员的，应当通知被裁减的人员，并在同等条件下优先招用被裁减的人员。

（三）劳动合同终止的法定情形

1. 劳动合同期满；

这里包括固定期限劳动合同期满和以完成一定工作任务为期限的劳动合同期满。固定期限劳动合同终止，用人单位需支付经济补偿。

2. 劳动者开始依法享受基本养老保险待遇；

需要特别注意的是，劳动者达到退休年龄劳动合同不一定终止，但是开始依法享受基本养老保险待遇时才可终止。

3. 劳动者死亡或宣告失踪；

劳动者生理死亡，或者被人民法院宣告死亡或者宣告失踪时双方的劳动合同终止。

4. 用人单位被依法宣告破产；

如果用人单位被依法宣告破产，劳动者与用人单位的劳动合同终止，此时用人单位需支付劳动者经济补偿。

5. 用人单位被吊销营业执照、责令关闭、撤销或者用人单位决定提前解散；

如有此情形时，双方的劳动合同终止，用人单位需支付劳动者经济补偿。

6. 法律、行政法规规定的其他情形。

有上述情形之一的，劳动合同终止。

（四）劳动合同期满并不终止，合同需顺延的特别规定

劳动合同期满，有如下情形，劳动合同应当续延至相应的情形消失时终止：

1. 从事接触职业病危害作业的劳动者未进行离岗前职业健康检查，或者疑似职业病病人在诊断或者医学观察期间的；

2. 劳动者患病或者非因工负伤，在规定的医疗期内的；

3. 女职工在孕期、产期、哺乳期的；

4. 劳动者在本单位连续工作满十五年，且距法定退休年龄不足五年的；

5. 法律、行政法规规定的其他情形。

六　劳动争议的解决办法

大学毕业生和用人单位通过签订就业协议书的形式确定了大学毕业生的就业的，当大学毕业生到用人单位报到后，双方就会产生由《中华人民共和国劳动法》所调整的劳动法律关系，并通过签订劳动合同确定劳动者与用人单位的劳动关系，明确相互之间的权利义务。在这个择业就业过程中如果出现争议和纠纷，大学毕业生自己的权益受到侵犯，就要通过正确的途径和方法来保护自己的权益。

（一）就业协议纠纷的解决办法

毕业生与用人单位之间签订了就业协议书之后，双方就要履行各自的权利和义务，双方的权利义务是相对的，一方的权利往往表现为另一方的义务，一方未履行合同的义务，另一方有权要求其承担违约责任。在执行就业协议的过程中，毕业生的权益如果受到侵犯，首先可以向单位上级主管部门或毕业生就业主管部门反映情况，这些部门对侵犯毕业生的权益的行为可利用政策规则等予以抵制或处理；其次，向学校反映情况，学校对毕业生的权益的保护最为直接，学校对于用人单位的不公平、不公正行为有权予以抵制，维护毕业生被录用权，对用人单位与毕业生签订的不符合国家有关政策规定的就业协议，学校有权拒签。

（二）发生劳动争议的解决办法

大学毕业生在就业后依照劳动合同发生劳动争议时，可以向劳动行政机构投诉反映情况，通过合法的途径保护自己的权益。我国目前处理劳动争议案件适用的法律法规主要有《中华人民共和国劳动法》、《中

华人民共和国劳动合同法》、《中华人民共和国企业劳动争议处理条例》（国务院 117 号令）以及与其相配套的规章和其他规范性文件等。根据《中华人民共和国企业劳动争议处理条例》，用人单位与劳动者发生劳动争议后，当事人应当协商解决；不愿协商或者协商不成的，可以向本企业劳动争议调解委员会申请调解；调解不成的可以向劳动争议仲裁委员会申请仲裁。当事人也可以直接向劳动争议仲裁委员会申请仲裁，对仲裁裁决不服的，可以向人民法院起诉。

1. 劳动争议的概念及产生的原因

劳动争议又称劳动纠纷，是指劳动关系双方当事人因劳动权利和劳动义务所发生的争议。

劳动争议产生的原因主要有：由于录用、调动、辞职、自动离职和开除、除名、辞退就业者引起的争议；由于劳动报酬问题引起的争议；由于劳动保险和生活福利问题引起的争议；由于职业技能培训问题引起的争议；由于工作时间、休息时间、女工及未成年人保护、劳动安全与卫生问题引起的争议；由于奖励和处罚问题引起的争议；由于履行、变更、解除和终止劳动合同引发的争议；其他有关劳动权利、义务问题引发的争议。

2. 劳动争议解决的主要途径和方法

（1）通过劳动争议调解委员会进行调解

劳动法规定，在用人单位内部可以设立劳动争议调解委员会。它由职工代表、用人单位代表、工会代表三方组成。企业中，职工代表由职工代表大会推举产生；企业代表由厂长（经理）指定；企业工会代表由企业工会委员会指定。调解委员会组成人员的具体人数由职代会提出并与厂长（经理）协商确定，企业代表人数不得超过调解委员会成员人数的1/3。调解委员会主任由企业工会代表担任，其办事机构设在企业工会委员会。

劳动争议调解委员会所进行的调解活动是群众自我管理、自我教育的活动，具有群众性和非诉性的特点。劳动争议调解委员会调解劳动争议的步骤如下：

申请。指劳动争议当事人以口头或书面方式向本单位劳动争议调解委员会提出调解的请求，是自愿的申请。

受理。指劳动争议调解委员会接到当事人的调解申请后，经过审查，决定接受申请的过程。受理包括三个过程：一是审查，即审查发生争议的事项是否属于劳动争议，只有属于劳动争议的纠纷事项才能受理；二是通知并询问另一方当事人是否愿意接受调解，只有双方当事人都同意调解，调解委员会才能受理；三是决定受理后，应及时通知当事人做好准备，并告知调解时间、地点等事宜。

调查。经过深入调查研究，了解情况，掌握证据材料，弄清争议的原委，以及调解争议的法律政策依据等。

调解。调解委员会召开准备会，统一认识，提出调解意见；找双方当事人谈话；召开调解会议。

制作调解协议书。经过调解，双方达成协议，即由调解委员会制作调解协议书。调解协议必须是自愿执行，它没有法律强制力，不可以向法院申请强制执行。

（2）通过劳动争议仲裁委员会进行裁决

劳动争议仲裁委员会是依法成立的、独立行使劳动争议仲裁权的劳动争议处理机构。它以县、市、市辖区为单位，负责处理本地区发生的劳动争议。劳动争议仲裁委员会由劳动行政主管部门、同级工会、用人单位三方代表组成。劳动争议仲裁委员会是一个带有司法性质的行政机关，其生效的仲裁决定书和调解书具有法律强制力。

劳动争议仲裁一般分为五个阶段：受理案件阶段，即当事人申请和委员会受理阶段。当事人应在争议发生之日起60日内向仲裁委员会递交书面申请，委员会应当自收到申请书之日起7日内作出受理或不予受理的决定。被申请人在15天内做出答辩。调查取证阶段。调解阶段，调解必须遵循自愿、合法的原则，"调解书"具有法律效力。裁决阶段，仲裁裁决应当在60天内做出，对复杂的申请，可延长30天。调解无效即行裁决。最后是执行阶段。

对于仲裁裁决，当事双方均没有反对，应执行。如有一方不服裁决，应在收到裁决书后15天内向法院提出诉讼。仲裁裁决在做出后15天开始生效。

（3）向人民法院提起诉讼处理劳动争议

劳动争议产生后，劳动者不能直接向法院提出诉讼，必须先经过劳动争议仲裁程序之后，必须是在接到仲裁决定书之日起15日内向人民法院起诉的，超过15日，人民法院不予受理。法律法规也规定了例外，比如单独订立的保密协议等。我国的审判制度实行二审终审制。对一审裁判不服可向二审法院提出上诉。在一审中，对做出的劳动仲裁裁决，如果员工提出支付工资等情况，法院可视情况先予执行仲裁裁决。

3. 发生劳动争议时的主要证据

劳动争议的解决需要提交一些证据，解决劳动争议的证据主要有以下几个方面：

首先是争议双方签订的劳动合同。劳动合同是主要证据，合同确定了各方权利义务等内容。因此，劳动合同应该以书面形式做出，对法律规定中不清楚的方面加以填补完善。

其次是单位的员工手册。单位要尽可能制定比较详细的员工手册，与劳动合同相补充，员工手册应该包括员工不当行为、工作要求及员工福利等内容。员工手册内容要遵守法律法规要求。

最后是其他证据。如：解聘函，解聘函要提前 30 天做出并通知员工，它与诉讼时效有直接关系；工资签收单；病假的证明材料及相关资料；医生的处方等等。

第三节 防范求职陷阱 反对就业歧视

大学生就业市场由于自身存在着局限性，不能保护大学生有效的就业权益，求职"陷阱"和就业歧视的现象时常发生，已经引起政府有关部门的高度重视。在法制建设不断完善的同时，大学生自身应该增强本人素质，掌握识别求职"陷阱"的知识，加强自身防范意识，树立坚决反对就业歧视的观念，运用正当合法的渠道捍卫自己的就业权益。

一 就业陷阱的种类

（一）虚假广告陷阱

一些用人单位在招聘会上为了招到条件较好的毕业生，会夸大或隐瞒自己的某些情况。比如：在发布招聘信息时，往往故意扩大用人单位规模和岗位数量，进行虚假宣传；或者把招聘职位写得冠冕堂皇，不是"经理"就是"总监"，但实际上却只是"办事员"、"业务员"，根本没有广告上写得那么诱人。还有一些用人单位为了做广告，造成轰动效应，虽然本来不想招人，却还是在媒体上发布招聘消息，甚至大张旗鼓地举办招聘会，把招聘当成了形象宣传。毕业生如果在这种用人单位上浪费了时间，可能会错失良机，错过真正适合自己的好的用人单位或岗位。

案例：

小张看到一条"诚聘有事业心人士担任市场经理"的招聘广告，考虑再三，准备充分后前往应聘。工作后才知道，自己的工作是推销公司的产品，"市场经理"就是一个好听的头衔而已。

分析及对策：

目前虚假的广告和信息并不少见，但毕业生未必都了解，毕竟毕业生在就业市场上是一个弱势群体。但在看到那些好听头衔的招聘广告和信息时，毕业生一定要多留心，擦亮眼睛，注意甄别虚假招聘信息。不轻信报刊或网络尤其是不知名的媒体上刊登的招聘广告，面试前能通过各种渠道了解该单位的资质和规模，尽量直接和用人单位联系，签约前到用人单位就自己关心的问题实地考察，真正了解自己的工作岗位。

（二）传销陷阱

传销，是组织者或者经营者，通过发展人员并以其直接或者间接发展的人员数量或者销售业绩为依据计算和给付报酬，或者要求被发展人员以缴纳一定费用为条件取得加入资格等方式牟取非法利益，扰乱经济秩序，影响社会稳定的行为。该经营方式被国家的严令禁止。现在的传销组织首选对象常常是急于挣钱的打工者，特别是刚刚毕业的大学生。他们通过各种渠道得到欲骗对象的电话后，便打着同乡、同学、亲戚等幌子，以帮忙找工作为由，以高薪为诱饵，因人而异，投其所好，骗求职者进行非法传销活动。求职者一旦落入陷阱，便被限制人身自由，被迫从事传销。传销组织者还采取扣留身份证、控制通信工具、监视等手段不让受骗者离开，强迫他们联系亲友前来，或者寄钱寄物从中牟利。

案例：

小高在招聘会上遇到一自称某单位业务主管的人，他看了小高的简历后，和小高简单交谈后，就表示他们单位发展前途很好而且需要小高这样的毕业生，只要好好干，收入一定很高。同时告诉小高，如果能再介绍几位同学来，还可以给小高一部分介绍费。而且小高还能成为他所介绍的这些同学的头儿。

分析及对策：

从案例看出，这家公司极有可能是非法传销的公司。由于毕业生急于求职，再加上这些非法传销公司往往开出很优厚的条件，所以有很多毕业生被骗而涉足非法传销，追悔莫及。毕业生求职时要提高警惕，遇到这种要求介绍别人加盟的招聘更要小心。要知道：天上不会掉馅饼。

（三）协议陷阱

就业协议是明确毕业生、用人单位在毕业生就业择业过程中权利和义务的书面证明。就业协议一经签订，对双方都具有约束力。按照有关规定，就业协议不能代替劳动合同或聘用合同，这样就可能在毕业生和用人单位之间产生纠纷。常见的毕业生签就业协议过程中遇到的陷阱又可分为以下几种。

1. 用人单位不与毕业生签订就业协议书

案例：

毕业生小牛通过考试被一家用人单位录用，当他提出与单位签订就业协议书时，对方表示不用签任何书面协议和劳动合同。小牛觉得这家单位不错，就同意了单位的做法。

分析及对策：

就业协议书关系到毕业生的档案、户籍等关系是否能转入工作所在地，这些涉及毕业生今后工作中的许多权益，所以毕业生一定要签订就业协议书。如果单位不签订就业协议，毕业生应主动要求单位解决这些问题，可以请学校协助解决，也可通过当地的人才交流中心协助办理档案、户口等关系的接收。

2. 用人单位不跟应聘者签订劳动合同

这类陷阱是用人单位不跟应聘者签订劳动合同，而以其他无法律效力的形式来代替，欺骗应聘者。

案例：

小钱与一家单位签订了就业协议，当他到单位报道时，用人单位依约录用了他。但却不与他签订劳动合同，还说：就业协议就是劳动合同。

分析及对策：

就业协议只是关于大学生毕业后入职取向的一个约定，当毕业生到单位报道后，这个协议就自动作废，用人单位应该与毕业生重新签订劳动合同。如果用人单位不愿意与毕业生签订劳动合同，毕业生可以依据法律条款保护自己。《劳动合同法》规定：已建立劳动关系，未同时订立书面合同的，应当自用工之日起一个月内订立书面合同。

3. 用人单位不将承诺写入合同

案例：

小李看到一个招聘广告上写着"单位每月支付住房补贴400元"，他对此很满意，就与这家单位签订了就业协议和劳动合同。后来发现工资里没有这400元补贴，他就向主管部门提出申诉，得到的答复是该补贴已经取消。而且他与单位签的合同上也没有约定这项内容。小李无言。

分析及对策：

作为毕业生，如果要招聘单位兑现招聘广告上的承诺，最好将这些承诺写入双方的劳动合同条款中，用法律的约束力来督促用人单位向毕业生履行承诺。在订立合同时，毕业生应该看清楚单位承诺的条件是否写进合同。切记：一切承诺必须落实到纸上，才能在出问题的时候具备法律效力。

4. 用人单位与毕业生签订"霸王合同"

这类陷阱通常是由于当前的就业形式使相当部分大学生在就业市场上处于弱势地位，不少学生在就业时出于种种顾虑，对可能会使自己权益受损的条款不敢提出异议。甚至在签订就业协议的时候，单位要求附加补充协议，只规定了学生所有的违约责任，而对单位如违约将承担什么责任几乎只字不提；尤其是在就业协议中对违约金的数额没有明确，完全由用人单位与学生协商而定。有些用人单位利用学生求职心切的心理对学生要求过多，造成学生在日后利益受损。由于学生维权意识的缺乏以及学生在求职过程中处于相对弱势地位，使就业协议从某种程度上成为"霸王合同"。

案例：

小赵是应届毕业生，2005年12月与一家用人单位签订了《高校毕业生就业协议书》。签协议书前双方商定：如果小赵违约将向用人单位缴纳3000元违约金，却没有约定如果用人单位违约的处理办法。双方签约后，小赵就一直没有找其他工作。直到2006年5月，小赵得到签约单位通知，说由于该单位经营策略上的变化，原本计划招收的20名应届毕业生现缩招为6名，该单位打算解除与小赵的就业协议。这一决定使小赵的所有努力付之东流。

分析及对策：

《高校毕业就业协议书》是明确毕业生、学校、用人单位权利、义务的书面协议。如果用人单位违约，会给毕业生造成极大损失。毕业生会因此措施就业的最佳机会。作为毕业生虽不能强制用人单位履行就业协议，但有维护自己的权益，要求用人单位承担违约责任。另外，作为求职者要时刻谨记维护自己的利益，签协议合同时，先仔细阅读所有条款，不要急于签约，遇到不懂的问题，可以请周围懂法的人帮忙审读协议合同。如果因为霸王条款而损害了自己的权益，应该请仲裁机关解决。同时要及时调整心态，寻找别的工作机会。

（四）色情陷阱

一些用人单位利用招聘、面试等机会侵犯学生。有一些招聘广告上称招聘男女公关人员，月薪上千或上万，令一些涉世未深的毕业生掉入陷阱。所谓"男女公关"实则是从事性服务；所谓"高薪"实则是从事性服务时客人所给的小费。面对这样的问题或遇到这样的情况，学生一定要提高警惕。

案例：

某用人单位贴出广告："招聘男女公关经理，无需工作经验，无学历要求。底薪3000元，月薪可达数万元，具体情况根据个人所得消费而定，女身高165cm以上，男身高175cm以上，长相好。"

分析及对策：

仅看广告，就能发现其中隐含的暧昧信息。毕业生对这样过分注重外表、无学历和工作经验要求且薪水较高的招聘广告要格外留心，很有可能它是骗你加入色情行业的广告。作为毕业生不要去应聘这种工作，以免上当受骗。

（五）试用期陷阱

试用期，就是劳动关系的试验阶段，但绝非是用人单位对劳动者的单方"试用"。我们这里所说的试用期，是指用人单位和劳动者为了相互了解而选择、约定的考察期。在这段时间里，用人单位考察劳动者的工作能力，劳动者也考察用人单位的情况，是双方互相试用的过程。但是，一部分用人单位正是利用试用期大做文章，主要表现为：试用期过长或与签订的劳动合同期限不符；要求毕业生在试用期内承担违约责任；在试用期内无正当理由辞退毕业生；以见习期代替试用期；约定两个试用期；续签劳动合同市重复约定试用期；将试用期从劳动合同期限中剥离；仅仅订立一份试用合同；试用期工资低于当地最低工资；试用期内单位不缴纳社会保险费。

一般来说，单位用人有试用期是正常的，试用期的薪水一般都不高，等到转正之后，薪水会有较大幅度提高。很多公司为了获得廉价劳动力，抓住毕业生急于找工作的心理，堂而皇之地打出试用期的牌子，看起来非常规范，待试用期一过，以种种理由告诉求职者不符合录用条件就将其解聘了。这样的公司不断地炒人，毕业生永远不会成为正式员工。

案例：

2007年5月，应届毕业生小王到某市开发区一公司应聘，与该公司签订一年的劳动合同，试用期 6 个月，工资 400 元。试用期到期前 10 天，该公司表示还要对其进行考察，如果小王同意，公司再与小王续签 3 个月的试用期。小王为了今后留在公司工作，便同意再签 3 个月的试用期。合同再次到期前，该公司通知小王在试用期未达到录用条件，不再录用。

分析及对策：

求职心切，是求职者共有的心态。但无论如何一定要做好事先的调查，收集所应聘单位的信息，了解其历年招聘情况，以及有没有利用试用期来榨取廉价劳动力的事情。特别是要了解国家相关的法律条款，例如《中华人民共和国劳动合同法》就规定，劳动合同期限 3 个月以上不满 1 年的，试用期不得超过 1 个月；劳动合同期限一年以上不满 3 年的，试用期不得超过 2 个月；3 年以上固定期限和无固定期限的劳动合同，试用期不得超过 6 个月；同一用人单位与同一劳动者只能约定以此试用期。只有了解这些，才能减少上当受骗的机会。

（六）收费陷阱

当前，在就业市场中，一些用人单位利用毕业生求职心切，设立各种名目向毕业生收取各种不合理费用，如风险抵押金、违约金、培训费等。一些单位可能规模不大，薪水不高，但是开出了一些诱人的条件。比如说，在某大中城市工作，能解决这些大中城市的户口问题。希望留在大中城市工作的学生很容易被这样的条件迷惑。双方谈得差不多了，单位又表示，为了增加上方的信任，学生在工作之前必须交押金，等学生交完押金，工作一段时间后，单位的有关人员就表示，聘用之初说定的工作岗位要有些调整，可能把你派到偏远地区或冷僻部门，而这些地方是学生肯定不愿意去的。单位算准了学生不愿意去，就说学生不服从单位安排，也是主动毁约放弃这个岗位，这样，学生交的押金自然收不回来。

案例：

应届毕业生小刘，经过用人单位面试后，单位同意让他试用一段时间，然后再考虑录用他。小刘十分高兴，想好好表现。于是起早贪黑地干了 1 个月，结果却被告知：你干得不错，但专业知识不足，公司需要对你进行培训，请先交 500 元培训费。当小刘对此质疑时，该公司说，不交培训费可以走人，但此前工作的 1 个月薪水免谈。

分析及对策：

一般正规单位会向毕业生说明试用期，即使求职毕业生在试用期没有通过，也会得到相应报酬。至于培训费，如果不是针对个人的，应由单位负担。目前由于就业形势严峻，许多单位要求应聘者在签订合同的同时缴纳风险抵押金、违约金、培训费等，这种做法是不合法的。1995 年 8 月原劳动部《关于贯彻执行〈中华人民共和国劳动法〉若干问题的意见的通知》规定：用人单位与劳动者订立劳动合同时不得以任何形式向劳动者收取定金、保证金（物）或抵押金（物）。如果就业者不知此规定而缴纳了此类费用，在其进入用人单位后有权利要求用人单位返还。

（七）薪酬陷阱

所谓薪酬陷阱，是指用人单位在招聘时以优厚的待遇吸引前来求职的毕业生，等到其正式上班时，招聘时的承诺则以种种理由不予兑现；或者针对薪酬中的一些不确定收入，进行虚假模糊的承诺，最终不能兑现；或者"缩水兑现"。

案例：

小谢到一家报社工作，原先与单位约定每月底薪 1300 元，还有每千字 160 元的稿费。但是，几个月后单位突然降低稿费标准，由原来的每千字 160 元变成了每千字 120 元，小谢与单位交涉未果，想寻求法律保护时才发现，合同上没有稿费标准的约定。

分析及对策：

薪酬中只有口头承诺的，由于没有明确约定并落实成文，其变动的空间和额度很大。毕业生在合同中要明确界定薪酬的上下限以及支付方式，尽量减少没有商定并落实成文的部分，以保护自己的合法劳动权益。

（八）智力陷阱

有些单位按程序假装对毕业生进行面试，再进行笔试。在面试、笔试时，把单位遇到的问题以考察的形式要求前来应聘者作答或设计，待毕业生利用专业优势完成其承担的项目后，再找出各种理由推辞，结果无一人被录用，用人单位却将应聘者的劳动果实据为己有，使毕业生陷入智力陷阱。

案例：

小白被一家小有名气的内资 IT 企业着中，并很快签订用人合同，双方商定试用期为 3 个月，试用期间月薪为 1500 元。小白一到单位，就通宵达旦，加班加点。他设计出来的一个财会软件还受到部门经理的夸奖。可是没多久，他便接到人事部门一纸解约通知，称："通过试用，发现小白不适合在单位工作，决定解除双方的试用合同……"单位的决定，让她感到十分不解。后来，一位共事过的员工向她道明了事情的真相："单位根本没想要你这个人，需要你设计的软件，想无偿占有你设计的软件而已。"小白才幡然醒悟，原来自己天真地掉进了用人单位设下的智力陷阱中。

分析及对策：

有的用人单位的确是用考试来选择录用者，但也有的单位却趁机挖好了智力陷阱。如果毕业生想要得到这份工作，就要在提交劳动成果时，附上相关的版权声明，要求用人单位签字。劳动成果最好一式两份，提交其中一份，自己保留一份，并在留存的一份上让用人单位签字确认，说明未经本人同意，不得将这份劳动成果转借他人，或任意复制，或以其他方式传播，否则将承担法律责任。

二　就业陷阱的应对

大学生作为就业过程中的弱势群体，由于就业法规、就业市场和大学生自身素质等方面的不完善，大学毕业生们所遇到的困扰，并不仅仅包括以上几种。因此，毕业生在就业过程中，一定要采取相应措施，努力防范和应对就业陷阱。

（一）仔细鉴别各类就业信息，有效识别就业陷阱

毕业生对来自不同招聘渠道的信息，要有不同的处理方法。对就业信息的真伪要有一定的辨别力，这样才能有效识别陷阱。一般来自学校就业网站和校园招聘会的信息是最可信赖的，但学校就业部门毕竟只能起一道"防火墙"的作用，要真正甄别真假，还要自己多了解；对信息量特别大的网上招聘信息不能轻信，真正比较权威的网站应该是与政府人事部门、教委有链接的官方网站；对社会上举办的招聘会应该有的放矢，不能"漫天撒网"，否则会有让自己的简历落入非法中介机构的风险；在得到应聘机会时，要注意从多方面了解应聘单位是否合法规范，比如可从工商局注册管理网站上查找该单位的信息，从已就业的学长那里或者互联网上了解该公司的声誉，在参加面试时留心观察该单位的工作氛围、人员素质等。

（二）了解国家有关就业的政策和法律法规，切实提高自身法律意识

毕业生应了解目前国家关于毕业生就业的有关方针、政策和法律法规，以及它们之间的关系，熟悉毕业生在就业过程中的权利和义务。如果在就业过程中因为所谓的公司规定或部门规定与国家政策法规有抵触，侵犯了自己的权益，则可以依据法规办事，维护自己的合法权益。一般来说，《普通高等学校毕业生就业工作暂行规定》、《中华人们共和国劳动法》、《中华人民共和国劳动合同法》、《中华人民共和国公务员法》以及高校所在省（市）就业政策、地方法规等，毕业生都应该有所了解和熟悉。尤其是 2007 年 6 月 29 日第十届全国人民代表大会常务委员会第二十八次会议通过的《中华人民共和国劳动合同法》中，对毕业生普遍关心的试用期的问题、违约金的问题等都做了明确规定。

（三）端正就业态度，平等地与用人单位交往

尽管面临严峻的就业形势，但毕业生在求职中，绝不能自降身价、任人摆布，更不应该怨天尤人、听天由命，而应积极主动，有尊严、有信心地与招聘单位进行平等交往。求职与招聘是一个双向选择的过程，双方是平等的，只有双赢，才真正有利于双方。毕业生一定要尽可能地了解用人单位情况，特别是对自己所关心的薪酬标准、岗位安排、住房保险、试用期等具体问题，不清楚的地方要问明白，遇到薪酬问题时，应先与用人单位界定薪酬的上下限，尽量使他们减少承诺薪酬中的"不

确定成分"，并协商支付方式。

（四）慎重签订就业协议书，注意约定条款的合理性

协议书是学校、学生、用人单位三方的协议书，应该是国家教育行政主管部门规定的统一格式的文本，属意向性协议。应该注意的是，协议虽然不是劳动合同，但也牵涉违约金的问题，所以签订协议之前也要三思而后行。在签协议前，毕业生除了要了解和掌握国家就业政策和规定、明确就业单位的具体工作部门和工作岗位、全面了解用人单位外，还应该进一步明确双方的权利和义务，注意约定条款的合理性。有些单位与毕业生签订就业协议书时会附加补充协议或增加某些条款，进一步明确用人单位与毕业生之间的权利和义务。这些内容，具有毕业生进入用人单位后需要签订的劳动合同的性质。毕业生在签订这些条款时，一定要仔细研究，力求了解条款的内容和含义，如有不清楚的可向用人单位和老师咨询，切记不甚了了，以免日后发生争议。如有的用人单位急需人，要求毕业生毕业前就到单位报到上班；有的单位要求违约金很高，毕业生都要考虑自己能否接受。对违约行为，教育部在有关文件中，明确违约一方必须承担违约责任，并支付一定的经济赔偿，但并没有规定明确的数额，因此，各学校与用人单位在执行中就有不同数额的差别。对此，毕业生在于用人单位签约前，除了学校的规定外，还应与用人单位进行协商，对可能发生的违约责任进行确定，对赔偿金额予以明确，以便任何一方发生违约时，都可以有据可依，避免无谓的损失。

另外，毕业生签订协议书时，也要注意与劳动合同的衔接。毕业生就业协议签订在先，为了使约定条款与日后订立的劳动合同一致，应尽量将劳动合同的内容体现在就业协议的条款中，并明确表示在今后订立劳动合同时予以确认。若事先无约定，日后毕业生对劳动合同的有关内容达不成一致意见而不愿意到该单位工作，毕业生就要承担违约责任。有些内容口头约定是无效的。

三　反对就业歧视

平等就业是求职者的首要权利。在《就业促进法》中规定：用人单位应向劳动者提供平等的就业机会和公平的就业条件，不得实施就业歧视。但在当今的就业市场中，确实存在着一些就业歧视现象，这是对毕业生平等就业权利的严重侵犯。

（一）就业歧视的表现

在毕业生求职过程中，就业歧视常见的表现有性别歧视、户籍歧视、学历歧视等。性别歧视主要是指目前招聘市场上很多职位限定招聘的性别，往往使女性求职者多了一道门槛。户籍歧视是指户口的限制使很多非本地户口人才在用人单位无法成为正式职工，影响了人才的社会流动，也限制了用人单位选才的视野。学历歧视是指单位对拟聘人才的学历定位过死，很多大专生可以胜任的职位却要招聘本科以上的人才；许多本科生可以胜任的岗位却要录用研究生；也有些职位以"学历高的人不好用"为由，把硕士生、博士生拒之门外。疾病歧视、籍贯歧视、身高歧视、相貌歧视等也是就业歧视的常见表现。

（二）就业歧视的根源

1. 社会偏见和用人单位客观条件决定

许多用人单位对女性毕业生都存在着某种偏见。认为女性从恋爱、结婚到生养小孩，要花费许多时间和精力，几年内都难以重用。由于女性这种生理特征，使得很多用人单位不便安排夜班、加班以及出差等。也有一些单位认为女性后劲不足，成绩好是因为死记硬背，缺乏创新意识，动手操作能力差。认为女同志会由于家庭的拖累而没有上进心。另外一些用人单位也存在着男女比例失调的问题，这一客观问题的存在也使得这些单位在招聘时限定招聘的性别。

2. 劳动力市场供大于求

就业歧视是劳动力市场供求关系失衡的一种表现。当劳动力供不应求时，对求职者设置的条件不交低，甚至"饥不择食"；当劳动力供过于求，用人单位就会抬高门槛，百般挑剔，形成歧视。改革开放以来，由于经济体制转型和产业结构的调整，农村目前有 1 亿以上的富余劳动力，随着工业化和城市化的发展，今后农民工进城就业的人数还会增加。加之高等院校由精英教育向大众教育转型，扩招后就业"洪峰"的到来，使得就业岗位成为供不应求的"稀有资源"。

在这种情况下，用人单位就有很大的选择余地，而求职者在劳动力市场处于谈判的弱势地位，不敢主张自己的合法权利。因此，造成用人单位在招聘时挑三拣四，对劳动者歧视的问题。

3. 我国立法不完整

我国有关消除就业歧视的法律法规主要体现在《宪法》、《劳动法》、《就业促进法》中。《宪法》只是对平等权做了规定，如《宪法》第三十三条第二款规定："中华人民共和国公民在法律面前一律平等"。《宪法》第四十八条第一款规定："中华人民共和国妇女在政治的、经济的、文化的、社会的和家庭的生活等各方面享有同男子平等的权利"。其第三款又进一步规定："国家保障妇女的权利和权益，实行男女同工同酬，培养和选拔女干部"。《劳动法》第三条规定："劳动者享有平等就业的权利"；第十二条规定："劳动者就业，不因民族、种族、性别、宗教信仰不同而受歧视"。只有 2008 年 1 月 1 日开始实行的《就业促进法》在第三章就公平就业进行了专门规定。但参照国外的立法实践，反观我国的就业歧视立法，仍然可以发现以下不足。

（1）就业歧视认定范围过狭窄，使现实中存在的大量就业歧视在法律上没有依据可循。法律只列举了就业歧视可能涉及的四种因素，而且是穷举式规定，这就难免挂一漏万，不够周全。

（2）缺少针对就业歧视的判断规则，而且没有规定就业歧视的例外情形。如就业歧视与用人单位的合理甄选的界限缺乏法律规范，使企业大胆地歧视求职者，而求职者不清楚什么才是就业歧视，用人单位往往把歧视性条件错误的当作合理甄选。

（3）现有法律规定过于原则，缺乏法律责任的规定。《宪法》、《劳动法》与《就业促进法》对劳动者平等就业权利的原则性规定可操作性不强，没有针对就业歧视制定惩罚条款，被歧视的求职者往往难以找到合适的法律武器来保护自己的利益，劳动者很难通过法律救济手段维护自己的平等就业权。

就业歧视画地为牢，人为制造不平等，阻碍了劳动力的合理流动和人力资源的优化配置，并成为导致就业难的一个重要因素。反就业歧视，物理宣传还是立法，其积极意义都毋庸置疑。

（三）如何应对就业歧视

1. 勇于和用人单位接触

这样做需要求职者的韧性和勇气。真正有实力的人才虽然在公开招聘的条文中没有被纳入招聘范围，但只要勇于和用人单位对话，了解用人单位顾虑存在于什么地方，就可以在不损害自己利益的前提下打消用人单位顾虑，得到自己理想的岗位。要知道虽然企业在招聘中定出了这样或那样的条件，但是在遇到真正有用的人时，他们还是会调整自己的用人标准，将有用人才招至麾下的。

2. 借助社会关系推荐

求职过程是人力资本和社会资本相加的结果。其中人力资本包括一个人的学识、经验、能力等，社会资本则包括人的组织、网络、结构和关系。有的时候不妨借助一些亲戚、同乡、校友等的关系进行推荐，这种情况不应视认为是"走后门"，而是一种正常沟通的方法。通过一定的关系推荐，用人单位可以对人才有比在招聘会上更全面、深入的了解，这也解决了人才供需双方信息不对称的问题，可使人才绕开就业歧视的壁垒，今后可能会成为一种更简洁的单位筛选人才的方法。

3. 女大学生要加强自身综合素质的培养，面对现实，把握机会

在激烈的择业竞争中，女性面临的就业压力更大。要想在市场竞争中立于不败之地，要想改变世俗的偏见，赢得用人单位青睐，女大学生们就要全面提升自身的综合素质，发扬自尊、自立、自强、自信的精神，在迎接就业市场的挑战中，要有人格上的自尊，能力上的自立，专业上的自信，敢于竞争奋斗的自强。同时在求职择业过程中，也要从实际出发，正视现实，调整自己的期望值，不一味地贪图工作环境的舒适，不一心追求好城市、大机关、名单位。女大学生们要正确估价自己，尽量避开一些紧俏单位、一些热门单位，选择需求量大的行业、地区且适合自己的单位。

附录 1　中华人民共和国劳动法

中华人民共和国劳动法

1994 年 7 月 5 日第八届全国人民代表大会常务委员会第八次会议通过，1994 年 7 月 5 日中华人民共和国主席令第二十八号公布，自 1995 年 1 月 1 日起施行。

2009 年 8 月 27 日第十一届全国人民代表大会常务委员会第十次会议通过《全国人民代表大会常务委员会关于修改部分法律的决定》，自公布之日起施行。修改如下：《中华人民共和国劳动法》第九十二条中的"依照刑法第×条的规定"、"比照刑法第×条的规定"修改为"依照刑法有关规定"。

2018 年 12 月 29 日，第十三届全国人民代表大会常务委员会第七次会议通过对《中华人民共和国劳动法》作出修改。

第一章　总则

第二章　促进就业

第三章　劳动合同和集体合同

第四章　工作时间和休息休假

第五章　工资

第六章　劳动安全卫生

第七章　女职工和未成年工特殊保护

第八章　职业培训

第九章　社会保险和福利

第十章　劳动争议

第十一章　监督检查

第十二章　法律责任

第十三章　附则

第一章 总则

第一条 为了保护劳动者的合法权益，调整劳动关系，建立和维护适应社会主义市场经济的劳动制度，促进经济发展和社会进步，根据宪法，制定本法。

第二条 在中华人民共和国境内的企业、个体经济组织（以下统称用人单位）和与之形成劳动关系的劳动者，适用本法。

国家机关、事业组织、社会团体和与之建立劳动合同关系的劳动者，依照本法执行。

第三条 劳动者享有平等就业和选择职业的权利、取得劳动报酬的权利、休息休假的权利、获得劳动安全卫生保护的权利、接受职业技能培训的权利、享受社会保险和福利的权利、提请劳动争议处理的权利以及法律规定的其他劳动权利。

劳动者应当完成劳动任务，提高职业技能，执行劳动安全卫生规程，遵守劳动纪律和职业道德。

第四条 用人单位应当依法建立和完善规章制度，保障劳动者享有劳动权利和履行劳动义务。

第五条 国家采取各种措施，促进劳动就业，发展职业教育，制定劳动标准，调节社会收入，完善社会保险，协调劳动关系，逐步提高劳动者的生活水平。

第六条 国家提倡劳动者参加社会义务劳动，开展劳动竞赛和合理化建议活动，鼓励和保护劳动者进行科学研究、技术革新和发明创造，表彰和奖励劳动模范和先进工作者。

第七条 劳动者有权依法参加和组织工会。

工会代表和维护劳动者的合法权益，依法独立自主地开展活动。

第八条 劳动者依照法律规定，通过职工大会、职工代表大会或者其他形式，参与民主管理或者就保护劳动者合法权益与用人单位进行平等协商。

第九条 国务院劳动行政部门主管全国劳动工作。

县级以上地方人民政府劳动行政部门主管本行政区域内的劳动工作。

第二章　促进就业

第十条　国家通过促进经济和社会发展，创造就业条件，扩大就业机会。

国家鼓励企业、事业组织、社会团体在法律、行政法规规定的范围内兴办产业或者拓展经营，增加就业。

国家支持劳动者自愿组织起来就业和从事个体经营实现就业。

第十一条　地方各级人民政府应当采取措施，发展多种类型的职业介绍机构，提供就业服务。

第十二条　劳动者就业，不因民族、种族、性别、宗教信仰不同而受歧视。

第十三条　妇女享有与男子平等的就业权利。在录用职工时，除国家规定的不适合妇女的工种或者岗位外，不得以性别为由拒绝录用妇女或者提高对妇女的录用标准。

第十四条　残疾人、少数民族人员、退出现役的军人的就业，法律、法规有特别规定的，从其规定。

第十五条　禁止用人单位招用未满十六周岁的未成年人。

文艺、体育和特种工艺单位招用未满十六周岁的未成年人，必须遵守国家有关规定，并保障其接受义务教育的权利。

第三章　劳动合同和集体合同

第十六条　劳动合同是劳动者与用人单位确立劳动关系、明确双方权利和义务的协议。

建立劳动关系应当订立劳动合同。

第十七条　订立和变更劳动合同，应当遵循平等自愿、协商一致的原则，不得违反法律、行政法规的规定。

劳动合同依法订立即具有法律约束力，当事人必须履行劳动合同规定的义务。

第十八条　下列劳动合同无效：

（一）违反法律、行政法规的劳动合同；

（二）采取欺诈、威胁等手段订立的劳动合同。

无效的劳动合同，从订立的时候起，就没有法律约束力。确认劳动合同部分无效的，如果不影响其余部分的效力，其余部分仍然有效。

劳动合同的无效，由劳动争议仲裁委员会或者人民法院确认。

第十九条　劳动合同应当以书面形式订立，并具备以下条款：

（一）劳动合同期限；

（二）工作内容；

（三）劳动保护和劳动条件；

（四）劳动报酬；

（五）劳动纪律；

（六）劳动合同终止的条件；

（七）违反劳动合同的责任。

劳动合同除前款规定的必备条款外，当事人可以协商约定其他内容。

第二十条　劳动合同的期限分为有固定期限、无固定期限和以完成一定的工作为期限。

劳动者在同一用人单位连续工作满十年以上，当事人双方同意续延劳动合同的，如果劳动者提出订立无固定期限的劳动合同，应当订立无固定期限的劳动合同。

第二十一条　劳动合同可以约定试用期。试用期最长不得超过六个月。

第二十二条　劳动合同当事人可以在劳动合同中约定保守用人单位商业秘密的有关事项。

第二十三条　劳动合同期满或者当事人约定的劳动合同终止条件出现，劳动合同即行终止。

第二十四条　经劳动合同当事人协商一致，劳动合同可以解除。

第二十五条　劳动者有下列情形之一的，用人单位可以解除劳动合同：

（一）在试用期间被证明不符合录用条件的；

（二）严重违反劳动纪律或者用人单位规章制度的；

（三）严重失职，营私舞弊，对用人单位利益造成重大损害的；

（四）被依法追究刑事责任的。

第二十六条　有下列情形之一的，用人单位可以解除劳动合同，但是应当提前三十日以书面形式通知劳动者本人：

（一）劳动者患病或者非因工负伤，医疗期满后，不能从事原工作也不能从事由用人单位另行安排的工作的；

（二）劳动者不能胜任工作，经过培训或者调整工作岗位，仍不能胜任工作的；

（三）劳动合同订立时所依据的客观情况发生重大变化，致使原劳动合同无法履行，经当事人协商不能就变更劳动合同达成协议的。

第二十七条　用人单位濒临破产进行法定整顿期间或者生产经营状况发生严重困难，确需裁减人员的，应当提前三十日向工会或者全体职工说明情况，听取工会或者职工的意见，经向劳动行政部门报告后，可以裁减人员。

用人单位依据本条规定裁减人员，在六个月内录用人员的，应当优先录用被裁减的人员。

第二十八条　用人单位依据本法第二十四条、第二十六条、第二十七条的规定解除劳动合同的，应当依照国家有关规定给予经济补偿。

第二十九条　劳动者有下列情形之一的，用人单位不得依据本法第二十六条、第二十七条的规定解除劳动合同：

（一）患职业病或者因工负伤并被确认丧失或者部分丧失劳动能力的；

（二）患病或者负伤，在规定的医疗期内的；

（三）女职工在孕期、产期、哺乳期内的；

（四）法律、行政法规规定的其他情形。

第三十条　用人单位解除劳动合同，工会认为不适当的，有权提出意见。如果用人单位违反法律、法规或者劳动合同，工会有权要求重新处理；劳动者申请仲裁或者提起诉讼的，工会应当依法给予支持和帮助。

第三十一条　劳动者解除劳动合同，应当提前三十日以书面形式通知用人单位。

第三十二条　有下列情形之一的，劳动者可以随时通知用人单位解除劳动合同：

（一）在试用期内的；

（二）用人单位以暴力、威胁或者非法限制人身自由的手段强迫劳动的；

（三）用人单位未按照劳动合同约定支付劳动报酬或者提供劳动条件的。

第三十三条　企业职工一方与企业可以就劳动报酬、工作时间、休息休假、劳动安全卫生、保险福利等事项，签订集体合同。集体合同草案应当提交职工代表大会或者全体职工讨论通过。

集体合同由工会代表职工与企业签订；没有建立工会的企业，由职工推举的代表与企业签订。

第三十四条　集体合同签订后应当报送劳动行政部门；劳动行政部门自收到集体合同文本之日起十五日内未提出异议的，集体合同即行生效。

第三十五条　依法签订的集体合同对企业和企业全体职工具有约束力。职工个人与企业订立的劳动合同中劳动条件和劳动报酬等标准不得低于集体合同的规定。

第四章　工作时间和休息休假

第三十六条　国家实行劳动者每日工作时间不超过八小时、平均每周工作时间不超过四十四小时的工时制度。

第三十七条　对实行计件工作的劳动者，用人单位应当根据本法第三十六条规定的工时制度合理确定其劳动定额和计件报酬标准。

第三十八条　用人单位应当保证劳动者每周至少休息一日。

第三十九条　企业因生产特点不能实行本法第三十六条、第三十八条规定的，经劳动行政部门批准，可以实行其他工作和休息办法。

第四十条　用人单位在下列节日期间应当依法安排劳动者休假：

（一）元旦；

（二）春节；

（三）国际劳动节；

（四）国庆节；

（五）法律、法规规定的其他休假节日。

第四十一条　用人单位由于生产经营需要，经与工会和劳动者协商后可以延长工作时间，一般每日不得超过一小时；因特殊原因需要延长工作时间的，在保障劳动者身体健康的条件下延长工作时间每日不得超过三小时，但是每月不得超过三十六小时。

第四十二条 有下列情形之一的，延长工作时间不受本法第四十一条规定的限制：

（一）发生自然灾害、事故或者因其他原因，威胁劳动者生命健康和财产安全，需要紧急处理的；

（二）生产设备、交通运输线路、公共设施发生故障，影响生产和公众利益，必须及时抢修的；

（三）法律、行政法规规定的其他情形。

第四十三条 用人单位不得违反本法规定延长劳动者的工作时间。

第四十四条 有下列情形之一的，用人单位应当按照下列标准支付高于劳动者正常工作时间工资的工资报酬：

（一）安排劳动者延长工作时间的，支付不低于工资的百分之一百五十的工资报酬；

（二）休息日安排劳动者工作又不能安排补休的，支付不低于工资的百分之二百的工资报酬；

（三）法定休假日安排劳动者工作的，支付不低于工资的百分之三百的工资报酬。

第四十五条 国家实行带薪年休假制度。

劳动者连续工作一年以上的，享受带薪年休假。具体办法由国务院规定。

第五章　工资

第四十六条 工资分配应当遵循按劳分配原则，实行同工同酬。

工资水平在经济发展的基础上逐步提高。国家对工资总量实行宏观调控。

第四十七条 用人单位根据本单位的生产经营特点和经济效益，依法自主确定本单位的工资分配方式和工资水平。

第四十八条 国家实行最低工资保障制度。最低工资的具体标准由省、自治区、直辖市人民政府规定，报国务院备案。

用人单位支付劳动者的工资不得低于当地最低工资标准。

第四十九条　确定和调整最低工资标准应当综合参考下列因素：

（一）劳动者本人及平均赡养人口的最低生活费用；

（二）社会平均工资水平；

（三）劳动生产率；

（四）就业状况；

（五）地区之间经济发展水平的差异。

第五十条　工资应当以货币形式按月支付给劳动者本人。不得克扣或者无故拖欠劳动者的工资。

第五十一条　劳动者在法定休假日和婚丧假期间以及依法参加社会活动期间，用人单位应当依法支付工资。

第六章　劳动安全卫生

第五十二条　用人单位必须建立、健全劳动安全卫生制度，严格执行国家劳动安全卫生规程和标准，对劳动者进行劳动安全卫生教育，防止劳动过程中的事故，减少职业危害。

第五十三条　劳动安全卫生设施必须符合国家规定的标准。

新建、改建、扩建工程的劳动安全卫生设施必须与主体工程同时设计、同时施工、同时投入生产和使用。

第五十四条　用人单位必须为劳动者提供符合国家规定的劳动安全卫生条件和必要的劳动防护用品，对从事有职业危害作业的劳动者应当定期进行健康检查。

第五十五条　从事特种作业的劳动者必须经过专门培训并取得特种作业资格。

第五十六条　劳动者在劳动过程中必须严格遵守安全操作规程。

劳动者对用人单位管理人员违章指挥、强令冒险作业，有权拒绝执行；对危害生命安全和身体健康的行为，有权提出批评、检举和控告。

第五十七条　国家建立伤亡事故和职业病统计报告和处理制度。县级以上各级人民政府劳动行政部门、有关部门和用人单位应当依法对劳动者在劳动过程中发生的伤亡事故和劳动者的职业病状况，进行统计、报告和处理。

第七章　女职工和未成年工特殊保护

第五十八条　国家对女职工和未成年工实行特殊劳动保护。

未成年工是指年满十六周岁未满十八周岁的劳动者。

第五十九条　禁止安排女职工从事矿山井下、国家规定的第四级体力劳动强度的劳动和其他禁忌从事的劳动。

第六十条　不得安排女职工在经期从事高处、低温、冷水作业和国家规定的第三级体力劳动强度的劳动。

第六十一条　不得安排女职工在怀孕期间从事国家规定的第三级体力劳动强度的劳动和孕期禁忌从事的劳动。对怀孕七个月以上的女职工，不得安排其延长工作时间和夜班劳动。

第六十二条　女职工生育享受不少于九十天的产假。

第六十三条　不得安排女职工在哺乳未满一周岁的婴儿期间从事国家规定的第三级体力劳动强度的劳动和哺乳期禁忌从事的其他劳动，不得安排其延长工作时间和夜班劳动。

第六十四条　不得安排未成年工从事矿山井下、有毒有害、国家规定的第四级体力劳动强度的劳动和其他禁忌从事的劳动。

第六十五条　用人单位应当对未成年工定期进行健康检查。

第八章　职业培训

第六十六条　国家通过各种途径，采取各种措施，发展职业培训事业，开发劳动者的职业技能，提高劳动者素质，增强劳动者的就业能力和工作能力。

第六十七条　各级人民政府应当把发展职业培训纳入社会经济发展的规划，鼓励和支持有条件的企业、事业组织、社会团体和个人进行各种形式的职业培训。

第六十八条　用人单位应当建立职业培训制度，按照国家规定提取和使用职业培训经费，根据本单位实际，有计划地对劳动者进行职业培训。

从事技术工种的劳动者，上岗前必须经过培训。

第六十九条　国家确定职业分类，对规定的职业制定职业技能标准，实行职业资格证书制度，由经备案的考核鉴定机构负责对劳动者实施职业技能考核鉴定。

第九章　社会保险和福利

第七十条　国家发展社会保险事业，建立社会保险制度，设立社会保险基金，使劳动者在年老、患病、工伤、失业、生育等情况下获得帮助和补偿。

第七十一条　社会保险水平应当与社会经济发展水平和社会承受能力相适应。

第七十二条　社会保险基金按照保险类型确定资金来源，逐步实行社会统筹。用人单位和劳动者必须依法参加社会保险，缴纳社会保险费。

第七十三条　劳动者在下列情形下，依法享受社会保险待遇：

（一）退休；

（二）患病、负伤；

（三）因工伤残或者患职业病；

（四）失业；

（五）生育。

劳动者死亡后，其遗属依法享受遗属津贴。

劳动者享受社会保险待遇的条件和标准由法律、法规规定。

劳动者享受的社会保险金必须按时足额支付。

第七十四条　社会保险基金经办机构依照法律规定收支、管理和运营社会保险基金，并负有使社会保险基金保值增值的责任。

社会保险基金监督机构依照法律规定，对社会保险基金的收支、管理和运营实施监督。

社会保险基金经办机构和社会保险基金监督机构的设立和职能由法律规定。

任何组织和个人不得挪用社会保险基金。

第七十五条　国家鼓励用人单位根据本单位实际情况为劳动者建立补充保险。

国家提倡劳动者个人进行储蓄性保险。

第七十六条　国家发展社会福利事业，兴建公共福利设施，为劳动者休息、休养和疗养提供条件。

用人单位应当创造条件，改善集体福利，提高劳动者的福利待遇。

第十章　劳动争议

第七十七条　用人单位与劳动者发生劳动争议，当事人可以依法申请调解、仲裁、提起诉讼，也可以协商解决。

调解原则适用于仲裁和诉讼程序。

第七十八条　解决劳动争议，应当根据合法、公正、及时处理的原则，依法维护劳动争议当事人的合法权益。

第七十九条　劳动争议发生后，当事人可以向本单位劳动争议调解委员会申请调解；调解不成，当事人一方要求仲裁的，可以向劳动争议仲裁委员会申请仲裁。当事人一方也可以直接向劳动争议仲裁委员会申请仲裁。对仲裁裁决不服的，可以向人民法院提起诉讼。

第八十条　在用人单位内，可以设立劳动争议调解委员会。劳动争议调解委员会由职工代表、用人单位代表和工会代表组成。劳动争议调解委员会主任由工会代表担任。

劳动争议经调解达成协议的，当事人应当履行。

第八十一条　劳动争议仲裁委员会由劳动行政部门代表、同级工会代表、用人单位方面的代表组成。劳动争议仲裁委员会主任由劳动行政部门代表担任。

第八十二条　提出仲裁要求的一方应当自劳动争议发生之日起六十日内向劳动争议仲裁委员会提出书面申请。仲裁裁决一般应在收到仲裁申请的六十日内作出。对仲裁裁决无异议的，当事人必须履行。

第八十三条　劳动争议当事人对仲裁裁决不服的，可以自收到仲裁裁决书之日起十五日内向人民法院提起诉讼。一方当事人在法定期限内不起诉又不履行仲裁裁决的，另一方当事人可以申请人民法院强制执行。

第八十四条　因签订集体合同发生争议，当事人协商解决不成的，当地人民政府劳动行政部门可以组织有关各方协调处理。

因履行集体合同发生争议，当事人协商解决不成的，可以向劳动争议仲裁委员会申请仲裁；对仲裁裁决不服的，可以自收到仲裁裁决书之日起十五日内向人民法院提起诉讼。

第十一章　监督检查

第八十五条　县级以上各级人民政府劳动行政部门依法对用人单位遵守劳动法律、法规的情况进行监督检查，对违反劳动法律、法规的行为有权制止，并责令改正。

第八十六条　县级以上各级人民政府劳动行政部门监督检查人员执行公务，有权进入用人单位了解执行劳动法律、法规的情况，查阅必要的资料，并对劳动场所进行检查。

县级以上各级人民政府劳动行政部门监督检查人员执行公务，必须出示证件，秉公执法并遵守有关规定。

第八十七条　县级以上各级人民政府有关部门在各自职责范围内，对用人单位遵守劳动法律、法规的情况进行监督。

第八十八条　各级工会依法维护劳动者的合法权益，对用人单位遵守劳动法律、法规的情况进行监督。

任何组织和个人对于违反劳动法律、法规的行为有权检举和控告。

第十二章　法律责任

第八十九条　用人单位制定的劳动规章制度违反法律、法规规定的，由劳动行政部门给予警告，责令改正；对劳动者造成损害的，应当承担赔偿责任。

第九十条　用人单位违反本法规定，延长劳动者工作时间的，由劳动行政部门给予警告，责令改正，并可以处以罚款。

第九十一条　用人单位有下列侵害劳动者合法权益情形之一的，由劳动行政部门责令支付劳动者的工资报酬、经济补偿，并可以责令支付赔偿金：

（一）克扣或者无故拖欠劳动者工资的；

（二）拒不支付劳动者延长工作时间工资报酬的；

（三）低于当地最低工资标准支付劳动者工资的；

（四）解除劳动合同后，未依照本法规定给予劳动者经济补偿的。

第九十二条　用人单位的劳动安全设施和劳动卫生条件不符合国家规定或者未向劳动者提供必要的劳动防护用品和劳动保护设施的，由劳动行政部门或者有关部门责令改正，可以处以罚款；情节严重的，提请县级以上人民政府决定责令停产整顿；对事故隐患不采取措施，致使发生重大事故，造成劳动者生命和财产损失的，对责任人员依照刑法有关规定追究刑事责任。

第九十三条　用人单位强令劳动者违章冒险作业，发生重大伤亡事故，造成严重后果的，对责任人员依法追究刑事责任。

第九十四条　用人单位非法招用未满十六周岁的未成年人的，由劳动行政部门责令改正，处以罚款；情节严重的，由市场监督管理部门吊销营业执照。

第九十五条　用人单位违反本法对女职工和未成年工的保护规定，侵害其合法权益的，由劳动行政部门责令改正，处以罚款；对女职工或者未成年工造成损害的，应当承担赔偿责任。

第九十六条　用人单位有下列行为之一，由公安机关对责任人员处以十五日以下拘留、罚款或者警告；构成犯罪的，对责任人员依法追究刑事责任：

（一）以暴力、威胁或者非法限制人身自由的手段强迫劳动的；

（二）侮辱、体罚、殴打、非法搜查和拘禁劳动者的。

第九十七条　由于用人单位的原因订立的无效合同，对劳动者造成损害的，应当承担赔偿责任。

第九十八条　用人单位违反本法规定的条件解除劳动合同或者故意拖延不订立劳动合同的，由劳动行政部门责令改正；对劳动者造成损害的，应当承担赔偿责任。

第九十九条　用人单位招用尚未解除劳动合同的劳动者，对原用人单位造成经济损失的，该用人单位应当依法承担连带赔偿责任。

第一百条　用人单位无故不缴纳社会保险费的，由劳动行政部门责令其限期缴纳；逾期不缴的，可以加收滞纳金。

第一百零一条　用人单位无理阻挠劳动行政部门、有关部门及其工作人员行使监督检查权，打击报复举报人员的，由劳动行政部门或者有关部门处以罚款；构成犯罪的，对责任人员依法追究刑事责任。

第一百零二条 劳动者违反本法规定的条件解除劳动合同或者违反劳动合同中约定的保密事项，对用人单位造成经济损失的，应当依法承担赔偿责任。

第一百零三条 劳动行政部门或者有关部门的工作人员滥用职权、玩忽职守、徇私舞弊，构成犯罪的，依法追究刑事责任；不构成犯罪的，给予行政处分。

第一百零四条 国家工作人员和社会保险基金经办机构的工作人员挪用社会保险基金，构成犯罪的，依法追究刑事责任。

第一百零五条 违反本法规定侵害劳动者合法权益，其他法律、行政法规已规定处罚的，依照该法律、行政法规的规定处罚。

第十三章　附则

第一百零六条 省、自治区、直辖市人民政府根据本法和本地区的实际情况，规定劳动合同制度的实施步骤，报国务院备案。

第一百零七条 本法自 1995 年 1 月 1 日起施行。

附录2　中华人民共和国劳动合同法

2013 年 7 月 1 日最新《中华人民共和国劳动合同法》全文

已根据 2013 年 7 月 1 日实施的修正案修改

目　　录

第一章　总则

第一条　为了完善劳动合同制度，明确劳动合同双方当事人的权利和义务，保护劳动者的合法权益，构建和发展和谐稳定的劳动关系，制定本法。

第二条　中华人民共和国境内的企业、个体经济组织、民办非企业单位等组织（以下称用人单位）与劳动者建立劳动关系，订立、履行、变更、解除或者终止劳动合同，适用本法。

国家机关、事业单位、社会团体和与其建立劳动关系的劳动者，订立、履行、变更、解除或者终止劳动合同，依照本法执行。

第三条 订立劳动合同，应当遵循合法、公平、平等自愿、协商一致、诚实信用的原则。

依法订立的劳动合同具有约束力，用人单位与劳动者应当履行劳动合同约定的义务。

第四条 用人单位应当依法建立和完善劳动规章制度，保障劳动者享有劳动权利、履行劳动义务。

用人单位在制定、修改或者决定有关劳动报酬、工作时间、休息休假、劳动安全卫生、保险福利、职工培训、劳动纪律以及劳动定额管理等直接涉及劳动者切身利益的规章制度或者重大事项时，应当经职工代表大会或者全体职工讨论，提出方案和意见，与工会或者职工代表平等协商确定。

在规章制度和重大事项决定实施过程中，工会或者职工认为不适当的，有权向用人单位提出，通过协商予以修改完善。

用人单位应当将直接涉及劳动者切身利益的规章制度和重大事项决定公示，或者告知劳动者。

第五条 县级以上人民政府劳动行政部门会同工会和企业方面代表，建立健全协调劳动关系三方机制，共同研究解决有关劳动关系的重大问题。

第六条 工会应当帮助、指导劳动者与用人单位依法订立和履行劳动合同，并与用人单位建立集体协商机制，维护劳动者的合法权益。

第二章　劳动合同的订立

第七条 用人单位自用工之日起即与劳动者建立劳动关系。用人单位应当建立职工名册备查。

第八条 用人单位招用劳动者时，应当如实告知劳动者工作内容、工作条件、工作地点、职业危害、安全生产状况、劳动报酬，以及劳动者要求了解的其他情况；用人单位有权了解劳动者与劳动合同直接相关的基本情况，劳动者应当如实说明。

第九条 用人单位招用劳动者，不得扣押劳动者的居民身份证和其他证件，不得要求劳动者提供担保或者以其他名义向劳动者收取财物。

第十条 建立劳动关系，应当订立书面劳动合同。

已建立劳动关系，未同时订立书面劳动合同的，应当自用工之日起一个月内订立书面劳动合同。

用人单位与劳动者在用工前订立劳动合同的，劳动关系自用工之日起建立。

第十一条 用人单位未在用工的同时订立书面劳动合同，与劳动者约定的劳动报酬不明确的，新招用的劳动者的劳动报酬按照集体合同规定的标准执行；没有集体合同或者集体合同未规定的，实行同工同酬。

第十二条 劳动合同分为固定期限劳动合同、无固定期限劳动合同和以完成一定工作任务为期限的劳动合同。

第十三条 固定期限劳动合同，是指用人单位与劳动者约定合同终止时间的劳动合同。

用人单位与劳动者协商一致，可以订立固定期限劳动合同。

第十四条 无固定期限劳动合同，是指用人单位与劳动者约定无确定终止时间的劳动合同。

用人单位与劳动者协商一致，可以订立无固定期限劳动合同。有下列情形之一，劳动者提出或者同意续订、订立劳动合同的，除劳动者提出订立固定期限劳动合同外，应当订立无固定期限劳动合同：

（一）劳动者在该用人单位连续工作满十年的；

（二）用人单位初次实行劳动合同制度或者国有企业改制重新订立劳动合同时，劳动者在该用人单位连续工作满十年且距法定退休年龄不足十年的；

（三）连续订立二次固定期限劳动合同，且劳动者没有本法第三十九条和第四十条第一项、第二项规定的情形，续订劳动合同的。

用人单位自用工之日起满一年不与劳动者订立书面劳动合同的，视为用人单位与劳动者已订立无固定期限劳动合同。

第十五条 以完成一定工作任务为期限的劳动合同，是指用人单位与劳动者约定以某项工作的完成为合同期限的劳动合同。

用人单位与劳动者协商一致，可以订立以完成一定工作任务为期限的劳动合同。

第十六条 劳动合同由用人单位与劳动者协商一致，并经用人单位与劳动者在劳动合同文本上签字或者盖章生效。

劳动合同文本由用人单位和劳动者各执一份。

第十七条 劳动合同应当具备以下条款：

（一）用人单位的名称、住所和法定代表人或者主要负责人；

（二）劳动者的姓名、住址和居民身份证或者其他有效身份证件号码；

（三）劳动合同期限；

（四）工作内容和工作地点；

（五）工作时间和休息休假；

（六）劳动报酬；

（七）社会保险；

（八）劳动保护、劳动条件和职业危害防护；

（九）法律、法规规定应当纳入劳动合同的其他事项。

劳动合同除前款规定的必备条款外，用人单位与劳动者可以约定试用期、培训、保守秘密、补充保险和福利待遇等其他事项。

第十八条 劳动合同对劳动报酬和劳动条件等标准约定不明确，引发争议的，用人单位与劳动者可以重新协商；协商不成的，适用集体合同规定；没有集体合同或者集体合同未规定劳动报酬的，实行同工同酬；没有集体合同或者集体合同未规定劳动条件等标准的，适用国家有关规定。

第十九条 劳动合同期限三个月以上不满一年的，试用期不得超过一个月；劳动合同期限一年以上不满三年的，试用期不得超过二个月；三年以上固定期限和无固定期限的劳动合同，试用期不得超过六个月。

同一用人单位与同一劳动者只能约定一次试用期。

以完成一定工作任务为期限的劳动合同或者劳动合同期限不满三个月的，不得约定试用期。

试用期包含在劳动合同期限内。劳动合同仅约定试用期的，试用期不成立，该期限为劳动合同期限。

第二十条 劳动者在试用期的工资不得低于本单位相同岗位最低档工资或者劳动合同约定工资的百分之八十，并不得低于用人单位所在地的最低工资标准。

第二十一条 在试用期中，除劳动者有本法第三十九条和第四十条第一项、第二项规定的情形外，用人单位不得解除劳动合同。用人单位在试用期解除劳动合同的，应当向劳动者说明理由。

第二十二条　用人单位为劳动者提供专项培训费用，对其进行专业技术培训的，可以与该劳动者订立协议，约定服务期。

劳动者违反服务期约定的，应当按照约定向用人单位支付违约金。违约金的数额不得超过用人单位提供的培训费用。用人单位要求劳动者支付的违约金不得超过服务期尚未履行部分所应分摊的培训费用。

用人单位与劳动者约定服务期的，不影响按照正常的工资调整机制提高劳动者在服务期期间的劳动报酬。

第二十三条　用人单位与劳动者可以在劳动合同中约定保守用人单位的商业秘密和与知识产权相关的保密事项。

对负有保密义务的劳动者，用人单位可以在劳动合同或者保密协议中与劳动者约定竞业限制条款，并约定在解除或者终止劳动合同后，在竞业限制期限内按月给予劳动者经济补偿。劳动者违反竞业限制约定的，应当按照约定向用人单位支付违约金。

第二十四条　竞业限制的人员限于用人单位的高级管理人员、高级技术人员和其他负有保密义务的人员。竞业限制的范围、地域、期限由用人单位与劳动者约定，竞业限制的约定不得违反法律、法规的规定。

在解除或者终止劳动合同后，前款规定的人员到与本单位生产或者经营同类产品、从事同类业务的有竞争关系的其他用人单位，或者自己开业生产或者经营同类产品、从事同类业务的竞业限制期限，不得超过二年。

第二十五条　除本法第二十二条和第二十三条规定的情形外，用人单位不得与劳动者约定由劳动者承担违约金。

第二十六条　下列劳动合同无效或者部分无效：

（一）以欺诈、胁迫的手段或者乘人之危，使对方在违背真实意思的情况下订立或者变更劳动合同的；

（二）用人单位免除自己的法定责任、排除劳动者权利的；

（三）违反法律、行政法规强制性规定的。

对劳动合同的无效或者部分无效有争议的，由劳动争议仲裁机构或者人民法院确认。

第二十七条　劳动合同部分无效，不影响其他部分效力的，其他部分仍然有效。

第二十八条　劳动合同被确认无效，劳动者已付出劳动的，用人单位应当向劳动者支付劳动报酬。劳动报酬的数额，参照本单位相同或者相近岗位劳动者的劳动报酬确定。

第三章 劳动合同的履行和变更

第二十九条 用人单位与劳动者应当按照劳动合同的约定，全面履行各自的义务。

第三十条 用人单位应当按照劳动合同约定和国家规定，向劳动者及时足额支付劳动报酬。

用人单位拖欠或者未足额支付劳动报酬的，劳动者可以依法向当地人民法院申请支付令，人民法院应当依法发出支付令。

第三十一条 用人单位应当严格执行劳动定额标准，不得强迫或者变相强迫劳动者加班。用人单位安排加班的，应当按照国家有关规定向劳动者支付加班费。

第三十二条 劳动者拒绝用人单位管理人员违章指挥、强令冒险作业的，不视为违反劳动合同。

劳动者对危害生命安全和身体健康的劳动条件，有权对用人单位提出批评、检举和控告。

第三十三条 用人单位变更名称、法定代表人、主要负责人或者投资人等事项，不影响劳动合同的履行。

第三十四条 用人单位发生合并或者分立等情况，原劳动合同继续有效，劳动合同由承继其权利和义务的用人单位继续履行。

第三十五条 用人单位与劳动者协商一致，可以变更劳动合同约定的内容。变更劳动合同，应当采用书面形式。

变更后的劳动合同文本由用人单位和劳动者各执一份。

第四章 劳动合同的解除和终止

第三十六条 用人单位与劳动者协商一致，可以解除劳动合同。

第三十七条 劳动者提前三十日以书面形式通知用人单位，可以解除劳动合同。劳动者在试用期内提前三日通知用人单位，可以解除劳动合同。

第三十八条 用人单位有下列情形之一的，劳动者可以解除劳动合同：

（一）未按照劳动合同约定提供劳动保护或者劳动条件的；

（二）未及时足额支付劳动报酬的；

（三）未依法为劳动者缴纳社会保险费的；

（四）用人单位的规章制度违反法律、法规的规定，损害劳动者权益的；

（五）因本法第二十六条第一款规定的情形致使劳动合同无效的；

（六）法律、行政法规规定劳动者可以解除劳动合同的其他情形。

用人单位以暴力、威胁或者非法限制人身自由的手段强迫劳动者劳动的，或者用人单位违章指挥、强令冒险作业危及劳动者人身安全的，劳动者可以立即解除劳动合同，不需事先告知用人单位。

第三十九条 劳动者有下列情形之一的，用人单位可以解除劳动合同：

（一）在试用期间被证明不符合录用条件的；

（二）严重违反用人单位的规章制度的；

（三）严重失职，营私舞弊，给用人单位造成重大损害的；

（四）劳动者同时与其他用人单位建立劳动关系，对完成本单位的工作任务造成严重影响，或者经用人单位提出，拒不改正的；

（五）因本法第二十六条第一款第一项规定的情形致使劳动合同无效的；

（六）被依法追究刑事责任的。

第四十条 有下列情形之一的，用人单位提前三十日以书面形式通知劳动者本人或者额外支付劳动者一个月工资后，可以解除劳动合同：

（一）劳动者患病或者非因工负伤，在规定的医疗期满后不能从事原工作，也不能从事由用人单位另行安排的工作的；

（二）劳动者不能胜任工作，经过培训或者调整工作岗位，仍不能胜任工作的；

（三）劳动合同订立时所依据的客观情况发生重大变化，致使劳动合同无法履行，经用人单位与劳动者协商，未能就变更劳动合同内容达成协议的。

第四十一条 有下列情形之一，需要裁减人员二十人以上或者裁减不足二十人但占企业职工总数百分之十以上的，用人单位提前三十日向工会或者全体职工说明情况，听取工会或者职工的意见后，裁减人员方案经向劳动行政部门报告，可以裁减人员：

（一）依照企业破产法规定进行重整的；

（二）生产经营发生严重困难的；

（三）企业转产、重大技术革新或者经营方式调整，经变更劳动合同后，仍需裁减人员的；

（四）其他因劳动合同订立时所依据的客观经济情况发生重大变化，致使劳动合同无法履行的。

裁减人员时，应当优先留用下列人员：

（一）与本单位订立较长期限的固定期限劳动合同的；

（二）与本单位订立无固定期限劳动合同的；

（三）家庭无其他就业人员，有需要扶养的老人或者未成年人的。

用人单位依照本条第一款规定裁减人员，在六个月内重新招用人员的，应当通知被裁减的人员，并在同等条件下优先招用被裁减的人员。

第四十二条　劳动者有下列情形之一的，用人单位不得依照本法第四十条、第四十一条的规定解除劳动合同：

（一）从事接触职业病危害作业的劳动者未进行离岗前职业健康检查，或者疑似职业病病人在诊断或者医学观察期间的；

（二）在本单位患职业病或者因工负伤并被确认丧失或者部分丧失劳动能力的；

（三）患病或者非因工负伤，在规定的医疗期内的；

（四）女职工在孕期、产期、哺乳期的；

（五）在本单位连续工作满十五年，且距法定退休年龄不足五年的；

（六）法律、行政法规规定的其他情形。

第四十三条　用人单位单方解除劳动合同，应当事先将理由通知工会。用人单位违反法律、行政法规规定或者劳动合同约定的，工会有权要求用人单位纠正。用人单位应当研究工会的意见，并将处理结果书面通知工会。

第四十四条　有下列情形之一的，劳动合同终止：

（一）劳动合同期满的；

（二）劳动者开始依法享受基本养老保险待遇的；

（三）劳动者死亡，或者被人民法院宣告死亡或者宣告失踪的；

（四）用人单位被依法宣告破产的；

（五）用人单位被吊销营业执照、责令关闭、撤销或者用人单位决定提前解散的；

（六）法律、行政法规规定的其他情形。

第四十五条　劳动合同期满，有本法第四十二条规定情形之一的，劳动合同应当续延至相应的情形消失时终止。但是，本法第四十二条第二项规定丧失或者部分丧失劳动能力劳动者的劳动合同的终止，按照国家有关工伤保险的规定执行。

第四十六条　有下列情形之一的，用人单位应当向劳动者支付经济补偿：

（一）劳动者依照本法第三十八条规定解除劳动合同的；

（二）用人单位依照本法第三十六条规定向劳动者提出解除劳动合同并与劳动者协商一致解除劳动合同的；

（三）用人单位依照本法第四十条规定解除劳动合同的；

（四）用人单位依照本法第四十一条第一款规定解除劳动合同的；

（五）除用人单位维持或者提高劳动合同约定条件续订劳动合同，劳动者不同意续订的情形外，依照本法第四十四条第一项规定终止固定期限劳动合同的；

（六）依照本法第四十四条第四项、第五项规定终止劳动合同的；

（七）法律、行政法规规定的其他情形。

第四十七条　经济补偿按劳动者在本单位工作的年限，每满一年支付一个月工资的标准向劳动者支付。六个月以上不满一年的，按一年计算；不满六个月的，向劳动者支付半个月工资的经济补偿。

劳动者月工资高于用人单位所在直辖市、设区的市级人民政府公布的本地区上年度职工月平均工资三倍的，向其支付经济补偿的标准按职工月平均工资三倍的数额支付，向其支付经济补偿的年限最高不超过十二年。

本条所称月工资是指劳动者在劳动合同解除或者终止前十二个月的平均工资。

第四十八条　用人单位违反本法规定解除或者终止劳动合同，劳动者要求继续履行劳动合同的，用人单位应当继续履行；劳动者不要求继续履行劳动合同或者劳动合同已经不能继续履行的，用人单位应当依照本法第八十七条规定支付赔偿金。

第四十九条　国家采取措施，建立健全劳动者社会保险关系跨地区转移接续制度。

第五十条　用人单位应当在解除或者终止劳动合同时出具解除或者终止劳动合同的证明，并在十五日内为劳动者办理档案和社会保险关系转移手续。

劳动者应当按照双方约定，办理工作交接。用人单位依照本法有关规定应当向劳动者支付经济补偿的，在办结工作交接时支付。

用人单位对已经解除或者终止的劳动合同的文本，至少保存二年备查。

第五章　特别规定

第一节　集体合同

第五十一条　企业职工一方与用人单位通过平等协商，可以就劳动报酬、工作时间、休息休假、劳动安全卫生、保险福利等事项订立集体合同。集体合同草案应当提交职工代表大会或者全体职工讨论通过。

集体合同由工会代表企业职工一方与用人单位订立；尚未建立工会的用人单位，由上级工会指导劳动者推举的代表与用人单位订立。

第五十二条　企业职工一方与用人单位可以订立劳动安全卫生、女职工权益保护、工资调整机制等专项集体合同。

第五十三条　在县级以下区域内，建筑业、采矿业、餐饮服务业等行业可以由工会与企业方面代表订立行业性集体合同；或者订立区域性集体合同。

第五十四条　集体合同订立后，应当报送劳动行政部门；劳动行政部门自收到集体合同文本之日起十五日内未提出异议的，集体合同即行生效。

依法订立的集体合同对用人单位和劳动者具有约束力。行业性、区域性集体合同对当地本行业、本区域的用人单位和劳动者具有约束力。

第五十五条　集体合同中劳动报酬和劳动条件等标准不得低于当地人民政府规定的最低标准；用人单位与劳动者订立的劳动合同中劳动报

酬和劳动条件等标准不得低于集体合同规定的标准。

　　第五十六条　用人单位违反集体合同，侵犯职工劳动权益的，工会可以依法要求用人单位承担责任；因履行集体合同发生争议，经协商解决不成的，工会可以依法申请仲裁、提起诉讼。

第二节　劳务派遣

　　第五十七条　经营劳务派遣业务应当具备下列条件：

　　（一）注册资本不得少于人民币二百万元；

　　（二）有与开展业务相适应的固定的经营场所和设施；

　　（三）有符合法律、行政法规规定的劳务派遣管理制度；

　　（四）法律、行政法规规定的其他条件。

　　经营劳务派遣业务，应当向劳动行政部门依法申请行政许可；经许可的，依法办理相应的公司登记。未经许可，任何单位和个人不得经营劳务派遣业务。

　　第五十八条　劳务派遣单位是本法所称用人单位，应当履行用人单位对劳动者的义务。劳务派遣单位与被派遣劳动者订立的劳动合同，除应当载明本法第十七条规定的事项外，还应当载明被派遣劳动者的用工单位以及派遣期限、工作岗位等情况。

　　劳务派遣单位应当与被派遣劳动者订立二年以上的固定期限劳动合同，按月支付劳动报酬；被派遣劳动者在无工作期间，劳务派遣单位应当按照所在地人民政府规定的最低工资标准，向其按月支付报酬。

　　第五十九条　劳务派遣单位派遣劳动者应当与接受以劳务派遣形式用工的单位（以下称用工单位）订立劳务派遣协议。劳务派遣协议应当约定派遣岗位和人员数量、派遣期限、劳动报酬和社会保险费的数额与支付方式以及违反协议的责任。

　　用工单位应当根据工作岗位的实际需要与劳务派遣单位确定派遣期限，不得将连续用工期限分割订立数个短期劳务派遣协议。

　　第六十条　劳务派遣单位应当将劳务派遣协议的内容告知被派遣劳动者。

　　劳务派遣单位不得克扣用工单位按照劳务派遣协议支付给被派遣劳动者的劳动报酬。

劳务派遣单位和用工单位不得向被派遣劳动者收取费用。

第六十一条　劳务派遣单位跨地区派遣劳动者的，被派遣劳动者享有的劳动报酬和劳动条件，按照用工单位所在地的标准执行。

第六十二条　用工单位应当履行下列义务：

（一）执行国家劳动标准，提供相应的劳动条件和劳动保护；

（二）告知被派遣劳动者的工作要求和劳动报酬；

（三）支付加班费、绩效奖金，提供与工作岗位相关的福利待遇；

（四）对在岗被派遣劳动者进行工作岗位所必需的培训；

（五）连续用工的，实行正常的工资调整机制。

用工单位不得将被派遣劳动者再派遣到其他用人单位。

第六十三条　被派遣劳动者享有与用工单位的劳动者同工同酬的权利。用工单位应当按照同工同酬原则，对被派遣劳动者与本单位同类岗位的劳动者实行相同的劳动报酬分配办法。用工单位无同类岗位劳动者的，参照用工单位所在地相同或者相近岗位劳动者的劳动报酬确定。

劳务派遣单位与被派遣劳动者订立的劳动合同和与用工单位订立的劳务派遣协议，载明或者约定的向被派遣劳动者支付的劳动报酬应当符合前款规定。

第六十四条　被派遣劳动者有权在劳务派遣单位或者用工单位依法参加或者组织工会，维护自身的合法权益。

第六十五条　被派遣劳动者可以依照本法第三十六条、第三十八条的规定与劳务派遣单位解除劳动合同。

被派遣劳动者有本法第三十九条和第四十条第一项、第二项规定情形的，用工单位可以将劳动者退回劳务派遣单位，劳务派遣单位依照本法有关规定，可以与劳动者解除劳动合同。

第六十六条　劳动合同用工是我国的企业基本用工形式。劳务派遣用工是补充形式，只能在临时性、辅助性或者替代性的工作岗位上实施。

前款规定的临时性工作岗位是指存续时间不超过六个月的岗位；辅助性工作岗位是指为主营业务岗位提供服务的非主营业务岗位；替代性工作岗位是指用工单位的劳动者因脱产学习、休假等原因无法工作的一定期间内，可以由其他劳动者替代工作的岗位。

用工单位应当严格控制劳务派遣用工数量，不得超过其用工总量的一定比例，具体比例由国务院劳动行政部门规定。

第六十七条　用人单位不得设立劳务派遣单位向本单位或者所属单位派遣劳动者。

第三节　非全日制用工

第六十八条　非全日制用工，是指以小时计酬为主，劳动者在同一用人单位一般平均每日工作时间不超过四小时，每周工作时间累计不超过二十四小时的用工形式。

第六十九条　非全日制用工双方当事人可以订立口头协议。

从事非全日制用工的劳动者可以与一个或者一个以上用人单位订立劳动合同；但是，后订立的劳动合同不得影响先订立的劳动合同的履行。

第七十条　非全日制用工双方当事人不得约定试用期。

第七十一条　非全日制用工双方当事人任何一方都可以随时通知对方终止用工。终止用工，用人单位不向劳动者支付经济补偿。

第七十二条　非全日制用工小时计酬标准不得低于用人单位所在地人民政府规定的最低小时工资标准。

非全日制用工劳动报酬结算支付周期最长不得超过十五日。

第六章　监督检查

第七十三条　国务院劳动行政部门负责全国劳动合同制度实施的监督管理。

县级以上地方人民政府劳动行政部门负责本行政区域内劳动合同制度实施的监督管理。

县级以上各级人民政府劳动行政部门在劳动合同制度实施的监督管理工作中，应当听取工会、企业方面代表以及有关行业主管部门的意见。

第七十四条　县级以上地方人民政府劳动行政部门依法对下列实施劳动合同制度的情况进行监督检查：

（一）用人单位制定直接涉及劳动者切身利益的规章制度及其执行

的情况；

（二）用人单位与劳动者订立和解除劳动合同的情况；

（三）劳务派遣单位和用工单位遵守劳务派遣有关规定的情况；

（四）用人单位遵守国家关于劳动者工作时间和休息休假规定的情况；

（五）用人单位支付劳动合同约定的劳动报酬和执行最低工资标准的情况；

（六）用人单位参加各项社会保险和缴纳社会保险费的情况；

（七）法律、法规规定的其他劳动监察事项。

第七十五条 县级以上地方人民政府劳动行政部门实施监督检查时，有权查阅与劳动合同、集体合同有关的材料，有权对劳动场所进行实地检查，用人单位和劳动者都应当如实提供有关情况和材料。

劳动行政部门的工作人员进行监督检查，应当出示证件，依法行使职权，文明执法。

第七十六条 县级以上人民政府建设、卫生、安全生产监督管理等有关主管部门在各自职责范围内，对用人单位执行劳动合同制度的情况进行监督管理。

第七十七条 劳动者合法权益受到侵害的，有权要求有关部门依法处理，或者依法申请仲裁、提起诉讼。

第七十八条 工会依法维护劳动者的合法权益，对用人单位履行劳动合同、集体合同的情况进行监督。用人单位违反劳动法律、法规和劳动合同、集体合同的，工会有权提出意见或者要求纠正；劳动者申请仲裁、提起诉讼的，工会依法给予支持和帮助。

第七十九条 任何组织或者个人对违反本法的行为都有权举报，县级以上人民政府劳动行政部门应当及时核实、处理，并对举报有功人员给予奖励。

第七章　法律责任

第八十条 用人单位直接涉及劳动者切身利益的规章制度违反法律、法规规定的，由劳动行政部门责令改正，给予警告；给劳动者造成损害的，应当承担赔偿责任。

第八十一条 用人单位提供的劳动合同文本未载明本法规定的劳动合同必备条款或者用人单位未将劳动合同文本交付劳动者的，由劳动行政部门责令改正；给劳动者造成损害的，应当承担赔偿责任。

第八十二条 用人单位自用工之日起超过一个月不满一年未与劳动者订立书面劳动合同的，应当向劳动者每月支付二倍的工资。

用人单位违反本法规定不与劳动者订立无固定期限劳动合同的，自应当订立无固定期限劳动合同之日起向劳动者每月支付二倍的工资。

第八十三条 用人单位违反本法规定与劳动者约定试用期的，由劳动行政部门责令改正；违法约定的试用期已经履行的，由用人单位以劳动者试用期满月工资为标准，按已经履行的超过法定试用期的期间向劳动者支付赔偿金。

第八十四条 用人单位违反本法规定，扣押劳动者居民身份证等证件的，由劳动行政部门责令限期退还劳动者本人，并依照有关法律规定给予处罚。

用人单位违反本法规定，以担保或者其他名义向劳动者收取财物的，由劳动行政部门责令限期退还劳动者本人，并以每人五百元以上二千元以下的标准处以罚款；给劳动者造成损害的，应当承担赔偿责任。

劳动者依法解除或者终止劳动合同，用人单位扣押劳动者档案或者其他物品的，依照前款规定处罚。

第八十五条 用人单位有下列情形之一的，由劳动行政部门责令限期支付劳动报酬、加班费或者经济补偿；劳动报酬低于当地最低工资标准的，应当支付其差额部分；逾期不支付的，责令用人单位按应付金额百分之五十以上百分之一百以下的标准向劳动者加付赔偿金：

（一）未按照劳动合同的约定或者国家规定及时足额支付劳动者劳动报酬的；

（二）低于当地最低工资标准支付劳动者工资的；

（三）安排加班不支付加班费的；

（四）解除或者终止劳动合同，未依照本法规定向劳动者支付经济补偿的。

第八十六条 劳动合同依照本法第二十六条规定被确认无效，给对方造成损害的，有过错的一方应当承担赔偿责任。

第八十七条 用人单位违反本法规定解除或者终止劳动合同的，应当依照本法第四十七条规定的经济补偿标准的二倍向劳动者支付赔偿金。

第八十八条　用人单位有下列情形之一的，依法给予行政处罚；构成犯罪的，依法追究刑事责任；给劳动者造成损害的，应当承担赔偿责任：

（一）以暴力、威胁或者非法限制人身自由的手段强迫劳动的；

（二）违章指挥或者强令冒险作业危及劳动者人身安全的；

（三）侮辱、体罚、殴打、非法搜查或者拘禁劳动者的；

（四）劳动条件恶劣、环境污染严重，给劳动者身心健康造成严重损害的。

第八十九条　用人单位违反本法规定未向劳动者出具解除或者终止劳动合同的书面证明，由劳动行政部门责令改正；给劳动者造成损害的，应当承担赔偿责任。

第九十条　劳动者违反本法规定解除劳动合同，或者违反劳动合同中约定的保密义务或者竞业限制，给用人单位造成损失的，应当承担赔偿责任。

第九十一条　用人单位招用与其他用人单位尚未解除或者终止劳动合同的劳动者，给其他用人单位造成损失的，应当承担连带赔偿责任。

第九十二条　违反本法规定，未经许可，擅自经营劳务派遣业务的，由劳动行政部门责令停止违法行为，没收违法所得，并处违法所得一倍以上五倍以下的罚款；没有违法所得的，可以处五万元以下的罚款。

劳务派遣单位、用工单位违反本法有关劳务派遣规定的，由劳动行政部门责令限期改正；逾期不改正的，以每人五千元以上一万元以下的标准处以罚款，对劳务派遣单位，吊销其劳务派遣业务经营许可证。用工单位给被派遣劳动者造成损害的，劳务派遣单位与用工单位承担连带赔偿责任。

第九十三条　对不具备合法经营资格的用人单位的违法犯罪行为，依法追究法律责任；劳动者已经付出劳动的，该单位或者其出资人应当依照本法有关规定向劳动者支付劳动报酬、经济补偿、赔偿金；给劳动者造成损害的，应当承担赔偿责任。

第九十四条　个人承包经营违反本法规定招用劳动者，给劳动者造成损害的，发包的组织与个人承包经营者承担连带赔偿责任。

第九十五条　劳动行政部门和其他有关主管部门及其工作人员玩忽职守、不履行法定职责，或者违法行使职权，给劳动者或者用人单位造成损害的，应当承担赔偿责任；对直接负责的主管人员和其他直接责任人员，依法给予行政处分；构成犯罪的，依法追究刑事责任。

第八章　附则

第九十六条　事业单位与实行聘用制的工作人员订立、履行、变更、解除或者终止劳动合同，法律、行政法规或者国务院另有规定的，依照其规定；未作规定的，依照本法有关规定执行。

第九十七条　本法施行前已依法订立且在本法施行之日存续的劳动合同，继续履行；本法第十四条第二款第三项规定连续订立固定期限劳动合同的次数，自本法施行后续订固定期限劳动合同时开始计算。

本法施行前已建立劳动关系，尚未订立书面劳动合同的，应当自本法施行之日起一个月内订立。

本法施行之日存续的劳动合同在本法施行后解除或者终止，依照本法第四十六条规定应当支付经济补偿的，经济补偿年限自本法施行之日起计算；本法施行前按照当时有关规定，用人单位应当向劳动者支付经济补偿的，按照当时有关规定执行。

第九十八条　本法自 2008 年 1 月 1 日起施行。

修正案自 2013 年 7 月 1 日起施行。

修正案公布前已依法订立的劳动合同和劳务派遣协议继续履行至期限届满，但是劳动合同和劳务派遣协议的内容不符合本决定关于按照同工同酬原则实行相同的劳动报酬分配办法的规定的，应当依照本决定进行调整；本决定施行前经营劳务派遣业务的单位，应当在本决定施行之日起一年内依法取得行政许可并办理公司变更登记，方可经营新的劳务派遣业务。具体办法由国务院劳动行政部门会同国务院有关部门规定。

附录3 中华人民共和国劳动合同法实施条例

中华人民共和国国务院令

第 535 号

《中华人民共和国劳动合同法实施条例》已经 2008 年 9 月 3 日国务院第 25 次常务会议通过，现予公布，自公布之日起施行。

总理 温家宝

二〇〇八年九月十八日

中华人民共和国劳动合同法实施条例

第一章 总 则

第一条 为了贯彻实施《中华人民共和国劳动合同法》（以下简称劳动合同法），制定本条例。

第二条 各级人民政府和县级以上人民政府劳动行政等有关部门以及工会等组织，应当采取措施，推动劳动合同法的贯彻实施，促进劳动关系的和谐。

第三条 依法成立的会计师事务所、律师事务所等合伙组织和基金会，属于劳动合同法规定的用人单位。

第二章 劳动合同的订立

第四条 劳动合同法规定的用人单位设立的分支机构，依法取得营业执照或者登记证书的，可以作为用人单位与劳动者订立劳动合同；未依法取得营业执照或者登记证书的，受用人单位委托可以与劳动者订立劳动合同。

第五条 自用工之日起一个月内，经用人单位书面通知后，劳动者不与用人单位订立书面劳动合同的，用人单位应当书面通知劳动者终止劳动关系，无需向劳动者支付经济补偿，但是应当依法向劳动者支付其实际工作时间的劳动报酬。

第六条 用人单位自用工之日起超过一个月不满一年未与劳动者订立书面劳动合同的，应当依照劳动合同法第八十二条的规定向劳动者每月支付两倍的工资，并与劳动者补订书面劳动合同；劳动者不与用人单位订立书面劳动合同的，用人单位应当书面通知劳动者终止劳动关系，并依照劳动合同法第四十七条的规定支付经济补偿。

前款规定的用人单位向劳动者每月支付两倍工资的起算时间为用工之日起满一个月的次日，截止时间为补订书面劳动合同的前一日。

第七条 用人单位自用工之日起满一年未与劳动者订立书面劳动合同的，自用工之日起满一个月的次日至满一年的前一日应当依照劳动合同法第八十二条的规定向劳动者每月支付两倍的工资，并视为自用工之日起满一年的当日已经与劳动者订立无固定期限劳动合同，应当立即与劳动者补订书面劳动合同。

第八条 劳动合同法第七条规定的职工名册，应当包括劳动者姓名、性别、公民身份号码、户籍地址及现住址、联系方式、用工形式、用工起始时间、劳动合同期限等内容。

第九条 劳动合同法第十四条第二款规定的连续工作满10年的起始时间，应当自用人单位用工之日起计算，包括劳动合同法施行前的工作年限。

第十条 劳动者非因本人原因从原用人单位被安排到新用人单位工作的，劳动者在原用人单位的工作年限合并计算为新用人单位的工作年限。原用人单位已经向劳动者支付经济补偿的，新用人单位在依法解除、终止劳动合同计算支付经济补偿的工作年限时，不再计算劳动者在原用人单位的工作年限。

第十一条 除劳动者与用人单位协商一致的情形外，劳动者依照劳动合同法第十四条第二款的规定，提出订立无固定期限劳动合同的，用人单位应当与其订立无固定期限劳动合同。对劳动合同的内容，双方应当按照合法、公平、平等自愿、协商一致、诚实信用的原则协商确定；对协商不一致的内容，依照劳动合同法第十八条的规定执行。

　　第十二条　地方各级人民政府及县级以上地方人民政府有关部门为安置就业困难人员提供的给予岗位补贴和社会保险补贴的公益性岗位，其劳动合同不适用劳动合同法有关无固定期限劳动合同的规定以及支付经济补偿的规定。

　　第十三条　用人单位与劳动者不得在劳动合同法第四十四条规定的劳动合同终止情形之外约定其他的劳动合同终止条件。

　　第十四条　劳动合同履行地与用人单位注册地不一致的，有关劳动者的最低工资标准、劳动保护、劳动条件、职业危害防护和本地区上年度职工月平均工资标准等事项，按照劳动合同履行地的有关规定执行；用人单位注册地的有关标准高于劳动合同履行地的有关标准，且用人单位与劳动者约定按照用人单位注册地的有关规定执行的，从其约定。

　　第十五条　劳动者在试用期的工资不得低于本单位相同岗位最低档工资的80%或者不得低于劳动合同约定工资的80%，并不得低于用人单位所在地的最低工资标准。

　　第十六条　劳动合同法第二十二条第二款规定的培训费用，包括用人单位为了对劳动者进行专业技术培训而支付的有凭证的培训费用、培训期间的差旅费用以及因培训产生的用于该劳动者的其他直接费用。

　　第十七条　劳动合同期满，但是用人单位与劳动者依照劳动合同法第二十二条的规定约定的服务期尚未到期的，劳动合同应当续延至服务期满；双方另有约定的，从其约定。

第三章　劳动合同的解除和终止

　　第十八条　有下列情形之一的，依照劳动合同法规定的条件、程序，劳动者可以与用人单位解除固定期限劳动合同、无固定期限劳动合同或者以完成一定工作任务为期限的劳动合同：

　　（一）劳动者与用人单位协商一致的；

　　（二）劳动者提前30日以书面形式通知用人单位的；

　　（三）劳动者在试用期内提前3日通知用人单位的；

（四）用人单位未按照劳动合同约定提供劳动保护或者劳动条件的；

（五）用人单位未及时足额支付劳动报酬的；

（六）用人单位未依法为劳动者缴纳社会保险费的；

（七）用人单位的规章制度违反法律、法规的规定，损害劳动者权益的；

（八）用人单位以欺诈、胁迫的手段或者乘人之危，使劳动者在违背真实意思的情况下订立或者变更劳动合同的；

（九）用人单位在劳动合同中免除自己的法定责任、排除劳动者权利的；

（十）用人单位违反法律、行政法规强制性规定的；

（十一）用人单位以暴力、威胁或者非法限制人身自由的手段强迫劳动者劳动的；

（十二）用人单位违章指挥、强令冒险作业危及劳动者人身安全的；

（十三）法律、行政法规规定劳动者可以解除劳动合同的其他情形。

第十九条 有下列情形之一的，依照劳动合同法规定的条件、程序，用人单位可以与劳动者解除固定期限劳动合同、无固定期限劳动合同或者以完成一定工作任务为期限的劳动合同：

（一）用人单位与劳动者协商一致的；

（二）劳动者在试用期间被证明不符合录用条件的；

（三）劳动者严重违反用人单位的规章制度的；

（四）劳动者严重失职，营私舞弊，给用人单位造成重大损害的；

（五）劳动者同时与其他用人单位建立劳动关系，对完成本单位的工作任务造成严重影响，或者经用人单位提出，拒不改正的；

（六）劳动者以欺诈、胁迫的手段或者乘人之危，使用人单位在违背真实意思的情况下订立或者变更劳动合同的；

（七）劳动者被依法追究刑事责任的；

（八）劳动者患病或者非因工负伤，在规定的医疗期满后不能从事原工作，也不能从事由用人单位另行安排的工作的；

（九）劳动者不能胜任工作，经过培训或者调整工作岗位，仍不能胜任工作的；

（十）劳动合同订立时所依据的客观情况发生重大变化，致使劳动合同无法履行，经用人单位与劳动者协商，未能就变更劳动合同内容达成协议的；

（十一）用人单位依照企业破产法规定进行重整的；

（十二）用人单位生产经营发生严重困难的；

（十三）企业转产、重大技术革新或者经营方式调整，经变更劳动合同后，仍需裁减人员的；

（十四）其他因劳动合同订立时所依据的客观经济情况发生重大变化，致使劳动合同无法履行的。

第二十条　用人单位依照劳动合同法第四十条的规定，选择额外支付劳动者一个月工资解除劳动合同的，其额外支付的工资应当按照该劳动者上一个月的工资标准确定。

第二十一条　劳动者达到法定退休年龄的，劳动合同终止。

第二十二条　以完成一定工作任务为期限的劳动合同因任务完成而终止的，用人单位应当依照劳动合同法第四十七条的规定向劳动者支付经济补偿。

第二十三条　用人单位依法终止工伤职工的劳动合同的，除依照劳动合同法第四十七条的规定支付经济补偿外，还应当依照国家有关工伤保险的规定支付一次性工伤医疗补助金和伤残就业补助金。

第二十四条　用人单位出具的解除、终止劳动合同的证明，应当写明劳动合同期限、解除或者终止劳动合同的日期、工作岗位、在本单位的工作年限。

第二十五条　用人单位违反劳动合同法的规定解除或者终止劳动合同，依照劳动合同法第八十七条的规定支付了赔偿金的，不再支付经济补偿。赔偿金的计算年限自用工之日起计算。

第二十六条　用人单位与劳动者约定了服务期，劳动者依照劳动合同法第三十八条的规定解除劳动合同的，不属于违反服务期的约定，用人单位不得要求劳动者支付违约金。

有下列情形之一，用人单位与劳动者解除约定服务期的劳动合同的，劳动者应当按照劳动合同的约定向用人单位支付违约金：

（一）劳动者严重违反用人单位的规章制度的；

（二）劳动者严重失职，营私舞弊，给用人单位造成重大损害的；

（三）劳动者同时与其他用人单位建立劳动关系，对完成本单位的工作任务造成严重影响，或者经用人单位提出，拒不改正的；

（四）劳动者以欺诈、胁迫的手段或者乘人之危，使用人单位在违背真实意思的情况下订立或者变更劳动合同的；

（五）劳动者被依法追究刑事责任的。

第二十七条　劳动合同法第四十七条规定的经济补偿的月工资按照劳动者应得工资计算，包括计时工资或者计件工资以及奖金、津贴和补贴等货币性收入。劳动者在劳动合同解除或者终止前 12 个月的平均工资低于当地最低工资标准的，按照当地最低工资标准计算。劳动者工作不满 12 个月的，按照实际工作的月数计算平均工资。

第四章　劳务派遣特别规定

第二十八条　用人单位或者其所属单位出资或者合伙设立的劳务派遣单位，向本单位或者所属单位派遣劳动者的，属于劳动合同法第六十七条规定的不得设立的劳务派遣单位。

第二十九条　用工单位应当履行劳动合同法第六十二条规定的义务，维护被派遣劳动者的合法权益。

第三十条　劳务派遣单位不得以非全日制用工形式招用被派遣劳动者。

第三十一条　劳务派遣单位或者被派遣劳动者依法解除、终止劳动合同的经济补偿，依照劳动合同法第四十六条、第四十七条的规定执行。

第三十二条　劳务派遣单位违法解除或者终止被派遣劳动者的劳动合同的，依照劳动合同法第四十八条的规定执行。

第五章　法律责任

第三十三条　用人单位违反劳动合同法有关建立职工名册规定的，由劳动行政部门责令限期改正；逾期不改正的，由劳动行政部门处 2000 元以上 2 万元以下的罚款。

第三十四条　用人单位依照劳动合同法的规定应当向劳动者每月支付两倍的工资或者应当向劳动者支付赔偿金而未支付的，劳动行政部门应当责令用人单位支付。

第三十五条 用工单位违反劳动合同法和本条例有关劳务派遣规定的，由劳动行政部门和其他有关主管部门责令改正；情节严重的，以每位被派遣劳动者1000元以上5000元以下的标准处以罚款；给被派遣劳动者造成损害的，劳务派遣单位和用工单位承担连带赔偿责任。

第六章 附 则

第三十六条 对违反劳动合同法和本条例的行为的投诉、举报，县级以上地方人民政府劳动行政部门依照《劳动保障监察条例》的规定处理。

第三十七条 劳动者与用人单位因订立、履行、变更、解除或者终止劳动合同发生争议的，依照《中华人民共和国劳动争议调解仲裁法》的规定处理。

第三十八条 本条例自公布之日起施行。

附录 4　中华人民共和国公务员法

中华人民共和国公务员法

2005 年 4 月 27 日，第十届全国人民代表大会常务委员会第十五次会议通过。

根据 2017 年 9 月 1 日，第十二届全国人民代表大会常务委员会第二十九次会议《关于修改〈中华人民共和国法官法〉等八部法律的决定》修正。

2018 年 12 月 29 日，第十三届全国人民代表大会常务委员会第七次会议修订。

第一章　总则
第二章　公务员的条件、义务与权利
第三章　职务、职级与级别
第四章　录用
第五章　考核
第六章　职务、职级任免
第七章　职务、职级升降
第八章　奖励
第九章　监督与惩戒
第十章　培训
第十一章　交流与回避
第十二章　工资、福利与保险
第十三章　辞职与辞退
第十四章　退休
第十五章　申诉与控告
第十六章　职位聘任
第十七章　法律责任

第十八章　附则

第一章　总则

第一条　为了规范公务员的管理，保障公务员的合法权益，加强对公务员的监督，促进公务员正确履职尽责，建设信念坚定、为民服务、勤政务实、敢于担当、清正廉洁的高素质专业化公务员队伍，根据宪法，制定本法。

第二条　本法所称公务员，是指依法履行公职、纳入国家行政编制、由国家财政负担工资福利的工作人员。

公务员是干部队伍的重要组成部分，是社会主义事业的中坚力量，是人民的公仆。

第三条　公务员的义务、权利和管理，适用本法。

法律对公务员中领导成员的产生、任免、监督以及监察官、法官、检察官等的义务、权利和管理另有规定的，从其规定。

第四条　公务员制度坚持中国共产党领导，坚持以马克思列宁主义、毛泽东思想、邓小平理论、"三个代表"重要思想、科学发展观、习近平新时代中国特色社会主义思想为指导，贯彻社会主义初级阶段的基本路线，贯彻新时代中国共产党的组织路线，坚持党管干部原则。

第五条　公务员的管理，坚持公开、平等、竞争、择优的原则，依照法定的权限、条件、标准和程序进行。

第六条　公务员的管理，坚持监督约束与激励保障并重的原则。

第七条　公务员的任用，坚持德才兼备、以德为先，坚持五湖四海、任人唯贤，坚持事业为上、公道正派，突出政治标准，注重工作实绩。

第八条　国家对公务员实行分类管理，提高管理效能和科学化水平。

第九条　公务员就职时应当依照法律规定公开进行宪法宣誓。

第十条　公务员依法履行职责的行为，受法律保护。

第十一条　公务员工资、福利、保险以及录用、奖励、培训、辞退等所需经费，列入财政预算，予以保障。

第十二条　中央公务员主管部门负责全国公务员的综合管理工作。

县级以上地方各级公务员主管部门负责本辖区内公务员的综合管理工作。上级公务员主管部门指导下级公务员主管部门的公务员管理工作。各级公务员主管部门指导同级各机关的公务员管理工作。

第二章　公务员的条件、义务与权利

第十三条　公务员应当具备下列条件：

（一）具有中华人民共和国国籍；

（二）年满十八周岁；

（三）拥护中华人民共和国宪法，拥护中国共产党领导和社会主义制度；

（四）具有良好的政治素质和道德品行；

（五）具有正常履行职责的身体条件和心理素质；

（六）具有符合职位要求的文化程度和工作能力；

（七）法律规定的其他条件。

第十四条　公务员应当履行下列义务：

（一）忠于宪法，模范遵守、自觉维护宪法和法律，自觉接受中国共产党领导；

（二）忠于国家，维护国家的安全、荣誉和利益；

（三）忠于人民，全心全意为人民服务，接受人民监督；

（四）忠于职守，勤勉尽责，服从和执行上级依法作出的决定和命令，按照规定的权限和程序履行职责，努力提高工作质量和效率；

（五）保守国家秘密和工作秘密；

（六）带头践行社会主义核心价值观，坚守法治，遵守纪律，恪守职业道德，模范遵守社会公德、家庭美德；

（七）清正廉洁，公道正派；

（八）法律规定的其他义务。

第十五条　公务员享有下列权利：

（一）获得履行职责应当具有的工作条件；

（二）非因法定事由、非经法定程序，不被免职、降职、辞退或者处分；

（三）获得工资报酬，享受福利、保险待遇；

（四）参加培训；

（五）对机关工作和领导人员提出批评和建议；

（六）提出申诉和控告；

（七）申请辞职；

（八）法律规定的其他权利。

第三章　职务、职级与级别

第十六条　国家实行公务员职位分类制度。

公务员职位类别按照公务员职位的性质、特点和管理需要，划分为综合管理类、专业技术类和行政执法类等类别。根据本法，对于具有职位特殊性，需要单独管理的，可以增设其他职位类别。各职位类别的适用范围由国家另行规定。

第十七条　国家实行公务员职务与职级并行制度，根据公务员职位类别和职责设置公务员领导职务、职级序列。

第十八条　公务员领导职务根据宪法、有关法律和机构规格设置。

领导职务层次分为：国家级正职、国家级副职、省部级正职、省部级副职、厅局级正职、厅局级副职、县处级正职、县处级副职、乡科级正职、乡科级副职。

第十九条　公务员职级在厅局级以下设置。

综合管理类公务员职级序列分为：一级巡视员、二级巡视员、一级调研员、二级调研员、三级调研员、四级调研员、一级主任科员、二级主任科员、三级主任科员、四级主任科员、一级科员、二级科员。

综合管理类以外其他职位类别公务员的职级序列，根据本法由国家另行规定。

第二十条　各机关依照确定的职能、规格、编制限额、职数以及结构比例，设置本机关公务员的具体职位，并确定各职位的工作职责和任职资格条件。

第二十一条　公务员的领导职务、职级应当对应相应的级别。公务员领导职务、职级与级别的对应关系，由国家规定。

根据工作需要和领导职务与职级的对应关系，公务员担任的领导职务和职级可以互相转任、兼任；符合规定资格条件的，可以晋升领导职务或者职级。

公务员的级别根据所任领导职务、职级及其德才表现、工作实绩和资历确定。公务员在同一领导职务、职级上，可以按照国家规定晋升级别。

公务员的领导职务、职级与级别是确定公务员工资以及其他待遇的依据。

第二十二条　国家根据人民警察、消防救援人员以及海关、驻外外交机构等公务员的工作特点，设置与其领导职务、职级相对应的衔级。

第四章　录用

第二十三条　录用担任一级主任科员以下及其他相当职级层次的公务员，采取公开考试、严格考察、平等竞争、择优录取的办法。

民族自治地方依照前款规定录用公务员时，依照法律和有关规定对少数民族报考者予以适当照顾。

第二十四条　中央机关及其直属机构公务员的录用，由中央公务员主管部门负责组织。地方各级机关公务员的录用，由省级公务员主管部门负责组织，必要时省级公务员主管部门可以授权设区的市级公务员主管部门组织。

第二十五条　报考公务员，除应当具备本法第十三条规定的条件以外，还应当具备省级以上公务员主管部门规定的拟任职位所要求的资格条件。

国家对行政机关中初次从事行政处罚决定审核、行政复议、行政裁决、法律顾问的公务员实行统一法律职业资格考试制度，由国务院司法行政部门商有关部门组织实施。

第二十六条　下列人员不得录用为公务员：

（一）因犯罪受过刑事处罚的；

（二）被开除中国共产党党籍的；

（三）被开除公职的；

（四）被依法列为失信联合惩戒对象的；

（五）有法律规定不得录用为公务员的其他情形的。

第二十七条　录用公务员，应当在规定的编制限额内，并有相应的职位空缺。

第二十八条 录用公务员，应当发布招考公告。招考公告应当载明招考的职位、名额、报考资格条件、报考需要提交的申请材料以及其他报考须知事项。

招录机关应当采取措施，便利公民报考。

第二十九条 招录机关根据报考资格条件对报考申请进行审查。报考者提交的申请材料应当真实、准确。

第三十条 公务员录用考试采取笔试和面试等方式进行，考试内容根据公务员应当具备的基本能力和不同职位类别、不同层级机关分别设置。

第三十一条 招录机关根据考试成绩确定考察人选，并进行报考资格复审、考察和体检。

体检的项目和标准根据职位要求确定。具体办法由中央公务员主管部门会同国务院卫生健康行政部门规定。

第三十二条 招录机关根据考试成绩、考察情况和体检结果，提出拟录用人员名单，并予以公示。公示期不少于五个工作日。

公示期满，中央一级招录机关应当将拟录用人员名单报中央公务员主管部门备案；地方各级招录机关应当将拟录用人员名单报省级或者设区的市级公务员主管部门审批。

第三十三条 录用特殊职位的公务员，经省级以上公务员主管部门批准，可以简化程序或者采用其他测评办法。

第三十四条 新录用的公务员试用期为一年。试用期满合格的，予以任职；不合格的，取消录用。

第五章　考核

第三十五条 公务员的考核应当按照管理权限，全面考核公务员的德、能、勤、绩、廉，重点考核政治素质和工作实绩。考核指标根据不同职位类别、不同层级机关分别设置。

第三十六条 公务员的考核分为平时考核、专项考核和定期考核等方式。定期考核以平时考核、专项考核为基础。

第三十七条 非领导成员公务员的定期考核采取年度考核的方式。

先由个人按照职位职责和有关要求进行总结，主管领导在听取群众意见后，提出考核等次建议，由本机关负责人或者授权的考核委员会确定考核等次。

领导成员的考核由主管机关按照有关规定办理。

第三十八条　定期考核的结果分为优秀、称职、基本称职和不称职四个等次。

定期考核的结果应当以书面形式通知公务员本人。

第三十九条　定期考核的结果作为调整公务员职位、职务、职级、级别、工资以及公务员奖励、培训、辞退的依据。

第六章　职务、职级任免

第四十条　公务员领导职务实行选任制、委任制和聘任制。公务员职级实行委任制和聘任制。

领导成员职务按照国家规定实行任期制。

第四十一条　选任制公务员在选举结果生效时即任当选职务；任期届满不再连任或者任期内辞职、被罢免、被撤职的，其所任职务即终止。

第四十二条　委任制公务员试用期满考核合格，职务、职级发生变化，以及其他情形需要任免职务、职级的，应当按照管理权限和规定的程序任免。

第四十三条　公务员任职应当在规定的编制限额和职数内进行，并有相应的职位空缺。

第四十四条　公务员因工作需要在机关外兼职，应当经有关机关批准，并不得领取兼职报酬。

第七章　职务、职级升降

第四十五条　公务员晋升领导职务，应当具备拟任职务所要求的政治素质、工作能力、文化程度和任职经历等方面的条件和资格。

公务员领导职务应当逐级晋升。特别优秀的或者工作特殊需要的，可以按照规定破格或者越级晋升。

第四十六条 公务员晋升领导职务，按照下列程序办理：

（一）动议；

（二）民主推荐；

（三）确定考察对象，组织考察；

（四）按照管理权限讨论决定；

（五）履行任职手续。

第四十七条 厅局级正职以下领导职务出现空缺且本机关没有合适人选的，可以通过适当方式面向社会选拔任职人选。

第四十八条 公务员晋升领导职务的，应当按照有关规定实行任职前公示制度和任职试用期制度。

第四十九条 公务员职级应当逐级晋升，根据个人德才表现、工作实绩和任职资历，参考民主推荐或者民主测评结果确定人选，经公示后，按照管理权限审批。

第五十条 公务员的职务、职级实行能上能下。对不适宜或者不胜任现任职务、职级的，应当进行调整。

公务员在年度考核中被确定为不称职的，按照规定程序降低一个职务或者职级层次任职。

第八章　奖励

第五十一条 对工作表现突出，有显著成绩和贡献，或者有其他突出事迹的公务员或者公务员集体，给予奖励。奖励坚持定期奖励与及时奖励相结合，精神奖励与物质奖励相结合、以精神奖励为主的原则。

公务员集体的奖励适用于按照编制序列设置的机构或者为完成专项任务组成的工作集体。

第五十二条 公务员或者公务员集体有下列情形之一的，给予奖励：

（一）忠于职守，积极工作，勇于担当，工作实绩显著的；

（二）遵纪守法，廉洁奉公，作风正派，办事公道，模范作用突出的；

（三）在工作中有发明创造或者提出合理化建议，取得显著经济效益或者社会效益的；

（四）为增进民族团结，维护社会稳定做出突出贡献的；

（五）爱护公共财产，节约国家资财有突出成绩的；

（六）防止或者消除事故有功，使国家和人民群众利益免受或者减少损失的；

（七）在抢险、救灾等特定环境中做出突出贡献的；

（八）同违纪违法行为作斗争有功绩的；

（九）在对外交往中为国家争得荣誉和利益的；

（十）有其他突出功绩的。

第五十三条　奖励分为：嘉奖、记三等功、记二等功、记一等功、授予称号。

对受奖励的公务员或者公务员集体予以表彰，并对受奖励的个人给予一次性奖金或者其他待遇。

第五十四条　给予公务员或者公务员集体奖励，按照规定的权限和程序决定或者审批。

第五十五条　按照国家规定，可以向参与特定时期、特定领域重大工作的公务员颁发纪念证书或者纪念章。

第五十六条　公务员或者公务员集体有下列情形之一的，撤销奖励：

（一）弄虚作假，骗取奖励的；

（二）申报奖励时隐瞒严重错误或者严重违反规定程序的；

（三）有严重违纪违法等行为，影响称号声誉的；

（四）有法律、法规规定应当撤销奖励的其他情形的。

第九章　监督与惩戒

第五十七条　机关应当对公务员的思想政治、履行职责、作风表现、遵纪守法等情况进行监督，开展勤政廉政教育，建立日常管理监督制度。

对公务员监督发现问题的，应当区分不同情况，予以谈话提醒、批评教育、责令检查、诫勉、组织调整、处分。

对公务员涉嫌职务违法和职务犯罪的，应当依法移送监察机关处理。

第五十八条 公务员应当自觉接受监督,按照规定请示报告工作、报告个人有关事项。

第五十九条 公务员应当遵纪守法,不得有下列行为:

(一)散布有损宪法权威、中国共产党和国家声誉的言论,组织或者参加旨在反对宪法、中国共产党领导和国家的集会、游行、示威等活动;

(二)组织或者参加非法组织,组织或者参加罢工;

(三)挑拨、破坏民族关系,参加民族分裂活动或者组织、利用宗教活动破坏民族团结和社会稳定;

(四)不担当,不作为,玩忽职守,贻误工作;

(五)拒绝执行上级依法作出的决定和命令;

(六)对批评、申诉、控告、检举进行压制或者打击报复;

(七)弄虚作假,误导、欺骗领导和公众;

(八)贪污贿赂,利用职务之便为自己或者他人谋取私利;

(九)违反财经纪律,浪费国家资财;

(十)滥用职权,侵害公民、法人或者其他组织的合法权益;

(十一)泄露国家秘密或者工作秘密;

(十二)在对外交往中损害国家荣誉和利益;

(十三)参与或者支持色情、吸毒、赌博、迷信等活动;

(十四)违反职业道德、社会公德和家庭美德;

(十五)违反有关规定参与禁止的网络传播行为或者网络活动;

(十六)违反有关规定从事或者参与营利性活动,在企业或者其他营利性组织中兼任职务;

(十七)旷工或者因公外出、请假期满无正当理由逾期不归;

(十八)违纪违法的其他行为。

第六十条 公务员执行公务时,认为上级的决定或者命令有错误的,可以向上级提出改正或者撤销该决定或者命令的意见;上级不改变该决定或者命令,或者要求立即执行的,公务员应当执行该决定或者命令,执行的后果由上级负责,公务员不承担责任;但是,公务员执行明显违法的决定或者命令的,应当依法承担相应的责任。

第六十一条 公务员因违纪违法应当承担纪律责任的,依照本法给予处分或者由监察机关依法给予政务处分;违纪违法行为情节轻微,经批评教育后改正的，可以免予处分。

对同一违纪违法行为，监察机关已经作出政务处分决定的，公务员所在机关不再给予处分。

第六十二条　处分分为：警告、记过、记大过、降级、撤职、开除。

第六十三条　对公务员的处分，应当事实清楚、证据确凿、定性准确、处理恰当、程序合法、手续完备。

公务员违纪违法的，应当由处分决定机关决定对公务员违纪违法的情况进行调查，并将调查认定的事实以及拟给予处分的依据告知公务员本人。公务员有权进行陈述和申辩；处分决定机关不得因公务员申辩而加重处分。

处分决定机关认为对公务员应当给予处分的，应当在规定的期限内，按照管理权限和规定的程序作出处分决定。处分决定应当以书面形式通知公务员本人。

第六十四条　公务员在受处分期间不得晋升职务、职级和级别，其中受记过、记大过、降级、撤职处分的，不得晋升工资档次。

受处分的期间为：警告，六个月；记过，十二个月；记大过，十八个月；降级、撤职，二十四个月。

受撤职处分的，按照规定降低级别。

第六十五条　公务员受开除以外的处分，在受处分期间有悔改表现，并且没有再发生违纪违法行为的，处分期满后自动解除。

解除处分后，晋升工资档次、级别和职务、职级不再受原处分的影响。但是，解除降级、撤职处分的，不视为恢复原级别、原职务、原职级。

第十章　培训

第六十六条　机关根据公务员工作职责的要求和提高公务员素质的需要，对公务员进行分类分级培训。

国家建立专门的公务员培训机构。机关根据需要也可以委托其他培训机构承担公务员培训任务。

第六十七条　机关对新录用人员应当在试用期内进行初任培训；对

晋升领导职务的公务员应当在任职前或者任职后一年内进行任职培训；对从事专项工作的公务员应当进行专门业务培训；对全体公务员应当进行提高政治素质和工作能力、更新知识的在职培训，其中对专业技术类公务员应当进行专业技术培训。

国家有计划地加强对优秀年轻公务员的培训。

第六十八条　公务员的培训实行登记管理。

公务员参加培训的时间由公务员主管部门按照本法第六十七条规定的培训要求予以确定。

公务员培训情况、学习成绩作为公务员考核的内容和任职、晋升的依据之一。

第十一章　交流与回避

第六十九条　国家实行公务员交流制度。

公务员可以在公务员和参照本法管理的工作人员队伍内部交流，也可以与国有企业和不参照本法管理的事业单位中从事公务的人员交流。

交流的方式包括调任、转任。

第七十条　国有企业、高等院校和科研院所以及其他不参照本法管理的事业单位中从事公务的人员，可以调入机关担任领导职务或者四级调研员以上及其他相当层次的职级。

调任人选应当具备本法第十三条规定的条件和拟任职位所要求的资格条件，并不得有本法第二十六条规定的情形。调任机关应当根据上述规定，对调任人选进行严格考察，并按照管理权限审批，必要时可以对调任人选进行考试。

第七十一条　公务员在不同职位之间转任应当具备拟任职位所要求的资格条件，在规定的编制限额和职数内进行。

对省部级正职以下的领导成员应当有计划、有重点地实行跨地区、跨部门转任。

对担任机关内设机构领导职务和其他工作性质特殊的公务员，应当有计划地在本机关内转任。

上级机关应当注重从基层机关公开遴选公务员。

第七十二条　根据工作需要，机关可以采取挂职方式选派公务员承担重大工程、重大项目、重点任务或者其他专项工作。

公务员在挂职期间，不改变与原机关的人事关系。

第七十三条　公务员应当服从机关的交流决定。

公务员本人申请交流的，按照管理权限审批。

第七十四条　公务员之间有夫妻关系、直系血亲关系、三代以内旁系血亲关系以及近姻亲关系的，不得在同一机关双方直接隶属于同一领导人员的职位或者有直接上下级领导关系的职位工作，也不得在其中一方担任领导职务的机关从事组织、人事、纪检、监察、审计和财务工作。

公务员不得在其配偶、子女及其配偶经营的企业、营利性组织的行业监管或者主管部门担任领导成员。

因地域或者工作性质特殊，需要变通执行任职回避的，由省级以上公务员主管部门规定。

第七十五条　公务员担任乡级机关、县级机关、设区的市级机关及其有关部门主要领导职务的，应当按照有关规定实行地域回避。

第七十六条　公务员执行公务时，有下列情形之一的，应当回避：

（一）涉及本人利害关系的；

（二）涉及与本人有本法第七十四条第一款所列亲属关系人员的利害关系的；

（三）其他可能影响公正执行公务的。

第七十七条　公务员有应当回避情形的，本人应当申请回避；利害关系人有权申请公务员回避。其他人员可以向机关提供公务员需要回避的情况。

机关根据公务员本人或者利害关系人的申请，经审查后作出是否回避的决定，也可以不经申请直接作出回避决定。

第七十八条　法律对公务员回避另有规定的，从其规定。

第十二章　工资、福利与保险

第七十九条　公务员实行国家统一规定的工资制度。

公务员工资制度贯彻按劳分配的原则，体现工作职责、工作能力、工作实绩、资历等因素，保持不同领导职务、职级、级别之间的合理工资差距。

国家建立公务员工资的正常增长机制。

第八十条 公务员工资包括基本工资、津贴、补贴和奖金。

公务员按照国家规定享受地区附加津贴、艰苦边远地区津贴、岗位津贴等津贴。

公务员按照国家规定享受住房、医疗等补贴、补助。

公务员在定期考核中被确定为优秀、称职的，按照国家规定享受年终奖金。

公务员工资应当按时足额发放。

第八十一条 公务员的工资水平应当与国民经济发展相协调、与社会进步相适应。

国家实行工资调查制度，定期进行公务员和企业相当人员工资水平的调查比较，并将工资调查比较结果作为调整公务员工资水平的依据。

第八十二条 公务员按照国家规定享受福利待遇。国家根据经济社会发展水平提高公务员的福利待遇。

公务员执行国家规定的工时制度，按照国家规定享受休假。公务员在法定工作日之外加班的，应当给予相应的补休，不能补休的按照国家规定给予补助。

第八十三条 公务员依法参加社会保险，按照国家规定享受保险待遇。

公务员因公牺牲或者病故的，其亲属享受国家规定的抚恤和优待。

第八十四条 任何机关不得违反国家规定自行更改公务员工资、福利、保险政策，擅自提高或者降低公务员的工资、福利、保险待遇。任何机关不得扣减或者拖欠公务员的工资。

第十三章　辞职与辞退

第八十五条 公务员辞去公职，应当向任免机关提出书面申请。任免机关应当自接到申请之日起三十日内予以审批，其中对领导成员辞去公职的申请，应当自接到申请之日起九十日内予以审批。

第八十六条 公务员有下列情形之一的，不得辞去公职：

（一）未满国家规定的最低服务年限的；

（二）在涉及国家秘密等特殊职位任职或者离开上述职位不满国家规定的脱密期限的；

（三）重要公务尚未处理完毕，且须由本人继续处理的；

（四）正在接受审计、纪律审查、监察调查，或者涉嫌犯罪，司法程序尚未终结的；

（五）法律、行政法规规定的其他不得辞去公职的情形。

第八十七条　担任领导职务的公务员，因工作变动依照法律规定需要辞去现任职务的，应当履行辞职手续。

担任领导职务的公务员，因个人或者其他原因，可以自愿提出辞去领导职务。

领导成员因工作严重失误、失职造成重大损失或者恶劣社会影响的，或者对重大事故负有领导责任的，应当引咎辞去领导职务。

领导成员因其他原因不再适合担任现任领导职务的，或者应当引咎辞职本人不提出辞职的，应当责令其辞去领导职务。

第八十八条　公务员有下列情形之一的，予以辞退：

（一）在年度考核中，连续两年被确定为不称职的；

（二）不胜任现职工作，又不接受其他安排的；

（三）因所在机关调整、撤销、合并或者缩减编制员额需要调整工作，本人拒绝合理安排的；

（四）不履行公务员义务，不遵守法律和公务员纪律，经教育仍无转变，不适合继续在机关工作，又不宜给予开除处分的；

（五）旷工或者因公外出、请假期满无正当理由逾期不归连续超过十五天，或者一年内累计超过三十天的。

第八十九条　对有下列情形之一的公务员，不得辞退：

（一）因公致残，被确认丧失或者部分丧失工作能力的；

（二）患病或者负伤，在规定的医疗期内的；

（三）女性公务员在孕期、产假、哺乳期内的；

（四）法律、行政法规规定的其他不得辞退的情形。

第九十条　辞退公务员，按照管理权限决定。辞退决定应当以书面形式通知被辞退的公务员，并应当告知辞退依据和理由。

被辞退的公务员，可以领取辞退费或者根据国家有关规定享受失业保险。

第九十一条　公务员辞职或者被辞退，离职前应当办理公务交接手续，必要时按照规定接受审计。

第十四章　退休

第九十二条　公务员达到国家规定的退休年龄或者完全丧失工作能力的，应当退休。

第九十三条　公务员符合下列条件之一的，本人自愿提出申请，经任免机关批准，可以提前退休：

（一）工作年限满三十年的；

（二）距国家规定的退休年龄不足五年，且工作年限满二十年的；

（三）符合国家规定的可以提前退休的其他情形的。

第九十四条　公务员退休后，享受国家规定的养老金和其他待遇，国家为其生活和健康提供必要的服务和帮助，鼓励发挥个人专长，参与社会发展。

第十五章　申诉与控告

第九十五条　公务员对涉及本人的下列人事处理不服的，可以自知道该人事处理之日起三十日内向原处理机关申请复核；对复核结果不服的，可以自接到复核决定之日起十五日内，按照规定向同级公务员主管部门或者作出该人事处理的机关的上一级机关提出申诉；也可以不经复核，自知道该人事处理之日起三十日内直接提出申诉：

（一）处分；

（二）辞退或者取消录用；

（三）降职；

（四）定期考核定为不称职；

（五）免职；

（六）申请辞职、提前退休未予批准；

（七）不按照规定确定或者扣减工资、福利、保险待遇；

（八）法律、法规规定可以申诉的其他情形。

对省级以下机关作出的申诉处理决定不服的，可以向作出处理决定的上一级机关提出再申诉。

受理公务员申诉的机关应当组成公务员申诉公正委员会，负责受理和审理公务员的申诉案件。

公务员对监察机关作出的涉及本人的处理决定不服向监察机关申请复审、复核的，按照有关规定办理。

第九十六条　原处理机关应当自接到复核申请书后的三十日内作出复核决定，并以书面形式告知申请人。受理公务员申诉的机关应当自受理之日起六十日内作出处理决定；案情复杂的，可以适当延长，但是延长时间不得超过三十日。

复核、申诉期间不停止人事处理的执行。

公务员不因申请复核、提出申诉而被加重处理。

第九十七条　公务员申诉的受理机关审查认定人事处理有错误的，原处理机关应当及时予以纠正。

第九十八条　公务员认为机关及其领导人员侵犯其合法权益的，可以依法向上级机关或者监察机关提出控告。受理控告的机关应当按照规定及时处理。

第九十九条　公务员提出申诉、控告，应当尊重事实，不得捏造事实，诬告、陷害他人。对捏造事实，诬告、陷害他人的，依法追究法律责任。

第十六章　职位聘任

第一百条　机关根据工作需要，经省级以上公务员主管部门批准，可以对专业性较强的职位和辅助性职位实行聘任制。

前款所列职位涉及国家秘密的，不实行聘任制。

第一百零一条　机关聘任公务员可以参照公务员考试录用的程序进行公开招聘，也可以从符合条件的人员中直接选聘。

机关聘任公务员应当在规定的编制限额和工资经费限额内进行。

第一百零二条　机关聘任公务员，应当按照平等自愿、协商一致的原则，签订书面的聘任合同，确定机关与所聘公务员双方的权利、义务。聘任合同经双方协商一致可以变更或者解除。

聘任合同的签订、变更或者解除，应当报同级公务员主管部门备案。

第一百零三条 聘任合同应当具备合同期限，职位及其职责要求，工资、福利、保险待遇，违约责任等条款。

聘任合同期限为一年至五年。聘任合同可以约定试用期，试用期为一个月至十二个月。

聘任制公务员实行协议工资制，具体办法由中央公务员主管部门规定。

第一百零四条 机关依据本法和聘任合同对所聘公务员进行管理。

第一百零五条 聘任制公务员与所在机关之间因履行聘任合同发生争议的，可以自争议发生之日起六十日内申请仲裁。

省级以上公务员主管部门根据需要设立人事争议仲裁委员会，受理仲裁申请。人事争议仲裁委员会由公务员主管部门的代表、聘用机关的代表、聘任制公务员的代表以及法律专家组成。

当事人对仲裁裁决不服的，可以自接到仲裁裁决书之日起十五日内向人民法院提起诉讼。仲裁裁决生效后，一方当事人不履行的，另一方当事人可以申请人民法院执行。

第十七章 法律责任

第一百零六条 对有下列违反本法规定情形的，由县级以上领导机关或者公务员主管部门按照管理权限，区别不同情况，分别予以责令纠正或者宣布无效；对负有责任的领导人员和直接责任人员，根据情节轻重，给予批评教育、责令检查、诫勉、组织调整、处分；构成犯罪的，依法追究刑事责任：

（一）不按照编制限额、职数或者任职资格条件进行公务员录用、调任、转任、聘任和晋升的；

（二）不按照规定条件进行公务员奖惩、回避和办理退休的；

（三）不按照规定程序进行公务员录用、调任、转任、聘任、晋升以及考核、奖惩的；

（四）违反国家规定，更改公务员工资、福利、保险待遇标准的；

（五）在录用、公开遴选等工作中发生泄露试题、违反考场纪律以及其他严重影响公开、公正行为的；

（六）不按照规定受理和处理公务员申诉、控告的；

（七）违反本法规定的其他情形的。

第一百零七条　公务员辞去公职或者退休的，原系领导成员、县处级以上领导职务的公务员在离职三年内，其他公务员在离职两年内，不得到与原工作业务直接相关的企业或者其他营利性组织任职，不得从事与原工作业务直接相关的营利性活动。

公务员辞去公职或者退休后有违反前款规定行为的，由其原所在机关的同级公务员主管部门责令限期改正；逾期不改正的，由县级以上市场监管部门没收该人员从业期间的违法所得，责令接收单位将该人员予以清退，并根据情节轻重，对接收单位处以被处罚人员违法所得一倍以上五倍以下的罚款。

第一百零八条　公务员主管部门的工作人员，违反本法规定，滥用职权、玩忽职守、徇私舞弊，构成犯罪的，依法追究刑事责任；尚不构成犯罪的，给予处分或者由监察机关依法给予政务处分。

第一百零九条　在公务员录用、聘任等工作中，有隐瞒真实信息、弄虚作假、考试作弊、扰乱考试秩序等行为的，由公务员主管部门根据情节作出考试成绩无效、取消资格、限制报考等处理；情节严重的，依法追究法律责任。

第一百一十条　机关因错误的人事处理对公务员造成名誉损害的，应当赔礼道歉、恢复名誉、消除影响；造成经济损失的，应当依法给予赔偿。

第十八章　附则

第一百一十一条　本法所称领导成员，是指机关的领导人员，不包括机关内设机构担任领导职务的人员。

第一百一十二条　法律、法规授权的具有公共事务管理职能的事业单位中除工勤人员以外的工作人员，经批准参照本法进行管理。

第一百一十三条　本法自 2019 年 6 月 1 日起施行。

附录5　中华人民共和国就业促进法

中华人民共和国就业促进法

2007 年 8 月 30 日第十届全国人民代表大会常务委员会第二十九次会议通过。

根据 2015 年 4 月 24 日第十二届全国人民代表大会常务委员会第十四次会议《关于修改〈中华人民共和国电力法〉等六部法律的决定》修正。

第一章　总则

第一条　为了促进就业，促进经济发展与扩大就业相协调，促进社会和谐稳定，制定本法。

第二条　国家把扩大就业放在经济社会发展的突出位置，实施积极的就业政策，坚持劳动者自主择业、市场调节就业、政府促进就业的方针，多渠道扩大就业。

第三条　劳动者依法享有平等就业和自主择业的权利。

劳动者就业，不因民族、种族、性别、宗教信仰等不同而受歧视。

第四条　县级以上人民政府把扩大就业作为经济和社会发展的重要目标，纳入国民经济和社会发展规划，并制定促进就业的中长期规划和年度工作计划。

第五条　县级以上人民政府通过发展经济和调整产业结构、规范人力资源市场、完善就业服务、加强职业教育和培训、提供就业援助等措施，创造就业条件，扩大就业。

第六条　国务院建立全国促进就业工作协调机制，研究就业工作中的重大问题，协调推动全国的促进就业工作。国务院劳动行政部门具体负责全国的促进就业工作。

省、自治区、直辖市人民政府根据促进就业工作的需要，建立促进就业工作协调机制，协调解决本行政区域就业工作中的重大问题。

县级以上人民政府有关部门按照各自的职责分工，共同做好促进就业工作。

第七条　国家倡导劳动者树立正确的择业观念，提高就业能力和创业能力；鼓励劳动者自主创业、自谋职业。

各级人民政府和有关部门应当简化程序，提高效率，为劳动者自主创业、自谋职业提供便利。

第八条　用人单位依法享有自主用人的权利。

用人单位应当依照本法以及其他法律、法规的规定，保障劳动者的合法权益。

第九条　工会、共产主义青年团、妇女联合会、残疾人联合会以及其他社会组织，协助人民政府开展促进就业工作，依法维护劳动者的劳动权利。

第十条　各级人民政府和有关部门对在促进就业工作中作出显著成绩的单位和个人，给予表彰和奖励。

第二章　政策支持

第十一条　县级以上人民政府应当把扩大就业作为重要职责，统筹协调产业政策与就业政策。

第十二条　国家鼓励各类企业在法律、法规规定的范围内，通过兴办产业或者拓展经营，增加就业岗位。

国家鼓励发展劳动密集型产业、服务业，扶持中小企业，多渠道、多方式增加就业岗位。

国家鼓励、支持、引导非公有制经济发展，扩大就业，增加就业岗位。

第十三条 国家发展国内外贸易和国际经济合作，拓宽就业渠道。

第十四条 县级以上人民政府在安排政府投资和确定重大建设项目时，应当发挥投资和重大建设项目带动就业的作用，增加就业岗位。

第十五条 国家实行有利于促进就业的财政政策，加大资金投入，改善就业环境，扩大就业。

县级以上人民政府应当根据就业状况和就业工作目标，在财政预算中安排就业专项资金用于促进就业工作。

就业专项资金用于职业介绍、职业培训、公益性岗位、职业技能鉴定、特定就业政策和社会保险等的补贴，小额贷款担保基金和微利项目的小额担保贷款贴息，以及扶持公共就业服务等。就业专项资金的使用管理办法由国务院财政部门和劳动行政部门规定。

第十六条 国家建立健全失业保险制度，依法确保失业人员的基本生活，并促进其实现就业。

第十七条 国家鼓励企业增加就业岗位，扶持失业人员和残疾人就业，对下列企业、人员依法给予税收优惠：

（一）吸纳符合国家规定条件的失业人员达到规定要求的企业；

（二）失业人员创办的中小企业；

（三）安置残疾人员达到规定比例或者集中使用残疾人的企业；

（四）从事个体经营的符合国家规定条件的失业人员；

（五）从事个体经营的残疾人；

（六）国务院规定给予税收优惠的其他企业、人员。

第十八条 对本法第十七条第四项、第五项规定的人员，有关部门应当在经营场地等方面给予照顾，免除行政事业性收费。

第十九条 国家实行有利于促进就业的金融政策，增加中小企业的融资渠道；鼓励金融机构改进金融服务，加大对中小企业的信贷支持，并对自主创业人员在一定期限内给予小额信贷等扶持。

第二十条 国家实行城乡统筹的就业政策，建立健全城乡劳动者平等就业的制度，引导农业富余劳动力有序转移就业。

县级以上地方人民政府推进小城镇建设和加快县域经济发展，引导农业富余劳动力就地就近转移就业；在制定小城镇规划时，将本地区农业富余劳动力转移就业作为重要内容。

县级以上地方人民政府引导农业富余劳动力有序向城市异地转移就业；劳动力输出地和输入地人民政府应当互相配合，改善农村劳动者进城就业的环境和条件。

第二十一条　国家支持区域经济发展，鼓励区域协作，统筹协调不同地区就业的均衡增长。

国家支持民族地区发展经济，扩大就业。

第二十二条　各级人民政府统筹做好城镇新增劳动力就业、农业富余劳动力转移就业和失业人员就业工作。

第二十三条　各级人民政府采取措施，逐步完善和实施与非全日制用工等灵活就业相适应的劳动和社会保险政策，为灵活就业人员提供帮助和服务。

第二十四条　地方各级人民政府和有关部门应当加强对失业人员从事个体经营的指导，提供政策咨询、就业培训和开业指导等服务。

第三章　公平就业

第二十五条　各级人民政府创造公平就业的环境，消除就业歧视，制定政策并采取措施对就业困难人员给予扶持和援助。

第二十六条　用人单位招用人员、职业中介机构从事职业中介活动，应当向劳动者提供平等的就业机会和公平的就业条件，不得实施就业歧视。

第二十七条　国家保障妇女享有与男子平等的劳动权利。

用人单位招用人员，除国家规定的不适合妇女的工种或者岗位外，不得以性别为由拒绝录用妇女或者提高对妇女的录用标准。

用人单位录用女职工，不得在劳动合同中规定限制女职工结婚、生育的内容。

第二十八条　各民族劳动者享有平等的劳动权利。

用人单位招用人员，应当依法对少数民族劳动者给予适当照顾。

第二十九条　国家保障残疾人的劳动权利。

各级人民政府应当对残疾人就业统筹规划，为残疾人创造就业条件。

用人单位招用人员，不得歧视残疾人。

第三十条 用人单位招用人员，不得以是传染病病原携带者为由拒绝录用。但是，经医学鉴定传染病病原携带者在治愈前或者排除传染嫌疑前，不得从事法律、行政法规和国务院卫生行政部门规定禁止从事的易使传染病扩散的工作。

第三十一条 农村劳动者进城就业享有与城镇劳动者平等的劳动权利，不得对农村劳动者进城就业设置歧视性限制。

第四章　就业服务和管理

第三十二条 县级以上人民政府培育和完善统一开放、竞争有序的人力资源市场，为劳动者就业提供服务。

第三十三条 县级以上人民政府鼓励社会各方面依法开展就业服务活动，加强对公共就业服务和职业中介服务的指导和监督，逐步完善覆盖城乡的就业服务体系。

第三十四条 县级以上人民政府加强人力资源市场信息网络及相关设施建设，建立健全人力资源市场信息服务体系，完善市场信息发布制度。

第三十五条 县级以上人民政府建立健全公共就业服务体系，设立公共就业服务机构，为劳动者免费提供下列服务：

（一）就业政策法规咨询；

（二）职业供求信息、市场工资指导价位信息和职业培训信息发布；

（三）职业指导和职业介绍；

（四）对就业困难人员实施就业援助；

（五）办理就业登记、失业登记等事务；

（六）其他公共就业服务。

公共就业服务机构应当不断提高服务的质量和效率，不得从事经营性活动。

公共就业服务经费纳入同级财政预算。

第三十六条 县级以上地方人民政府对职业中介机构提供公益性就

业服务的，按照规定给予补贴。

国家鼓励社会各界为公益性就业服务提供捐赠、资助。

第三十七条　地方各级人民政府和有关部门不得举办或者与他人联合举办经营性的职业中介机构。

地方各级人民政府和有关部门、公共就业服务机构举办的招聘会，不得向劳动者收取费用。

第三十八条　县级以上人民政府和有关部门加强对职业中介机构的管理，鼓励其提高服务质量，发挥其在促进就业中的作用。

第三十九条　从事职业中介活动，应当遵循合法、诚实信用、公平、公开的原则。

用人单位通过职业中介机构招用人员，应当如实向职业中介机构提供岗位需求信息。

禁止任何组织或者个人利用职业中介活动侵害劳动者的合法权益。

第四十条　设立职业中介机构应当具备下列条件：

（一）有明确的章程和管理制度；

（二）有开展业务必备的固定场所、办公设施和一定数额的开办资金；

（三）有一定数量具备相应职业资格的专职工作人员；

（四）法律、法规规定的其他条件。

设立职业中介机构应当在工商行政管理部门办理登记后，向劳动行政部门申请行政许可。

未经依法许可和登记的机构，不得从事职业中介活动。

国家对外商投资职业中介机构和向劳动者提供境外就业服务的职业中介机构另有规定的，依照其规定。

第四十一条　职业中介机构不得有下列行为：

（一）提供虚假就业信息；

（二）为无合法证照的用人单位提供职业中介服务；

（三）伪造、涂改、转让职业中介许可证；

（四）扣押劳动者的居民身份证和其他证件，或者向劳动者收取押金；

（五）其他违反法律、法规规定的行为。

第四十二条　县级以上人民政府建立失业预警制度，对可能出现的较大规模的失业，实施预防、调节和控制。

第四十三条　国家建立劳动力调查统计制度和就业登记、失业登记制度，开展劳动力资源和就业、失业状况调查统计，并公布调查统计结果。

统计部门和劳动行政部门进行劳动力调查统计和就业、失业登记时，用人单位和个人应当如实提供调查统计和登记所需要的情况。

第五章　职业教育和培训

第四十四条　国家依法发展职业教育，鼓励开展职业培训，促进劳动者提高职业技能，增强就业能力和创业能力。

第四十五条　县级以上人民政府根据经济社会发展和市场需求，制定并实施职业能力开发计划。

第四十六条　县级以上人民政府加强统筹协调，鼓励和支持各类职业院校、职业技能培训机构和用人单位依法开展就业前培训、在职培训、再就业培训和创业培训；鼓励劳动者参加各种形式的培训。

第四十七条　县级以上地方人民政府和有关部门根据市场需求和产业发展方向，鼓励、指导企业加强职业教育和培训。

职业院校、职业技能培训机构与企业应当密切联系，实行产教结合，为经济建设服务，培养实用人才和熟练劳动者。

企业应当按照国家有关规定提取职工教育经费，对劳动者进行职业技能培训和继续教育培训。

第四十八条　国家采取措施建立健全劳动预备制度，县级以上地方人民政府对有就业要求的初高中毕业生实行一定期限的职业教育和培训，使其取得相应的职业资格或者掌握一定的职业技能。

第四十九条　地方各级人民政府鼓励和支持开展就业培训，帮助失业人员提高职业技能，增强其就业能力和创业能力。失业人员参加就业培训的，按照有关规定享受政府培训补贴。

第五十条　地方各级人民政府采取有效措施，组织和引导进城就业的农村劳动者参加技能培训，鼓励各类培训机构为进城就业的农村劳动者提供技能培训，增强其就业能力和创业能力。

第五十一条　国家对从事涉及公共安全、人身健康、生命财产安全等特殊工种的劳动者，实行职业资格证书制度，具体办法由国务院规定。

第六章　就业援助

第五十二条　各级人民政府建立健全就业援助制度，采取税费减免、贷款贴息、社会保险补贴、岗位补贴等办法，通过公益性岗位安置等途径，对就业困难人员实行优先扶持和重点帮助。

就业困难人员是指因身体状况、技能水平、家庭因素、失去土地等原因难以实现就业，以及连续失业一定时间仍未能实现就业的人员。就业困难人员的具体范围，由省、自治区、直辖市人民政府根据本行政区域的实际情况规定。

第五十三条　政府投资开发的公益性岗位，应当优先安排符合岗位要求的就业困难人员。被安排在公益性岗位工作的，按照国家规定给予岗位补贴。

第五十四条　地方各级人民政府加强基层就业援助服务工作，对就业困难人员实施重点帮助，提供有针对性的就业服务和公益性岗位援助。

地方各级人民政府鼓励和支持社会各方面为就业困难人员提供技能培训、岗位信息等服务。

第五十五条　各级人民政府采取特别扶助措施，促进残疾人就业。

用人单位应当按照国家规定安排残疾人就业，具体办法由国务院规定。

第五十六条　县级以上地方人民政府采取多种就业形式，拓宽公益性岗位范围，开发就业岗位，确保城市有就业需求的家庭至少有一人实现就业。

法定劳动年龄内的家庭人员均处于失业状况的城市居民家庭，可以向住所地街道、社区公共就业服务机构申请就业援助。街道、社区公共就业服务机构经确认属实的，应当为该家庭中至少一人提供适当的就业岗位。

第五十七条　国家鼓励资源开采型城市和独立工矿区发展与市场需求相适应的产业，引导劳动者转移就业。

对因资源枯竭或者经济结构调整等原因造成就业困难人员集中的地区，上级人民政府应当给予必要的扶持和帮助。

第七章 监督检查

第五十八条 各级人民政府和有关部门应当建立促进就业的目标责任制度。县级以上人民政府按照促进就业目标责任制的要求，对所属的有关部门和下一级人民政府进行考核和监督。

第五十九条 审计机关、财政部门应当依法对就业专项资金的管理和使用情况进行监督检查。

第六十条 劳动行政部门应当对本法实施情况进行监督检查，建立举报制度，受理对违反本法行为的举报，并及时予以核实、处理。

第八章 法律责任

第六十一条 违反本法规定，劳动行政等有关部门及其工作人员滥用职权、玩忽职守、徇私舞弊的，对直接负责的主管人员和其他直接责任人员依法给予处分。

第六十二条 违反本法规定，实施就业歧视的，劳动者可以向人民法院提起诉讼。

第六十三条 违反本法规定，地方各级人民政府和有关部门、公共就业服务机构举办经营性的职业中介机构，从事经营性职业中介活动，向劳动者收取费用的，由上级主管机关责令限期改正，将违法收取的费用退还劳动者，并对直接负责的主管人员和其他直接责任人员依法给予处分。

第六十四条 违反本法规定，未经许可和登记，擅自从事职业中介活动的，由劳动行政部门或者其他主管部门依法予以关闭；有违法所得的，没收违法所得，并处一万元以上五万元以下的罚款。

第六十五条 违反本法规定，职业中介机构提供虚假就业信息，为无合法证照的用人单位提供职业中介服务，伪造、涂改、转让职业中介许可证的，由劳动行政部门或者其他主管部门责令改正；有违法所得的，没收违法所得，并处一万元以上五万元以下的罚款；情节严重的，吊销职业中介许可证。

第六十六条　违反本法规定，职业中介机构扣押劳动者居民身份证等证件的，由劳动行政部门责令限期退还劳动者，并依照有关法律规定给予处罚。

违反本法规定，职业中介机构向劳动者收取押金的，由劳动行政部门责令限期退还劳动者，并以每人五百元以上二千元以下的标准处以罚款。

第六十七条　违反本法规定，企业未按照国家规定提取职工教育经费，或者挪用职工教育经费的，由劳动行政部门责令改正，并依法给予处罚。

第六十八条　违反本法规定，侵害劳动者合法权益，造成财产损失或者其他损害的，依法承担民事责任；构成犯罪的，依法追究刑事责任。

第九章　附则

第六十九条　本法自 2008 年 1 月 1 日起施行。

附录6　就业过程中常见法律问题解析

一　个人违约

【案例】

2006年11月，某报社派两名部门主任到某高职院校选聘文字编辑职员。小张参加了招聘考试。当天，她就签了约，一份是《全国普通高等学校毕业生就业协议书》，另一份是《聘用协议》。然而，直到2007年7月中旬，高校毕业生就业工作基本结束时，小张仍未来报到，也没有任何音信。原来她已经到另外一家报社上班了。在始终没有得到任何方面明确答复的情况下，报社向法院提起诉讼，状告小张违约，要求被告赔偿。法院开庭审理此案。法院认为，原、被告之间自愿签订的《全国普通高等学校毕业生就业协议》、《聘用协议》，是双方当事人真实意思的表示，双方都应按照协议履行。被告的行为，违反了《合同法》，应承担违约责任。

【分析】

小张和报社签订的《全国普通高等学校毕业生就业协议》和《聘用协议》是合法主体之间通过平等协商，自愿签订的，是双方当事人真实意思的表示，是合法有效的协议，双方都应按照协议履行。被告小张没有遵循诚实信用的原则，全面履行协议，该行为违反了《合同法》，应承担相应的违约责任，如支付违约金等。

二　单位违约

【案例】

2005年的2月，某高校的3名毕业生与上海的一家公司签订了毕业生就业协议。协议约定了月收入为3500元，但是没有约定违约的责任和赔偿。按惯例，毕业生应当在当年的7月到签订就业协议的单位报到，成为这个单位的正式职工。但是在6月底，那家公司电话通知他们，由于原来准备上一个新项目现在决定不上了，所以要撤销就业协议，叫他们不要去报到了。他们几次找这家公司论理，但都遭拒绝。就这样他们被耽搁了半年，不但就业时间被耽搁，工资也可能要大打折扣。

【分析】

上海的公司单方撤销就业协议，使 3 名某高校的毕业生不仅失去了来之不易的工作，也错过了再找工作的好机会，蒙受了巨大的损失，因此，该公司应当承担相应的违约责任，向 3 名毕业生进行赔偿。

三　违约金

【案例】

小刘原本与一家运输公司签订了就业协议，后来发现这家公司不适合自己，想提出解约。但是她还和公司内部签了一份协议，协议上写明违约方要付违约金 2000 元。可是在实习期，公司只发给 450 元的生活费，其他什么待遇也没有。而且听说学校因为名誉被损的原因还要对每个违约的学生处以 2000 元的罚款金。经过咨询得知学校那边是不用承担违约金的，但还是要给违约单位赔偿金。

【分析】

就业协议是保障毕业生、学校和用人单位三者利益的具有法律效力的合同。大学生如果单方面违约，就要承担相应的法律责任和约定的赔偿。该违约案例中，小刘为违约而付出了 2000 元的赔偿金。反过来，用人单位也会因小刘的违约而遭受经济损失。因为用人单位在招聘过程中，如组织宣讲、笔试和面试等，花费了相应的人力和物力。因毕业生的违约而必须再次招聘，增加了用人单位的招聘成本和用人风险。在此提醒广大毕业生，签订就业协议一定要慎重，切莫胡乱签订。

四　工伤

【案例】

郭某大学学习的是计算机专业，毕业后到某公司应聘，主要负责公司的技术服务，经常出差，双方没有签订劳动合同，公司也没有为郭某办理劳动用工手续。9 个月后，郭某去外地工作的途中，遭遇山体滑坡，发生交通事故身受重伤。交通事故处理结束后，郭某要求公司为其支付医疗费并给予工伤待遇，公司以郭某不是公司正式职工为由拒绝了郭某的请求。郭某不服向当地劳动争议仲裁委员会申请仲裁。

【分析】

郭某虽然未与公司签订书面的劳动合同，但是公司自招用郭某以来，双方一直保持着事实劳动关系。由于双方存在劳动关系，郭某在执行职务的过程中发生交通事故，属于工伤。公司不仅应为郭某支付医疗费，还应按照法律规定给予郭某工伤待遇。

五 无固定期限的劳动合同

【案例】

云某是某大学国际贸易专业的学生，毕业后应聘到一家外资企业，并与该外资企业签订了无固定期限的劳动合同。在劳动合同中，云某与该企业约定，双方可以协商一致解除劳动合同，并依据劳动法的规定无须支付经济补偿金。云某在聘任期间的工资为每月 3000 元。4 年以后，企业调整经营业务，没有安排适合云某的职位，并通知云某：现公司调整业务范围，没有适合你的工作岗位。后来经过协商，企业与云某达成一致，企业解除了劳动合同。合同解除后，云某要求公司支付 12000 元的经济补偿金。公司以劳动合同有约定为由，拒绝了云某的要求，于是云某向地方劳动争议仲裁委员会提起申诉。

【分析】

该外资企业把法定的合同解除条件作为终止合同的约定条件，这是一种回避法律义务的行为，劳动合同中的这种约定显然无效。企业应依据《劳动合同法》第四十七条的规定：经济补偿按劳动者在本单位工作的年限，每满一年支付一个月工资的标准向劳动者支付。六个月以上不满一年的，按一年计算；不满六个月的，向劳动者支付半个月工资的经济补偿。因此，单位应按云某在该单位的工作年限（4 年）发给 4 个月的经济补偿金，共计 12000 元。

六 试用期工资

【案例】

某大学毕业生周某与某外资企业签订了 2 年期限的劳动合同，合同中约定试用期为 6 个月，试用期的工资为劳动合同约定工资的 50%。问：该劳动合同关于试用期限及工资的约定是否合法？

【分析】

《劳动合同法》规定：劳动合同期限 1 年以上不满 3 年的，试用期不得超过 2 个月；劳动者在试用期的工资不得低于本单位相同岗位最低档工资或者劳动合同约定工资的 80%，并不得低于用人单位所在地的最低工资标准。而本案 6 个月试用期及其工资的约定明显违反《劳动合同法》的上述强制性规定，属无效条款，周某的试用期不应超过 2 个月，试用期的工资不得低于劳动合同约定工资的 80%。

第九章　创业理论与创业实践

当今，人类社会已经步入了一个崭新的知识经济时代。在知识经济时代，创业活动越来越成为经济发展的强劲动力。知识经济的发展特别需要新一代有文化知识、掌握了科学技术的创业者。因此，知识经济要求建立学习型的社会。要通过学习成为创业者，创业者要不断学习。自主创业作为大学生就业的一种新模式，已在大学生中蔚然成风，并得到了全社会的广泛关注和支持。

第一节　创业理论概述

一　创业的概念与功能

（一）创业的概念

创业是一个宽范畴的概念，我们可以把一个人所从事的从无到有、从小到大、从易到难的具有开拓性创新性的工作统称之为创业。但在日常生活中，我们常在一定的意义和程度上使用这个词，缩小了它的外延。在生活中我们所指的创业是一个人自己创办某个企业，这是一种营利性的生产经营活动。因此我们认为，创业是一个发现和捕获机会并由此创造出新颖的产品、服务或实现其潜在价值的过程。创业要求创业者必须要拿出时间、付出努力，承担相应财务的、精神的和社会的风险，并获得金钱的回报以满足个人和社会的需求。

（二）创业的功能

1. 缓解不断扩大的社会就业压力

我国每年待就业人口的数量就很庞大，再加上应届大学毕业生的数量不断增长，就业压力很大，就业形势很严峻，就业情况不乐观。而对于大学毕业生这一特殊群体来说，就业问题的顺利解决对他们自身甚至是对社会都是十分重要的。他们刚走出大学的校门，踏上社会一更广阔的天地，激情和新奇是大学生们的普遍感受。解决好他们就业问题，不仅关系着他们自身的发展，也关系着高等教育的健康发展，更关系着社会的安定与团结。面对当前的就业压力，只是一味地坐等国家和政府提供足够就业岗位的做法是不可取的，我们应当鼓励大学生们去自己发现、开拓就业渠道，创造就业岗位。

2. 适应社会主义市场经济的发展

当前，我国基本的社会主义市场经济制度是以公有制为主体，多种所有制经济共同发展。这种基本经济制度决定了我国基本的分配制度是以按劳分配为主体，多种分配方式并存。所以，在当前我国的市场经济发展过程中，既需要公有制推动社会经济的发展，也需要多种所有制经济形式在社会经济发展中贡献自己的力量。大学生成功的创业过程，就是在为社会经济的发展注入新鲜的血液，就是在为不断满足人民物质和精神的需要提供一些最直接的最基本的保障。

3. 推动创新型国家的建设和发展

创新是一个民族进步的灵魂，是一个国家兴旺发达的不竭动力。在国际竞争日益激烈的现代化生产条件下，各国竞争的中心已由经济和军事实力逐步转移到科技和创新能力上来。在综合国内外发展情况的基础上，为适应时代和国家的发展需求，我国适时地提出了创新型国家建设的宏伟战略。大学生的创业活动正是大学生创新思维的一个实践性的展示，是符合国家发展规划，也是符合自身发展要求的。因此，国家和社会对大学生的创业活动给予了足够的重视和政策上的支持。大学生的创业活动是推动创新型国家建设的一项十分关键的工程。

二　创业的知识与能力

（一）创业的知识要求

创业者的知识素质对创业起着举足轻重的作用。创业者要进行创造性思维，要作出正确决策，必须掌握广博知识，具有一专多能的知识结构。

1. 要具备经济学的基本知识

在整个创业活动的过程中，创业者需要掌握很多有关经济学方面的知识，因为创业本身就是一种经济活动，对于创业者来说，能够宏观把握经济常识，对于创业活动的顺利有序进行是十分有益的。比如要了解投资、消费、储蓄之间的关系，要了解供给和需求之间的关系，要关注银行利息率的变化，懂得合理配置生产要素等。

2. 要具备法律方面基本知识

大学生在创业过程中，首先必须要做到合法，不符合法律规定的事是坚决不能碰触的。即使是再新奇的想法、再周密的计划，如果与现行法律相悖就没有丝毫价值，创业者甚至会为此付出惨痛的代价。不仅创业者要自己守法，在与其他公司或社会团体打交道的过程中，也要善于用法律维护自己的合法权益，做到用足、用活政策，依法行事。

3. 要具备财会方面基本知识

企业是实行自主经营、独立核算的经济实体，一般应该建立完整的核算体系和内部控制制度。作为一名立志成功的创业者，要有核算和控制成本的概念。比如，企业的运营资金应该从哪里来，产品制造或服务提供的成本是多少，有什么办法能够将成本降到最低以获得最大的收益，企业的开支是否合理等。

4. 要具备管理方面基本知识

企业负责人就要抓好企业的经营管理工作，因此企业的经营管理知识应该是创业者十分熟悉并且能够纯熟应用以驾驭实际问题的法宝。比如，管理者要能为企业的发展做出长远的规划及具体部署，能够采取多种政策做到奖惩分明，激励员工努力工作，能够设计企业的组织框架，正确划分企业的内部职权等。

（二）创业的能力要求

一个成功的创业者应该是综合性的人才，需要具备多方面的能力：比如创新能力、分析决策能力、预见能力、用人能力、组织协调能力等。但这并不意味着创业者从创业活动之始就应该完全具备这些能力，而是需要在创业的过程中尽快培养和逐步提高的。在这里，列举一些创业的基本能力。

1. 创新能力

在这个和平与发展作为时代主题、科学技术飞速发展的年代，创新能力在国际竞争中日益成为各国关注的焦点。在社会主义市场经济的发展过程中也是如此，创新能力也正在成为企业之间竞争的不变法宝。哪个企业的创新能力强就能够逐渐在竞争中胜出，并处于不败之地。因此，在创业过程中，创业者应该从一开始的创业规划中就渗透着创新意识，并且凸显在创业过程的各个阶段。只有这样，企业的产品和服务才有新意，才能赢得市场的青睐。

2. 营销能力

营销能力是指创业者引导产品和服务从生产者流转到消费者或用户手中所进行的一切企业活动的能力。企业是要以盈利为目的的，需要不断根据市场的需求进行产品的研发和制造，使自己的产品和服务能够尽快打开市场，并占有一席之地。所以营销能力在市场中占据十分重要的地位，比如市场发掘能力、市场开拓能力、谈判能力等等都是至关创业成败的因素。

3. 交际能力

创业者在企业的经营过程中，良好的交际会事半功倍。作为一名消费者，他们可能在购买商品或享受服务时，不会去很深入地详细了解企业的整体竞争力及市场优势，一般只是从表面现象来做出大致的粗略的判断。创业者在营销工作中不可避免地要与消费者交流从而去大力推销自己的商品，因此其交际能力直接关系到消费者对企业的印象，也就间接决定了企业的效益。此外，创业者还要与其他的产品生产者和供应商进行交流以方便企业的自身发展。

4. 理财能力

合理地运用和调控自己企业已有的资金，是对一个创业者才干和智慧的考验。资金是保证企业顺利运行的第一位的因素，俗话说"巧妇难为无米之炊"，而资金和一个企业的关系恰好就像是米和巧妇的关系一样，密不可分。资金的筹集渠道和方式是一个企业运行开始，如果有了资金，却没有很强的理财能力来合理运用手头的资金，所拥有的一切也会付之东流。所以理财能力贯穿企业发展的始终，关系着整个创业计划的成败。

三　自主创业及其培养

（一）大学生自主创业概述

大学生自主创业是指具备就业条件的人放弃就业机会，依靠自己的力量开展创业活动，为社会经济发展贡献智力、财力的行为。自主创业者就是用自己劳动，自己的社会资源去获得财富的人群。

我们认为，大学生的整个自主创业过程可以按照创业活动的进展情况分为四个阶段。

第一阶段：萌芽阶段或者叫生存阶段，在这个阶段创业者及其创业团队对整个创业过程必须有一个明确的目标和大致的规划，对所要经营的产品及市场情况有一个较为准确的了解，在头脑中形成清晰的发展流程图。

第二阶段：公司化阶段，这是将想法付诸实际的最初一步。在这个过程中需要将创业的整体规划和市场的现实情况结合起来，注重企业的实际效益。规范管理在这个过程中十分重要，对于增加企业效益有积极作用。此外，在这一阶段，团队建设的日益成熟也是创业成功必不可少的因素。

第三阶段：集团化阶段。随着企业内部各项建设的日益成熟和完善，企业团队成员配合日益密切，分工日益明确，公司的管理制度也日益先进，创业过程的运作已形成一个有条不紊的系统，企业有了一定的市场竞争能力。这时创业者也有了一定的现金流系统（赚钱机器），它可以 24 小时为你工作，这是许多创业者梦想达到的理想状态。

第四阶段：集团总部阶段，这是创业者的最高境界，是一种无国界的经营，也就是俗称跨国公司。集团总部发展依靠的是一种可跨越行业边界的无边界核心竞争力，这样将使集团在各行各业能够取得它们在单兵作战的情况下所无法取得业绩水平和发展速度，这是企业发展所能追求和达到的最高境界。

（二）自主创业的意识培养

在当前严峻的就业形势下，不少大学生开始转变就业观念和就业思路，选择自谋职业的方式来为自己找到未来发展之路。在自身和客观条件允许的情况下，创业是个不错的选择。如果在大学毕业后想要走上创业之路，就需要尽早培养自己的创业意识，这样在发展的过程中才能得心应手。

大学生创业意识的培养需要来自社会、学校、自身等多方面的共同努力。

1. 积极参加创业知识的团体活动，增强创新意识

创新意识和创业精神是产生和推动创业行为出现的内在驱动力，是产生创业行为的前提和基础，一个创业者首先具备了一定的创业意识，

才会指导创业行为的出现。创新意识和创业精神的培养应该成为高校创业教育的重中之重。学校可以通过宣扬大学生中涌现出的自主创业先进典型，来引导大学生增强创新、创业的信心和勇气，鼓励和扶植更多具备自主创业条件的大学生脱颖而出。鼓励学生创造性地投身于各种社会实践活动和社会公益活动中，通过开展创业教育讲座，以及各种竞赛、活动等方式，形成以专业为依托，以项目和社团为组织形式的"创业教育"实践群体来激发大学生的创新意识和创业精神。在学生的日常活动中，要注意以"挑战杯"全国大学生课外学术科技作品竞赛为龙头，以科技协会和团体为平台，层层推动课外科技学术活动和学生创业活动的广泛开展。让学生在兴趣特长与专业之间找到恰当的结合点，感受创业，培养创业意识。

2. 努力加强创业教育的师资建设，培养创业品质

创业品质有着丰富的内涵，包括敢于竞争、敢于攀登的冒险精神；脚踏实地、勤奋求实的务实态度；锲而不舍、坚定执着的顽强意志；不畏艰难、艰苦创业的心理准备等。高校人才培养的质量和成果价值有一多半取决于教师。只有具有较高创造性思维修养和创造精神的教师，才能培养出具有质疑精神、思考能力的学生，学生才敢于冒险、敢于探索，才会突破常规，进行创造性的研究性学习。所以，学校要注重教师的教学质量和教学能力。学校可以选择聘请社会上成功的创业人士或校友为客座教授，为学生开展专题讲座，传授创业技能知识，使学生获得实际经验和直观的感受。教师也要引导学生正确认识和分析自我，确定明确的人生目标，树立高度的责任感和荣誉感，培养合作意识，提高对大学生创业能力的认识，培养其创业能力。

3. 合理构建创业教育的课程体系，培养创业能力

高校必须改革传统的教学模式，增设创业教育课程，采取多种形式的教学方式，丰富学生们的创业知识，让学生了解和熟悉有关创办及管理小企业的知识和技能。在学好专业课程的同时，也要多开展一些课余活动来培养学生的创业意识。比如开展创业计划大赛、创业交流，开设创业教育课讲座等，以拓宽学生学习范围和视野，对他们的创业活动更具启发性和实践性。此外，学校应针对不同层次和不同兴趣爱好的同学开设一些实践课程，通过学校和老师为学生们搭建起一座桥梁，将所学的知识应用到实践中去，通过一些可利用的平台，增加学生的直接经

验，为今后的创业打下坚实的基础。

4. 注重拓宽创业教育的知识结构，提高创业能力

实践证明，一个成功的创业者是一种综合性或称做复合型的人才，他必须具备一专多能的知识结构。这种创业者不仅需要具备必要的专业知识、经营管理知识，而且还必须掌握综合性知识，如有关政策、法规等知识，有关经济学的知识，有关科学技术的知识以及更广的人文社会科学知识。因此，学校和相关教师应在教学思想上有根本的改变，开阔学生的视野，使学生形成合理的知识结构。同时要努力拓宽学生的知识面，使他们所学的知识横向拓宽，纵向加深，使学生从日趋合理的知识结构中培养创造能力。

第二节　创业准备与创业实践

一　创业准备

创业准备是指创业活动正式实施前的一系列准备工作，创业准备是创业活动顺利开展的前提条件，任何一名创业者都必须在创业实践实施前做好周密的准备工作，都要花费大量的时间和精力进行前期的思考和部署。没有周到的创业准备，就不会有成功的创业实践。

（一）制定创业计划

在生活和工作中，为了保证事物朝着我们预期的方向发展，我们总是习惯于在行动前首先确立明确的目标，做出周密的计划。生活中的小事尚且如此，对于创业活动来说，明确目标和计划就更为重要了。因此，在创业实践开始前，就应该在头脑中有明确的创业目标，这种目标可以分为发展的短期目标、中期目标和长期目标，即创业者要对什么时候企业发展到什么阶段有大致的规划，对企业最终要发展到什么程度和规模要有大致的预期。有了明确的目标，行动起来就会做到心中有数，就能及时监测企业的发展态势，积极做出有益的工作部署。一份详细的工作计划无论在创业之始还是创业之中都是不可或缺的，计划的制定会让你的工作变得有章可循，而不再是碌碌无为。

（二）培养创业素质

创业者要想在创业的过程中取得成功，是需要许多良好的创业素质的，虽然这些素质不能直接生产出优质的产品或服务，但是它是一种内

化的因素，可以间接影响产品或服务的质量，并内在地包含在产品或服务中而成为一种外化的力量。这种必需的创业素质包括心理素质、身体素质、文化素质、知识素质、能力素质等。这些都对创业的顺利实现发挥着举足轻重的作用。比如心理素质是指创业者的心理条件，包括自我意识、性格、气质、情感等心理构成要素。作为创业者，他的自我意识特征应为自信和自主；他的性格特征应为刚强、坚持、果断和开朗；他的情感应更加富有理性色彩。所谓身体素质是指创业者要身体健康、体力充沛、精力旺盛、思路敏捷。因为现代小企业的创业与经营是艰苦而复杂的，创业者工作繁忙、时间长、压力大，如果身体不好，必然力不从心、难以承受创业重任。

（三）瞄准创业定位

所谓创业定位，就是指创业者要有明确的企业经营范围和经营对象，要有突出的核心竞争力。通俗地说，创业者要明确自己的企业是做什么项目的，与同类企业竞争者相比，有什么是很核心的东西，是别人无法做到的东西，就是说要考虑"人无我有，人有我优"的问题。当下也有的创业者认为我就学别的成功的企业就行了，市场大得很，我们不愁没有市场。其实大凡在市场已经取得明显成就的创业项目，且为人所周知，说明这个项目的市场已经近于饱和，已进入发展的后期与成熟期，离衰退期不远了。能在这个市场成为成功的企业，都有其明显的优势与核心竞争力，作为一个初创企业，在某些方面可能很不足，比如，你有资金，但却没有技术实力或管理能力，有了技术，可能团队的员工缺少经验，有了经验，可能市场已经不好进入，或者是成本过大没有进入的必要了，要知道现在的很多成熟市场都是资金密集型或是技术密集型了。这个时候，作为一名创业者，一定要理性思考、准确定位。

（四）把握创业机会

如果已经具备了明确的创业目标，周密的创业计划，良好的创业素质和能力，在长期考察了市场状况的基础上对做什么项目已经有了准确的定位，那么你所要做的就是寻找创业时机。国外有的学者提出了好的商业机会的四个基本特点：能够吸引顾客或消费者；能够在视野环境中畅通无阻；能够及时地被付诸实施；必须借助于创业资源和创业技能才能成为现实。我们常常说智者创造机会，强者把握机会，弱者坐等机会，创业机会也是如此。机会总是垂青于有准备的人，而创业机会也总是会落到那些已经做好了周密创业准备的创业者们身上，而且准备的越是充分，机会一旦来临就能把握的更加及时。创业者要想把握好创业机会，除了要自己勇于创造机会，还要始终保持一颗清醒的头脑，用敏锐的眼光和深入的洞察力抓住机遇。

二　创业实践

创业不是一句空的口号，更不是一种理论上空想，而是要付诸实践，由多个实践环节一环扣一环组成，在整个创业的过程中，要注意连续性，任何一个环节的脱落，都将会直接影响创业的成败。

（一）做好资金筹集

创业者在展开创业活动之前，遇到的第一个难题应该就是资金问题了，并且资金问题贯穿于整个创业过程的始终。企业创办起来后，就必须考虑是否有足够的资金支持企业的持续运作。对于初创企业来说，如果连续几个月入不敷出或者因为其他原因导致企业的资金中断，都会给企业的持续发展带来极大的威胁。很多的企业会在创办初期因资金紧缺而严重影响业务的做深做大，最后不得不关门大吉。另外如果没有广阔的融资渠道，创业计划只能是一纸空谈。融资渠道有很多，常见的有银行贷款、自筹资金、民间借贷等。

（二）组建创业团队

有相同的兴趣爱好，技能有互补关系，并且致力于同一个奋斗目标的创业者组成的团队就可以称作是一个创业团队。创业者要保证创业过程的顺利，单靠一个人的力量是远远不能完成的，这时需要将情投意合的人召集到一起，为了一个共同的奋斗目标而努力。但组建一个创业团队是一项技术工程，需要一定的技巧和科学性。团队成员应各有特长，承担自己擅长的工作，这时的创业者应该做到用人唯贤，科学合理地分配工作，但又要保证整个工作过程的完整性。

（三）选择经营地点

随着社会的进步和经济的发展，我国可以划分为不同的经济发展地带，即使在同一个城市，也有各式各样的开发区、工业区和科技区等，不同的地方吸引着不同的投资商。在创业之始，选择一个合理的经营地点也是十分必要的。在经营地点的选择上，有多种影响因素，比如市场的影响因素、社会的影响因素、政策的影响因素、项目的影响因素、价格因素、资金因素等等。因此在选择经营地点时，需要将各种因素进行一个综合的比较，最终择优进行投资。

（四）确定企业形式

根据我国相关的法律法规，创业者在创业时可以选择创办个人独资企业、合伙经营企业、有限责任公司和股份有限公司四种企业形式。究竟选择哪一种企业形式更适合，还需要创业者结合自己的实际情况，进行冷静的分析，在准确把握市场的发展趋势的基础上，选择最有利于自己发展的那一个。但是在这四种企业形式中，股份有限公司的注册要求较高，对于刚毕业的大学生来说，一般不选择这种形式。

第三节　大学生的创业策略

一　日常创业策略

创业也是需要技巧和策略的。我们不能在理论上空洞地去讲什么样的技巧和策略是最好的、最适用的，要实事求是，一切要以时间和地点为转移，一切企业都有自己的发展现状和发展问题，只有被实践证明过的适合本企业发展的策略才是好的发展策略。在这里，介绍两种著名的发展理论供大家参考。

（一）空隙理论

日本索尼公司的创始人盛田昭夫在20世纪50年代提出了"空隙理论"。其大意是市场上总还是有一些空隙的，如果能想到一种办法来填补这个空隙，那么这种办法就会发展为一种意外的事业。

索尼公司取得的许多成功都与"空隙理论"有一定的关系，比如在最初面临生产收音机的大工厂的竞争时，索尼不是与这些大工厂"硬碰硬"，而是将目标转向第一代磁带录音机的空白领域。

现今，"空隙理论"已经远远超出了索尼的应用范围，正在被推广到社会中的各大企业。中国改革开放以来，市场经济的实行为很多企业带来了机遇。尽管当前的市场经济正在逐步完善，但是仍旧能够出现一些空白领域，仍旧有一些"空隙"，这些空隙说不定就能成为巨大的商机。只要当代大学生善于观察，勤于动脑，就一定会在激烈的竞争中开拓出自己的一席之地。

（二）占位理论

日本学者上野明曾经说过这样一句话，"在当前商品信息众多、竞争激烈的市场里取得成功的唯一希望，是选择重点、缩小目标、细分市场，一句话就是'占位'"。我们可以采取很多方式来达到占位的效果。

在创业的过程中，通过对市场的准确分析，对自身的正确认识和评估，我们能够做到心中有数。此外，我们还要了解市场上同行竞争企业的发展程度和发展趋势。俗话说"知己知彼，百战不殆"，讲的就是这个道理。我们不仅要知道自己的发展状况，也要知道竞争对手的发展状况，这样就能取对方所长，补己之短，甚至干脆去做竞争对手薄弱的环节，并将它做强做大，那么就能抢占市场，就会取得竞争优势。

二　实践操作策略

（一）完善的创业计划书

要想有一个成功而又完整的创业过程，一份完善的创业计划书是必不可少的。创业不是一步即可到位的，而是需要许多创业团队成员扎扎实实的努力实干。如何从宏观上把握整个创业过程，在创业前期制定一份完整的、可执行的创业计划书应该是每位创业者必做的功课。通过长期的调查和查找资料，要规划出项目的短期及长期经营模式，以及预估出能否赚钱、赚多少钱、何时赚钱、如何赚钱以及所需条件等。需要注意的是，所有的分析必须建立在现实、有效的市场调查基础上，不能凭空想象，主观判断。根据计划书的分析，再制定出创业目标并将目标分解成各阶段的分目标，同时制订出详细的工作步骤。

（二）周密的资金运作表

能够制定出一个既周密而又完备的资金运作计划，则是避免青黄不接的重要步骤。如在项目启动之时，确保要做好有一个季度以上或到预测盈利期之前的资金准备。但启动项目后遇到不可避免的变化，则需适时调整资金运作计划。此外，精通一般性的财务方面的常识，事先筹划好收入和支出，始终使资金处于流动中而不出现"后续不断"，项目的初级就能为未来发展打好基础。

（三）扎实的创业知识

俗话说"打铁还需自身硬"，创业者要想成功，扎实过硬的创业知识以及常识是不可或缺的。只有这样才能"打有准备的仗"，除了合理的资金分配，创业者还必须懂得营销之道，比如何进货，如何打开产品的销路，消费者对产品的需求，都要进行充分的调查研究。这些知识获取渠道可以是其他成功者的经验，也可以从书本中得来。同时还要谙熟各类人士交往之道，如税务、工商、银行、质检等，这些部门都与企业的生存发展息息相关，要善于同他们交朋友，建立流畅完备的人际网络。

（四）良好的交际关系网

由于缺少社会经验和从商阅历，大学生在创业初期总是显得"心有余，而力不足"。在这种环境之下，大学生不如给自己营造一个小的商业氛围，比如加入行业协会，就可以借此了解行业信息，学会借助各种物质资源和人力资源结识行业伙伴，建立广泛合作，提升自己的行业竞争力。千方百计给自己营造一个好的商业氛围，这对创业者的起步显得尤为重要。

（五）学会从"走"到"跑"

在创业的初期，受资金的限制，或许很多事都需要创业者本人亲自去做，不要认为这是"掉价"或因此叫苦不迭，因为不管任何一个企业，从"走"到"跑"都要经历一个过程，都有一个逐渐成熟和崛起的过程。只有明确目标不断行动，才能最终实现目标。同时在做事的过程中，要分清轻重缓急。每天解决一件关键的事情，比做十件次要的事情会更有效。当企业立了足，并有了资金后，就应该建立一个团队。创业者应从亲力亲为转变为发挥团队中每个人的作用，把合适的工作交给合适的人去做。一旦形成了一个高效稳定的团队，企业就会跨上一个台阶，进入一个相对稳定的发展阶段。

（六）在失败中学会成长

从创业成功的案例中不难发现，创业者往往都有"见了南墙挖洞也要过去"的信心。从小就知道"失败是成功之母"这个真理的大学生创业者，又有多少人能真正体会到其中的力量？如果创业失败了，又应该怎样面对失败？充分的准备和不断地学习，能够培育创业者面对挫折的乐观态度。与此同时调整方案，换个方式学会变通，永远不要停止前进的脚步。经历过一个"死而复生"的过程，就能在未来的发展中脚步更加坚定。永远要记住一点：信心是企业迈向成功的阶梯。

附录1　国家部分扶持大学生创业政策

一　小额担保贷款和贴息支持

1. 登记失业的高校毕业生自主创业，自筹资金不足的，可向当地指定银行申请不超过5万元的小额担保贷款；对于从事微利项目的，还可获得贴息支持。

2. 自愿到西部地区及县以下的基层创业的高校毕业生，自筹资金不足时，也可以向当地经办银行申请小额担保贷款；对从事微利项目的，可获得50%的贴息支持。

二　免收有关行政事业性收费

高校毕业生在其毕业后两年内从事个体经营，且在工商部门注册登记的，自其在工商部门注册登记之日起3年内免收管理类、登记类和证照类行政事业性收费。

三　税收优惠

大学毕业生新办咨询业、信息业、技术服务业的企业或经营单位，经税务部门批准，免征企业所得税两年，新办从事交通、邮电通信企业或经营单位，经税务部门批准，第一年免收企业所得税，第二年减半征收企业所得税；新办从事公用事业、商业、物资业、对外贸易业、旅游业、物流业、仓储业、居民服务业、饮食业、教育文化事业、卫生事业的企业或经营单位，经税务部门批准，免收企业所得税一年。

四　享受培训补贴

离校后登记失业的毕业生，参加人力资源和社会保障部门举办的创业培训，可享受职业培训补贴。各地关于职业补贴的政策各不相同，需向当地人力资源和社会保障部门咨询。

五　免费创业服务

有创业意愿的高校毕业生，可免费获得公共就业服务部门提供的创业指导服务，包括项目开发、方案设计、风险评估、开业指导、融资服务、跟踪扶持等内容。

自谋职业、自主创业的高校毕业生可将人事关系存放在政府人社部所属人才服务机构，这些服务机构将为其办理人事关系接转、人事档案管理、转正定级、党团关系、专业技术职业任职资格申报评审、社会保险金缴纳等服务，实行全方位的人事代理服务，解除自主创业、灵活就业的高校毕业生的后顾之忧。

附录 2　相关的法律法规

一　注册要求

1. 有限责任：最低注册资本 10 万元人民币

基本要求：

（1）股东符合法定人数即由 2 个以上 50 个以下股东共同出资设立。

（2）股东出资达到法定资本最低限额：以生产经营为主的公司需 50 万人民币以上；以商品批发为主的公司需 50 万元人民币；以商品零售为主的公司需要 30 万元人民币以上；科技开发、咨询、服务公司需 10 万元人民币。

（3）股东共同制定公司章程。

（4）有公司名称，建立符合有限责任公司要求的组织机构。

（5）有固定的生产经营场所和必要的生产经营条件。

2. 个体工商户：对注册资金实行申报制，没有最低限额

（1）有经营能力的城镇待业人员、农村村民以及国家政策允许的其他人员，可以申请从事个体工商业经营。

（2）申请人必须具备与经营项目相应有资金、经营场地、经营能力及业务技术。

3. 私营独资企业：对注册资金实行申报制，没有最低限额

基本要求：

（1）投资人为 1 个自然人。

（2）有合法的企业名称。

（3）有投资人申报的出资。

（4）有固定的生产经营场所和必要的生产经营条件。

（5）有必要的从业人员。

4. 私营合伙企业：对注册资金实行申报制，没有最低限额

基本要求：

（1）有 2 个以上合伙人，并且都是依法承担无限责任者。

（2）有书面的合伙协议。

（3）有合伙人实际缴付的出资。

（4）有合伙企业的名称。

（5）有经营场所和从事合伙经营的必要条件。

（6）合伙人应当具有完全民事行为能力的人。

（7）法律、行政法规禁止从事营利性活动的人，不得成为合伙企业的合伙人。

（注：合伙人可以用货币、实物、土地使用权、知识产权或者其他财产权利出资；上述出资应当是合伙人的合法财产及财产权利。）

二　贷款担保政策

1. 什么是小额担保贷款

小额担保贷款是指通过政府出资设立担保基金，委托担保机构提供贷款担保，由经办商业银行发放，以解决符合一定条件的待就业人员从事个体经营自筹资金不足的一项贷款业务。小额担保贷款主要用做自谋职业、自主创业或合伙经营和组织起来创业的开办经费和流动资金。国家规定个人申请额度最高不超过 5 万元，各地区对申请小额担保贷款额度有不同规定，许多地区额外负担度还高于 5 万元，合伙经营贷款额更大。小额担保贷款的期限一般不超过 2 年，可展期 1 年。

2. 怎样申请小额担保贷款

小额担保贷款按照自愿申请、社区推荐、人力资源社会保障部门审查、贷款担保机构审核并承诺担保、商业银行核贷程序，办理贷款手续。各国有商业银行、股份制商业银行、城市商业银行和城乡信用社都可以开办小额担保贷款业务，各地根据实际情况确定具体经办银行。在指定的具体经办银行办理小额担保贷款。

三　税法知识

1. 企业需要缴纳的有关税种

（1）工业企业需缴纳主要税种

作为一家工业企业，销售货物至少要交增值税，该货物属于应税消费品的，还需要缴纳消费税。如果有兼营业税劳务，还得交营业税。上述 3 种税外，还有城市建设税和教育费附加。（十八届三中全会后，国家对交税政策正在调整，可能会陆续出台一些政策，暂以现行政策为准。）

在生产经营过程中，销售货物要签合同、建资金账簿等，就要交印花税。

企业使用小汽车，就业要交纳车船税。

企业在城市、县城、建制镇、工厂区范围内的房产、土地等，就业缴纳房产税和城镇土地使用税。

有转让不动产及土地使用权业务的，需交纳营业税、土地增值税。

企业经营还要缴纳所得税。

（2）商品流通企业应纳主要税种

除不缴纳资源税外，其应纳税种均与工业企业相同。

（3）旅游、饮食、服务企业应纳主要税种

除从事加工、修理修配劳务的企业缴纳增值税外，其他与工业企业相同。

（4）个体工商户应纳主要税种

除缴纳个人所得税外，其余应纳税种与同行业内资企业基本相同。

2. 纳税申报及申报内容

纳税申报是指纳税人、扣缴义务人按照法律、行政法规的规定、在申报期限内就纳税事项向税务部门书面申报的一种法定手续。其申报内容主要包括：纳税申报表及其附表，以及与纳税申报有关的证件或资料。

3. 不申报纳税的法律责任

《税收征管法》第二十五条第一款规定："纳税人必须依照法律、行政法规规定或者税务机关依照法律、行政法规的规定确定的申报期限、申报内容如实办理纳税申报，报送纳税申报表、财务会计报表以及税务机关根据实际需要要求纳税人报送的其他纳税资料。"第三十一条第一款规定："纳税人、扣缴义务人按照法律、行政法规规定或者税务机关依照法律、行政法规的规定确定的期限，缴纳或者解缴税款。"

申报纳税包括纳税申报和缴纳税款两个方面的内容。在税收征管过程中，通常会遇到不同形式的不依法申报纳税行为。探讨不依法申报纳税的表现形式及其法律责任，有助于税务部门和税务人员正确执法。

（1）纳税人未按期进行纳税申报，但按期缴纳了税款

在这种情况下，纳税人的行为违反了纳税申报管理规定，破坏了正常的税收管理秩序。税务机关应根据新《税收征管法》第六十二条的规定，追究纳税人的法律责任。

新《税收征管法》第六十二条明确："纳税人未按照规定的期限办理纳税申报和报送纳税资料的，或者扣缴义务人未按照规定的期限向税务机关报送代扣代缴、代收代缴税款报告表和有关资料的，由税务机关责令限期改正，可以处2000元以下的罚款；情节严重的，可以处2000元以上10000元以下的罚款。"

（2）纳税人按期如实进行了纳税申报，但逾期未缴纳税款

在这种情况下，纳税人的行为违反了税款征收管理规定，导致国家税款不能及时入库。税务机关应依据新《税收征管法》第四十条的规定，对纳税人采取相应的措施。

《税收征管法》第四十条第一款明确："从事生产、经营的纳税人、扣缴义务人未按照规定的期限缴纳或者解缴税款，纳税担保人未按照规定的期限缴纳所担保的税款，由税务机关责令限期缴纳，逾期仍未缴纳的，经县以上税务局（分局）局长批准，税务机关可以采取下列强制执行措施：

一是书面通知其开户银行或者其他金融机构从其存款中扣缴税款；

二是扣押、查封、依法拍卖或者变卖其价值相当于应纳税款的商品、货物或者其他财产，以拍卖或者变卖所得抵缴税款。"

税务机关还可依据新《税收征管法》第六十八条的规定，追究纳税人的法律责任。

新《税收征管法》第六十八条明确："纳税人、扣缴义务人在规定期限内不缴或者少缴应纳或者应解缴的税款，经税务机关责令限期缴纳，逾期仍未缴纳的，税务机关除依照本法第四十条的规定采取强制执行措施追缴其不缴或者少缴的税款外，可以处不缴或者少缴的税款50%以上五倍以下的罚款。"

（3）纳税人按期进行了纳税申报，但申报不实

申报不实与虚假申报的含义基本是一致的。针对纳税人的不实申报，税务机关应责令其限期改正，并区别不同情况追究其法律责任。

①纳税人进行虚假的纳税申报，且形成不缴或者少缴应纳税款

纳税人的这种行为属偷税，税务机关应依据新《税收征管法》第六十三条的规定，追究其法律责任。

新《税收征管法》第六十三条第一款明确："纳税人伪造、变造、隐匿、擅自销毁账簿、记账凭证，或者在账簿上多列支出或者不列、少

列收入，或者经税务机关通知申报而拒不申报或者进行虚假的纳税申报，不缴或者少缴应纳税款的，是偷税。对纳税人偷税的，由税务机关追缴其不缴或者少缴的税款、滞纳金，并处不缴或者少缴的税款50%以上5倍以下的罚款；构成犯罪的，依法追究刑事责任。"

②纳税人进行虚假的纳税申报，未形成不缴或者少缴应纳税款

纳税人的这种行为，违反了纳税申报管理的规定，但未形成不缴或者少缴应纳税款。对这类行为，不能按偷税进行处罚，应依据新《税收征管法》第六十四条的规定，追究纳税人的法律责任。

新《税收征管法》第六十四条第一款明确："纳税人、扣缴义务人编造虚假计税依据的，由税务机关责令限期改正，并处5万元以下的罚款。"

（4）纳税人未按期进行纳税申报，经税务机关通知申报而拒不申报

针对这种情况，税务机关应依据新《税收征管法》第三十五条的规定行使核税权。

新《税收征管法》第三十五条第一款明确："纳税人有下列情形之一的，税务机关有权核定其应纳税额：（一）依照法律、行政法规的规定可以不设置账簿的；（二）依照法律、行政法规的规定应当设置账簿但未设置的；（三）擅自销毁账簿或者拒不提供纳税资料的；（四）虽设置账簿，但账目混乱或者成本资料、收入凭证、费用凭证残缺不全，难以查账的；（五）发生纳税义务，未按照规定的期限办理纳税申报，经税务机关责令限期申报，逾期仍不申报的；（六）纳税人申报的计税依据明显偏低，又无正当理由的。"

在此基础上，税务机关应区别纳税人是否形成不缴或者少缴应纳税款，依法追究其法律责任。

①经税务机关通知申报而拒不申报，形成不缴或者少缴应纳税款

针对这种情况，税务机关应依据新《税收征管法》第六十三条的规定，按偷税追究纳税人的法律责任。

②经税务机关通知申报而拒不申报，但未形成不缴或者少缴应纳税款

针对这种情况，税务机关应依据新《税收征管法》第六十二条之规定，按"情节严重"追究纳税人的法律责任。

（5）纳税人不进行纳税申报，不缴或者少缴应纳税款

纳税人的上述行为既违反了纳税申报的管理规定，也违反了税款征

收的管理规定。税务机关应依据新《税收征管法》第四十条的规定，追缴纳税人不缴或者少缴的应纳税款，并依据第六十四条的规定，追究其法律责任。

新《税收征管法》第六十四条第二款明确："纳税人不进行纳税申报，不缴或者少缴应纳税款的，由税务机关追缴其不缴或者少缴的税款、滞纳金，并处不缴或者少缴的税款50%以上五倍以下的罚款。"

4. 如何规避法律风险

企业法律风险是指企业经营中不懂法律规则、疏于法律审查、逃避法律监管所造成的经济纠纷和涉诉给企业带来的潜在或已发生的重大经济损失。如债务拖欠，合同诈骗，盲目担保，公司治理结构软化监督乏力，投资不作法律可行性论证，项目运作缺少法定决策程序，企业决策人治化，轻易挪用资金，难以识别保险单、票据、信用证诈骗，国际货物运输中的诈骗风险，国际投资与国际合作中引发的反垄断反倾销诉讼，重复引进技术，项目开发不作商标专利检索，项目合作及房地产业务中不审查土地合法性，不正当竞争给企业带来的身败名裂等。

企业在法律风险管理制度建设方面应特别注意如下问题：

（1）企业经营中的法律风险意识；业务流程中的程序与规则意识；项目论证合法性审查意识；日后事后诉讼中举证的证据意识；借助法律专业人士的把关意识。

（2）建立防范企业法律风险的内部管理六大制度，即合同管理制度，建立全程信用管理体系；商标管理及审查制度，在业务流程及项目合作中检索审查商标；专利管理及审查制度，业务流程及项目合作中检索审查商标；担保审查制度，审查保证合同及担保财产的合法性；土地审查制度，项目合作中甄别违法用地；证据保全制度，保护证据，支持诉讼。

（3）建立测评监控企业法律风险的指标体系。课题组在调研基础上针对企业一般业务流程和项目运作程序系统提出一套测评企业法律风险的指标体系，以供企业自我测评，或合作伙伴、交易对手、中介机构测评企业法律风险。该指标体系分为管理良好、危机征兆、需要整顿、危险预警、严重危机五个级别，在相关数据数理统计分析的基础上，建立企业法律风险评价模型，每一测评指标均含相应分值或权重因素，用以诊断识别企业经营中的法律风险状态及建立企业法律风险预警机制、排查制度和纠错机制。

附录3　大学生创业案例

案例一：学经济学毕业的大学生办起果园

说起姚国伟的创业，在一定程度上受到了他父亲的影响。姚国伟的父亲，村里的人们叫他"姚四万"。因为改革开放后的 1986 年，他大胆贷款四万元利用临近淡水湖的优势，用自家的承包田请人挖了 10 来亩的鱼塘，搞起了水产养殖，虽然种种原因没有成功，还背上了一身的债务，但那种对理想的憧憬、那种创业者吃苦耐劳的精神和创业者没有达到目的愧对于子女的遗憾深深地影响了年幼的姚国伟，完成父辈的创业梦想成了他创业的动机。

父亲"姚四万"在 20 世纪 80 年代的创业虽然没有成功，但为姚国伟提供了用自家承包地、自留地换成整的一片 30 多亩土地和一个 10 多亩的鱼塘。2010 年喜欢学习的姚国伟从网上了解到 YBC 的相关情况，并向 YBC 丽江办公室提出了申请，经过 YBC 项目逐级审核合格后，他成了 YBC 大家庭中的一员，开始走上创业之路。姚国伟在父亲创业的基础上又在周围承包开垦了 30 多亩荒地，连成 80 多亩的一大片，种植丽江优良晚熟梨品种——"汝南黄皮梨"20 多亩，红富士苹果 6 亩，丽江雪桃 10 亩，布朗李子 10 多亩，完成了园地整治、畜禽圈舍改造等近 20 万元的固定资产投资，一步一步走向父子两人心中的乐土：玉苑龙泽生态园。但是，创业并不是一件简单易行的事情，在他创业的过程中，曾经发生过这样三件事情。

一　不去挤独木桥

2005 年 7 月，姚国伟从云南大学经济学专业毕业了。作为一个全国重点大学的毕业生、一个经济学学士，姚国伟和同龄大学毕业生一样有优势去考公务员，走仕途之路。而且，姚国伟报考公务员有他自身的优势，一是因为他毕业于云南大学，在校期间成绩优异，当时国家招录公务员的数量也多；二是他的堂兄时任玉龙纳西族自治县人事局局长，可以为他提供一些指导和帮助。但他放弃了成为国家公务员的机会，毅然决定进入社会大学，学习并打造一片属于自己的天地。

二　放弃过城里人的舒适生活

笔者曾做过调查，只要吃和住的费用有人承担，那么每天只要有10元钱的收入，在农村就没人愿去盘田种地。因为农业生产的成本太高而收入成本较低，如果劳动力也计成本的话，一年下来盘田种地还要倒挂（入不敷出）。因而导致了近年来农村劳动力大量涌入城市，留守儿童、土地撂荒、农产品价格上涨等问题时时困扰这各地政府。更何况是一直读书没有干过农活的年轻人，走出农村，就很少有人愿意再回到农村发展。起初，姚国伟也和现在的年轻人一样，期望通过刻苦读书成为城里人，过上现代城里人的生活。2005年大学毕业，风华正茂的他，如前所述放弃考试就业的机会，凭借着大学期间学到的经济学知识和省吃俭用攒下的钱，在昆明同五个朋友合股注册了"昆明世佳副食有限责任公司"他拥有17%的股份。公司下设10多个门市，经营百事、红牛、双汇等300多种产品，员工曾达280多人，经营业绩好的时候，每年可分红利10多万元。2007年，爱神眷顾了姚国伟，他步入了婚姻殿堂。按理说，他完全可以在昆明城里工作、买车购房、生儿育女，过安安稳稳的城市生活，可姚国伟最终还是作出了回乡创业的选择。

三　妻子走了，创业还要继续

姚国伟的家乡在丽江。丽江作为拥有世界文化遗产、世界自然遗产、世界记忆遗产三大遗产的城市，是拥有多项国际、国内桂冠的全国著名旅游城市，2010年来丽江旅游的人数达909万人次。姚国伟看好这个新兴的旅游城市的发展，更留恋父辈未完成的创业家园，带着妻子和刚出生的女儿回到了拉市海湖畔的家。虽然人称拉市是丽江的后花园，可是，美丽离他还很遥远，父辈创业的基础还未成型。资金不足，只能靠体力顶替，每天如牛负重般的劳作，全无恋爱时的诗情画意，于是妻子终于因为无法忍受这种艰苦辛劳的生活而选择离开他返回城市生活。而姚国伟依然执着地坚守着两代人的创业梦想。

案例点评：本案例中的创业者是1981年出生的一位血气方刚的纳西族青年，如今已是丽江玉苑龙泽生态园的老总。2005年，姚国伟从云南大学经济学院经济系毕业，他放弃了报考公务员和在城市工作的机会，选择回乡创业，甚至在妻子离开他的时候，他仍一直坚持自己理想中的创业项目。为什么他能这样执着？因为，创业项目不仅存在经济学的意义，更多是人文学的意义。

案例二：如何打造创业团队凝聚力

王舒娟毕业于河南省信阳市师范学院，2004 年，刚刚毕业的她就来到了上海，顺利地进入一家企业开始了自己的职业道路。由当初的设计师，到企划策划，再到市场营销，最后成为管理者，几年的时间里积累了很多市场经验，也慢慢地萌生了自己创业的念头。

和众多有梦想有理想的创业青年一样，在自己成长的道路上，看到了很多人的成功，并暗自也下了决心。2006 年经过一番筹备，王舒娟开始了自己的第一次创业。在当时的环境和条件下，资金和人员的配备成为了难题，经过两个合作伙伴的共同努力，终于解决了资金的问题，开始组建销售团队，但管理这个团队却是一件非常苦恼的事情。由于缺乏实际运作经验，在内部责任分工上出现了众多分歧，经过了一年多的努力，公司在市场上小有收获，但是这个团队由于分工、职责和团队理念等问题，最终还是解散了。

经历了第一次创业失败，王舒娟总结出了很多实际经验，也从中领悟到了一些道理：团队需要一种相同的文化理念支持，需要一种凝聚力。光凭着热情，一个创业团队可以支持一时，但很难持久，所以这个十多人的队伍出现了"集体干活，个人出名"的现象，同时也没有及时的发现和解决员工的这种心理状态。

2008 年，在一次展会上看到了国外的虚拟现实技术应用和制作水平非常先进，同时也吸引了全场观众的目光，启发了王舒娟对虚拟现实技术在国内市场应用的关注。经过一段的市场调研，王舒娟发现国内传统的演示和展示技术已经远远不能满足众多行业企业的个性化需求。虚拟现实展示技术无论是发展方向，还是市场应用，前景十分宽广。这次创业王舒娟选择了以虚拟现实、3D 视觉技术为主的科技服务业。为此，她参加专业机构培训，从中学习了一个优秀企业家所需要具备的素质，以及团队精神文化建设、团队塑造和团队领导等。她准备建立晟昊信息公司并在筹备期就建立了公司的管理流程和制度，同时也制定了公司的激励机制。有了这些制度、流程和责任划分，上海晟昊信息科技有限公司在初期市场运作上取得了比较好的效益，随着市场的扩展，公司人员也逐渐增多，公司已经从创业初期阶段，发展到一个 15 人的团队成长阶段，这也意味着，公司的制度和流程都将进一步完善，随之也产生了一些新的管理上的问题。

一 员工的自我膨胀

市场部的一位成员叫小伊，1989 年出生，年轻气盛的他大学毕业没多久，就成为公司成立时的第一批员工，在公司一直是一个踏实能干的人。刚进公司时，小伊薪酬在 1000 元左右，但踏实诚恳的态度得到了很多客户的认可，并且成为公司每月的销售冠军，薪金也从原来的 1000 元提升到现在的月收入 9000 元。公司对他宠爱有加，在业务上对他也是全力支持。因业务优秀，小伊一直坚持自己的方法来执行公司的业务制度，慢慢他的心态和之前发生了很大的变化，开始自我膨胀，对主管的建议很少能听进去。在一次业务合作中，由于过度自信犯了一个严重的错误：给客户报价时，没有明确地告知客户合同总金额，结果在签订合同的时候出现了很大的出入，最终错失了一笔重要的订单。

二 新主管引发的矛盾

转眼小伊来到公司已经有 8 个月的时间了。公司由于业务的扩展，把原有的一个销售团队分为 A、B 两个小组，并由各自的主管来带队。经过公司的谈话教育以后，小伊已经认识到自己在业务上的错误，公司决定把他分配到新主管的团队中去好好磨合，不料在一次业务中却激发了另一个矛盾。由于新主管对待业务十分严格，不允许有错误存在。作为小伊的主管，她有权力安排小伊的业务。小伊嘴上虽然没说，但心理总是不服气新主管，觉得自己是老业务员，应该和新业务员享受的工作任务不同。一次新主管和小伊一起拜访小伊的客户，无意中认识了小伊客户的老总。一来二去，新主管和老总渐渐熟络并成为了朋友，老总对晟昊科技非常满意，就给新主管介绍了另外一个客户。小伊得知这个消息以后，十分不开心，并开始对新主管抱怨。在公司总结会议上，小伊提出了自己的不满，觉得新主管是在抢夺他的客户资源，认为自己立下了很多功劳，现在却要被别人分享，还和新主管发生了争吵，拍桌子后扬长而去……

三　团队的争执

自从公司把销售团队分为 A、B 两个小组，大家开始进入了一种非常好的状态，每个人都非常努力地工作着。各个小组都不愿意落后于人，晟昊科技业务发展开始步入快车道。但是，也慢慢暴露出了其他问题。公司的业务在热火朝天地开展着，但每次开会时王舒娟总会闻道火药味，A、B 两个小组开始对客户资源进行垄断。在周末统计客户时，A 组把一些打过电话的客户归为意向客户，同时表明 B 组不要重复开发；B 组也不示弱，也用同样的方法垄断客户。两组总是互相对抗，常常为了客户资源而争吵，导致了一些业务人员把大量的客户资源放在自己手里，而没有进行真正的开发。有一次 A 组和 B 组都在争夺同一个客户，这时竞争对手进入了，最终因 A、B 两组没有及时地沟通协作，竞争对手拿下了这个客户的订单，这个结果着实让全体销售人员感到可惜。

案例点评：本案例中的创业者王舒娟和她的团队是一支 80 后、90 后的年轻队伍，如何打造一支有凝聚力的团队和建立良好的激励机制，时刻考验着这支年轻队伍。正确用人，及时纠正员工的心态，开展团队文化建设，是企业发展的根本。·

案例三：山穷水复疑无路

2004 年，洪金阳毕业于大连理工大学成人教育学院计算机技术及应用专业。虽在未毕业之时便确定了自己的目标，将来一定要做自己的软件公司，但后因工作环境的因素，让他走上了教育之路，并一直发展至今。

2005 年初，不满足于现实工作环境的他，选择从沈阳一家培训学校辞职回到大连，并一心想要创办自己的学校。但苦于没有创业资金和创业经验，而四处奔波寻找机会。由于急于创业，而且过分相信别人，在还没有详细调研的情况下他便动用工作一年所攒下的微薄工资和从父母那筹借而来的一共 3 万元的创业资金开始了自己的创业之路。但天下不遂人愿，在他开始创业后不到一个月的时间内，他突然发觉事情并非他想象的那样美好。

一　当头一棒

当初经朋友介绍，他结识了当时大连开发区一所民办学校的王姓校长。当时在没签合同的情况下与该校长达成意向进行联合办学，利用双方经营项目不同，但可以资源共享充分利用时间的优势，约定由校方提供经营场地，他提供计算机教学设备进行合作。但"合作"刚刚开始，洪金阳最不愿看到的事情终于发生了，由于那个所谓的王姓校长拖欠房屋出租方办公场地的费用以及无法给学生正常合理的分配，在他们合作半个月左右的便销声匿迹了。而房屋出租方认为他和王姓校长是合作伙伴而将所有债务转嫁到他的身上，并扣押了他的教学设备。这让洪金阳顿时感觉从激情似火的夏季掉入了寒风刺骨的冬季。由于当时还暂借住在朋友家里，并且由于创业他已经身无分文，他这样描述当时的情况"我体验到了什么是寄人篱下的酸楚，这让我今生难忘"。在随后的三个月时间里，公安机关和半饥饿状态的他一直在寻找那位所谓的王校长……就这样，在创业的脚步刚刚迈出的时候，现实给了他当头一棒。

二　重整旗鼓

坐以待毙不是办法，他想尽了办法希望扭转窘境，求见了开发区多所学校的负责人，在遭遇了多次白眼和怀疑之后以无果而告终，没有人相信一个23岁的年轻人会在教育行业中有所发展。后来他找到了大连一所学校的徐校长，并向其讲明了他的现在情况和自己的想法，得到了徐校长的支持，同意他自己学校的名义招生。他以创业需要资金投入为由，从家里又借出了1.5万元，重新购置了一批低配电脑。由于没有教学场地，当时洪金阳找到了大连开发区一家电子广场，主要因为电子广场的房租是按照季度支付的，这样可以让他在前期减少很大压力，但是办公室加教室一共只有47平方米，连个独立的厕所都没有。当时已经是2005年8月中旬，在交付了9月份一个月房租及简单的装修布置后，他的兜里一共就剩下了700元，如果不能在9月份实现盈利，那么他必须打道回府。从不服输的他，在面对压力时所迸发出的反弹力是那么的强大。在短短不到一个月的时间里，他用尽各种办法完成了人生创业路中起着决定性的一项工作，实现报生人数160余人。这让他终于从近半年的压力和阴影中走了出来，可以用更加平稳的心态去面对未来的发展。

借鸡生蛋只是权宜之计，在经过了半年多的努力之后，2006 年 3 月他向大连开发区教育卫生局提出申请，成立"大连开发区虹桥计算机培训学校"。由于场地不足，必须重新找一个能够合格审批的场所。但他手中的积蓄很难支付这十万元的租金，就是拿出来了，一年内你是否能够赚出十万元的净利润这都是个问题。但作为一个年轻创业者，需要的就是置之死地而后生的勇气和必胜的决心，经历了多轮攻关之后，他再次以分期付款的方式，租用了新场地。并于 2006 年 7 月 5 日经大连开发区教育卫生局审批，正式挂牌成立了"大连开发区虹桥计算机培训学校"。

三　柳暗花明

2009 年 5 月，一个偶然的机会让洪金阳走入了 YBC 青年创业这个大家庭中。在这里他学习到了很多先进的理念，结识了很多具有创业意愿的朋友，更多的是在导师的精彩演讲中他突破了前两年的心灵枷锁，继续大步向前进。用他的话说，即"人要满足于现实，但不要满足于现状！"

2010 年 5 月，在 YBC 青年创业培训班毕业一年后，他将自己最先创办的虹桥学校的模式重新进行了定位，让短期培训同样也走连锁模式。同时也逐渐培养出更多的青年员工，让他们在虹桥中实现自己的人生价值。现在虹桥的年招生数已达近千人。

2011 年初，他和"大连国防高级技校"签署了一份新的合同，开始了他的第二次创业，创办一所学历制学校，为社会培养更多的技术人才，解决社会青年就业压力大的问题。当然洪金阳有一个更大的心愿，希望能将他从 YBC 中学习到的很多理念和模式给传承下去，将青年创业培训植入到学历教育中，期望自己能够在多年之后建立中国第一所专业型的青年创业院校，让从这里走出去的学生，绝大部分都成为一个优秀的创业者。

案例点评：本案例中的创业者洪金阳是一个培训学校的校长，作为一名 80 后的创业青年，由于创业初期的经验不足，刚刚创业就遭遇骗局，几乎山穷水尽、官司缠身，然而洪金阳面对逆境坚强执着，重整旗鼓，如今由他创办的虹桥教育机构已经成为一家快速发展的正规培训学校。

第十章　职场转换与职业发展

大学期间的职业生涯规划，常常与毕业后的现实大相径庭。当离开校园，走向工作岗位时，许多知识需要从头学习，能力需要从头锻炼，技巧需要从头磨砺。毕业生应尽快完成从学生角色到职业角色的转换，树立良好的职业形象。

第一节　职场转换

大学毕业生在从学生角色到职业角色转换的过程中，必然伴随着角色冲突、角色学习和角色协调等一系列过程。所以，大学生在开始自己的职业生涯之前，应该学习一些相应的专业知识，自我学习剖析，深入了解社会，对即将从事的职业进行深入细致的了解和调查研究，从而，找出不足，提高心理素质，加强角色认知，做好上岗前的各项准备，顺利地实现角色转换。

一　适应角色转换

（一）毕业前期的角色转换

大学生从最后学年当年 11 月份左右找工作直至次年 7 月份毕业离校，这一时期是毕业生转换角色的重要阶段，学生与用人单位签约的同时，就预示着迈开了由学生角色向职业角色的第一步。一般情况下，这个时期大学生大的课程基本完成，学生的主要任务是毕业实习实践、毕业设计和毕业论文，学生自主支配的时间相对较多。大多数毕业生都有这样停滞状态：大学几年的努力在签订就业协议的瞬间尘埃落定，暂不用上班，也不用上课，突然失去了前进的目标，感觉很空虚，处于完全放松的状态。毕业生应该从就业协议书签订到毕业离校这段时间，有针对性地学习知识、培养技巧、提高能力，提前奠定良好的职业心理、职业知识、职业技能。

1. 重视毕业规划

较深的专业知识和较强专业技能是未来工作的重要保障，大学的课程设置主要侧重于基础知识学习和基本技能的培养，对用人单位需要的专业知识和技能涉及则相对较少。毕业实习、毕业设计、毕业设计和毕业论文的规划，可以将自己所掌握的理论知识和技能运用于实际之中，这样有助于加深对书本知识的理解和巩固，并且能够寻找不足，对自己的知识结构进行必要的补充和调整，能够提升观察、分析和解决问题的实际工作能力。

2. 加强技能训练

在毕业前夕，大学生应该提升多方面的技能，加强能力训练，在各类场合中充满自信，不缩头缩脑，给用人单位留下良好印象，从而充分表现自己；加强书面表达能力和口头表达能力的培养，善于表现自己，常常会使毕业生在工作中脱颖而出。在与人交往的过程中要诚恳而不谦卑，自尊而不倨傲，在与他人的竞争中做到争而不伤团结，赛而不失风格，获胜不忘形，失败不失态等。

（二）试用期内的角色转换

当毕业生参加工作时，都要经过一段时间的试用期，用人单位考核合格之后才能转为正式员工。在校就读期间，大学生学习条件比较优越，生活条件比较优越，相对空闲时间和自由支配时间较多，生活节奏比较缓和，压力相对较小；而参加工作之后，特别是在试用期期间，用人单位往往将毕业生安排到条件相对艰苦的基层去锻炼，并且工作繁忙，经常需要加班加点，真正属于自己的时间较少。在这种情况下，往往会加剧角色冲突，为此，大学毕业生应该加强试用期内的学习和认识，使角色转换顺利实现。

1. 重视岗前培训

对于刚刚走上工作岗位的大学生进行岗前培训是非常重要和必要的。它不但是让新员工了解单位的基本情况，熟悉规章制度和工作程序，而且是通过岗前培训来树立集体主义观念，培养人际协调能力和奉献精神。从某种意义上讲，岗前培训可以直接反映出新员工的素质高低，因此单位都非常重视，并以此来择优录用，分配岗位。毕业生一定要以认真的态度把握好这样一次充实自己、表现自己和提升自己的良机。事实证明，很多毕业生就是因为在岗前培训期间显露才华，表现出色而被委以重任的。

2. 善于展现才华

大学毕业生由于具有新知识而受到同事的青睐和尊敬，为此也会使一些人与同事之间容易产生一定的距离。所以，大学生在同事面前一定要表现得谦虚、随和，在尊重有丰富经验同事的同时，适时适当地展现自己的知识。例如，可以利用工作机会，特别是当同事在工作中遇到麻烦时，以谦虚诚恳的态度从理论上提出自己的见解，共同商讨，共同解决和处理问题。也可以利用工作之余的机会，发挥自己的知识优势。在交流中让同事了解你的为人和性格，表明自己的世界观、人生观和价值观，缩短与同事间的距离，成为大家共同的朋友。

3. 树立责任意识

大学生对未来都有美好的愿景，都想在事业上大干一场，建功立业。但是多数人在走上工作岗位之初，一般不会被委以重任，而是先从最简单的辅助性工作做起，这也符合人才成长的基本规律。但是，有不少人凭着对工作的新鲜感和学识上的优越感，以为自己被大材小用了，对一些工作不愿意干，甚至有闹情绪的表现。其实，这是缺乏责任的表现，干任何一项工作，都要有足够的热情，更要有丰富的经验和随机应变的能力。这种经验和能力的获得并非一朝一夕之功，它需要在工作时的不断积累和锻炼，仅凭热情和情绪是对工作的不负责任。因此，不管工作的大小，分工的高低，工资的多少，大学生都要以满腔的热情、高度的事业心和责任感认真对待，圆满完成单位交给的各项工作任务。

4. 培养实事求是

具有较强的自尊心和自立意识是大学毕业生重要表现之一，在工作上总想独当一面，取得成绩。尽管很多人对待工作的态度是认真谨慎的，但在很多时候，工作中还是难免出现失误。工作失误并不可怕，可怕的是不能正确地认识失误，不能实事求是地去承认失误。如果工作中出现了失误，就要认真地分析原因，总结经验教训，找准失误点；同时要敢于向领导和同事承认，并勇于承担责任，以获得领导和同事的理解；另外，要虚心学习、谦虚请教，总结经验教训，避免类似失误再次发生。

（三）角色转换中常出现的问题

大学生在从学生角色向职业角色转换的过程中，往往会面临着新旧角色的冲突。有些人由于受到社会因素、家庭因素尤其是自身认知能力、人格心理发展、意志品质以及情绪情感等因素的影响，不能正确认识角色转换的实质，或者在角色转换中不能持之以恒，出现一系列问题。

1. 依恋和畏惧并存

许多大学毕业生走上工作岗位后，怀着对学生角色的依恋，对全新的职业角色充满了畏惧。即在角色转换过程中容易依恋学生角色，出现怀旧心理。经过十多年的读书生涯，对学生角色的体验可以说是非常深刻了，学生生活使得每一位学生在学习、生活和思维方式上都养成了一种相对固定的习惯。因此，在职业生涯开始之初，许多人常常会自觉或者不自觉地把自己置身于学生角色之中，以学生角色的社会义务和社会规范来要求自己、对待工作，以学生角色的习惯方式来待人接物，来观察和分析事物。

面对新环境，一些大学生在刚走进新的工作环境时，不知道工作应该从何入手，如何应对，在工作中缩手缩脚，怕担责任，怕出事故，怕闹笑话，怕造成不良影响。于是工作上就放不开手脚，前怕狼后怕虎，缺乏年轻人的朝气和锐气。

2. 自傲与浮躁同在

有一些毕业生对人才的理解不够全面和准确，认为自己接受了比较系统正规的高等教育，拿到了文凭，学到了知识，已经是比较高层次的人才了。因而，往往看不起基层工作和基层工作人员，甚至认为一个堂堂的大学毕业生干一些琐碎的不起眼的工作是大材小用，有失身份。于是就轻视实践，眼高手低。一些人在角色转换的过程中受社会环境的影响，表现出不踏实的浮躁作风和不稳定的情绪。一阵子想干这项工作，一阵子又想干那项工作，不能深入工作内部了解工作性质、工作职责以及工作技巧。

近年来，毕业生要求调整单位的人数增多，就是因为一些学生就职很长时间后还不能稳定情绪，进入职业角色，反而认为单位有问题，没有适合自己的职位。事实上，如果不能静下心来踏踏实实地学习，适应工作，不管什么样的单位都不会适合。

（四）出现问题的应对策略

1. 调整就业心态，做好心理准备

调整就业心态，做好心理准备是角色转换的基础。过硬的职业技能对职业成功固然重要，但充分的心理准备更是不可缺少，因此毕业生要有"抗挫折"的心理准备。一般来说，事业不会是一帆风顺的，如果心理准备不足，就会产生过激情绪，导致能力低下。因此，毕业生要提前调整心态，充分做好心理上的"受挫准备"。在事业顺利的时候不沾沾自喜，在事业失意时不自暴自弃，这是事业成功者的必备素质。

2. 热爱本职工作，培养职业兴趣

热爱本职工作，安心工作岗位是角色转换的前提。刚刚走上工作岗位的大学生，应当尽快地从学生学习生活的模式中解脱出来，全身心地投入到工作岗位中去。如果"身在曹营心在汉"，不仅对角色转换不利，而且会影响职业兴趣的培养和工作成绩的取得。

3. 虚心学习知识，提高工作能力

虚心学习知识，提高工作能力是角色转换的重要手段。毕业生在校期间学习到的东西毕竟是有限的，很多知识和能力需要在工作实践中去学习、锻炼和提高。面对全新的职业，毕业生需要像小学生那样从头学起，虚心向有经验的技术人员、领导、师傅和同事学习，不断丰富自己的专业知识，提高自己的专业技能，最终达到自我完善。

4. 勤于观察思考，善于发现问题

勤于观察思考，善于发现问题是角色转换的有力保障。大学毕业生进入职业角色，只有善于观察问题，才能发现问题；只有运用自身掌握的知识去努力解决问题，才能掌握大量的第一手资料，分析研究职业对象的内部规律，也才能培养自己的独立见解，逐步具备独立开展工作的能力，更好地承担角色责任。

勇挑工作重担、乐于奉献是完成角色转换的重要标志。大学毕业生走上工作岗位以后，应当从一开始就严格要求自己，树立主人翁意识，增强社会责任感，培养无私奉献的精神，任劳任怨，不计较个人的得失，努力承担岗位责任，主动适应工作环境，促使自己更好、更快地完成角色转换。

5. 正确对待评价，注意做好调整

跨入新的工作单位，必然会受到新群体对你的评论，这是在新的环境中，以新角色的要求对你做出的新的估价。要想了解自己的表现是否符合角色的要求，要想对自己的行为做出较准确的判断，都要借助于这些评价。因此，必须学会正确地对待他人的评价。

当我们受到别人评价的时候，还应有一个正确对待他人评价的态度。正确的态度应当是虚心请教，认真自省，积极调整，以实际的表现来改变别人的评价。善于从他人对自己的评价中来更加清楚地认识自己，以此来加快角色的适应过程。

二　适应环境转换

经过十余载寒窗苦读的大学生，步入社会。社会是丰富多彩的、也是纷繁复杂的，摆在大学生面前的，只能是积极地了解社会，适应社会，熟悉社会，尽快地为社会所接受，从而顺利地完成从学生活向社会职业生活的过渡。

（一）做好步入社会的心理准备

当大学生毕业时，要尽快得到社会的认同和理解，增强适应社会的主动性，做好步入社会的心理准备。

1. 正确认识社会现实

对于校园生活而言，社会现实是较复杂的。市场经济体制形成过程的新旧观念的激烈碰撞，多种经济形式和多种分配方式并存，这必然会导致思想倾向、价值观念呈多元化发展的趋势，同时社会上也存在着一些消极的东西。每个人必须正视这些社会现实，在走向社会之前，要多没想困难，要有迎接各种挑战的心理准备。只有这样，才不至于一踏入社会就茫然不知所措。

2. 培养坚强自信理念

面对崭新的社会环境，不能因环境陌生而孤独，不能因条件艰苦而失落，不能因单位人才济济而畏惧，要时时注意保持心理的平衡。要树立竞争意识，竞争的背后往往是实力的较量，而人与人之间的竞争则是每个人素质、能力、才学、品质等方面的较量。要想在竞争中立于不败之地，就必须在走向社金前一如既往地努力学习，积累知识，提高自身能力素质，发挥自身的主观能动性，摒弃与世无争、随波逐流等消极观念；在步入社会后敢于竞争，在竞争中求适应、求生存、求进步、求完善。

3. 注重基层工作端点

当大学生毕业以后，大多数毕业生都将从事基层工作。而在基层，大量的工作是平凡和琐碎的，这往往与在校期间的想法有很大的距离。伟大的事业，必定要从点滴做起，从基础做起。因此，每个大学毕业生既要有到基层工作，在基层吃苦的思想准备，又要有从基层做起，在基层创出一番事业的愿望和抱负。

（二）做好适应社会的转变和调整

大学毕业生从学校走上社会，周围环境、生活方式、工作理念都发生了变化，这就要求其观念、意识、心理品格、行为方式等都要予以转变和调整，走好适应社会的第一步。

1. 尽快进入新角色

要尽快抛弃学生时代所形成的依赖、任性心理和生活习惯，树立新的角色意识，并以新角色要求自己：要尽快抛弃恋旧情绪，不要沉湎于学生时代那些美好情景的回忆之中，而是要尽快熟悉和了解自己的新工作，在新的角色中寻找乐趣。大学生步入社会后会承担不同的工作角色，或做技术工作，或搞科学研究，或从事行政管理，无论从事何种工作，都要认清工作的性质、要求，努力扮演好新角色。总之，要适应角色的转换，尽快学会按新角色的要求工作和生活。

2. 尽快适应新环境

大学毕业生走向社会，生活环境发生了重大变化，断对的是纷繁复杂的社会生活。要适应新的社会生活，就要正确认识周围的环境，适应新的环境。社会生活内容足多方面的，任何社会环境都有好的方面，也有不好的方面，要用辩证的观点去看待，要善于发现对自己的工作与发展有利的因素，并且善于利用这些因素来促进自己的成长。适应新环境，并不意味着盲目随从，而是要保持清醒的头脑。既要保持自己应有的本色，又要调整自己的心态。

3. 尽快树立职业意识

大学毕业生走向工作岗位后，由于要承担一定的社会责任，在工作中要独当一面，同时人们也开始把他作为一个独立的社会人对待，这就要求具有独立意识。多数毕业生要参与生产、管理、决策的实践活动，对所在单位和部门要承担更多的社会责任和义务。应该意识到，个人工作成绩的好坏，不仅和自己的前途有密切关系，而日与单位和部门的兴衰荣辱休戚相关，这就要求大学生要树立主人翁意识。科研项目的完成，工程技术的实施，生产的组织管理等，都必须具有协作精神。因此，要树立协作意识，事事从整体利益出发，顾全大局。

4. 尽快适应新的行为方式

第一，要掌握基本的生活技能。尽管每个人都有自己的生活习惯和方式，环境中要用新的标准来衡量，要提高衣、食、住、行等方面的独立生活能力，调整好生活节奏，培养良好的生活习惯，有积极向上的生活追求。

第二，要掌握基础的职业技能。到工作岗位后，要了解自己所从事职业的特点、性质、工作程序及其相互关系，不断提高自己的业务水平。

第三，要培养自己的心理品格。社会工作的门类多种多样，所需要的心理品格也不相同。大学生在确定了自己的工作岗位之后，就要熟悉自己的工作岗位，分析自己工作的特点，注意培养工作所需要的心理品格。

第四，要养成固有的社会规范。学习社会规范特别是要学习法律规范和道德规范，运用社会规范进行自我评价，调节自己的行为，从而适应社会的要求。

（三）树立良好的社会形象

心理学家的研究和实践证明，第一印象在实际生活中有着重要的意义。因为第一印象具有心理定式作用，对以后的长期印象产生重要的影响。刚走上工作岗位的大学毕业生，在一开始的时候，就要给人们留下一个良好的第一印象，养成良好的社会形象。

1. 注意自己的仪表形象

衣着要整洁，仪表要端庄，气质要高雅。衣着服饰是一个人文化素养的外在表现，一定要和身份相符，可以适当体现个性，但要同工作单位的习惯相一致，和周围同事反差不能太大。要保持青年人应有的朝气和高雅的气质，精神饱满，性格开朗，既不冒失莽撞，也不木讷呆板。

2. 注意自己的工作纪律

要积极进取，踏实肯干，注意表现出一个优秀工作者应具有的优良品质。对每项工作都要认真对待，严肃、慎重地去完成。特别要重视单位安排给自己的第一项工作，假如这项工作相对不怎么重要，甚至不起眼，也要想办法把它干好，于出成绩来，以此来赢得领导和同事对自己工作能力的认可；假如这项工作很复杂，非常重要，就更要拿出全部的本领去圆满地完成，以证明自己的实力。对必须参加的体力劳动，不能因为脏、累、单调而加以轻视或推诿。要自觉遵守规章制度和工作纪律，不仅注意工作大节，也要注意生活小节，如出席会议不迟到、不早退；工作时间不闲谈、不干私活；不乱翻别人办公桌上的公文、信件；不长时间接听私人电话，尽量不在办公室接待亲友、同学等。又如上班伊始，早来点，晚走点，主动做一些打扫卫生、整理办公室之类的日常劳动，这些都会给领导和同事留下良好的印象。

3. 注意自己的言谈举止

待人要诚恳，与他人相处要以诚相待，有礼貌，讲道德，讲信用。要谦虚谨慎，切不可傲慢无礼，目中无人，自以为是。面对一份全新的工作，不懂或者不熟悉是难免的，决不可不懂装懂，而是要勤奋好学，虚心求教。要善于协调同外界的关系，对新的工作单位存在的问题、矛盾、不良风气，不能盲目地妄加指责，而要进行认真地观察了解，发现积极因素、优秀人物，去接近，去学习；对问题和矛盾要通过正常渠道向有关方面提出，帮助克服和改进。

（四）正确看待挫折

生活中的挫折是造就强者的必由之路。有位文学家说得好："挫折是不是真正能成为你人生路上的'挫折'，关键看你如何对待它，挫折是失败后灰心丧气的人前进路上的绊脚石，挫折又是失败后奋勇直前的人前进路上的野玫瑰。"

面对市场竞争、职场压力，大学毕业生在就业时总会遇到许多困难和挫折。就业是认识和适应社会的一个过程，就业过程中遇到一些困难，甚至经过几次挫折才获得成功，是正常的。大学生在就业中遇到挫折时，要用冷静的态度，客观地分析自己失败的原因，进行正确的受挫归因。挫折虽然能够给人带来心情的不愉快，但同时也可以锻炼人的意志。

（五）虚心接受批评

作为刚刚毕业的大学生来说，从跨入工作岗位的那天起，必然要受到新群体对你的评价，当然这里不乏批评，这是新的环境中以新的角色要求对你做出的新的评价，要想对自己的行为做出确切的评价，都要借助于这些评价。因此，必须学会正确地对待他人的评价，虚心接受批评。比如，一个大学毕业生，在一个单位里，担当了活动策划的工作。当他把花了相当多心血、自己相当满意的策划书交到领导面前时，心里期待着领导的夸奖，可谁知道领导指出了许多不足，似乎很不满意，表情凝重地叫他重新做。于是他会产生一种委屈不满的感觉，实际上领导认为他的策划没有创新也不够新颖，而策划书写的还不如中专毕业的办事员。因此，一个人如果光凭自我感觉来认识自己是不行的，只有通过与别人比较，取得大多数人的评价，才是客观的。

在进入工作岗位的初期，人们可能因为你是新手，对你的要求宽松一些，对你的鼓励多一些，但是切不可沾沾自喜。同时，如果用了较严格的衡量标准，你也不能因此产生对立的情绪，拒绝接受批评。正确的态度应当是虚心求教，认真自省，积极调整，以实际的表现来改变别人对你的评价，应善于从他人对自己的批评中更加清楚地认识自己，以此来提高自己的工作能力。

（六）积极消除隔阂

对于初涉职场的大学生来说，会因为自己的不成熟或因观点看法和工作阅历的不同而与他人产生隔阂。心态要平和，工作中出现争论很正常，注意在争论过程中只要表明了自己的观点就行，没必要压倒别人。多赞同别人观点，如不能同意，用幽默方式避免不愉快，或转移话题。争论结束后，无论谁对，都要让对方觉得结果是无所谓的，可以开几个与对方无关的玩笑，这样会避免隔阂的产生。无论你在哪个部门工作，处好同事关系都非常重要。下面有几个原则需要我们把握。

1. 上下级关系

同在一个办公室，你是下级，要接受上级领导，要尊重他。不能因为上级平易近人，就可以为所欲为。当然有的领导，喜欢幽默，不喜欢绷着脸干工作。即使如此，作为下级也要有分寸。

2. 同事的关系

有的同事，与人为善，对人热情；有的同事，表面上很好，暗地里喜欢说人坏话。首先要保持清醒头脑，区分好同事的类型。对任何同事，都应有原则，不卑不亢大方得体。

3. 事件的处理

任何单位都会出现各种各样奇怪的事情，不能什么事都过问。有的事你过问人家会领你的情，对你很感谢。而有的事你就不能过问，你热心过问，反而会出现令人尴尬的局面。

4. 好坏的界线

同事接触，说话做事，都要有分寸。有的人敢于说真话，并不问对方能不能接受。有的人会见人说人话，见鬼说鬼话。说真话的，当时并不一定好；说鬼话的也许能得人喜欢。对此，你要有识别能力，分别对待。

5. 态度的转变

不同场合，应有不同的态度。如果在不同场合你始终用一种态度去对待一件事，肯定会将事情办糟。也许你还想不通，"我并没错啊！怎么会这样呢？"因为场合变了就是条件变了，你还不变，能不办糟吗？

（七）努力钻研业务

人要想成就一番事业，他就需要拥有成就事业的资本。你的资本在哪里？资本就在你自己身上，对所从事业务的精通程度就是你的资本。走向工作岗位的大学生要时刻提醒自己刻苦钻研所从事的业务，因为在工作岗位上，只有通过你对业务的精通程度才能体现出你的价值。尤其是在当今竞争激烈的社会，个人必须随时充实自己，为自己奠定雄厚的实力，否则便难以生存。每一个领导都希望自己的职员能非常熟悉和了解业务知识，这样才能确保开展工作时得心应手，因此我们必须具备丰富的专业知识，才能完成上司交给的工作。如果能让领导感觉到你总是能完成更多更重要的任务，总是能很快掌握新的技能的话，相信你在他的心目中肯定会有一席之地的。

1. 学习专业理论知识

理论是特定专业知识的重要基础，它具有明显的继承性。合格的专业工作人员必须掌握一定的专业理论。掌握了专业理论，就是学会了一种专业的思维方式，并养成了专业的鉴赏眼光。现代科技的发展，各种专业相互渗透，扎实的特定专业知识也是跨专业借鉴、学习和发展的坚实基础。

2. 积累专业实务经验

工作实务中，专业经验往往比理论更加直接与重要。所谓经验，就是将专业理论与实务联系为一体的知识与技能。专业理论必须与实践结合之后，才能真正变成个人的经验。专业理论的学习是一种以抽象思维为主的学习方式；实务经验则是以感性为主的学习方式。我们通常对于感性的东西有更深刻的印象与理解，专业经验将会更深地存在于我们的头脑中，并发挥更大的作用。

三　适应人际关系

一个人走上工作岗位后，能否获得发展和成就，主要取决于职业能力和人际关系两个因素。处理不好人际关系，犹如"孤鸟入寒林"，会影响职业发展。

建立和谐的人际关系可以尽快地消除陌生感和孤独感，可以创造良好的工作环境，使人工作顺心，提高效率；可以营造一个宽松的生活环境，使人生活愉快，心理健康；可以增进团结，有利于集体，有利于事业。

（一）克服不良心理素质

1. 沉默寡言，性格内向的心理

具有这种性格的人，不大愿意主动与人交往，很容易给别人一种高傲、冷漠、难以接近的感觉，所以，很难引起别人与你交往的兴趣。这样，你与同事之间的关系必然会冷漠、疏远。

2. 多疑多虑，自我保护的意识

这种人心理不够成熟，缺乏安全感，常常觉得自己容易受到别人的伤害，把注意力都集中在对外界的防卫上。你不信任别人，别人同样难以信任你。没有信任就没有沟通，没有沟通自然就难以建立良好的人际关系。

3. 心胸狭窄，嫉妒心重的态势

具有这样品质的人，缺乏自知之明，又容不下别人超过自己，心理上很难平衡。而这种不平衡往往反映在言谈举止中，不知不觉断送了友谊。

4. 狂妄自大，瞧不起人的心态

这种人非常容易引起别人的反感。"人际交往，有来有往"。你对他人尊重、友好，会引起他人的积极情绪，以同样的态度回报，反之，则引起消极的情绪，使你与同事、朋友间的心理距离拉近。

（二）良好人际关系方法的建立

1. 尊重他人

尊重是每个人都有的心理需要。尊重包括尊重自己和尊重他人。尊重自己就是在各种场合内最自爱，维护自己的人格。尊重他人就是尊重他人的人格、习惯与价值，承认人际交往双方的平等地位。

尊重是相互的，只有尊重他人的人，才能得到他人的尊重，也才谈得上自尊。毕业生到了新单位，尽管每个人秉性各异，爱好不同，但每个人都是自己的老师，因为他们有丰富的工作经验和娴熟的业务技能，因此，要像尊重老师那样尊重他们，尊重他们的劳动和劳动成果，尊重他们的人格和感情，尊重他们的习惯和价值。尊重他人，同时也尊重自己，才容易建立和谐的人际关系。

2. 平等待人

人们在职务、能力、才学、气质、性格诸方面的差别是客观存在的，但人们在人格地位是平等的。在工作单位，应当以平等的态度对待每一个同事。不要以职务的高低、权力的大小来决定对待他人的态度；不要亲近一部分人，故意疏远另一部分人；不要认为某人对自己有用就打得火热，某人暂时无用就避而远之；不要见了领导就低三下四，满脸堆笑，见了群众就置之不理，冷若冰霜；不要卷入是非，拉帮结派搞小团体，而应该注意对领导和同事一视同仁，尽力与所有同事发展平等互助的友好关系。

3. 诚实守信

诚实就是真心实意，实事求是，表里如一，不三心二意，不口是心非，不当面一套，背后一套。诚实是做人的基本要求，也是建立良好的人际关系的重要条件。守信，就是恪守信用，言行一致，说到做到，不做语言的巨人，行动的侏儒。在人际交往中，只有诚实守信，才能相互理解、接纳、信任，在感情上引起共鸣，使交往得到巩固和发展。

4. 律己宽人

律己，就是要严格要求自己，以各种道德规范和行为准则严格要求自己。宽人，就是宽以待人，宽厚包容。在现实交往中，确立了平等友好的人际关系，但仍然存在着矛盾和许多不和谐的地方。"金无足赤，人无完人"，我们正确地对待自己和他人，坚持以严格的规范要求自己，宽容的态度对待别人，就一定能建立和谐的人际关系。不利于团结的话不说，不利于团结的事不做，不挑拨是非，不猜疑嫉妒，堂堂正正做人，踏踏实实做事。

（三）处理好职场人际关系

任何一个职业人，在工作单位与同事相处的时间往往比他与家人在一起的时间还要长，而领导直接管理和评价下属人员的工作，对下属的职业发展和职位升迁有一定程度的裁决权，所以处理好与领导和同事之间的关系是十分重要的。

1．与领导相处

（1）不嫌弃，不抱怨

工作中不要嫌弃抱怨，尤其是不要与顶头上司怄气。如果是上司愚蠢，那也是由于你愚蠢地选择了老板。如果上司不公平，那么你作为他的下级，本来就没有站在一个平台上，也就没有什么公平可言。

不要抱怨上司，注意维护领导的权威，不在背后贬低领导，不当众指责领导，愿意接受领导的批评指正，对他的工作只能补台不能拆台。否则在工作中失去的会更多。

（2）遇时机，找亮点

在职场比拼的是综合素质，而不是专业技能，或许老板在很多方面不如你，但毕竟也只是在某些方面而已。老板抓的是全局，也不会做到样样精通。即使在一个部门中，你也不可能完全熟悉每一个流程和环节。再说，人家坐得比你高，自然有理由。尺有所短，寸有所长。多学领导的综合素质和工作经验，寻求上司的工作亮点。

（3）懂"规矩"，求进步

不懂"规矩"，在不该说话的时候说话、不该做主的时候做主，是职场新人常犯的毛病。刚入职的大学生应该知道，无论帮老板管了多少事，也无论老板多糊涂，甚至依赖你到了你不在他连电话都不会接的程度，但毕竟还是你的上司，毕竟公司所有的事情由他来做主。要遵循公司的规律、制度，求生存、求发展。

（4）尊重坦诚，不卑不亢

在工作中与领导相处，不要单单为"套近乎"、"留好印象"而与之交往，要以建立正常的工作关系为目的。对领导庸俗的巴结奉承，一味地讨好献媚，不但有损于人格，而且会引起同事的反感和讨厌；但敬而远之，我行我素，或冷眼相对、傲慢无礼，甚至顶撞不尊，锋芒毕露都是不应有的态度。与领导相处，既要尊重坦诚、实事求是，又要不亢不卑。

2. 与同事相处

（1）对老同事：谦虚好学

比自己先到公司工作的同事，相对来说积累了更多的经验，有机会时应该聆听他们的见解、从他们的成败得失里寻找可以借鉴的地方，这样不仅可以帮助自己少走弯路，更会让他们感受到尊重和信任。尤其是那些资历比自己深，而其他专业方面又比你弱一些的同事，会更加感动；能力强的同事，也会看到自己善于进取的一面，自然也会乐于关照提携新人。

（2）对新同事：善意友好

就如自己当年初涉职场一样，新到公司的同事对手头的工作不甚熟悉，虽然心里很想得到大家的指点，但是心有怯意，不好意思开口向人请教。这时，最好主动去关心帮助他们，在他们最需要得到帮助时，伸出援助之手，往往会让他们打心眼里深深地感激你，并且会在今后的工作中更主动地配合和帮助你。

切不可自以为是，把新同事不放在眼里，在工作中不尊重他们的意见，甚至叱责，这些态度都会伤害到对方，从而对你产生恶感，影响以后工作的配合，也影响上司和其他同事对你的评判，得不偿失。

（3）对异性同事：真诚关心

两性各有长处，比如男性较有主意，更能承受艰苦劳累的工作，也能更理性地分析并解决问题等；而女性则显得比较有耐心，做事细心有条理，善于安慰人等。

尽管只是同事，但每个人也渴望得到同事的关心和理解，若能巧妙利用自己的性别特点和优势，在恰当的时候对异性同事多些关心和帮助，如男性多为女同事分担一些她们觉得较为吃力的差事，女性多做些需要心细的工作，多为办公室环境的美化做些事，这些小事做起来并不难，效果却很好，对方对你所给予的关心与支持感激在心，甚至将你视为可以信赖的朋友，于人于己大有益处。

四　适应职场规则

对于刚进入职场的大学生，熟悉一些职场规则，会对自己的职场路开始得更顺利。企业更看重懂得职场规则的新人。

（一）学会适应

学校与企业不同，大学毕业生应该适应企业的运行方式，改变学校的一些学习方式与方法，在学校鼓励讨论，但在企业里的老板通常对讨论不感兴趣；在学校里，为某个"真理"据理力争，但在企业里却是公司老板是把握全局；在学校里，你可以为追求知识而尽显锋芒，但在企业里，可能是没有拿得出手的业绩，你的锋芒只能招致打击。

在职场，真理就是老板的"愿景"与组织的目标。这就是文化，是与学校里"追求真理"的文化截然不同的。大学毕业生应该把握职场文化与规则的过程，学会适应、学会生存。

（二）学会入圈

在职场里，有些人是不会被领导者纳入"圈"的：没有眼色，不主动；努力做着与组织目标不一致的事情；贪恋小便宜而失去原则；不把自己的直接上级放在眼里。

职场社会就相当于一个资源圈，每个圈子都有资源分配者。一般负责资源分配的就是你的直接上司。进入到圈里的大学毕业生去分享资源并同时为组织贡献价值。那么，入职人员不能给原有的利益相关者造成压力。

（三）学会努力

首先，学习积累，利用业余时间做资料的收集与论证工作，为单位排忧解难。其次，学会果断，把日常积累的资料依据程度上交主管领导，当遇到否定时，可果断交给公司总管，以求进步。最后，学会循序，工作中要有循序渐进的精神，为在职场生存做努力。

职场成熟的关键，就是在取得规则接纳的同时，开始努力做出成绩。而且这个成绩是能很好地服务于组织利益的，并且能成为组织领导者业绩提升的依据。

第二节　职业发展

一　提升职业水平

（一）职业化意识

无论哪类人士在职业的谋求和转换中都要明确职业目标、树立职业意识，为自己以后职业成功奠定坚实基础。职业意识包括四个方面：

1. 诚信意识

子曰："人而无信，不知其可也。"人们向来以是否讲诚信作为评价人的一条重要准则。一个人只有讲诚信才能得到别人的信任。讲诚信的人融入企业可以赢来荣誉和效益。否则，这人就会在处世中遭唾弃，企业就会在生意上遭冷遇。工作岗位后应该突显本人的诚信，让用人单位感到可靠，值得信赖，用人单位也会欣然接纳。

2. 顾客意识

顾客是上帝，顾客是商品的接受者、选择者、购买的决定者，顾客是商家的衣食父母，对待顾客的态度，实质上就是对待自己"饭碗"的态度。态度决定一切，真诚地用心为顾客服务，就是诚恳、负责地对待自己的工作。

3. 团队意识

某单位的员工是否具有团队意识，往往对单位的发展具有极大的影响。如果员工能团结互助、齐心协力，有利于困难的解决，从而促进企业的发展。否则，人心涣散，各行其是，甚至各打着自己的小算盘，是很容易把单位搞垮的。正因为如此，团队意识往往成为用人单位考核的一个重要内容。所以工作中应该精诚合作，相互配合，共同探讨，共同规划。

团体意识包括：维护团队的声誉和利益，不说诋毁团队的话，不做损害团队的事；保守团队的商业秘密；积极主动地做好团队中自己的工作，及时提出有利于企业发展的合理化建议；尊重和服从领导，关心与爱护同事；建立团队内部的协作，开展有效健康的部门之间的合作竞争，互为平台、互通商机、共同进步。

4. 学习意识

比尔·盖茨说："如果离开学校后不再持续学习，这个人一定会被淘汰！因为未来的新东西他全都不会。"管理学大师彼得·杜拉克也说："下一个社会与上一个社会最大的不同是，以前工作的开始是学习的结束，下一个社会则是工作开始就是学习的开始。"

比尔·盖茨与彼得·杜拉克的说法都指向一个重点，也就是我们在学校所学到的知识只占20%，其余80%的知识是在我们踏出校门之后才开始学习的。一旦离开学校之后就不再学习，那么你只拥有20%的知识，在职场竞争中注定要被淘汰。翻开所有成功人物的成长轨迹，其中最重要的就是他们不断充电学习，为自己加值，职场人想要站稳脚跟并获得升迁，不断充电就是迈向成功的最好的方法之一。

"学习犹如逆水行舟，不进则退。"对于一个人的职业发展来讲，如果缺少了永不停歇的奋斗之舟，职业规划就变成了一句空话。每个人要想使自己有所成就，只有具备良好的学习心态、意识、不断充电、与时俱进才能保证自己跟上时代步伐，才有可能实现人生价值，取得职业生涯的成功。

（二）职业化态度

成功的职业人首先应具备积极进取的态度，在工作中不惜投入更多的精力，善于发现和创造新的机会，提前预想到事情发生的各种可能性，并有计划地采取行动提高工作绩效、避免问题的发生，以创造新的机遇。工作过程中需要变被动为主动，别人对自己所从事工作的重视，是由自己的实际行动来回答的。

所谓职业化的工作态度，就是用心把事情做好。在实际工作中，做到"用心做事"并不能只是说说而已，在执行的过程中，我们需要具备良好的心态和高度的责任心。有不少员工认为，工作是为领导做的，并且用这种理念作为自己的工作思路，甚至用来规划自己的职业路径。其实，这样的想法存在着非常大的误区：没有将需要做的事情进行认真细致分析，而去钻营领导的喜好，殊不知，这样做实际上是将自己的职业生涯作为了一种赌注，是一种目光短浅的思想。久而久之，其对工作的责任心也将不断降低，甚至麻木；而当意识到你对工作没有责任心的时候，也就是你将失去信任和发展机会的时候了。

我们每一个人都在为自己工作，自己才是自己的领导，当我们努力工作、努力提升的时候，其实是在经营我们自己。在"鱼"和"渔"面前，大部分人会盯着自己的"鱼"——工资，而看不到自己的"渔"——经验、能力和成长的机会。事实上，自己经验的增长、能力的提升才是最大的财富。一个人如果总是为自己到底能拿多少工资而大伤脑筋的话，他又怎么能看到工资背后的成长机会呢？他又怎么能体会到从工作中获得的技能和经验，对自己的未来将会产生多么大的影响呢？这样的人只会逐渐将自己捆在装着工资的信封里，永远也不会懂得自己真正需要的是什么。工作有着比薪水更为丰富的内涵，工作是人生的一种需要。只有积极地、创造性地开展工作，我们才能获得成就感，才能体会到实现自我价值的快乐。

我们每个人身上都有惰性，每个人都想安逸地生活，而职业化的内涵就是严格要求自己，不断挑战自身，提高自己的能力，包括独立工作和团队协作能力。这种提升的过程需要一个职业化的氛围，养成积极创新、努力探索、不断完善的工作习惯。因为良好的、职业化的工作习惯，会对我们的职业生涯产生积极、深远的影响。

职业化是公司每一位员工的事情，特别是处于基层的员工，更需要不断强化自己的职业化思维。身边有不少在现场工作的同事，由于长期从事单一的工作，使得他们逐渐变得麻木，对工作的厌倦大于快乐，找不到前进的方向，没有成就感，或者陷入人际关系的危机中。因此，我们在树立职业化意识的同时，也要不断帮助我们身边的同事树立正确的职业化思维．

二　培养领导能力

（一）什么是领导力

领导力是指建立在领导职能、领导体系、领导素质基础之上的，领导者引领和管理被领导者及相关方，实现共同目标和愿望的一种能力和影响力。领导力在很大程度上决定着组织目标能否实现以及组织目标实现的程度。领导力包括组织管理能力、学习实践能力、善于学习的能力等。

首先，领导力是一种能力，是一种对领导规律、方法及艺术的把握及运用，是完成领导任务的能力。

其次，领导力还表现为一种影响力，即通过自身的人格魅力、价值观念、高尚道德情操去影响人，使被领导者自觉、自愿去完成共同目标。

影响力简单来说，就是让人们产生敬佩、信服、认同和服从等心态的能力。影响力由四方面因素构成。首先是知识，缺乏知识很难影响别人；其次是技能；第三是领导的品格，它在影响力中占的比例最大；最后是情感沟通的能力，能不能去鼓舞他人，帮助他人，激发他人实现目标，就取决于这方面的能力。如果四个方面的能力比较平均而且都比较出色，就可以有效地影响别人，任何一方面的缺少，影响力都会受到影响。

一名大学生具备良好的领导力，也就是具备了远见力、人格魅力与执行力，而且领导力也是企业在选拔员工，提升管理者时极为看重的一个方面。

（二）领导力提升之道

领导力是可以培养的。从社会学的角度来看，没有一个领导者是天生的，西点军校培养出很多将军和企业领导者，他们一直很坚定地宣传一个理念：领袖不是天生的。领军人物的素质可以通过情境得到培育，可以在经验中得到提高和升华。可以说，一个人的经历、兴趣、能力、情商、个人魅力、个人品质、所处职位、内在动机，都影响到领导的整个过程。

领导力是一个能力问题，大学生可以通过提高自己在领导力方面所必需的一些因素，成为一位成功的领导者。

外企非常欣赏有领导力的大学生，曾有一名资深人力资源总监指出，"中国有很多高技术人才，但缺乏领导力妨碍他们走进外企。"

一个人的领导力取决于一个人的洞察力，洞察力是可以通过学习获取和提高的，可以从书本、实践以及别人的经验中学习，有了参照才会有洞察。

1. 勇于表达

不论你做出了多么优秀的工作，不会表达，不能让更多的人去理解和分享，那就几乎等于白做。所以要注意培养这方面的能力。抓住一切机会锻炼表达能力，积极表达自己对各种事物的看法和意见，并掌握与人交流和沟通的艺术。

2. 积极行动

领导力的锻炼方式不同，大学毕业生要把握各种机会，无论是活动还是会议，来培养自己的领导意识，不断锻炼自己，提高自己。

3. 加强学习

要做合格的领导者和管理者，必须大力加强学习，掌握各种专业技能，用丰富的知识来充实自己。

4. 注重调查研究

调查研究是提高领导力的首要任务和基本功，企业中领导的基本任务就是掌握政策、了解情况和解决问题，三者之中最根本的是解决问题。只有掌握了真实的情况，才能做出正确的决策。

5. 坚持原则

办事雷厉风行是提高领导力的有效保证。若想成为领导者，除了做好认真细致的调查研究. 还要敢于坚持原则。大学生应该培养自己如何提高工作效率，敢于处理棘手问题，勇于承担工作责任。团队中领导者的角色不仅仅是对团队进行决策和下达命令，更重要的是必须有力地推动各项工作的开展。如果作为领导者，认为做管理工作不需要自己去执行与推动，那么其角色定位就有问题。企业领导的坚持原则，亲力亲为的作风不仅能够有力地推动各项工作的落实，同时，也能够弥补初步决策的不足，便于在执行中发现初步决策中存在的问题而及时做出调整。

6. 善于总结分析，大胆实践创新

这是提高领导力的重要途径。只有注意总结经验，才能切实提高领导水平和领导能力。培养领导力，既要在事前考虑问题，还要注意事后的分析总结。

总之，培养领导力应分四个层面：第一，应该做一名兢兢业业、值得被领导的人；第二，通过搞好人际关系赢得信任；第三，管理好自己，做到工作完全自主；第四，当满足了以上条件后，最终能够培养管理整个组织的能力。

三 建立和谐团队

（一）了解认识团队内容

团队理论起源于西方企业界的管理实践，真正的团队是指在一定的场所，由若干成员组成的一支为了完成共同的目标或任务而相互协作的行动小组。小组成员具备相辅相成的技术或技能，有共同的目标，有共同的评估和做事的方法，他们共同承担并分享最终的结果和责任。

团队涉及三个要素：共同的目标，团队的成员，一起努力协作行动，三者缺一不可。

团队三要素，也正是团队与普通的"一群人"的根本区别所在：在简单组成的一群人中每个人本身是独立的，他们的目标各不相同，有着不同的活动；而一个团队的每位成员是有着共同目标的，他们互相依赖、互相支持，并且共同承担最后的结果。

（二）团队合作的重要性

个人的力量是有限的，没有哪个人能脱离群体而单独存在。团队精神是知识经济时代的内在要求，也是当今社会对人才的必然要求。大学阶段是同学们由学校进入社会的纽带，大学生团队精神不仅直接关系到个人成长，且对民族的未来产生深远的影响。

1. 培养大学生团队精神是时代发展的要求

伴随着知识经济步伐的加快，科技发展日新月异，呈现出各种学术、信息、文化交叉的局面。任何一个项目的完成单靠个人的力量是不可能实现的，它需要集体的力量和智慧。团队合作精神成为当代大学生在现代社会生存与发展的必要素质，是时代发展和社会进步的必然要求。

2. 培养大学生团队精神是自身成长的需要

根据专家的研究，在当前社会竞争中，人的非智力因素对人的竞争实力的影响越来越大。具备团队精神的人具有更大的竞争力。因为充分理解团队合作精神的人，具有理解、辨别和感受不同情境的能力，他们在生活中更能理解他人，尊重他人，处理问题时更善于与人沟通，行动中也更乐于帮助别人。而现在的大学生很多是独生子女，在这样的家庭环境下使他们中很多人从小娇生惯养，以自我为中心，只要求社会及他人对自己关心，缺少互相帮助及协作精神。因此，在大学期间培养他们的团队精神具有特殊的现实意义，同时也是一项非常紧迫的任务。

3. 培养大学生团队精神能增强个人核心竞争力

团队精神是现代企业的灵魂。是否具有合作精神、能否融入团队，是各家企业在聘用人才时最重视的一点。许多国际大公司在招聘时，并不仅仅依靠人事部门的选拔，通常还会让将来要与之合作的工作人员分别和应聘者面对面地交流，看这个人是否能和团队中其他人共同相处。

用人单位表示，经过各种实践锻炼，训练有素、具备良好团队合作精神的毕业生，能更迅速地适应工作环境，对企业也更有吸引力。对于大学生来说，是否具备团队意识和协作精神，将成为未来职场竞争的一个重要砝码，德才兼备的人才当然更受青睐。

4. 培养大学生团队精神能够提高就业签约成功率

我国的经济学家厉以宁曾提出过一个有别于传统的"龟兔双赢理论"：龟兔赛了多次，互有输赢。后来指定路线发生变化，路中间出现了一条河。于是它们想出了合作的办法，兔子先把乌龟驮在背上跑到河边，然后乌龟又把兔子驮在背上游过河去，最后双双获益。这就是所谓的"双赢"。竞争对手也可以是合作伙伴。在同学们的求职过程中，也可以形成团队，以提高签约的成功率。

第一，同学之间合作收集就业信息，可以扩大信息来源，为每一个同学赢得更多的机会。

第二，同学之间可以共享求职过程的成功与失败的经验，为未签约的同学在应聘时提供帮助。

第三，同学之间合作的行为也为学生在求职过程中赢得单位的认可和赞赏提供了条件，增加每个个体签约成功的几率。一个学校的学生整体素质好，会更加吸引用人单位的目光。

5. 培养大学生团队精神，有利于在创业过程中形成团队

时至今日，创业活动在很大程度上已不再是个人行为，成功的创业个案大多与团队的运作密切相关。实际案例中，团队创业成功的几率，要远远高于个人独立创业；在创业成功的经济实体中，有70%左右属于团队创业。

综上所述，培育大学生的团队精神，既是大学生个体成才的需要，也是时代与社会发展的必然要求，因此，大学教育应当把培育团队精神作为一项重要内容。

（三）逐渐融入和谐团队

俗话说："做事先做人"，加入新公司后，职场新人第一要务不是做事情，而是如何做人。

融入团队的秘诀，一方面是设法表现自己的能力，另一方面就是如何做人。相对而言，做事的重要性相对低些，如果人品得不到认可，即使专业技能再好，因为无法融入团队，也得不到足够的施展，最终难以得到同事、领导的认同。有了施展能力的机会，因为无法融入团队，不管结果如何，最后也会因为不合群，缺乏团队精神，被淘汰出局。

几乎所有的人，都愿意把机会留给那些自己感觉友善的同事。在职场，做人做得好，往往会得到更多的机会，升职也更容易。以下推荐几种快速融入团队的方法：

1. 尊重别人

尊敬同事是职业场中最基本的行事准则。年轻人往往自以为是，对他人的做法不屑一顾，这是让人反感的。其实，很多事情的处理都是有原委的，没有搞清原委以前，控制自己骄傲的感觉，不要信口雌黄，尊重周围的人和事。

2. 少说多做

谦虚谨慎、脚踏实地，不管在什么地方，都会受到欢迎。对自己不明白的事情，可以采用与老员工探讨的方式，表达自己的观点，确定是否可行。与老员工探讨一方面是对自己的想法进行判断，另一方面是尊重老员工。探讨请教的方式，也是学习新技能的最佳方法。

不要炫耀，因为你所炫耀的东西，在别人眼里，或许根本不值一提。而你的炫耀，本身就会给别人留下不好的印象，这对新人在公司的成长，是极为不利的。少说多做，而且只有多做，才可能掌握更多的公司的专业技能；说多了而不去做，只会给自己今后的发展，留下越来越多的问题，因为做得太少，知道的不全面，所说的也只是主观判断——与实际情况完全不搭边。此外，言多必失，多说也是职场中很忌讳的事情。少说多做，不是不说，而是要精练，如果不跟老员工多沟通，还是没有办法融入新的团队。想打开别人的心扉，首先得打开自己的心扉。

3. 团结友爱

一个组织，一个群体，在其发展过程中，内部肯定有着千丝万缕的关系牵连。没有了解清楚这些关系之前，最佳的办法是保持中立。如果出现冲突，站在中间立场，采取工作至上的原则，团结各方，是非常聪明的选择。介入是是非非，一旦介入错误，给自己造成的麻烦，等于是给自己在前进的道路上挖坑。多自我约束，宽容地对待每一位同事，把精力集中到自己的工作中去，团结身边所有的同事，是上上之策。

4. 取长补短

每个人都有自己的长处。当你感觉新环境的同事不如你时，别把结论下得太早，老同事已经把他们应该做的工作，摸得一清二楚，工作中可能出现的问题了然于心。一个新人，如果还是用过去的专业眼光看待这些问题，肯定会出偏差。事实上新环境里，最弱的总是新人，因为新人对新环境不了解。如果你能把新环境的情况摸熟悉，针对新环境中的短处，结合你的长处，并把自己的优势发挥出来，让新环境的同事认可你，那才是最佳做法。

5. 勇于担当

有些公司为了考核新员工，会出一些难题给新员工做，这些任务有时甚至是老员工也不敢做的，这样做并非故意刁难，而是希望通过新人新思维，来处理过去无法处理的问题。这个时候，不应该推脱，而应果断承担，认真负责地把难题处理掉。

6. 充满热忱

充满热忱和活力，别人就会被你吸引，因为人们总是喜欢跟乐观者在一起。没有热忱，不论你有什么能力，都发挥不出来。热忱是一种伟大的力量，它可以补充你的精力并发展出一种坚强的个性；它能给你以信心和动力，带领你迈向成功。拿破仑说："如果你有热忱，几乎就所向无敌了。"

7. 赞美别人

林肯曾说："人人爱听恭维的话。"渴求得到赞美的欲望，就像人饥而求食、寒而穿衣一样，是一种本能的需要。欣赏赞美别人，就是肯定别人，鼓励别人，就是提高对方的自我价值，使他增强信心和勇气。这是人际关系的一件利器，是人际关系不可缺少的催化剂。要使赞美产生良好的效果，有三个要点：赞美要立即表达；赞美要明确；赞美要公开。一位推销大师把他一生的成功经验总结为：微笑、赞美、关怀。学会赞美，你会很快把自己推销给你的团队，受到团队成员的接纳和欢迎。

四　为晋升做准备

（一）职场晋升关键

晋升可以使职场中人获得更高的声誉，更高的地位，更多的薪水，更多的职权，可以管理和领导更多的人和事。晋升是每个职场中人奋斗的目标之一。

但是，可供晋升的职位毕竟有限，最终能获得晋升的人当然是少数。这在一定程度上体现了职场竞争的激烈性和残酷性。那么，如何使自己在众多的竞争者中脱颖而出，成为最终的幸运儿呢？

1. 摆正心态

如果心态平和，认为付出总会有回报，晋升是付出之后的必然所得，那么你做起事情来可能就比较务实，比较扎实。就能从点滴做起，从小事做起，每一步都会走得很扎实，从而也能不断地积累一些知识、技能和经验，逐渐得到领导的赏识，做些超越的工作，获得锻炼。这样，你的各种能力就会不断地得到提高，重要的工作离不开你，你在工作中的地位逐渐得到认可，你的晋升也许只是个时间的问题。

2. 少说多做

说话与做事是成反比的，你说得越多就做得越少，反之，你说得越少，做得就越多。能力是通过做事体现出来的。光说不练，也许暂时会得到人们的喜欢，但容易给人们"语言的巨人，行动的矮子"的感觉，而且作为职场新人过多地指手画脚也是不太合适的事情。领导决定晋升决策的时候更多的还要看你的工作业绩，看你做了哪些事情，做好了哪些事情。

所以，要想尽快获得晋升，必须从现在开始行动起来，去做事情，去用实际的行动和真实的业绩赢得领导的赏识。

3. 与众不同

现在的职场竞争非常激烈，一无所长的人即使你再努力再肯干，也很难获得晋升和赏识，因为你能做到的别人也同样可以做到，晋升的机会没有理由会青睐一个一无所长的人。

职场喜欢与众不同的人，IBM 认为如果在一个岗位上有两个会一样技能的人，那么其中一个就是多余的，就是要被淘汰的。

所以，做的与众不同也是促你成为职场领袖的一个关键因素。

4. 人际关系

职场是一个组织，是由人组成的，因此，人际关系的处理显得非常重要。

人际关系处理好了，你就拥有了厚实的群众基础，拥有了驾驭部门员工的能力和技巧，你的上司就可以放心把晋升的职位给你了。

5. 提高绩效

实践表明，获得上司赏识和信任的最重要的一点是帮助你的上司完成工作。

上司的工作都是通过下属来完成的，下属工作完成的好坏决定了他的业绩。员工工作完成得好说明上司领导得好，他可以在他的上司那里获得认可和肯定；完成得不好，则你的上司可能要在他的上司那里受到批评。

你所能做的就是帮助他完成他的计划和目标，而不是一味地讨好奉承，讨好奉承只能将你和你的上司往坏的方向引导，也许等不到你的晋升，你和你的上司就要被调职或解雇了。实际上，领导也不会放心让一个只会奉承的人当自己的助手。

因此，你一定要尽可能地帮助你的上司完成工作，与上司一起进步。这样，离你晋升的机会就不远了。

（二）职场提升策略

1. 干好一份工作

工作初期，收获是多元的，成功也是多元的。因此，面对第一份工作，就要努力干到最好。比谁好？跟谁比？跟部门同事比，跟公司同事比，比他干得更好，比如平均分60分，你要干到80分，这样，你才有权利选择不做这个基础工作。

2. 重视直接上司

在公司的升迁、奖金、福利等都取决于你的直接上司。但是，如果你明显地奉承他，你的同事可能就对你不满。你很有可能成为替罪羊、牺牲品。应该用你的工作承诺和工作效果表现对直接上司的工作支持。

3. 工作少说多做

在一些大公司，细节上的，工作的流程等小问题，你可以跟直接上司提，但在你不了解的情况下，对于一些大问题，不要随便提意见。

4. 扩大本职工作

本职工作的范围扩大了，工作职责也扩大了，在不经意间，你就会发现你做了很多事。

从这个角度来讲，你的收获是非常大的，我们本是通过做事来提升自己的能力。因此，特别是在工作的前三年，只有通过多做事，多干活，你才能得到锻炼并提升能力。

五 塑造职场品牌

这是一个需要品牌的年代，然而，这又是一个品牌最稀缺的年代，尤其是"个人品牌"的意识的缺失已成为大学生找工作过程中的"一道槛儿"。良好的个人品牌也是在职场中获得成功的关键。

经营个人职业品牌如同经营商品品牌一样，就是设计、规划、经营自己的职业生涯。根据职业生涯的发展特点，职业品牌包含定位、承诺、推广、包装等经营策略，所有的经营策略，最后都是为了达成一个目的，那就是提升自己的品牌价值。

（一）树立个人品牌意识

大学生在学习的过程中认清时事，改变传统的就业观，树立把自己当一个品牌去培养、去经营的意识，是大学生成功打造自己品牌的首要条件。

打造个人品牌首先需要大学生改变传统的就业观念。社会需要的是有各种能力的人才而不仅是拥有称呼的大学生，人才已经走向市场，持传统的就业观念只会丧失就业机会。

人才社会更看重的是实质性的内容，而不仅是文凭。只有树立勇于竞争、自主创业的择业观和生存观，只有打造和形成自己的个人品牌，大学生才会有更好的发展前途。

品牌要有清晰、明确的定位。你想要成为什么？大学生打造个人品牌与大学生个人定位息息相关，而这种定位必须符合社会的需要。个人定位离不开老师、家长的引导，且这种引导对大学生个人来讲是一种强有力的辅助行为，但定位关键还有赖于大学生自身，选择什么样的职业、什么样的未来发展方向，应该成为自己在日常生活学习过程中经常反思的问题。不能很好反思自己能拥有的特色，就谈不上培养打造个人品牌的意识，也就不可能将自己的特色当作一笔未来的财富去经营。

（二）注重知识品牌的打造

在大学生个人品牌的打造过程中一定要牢固树立知识品牌打造的观念，注重学科综合知识素质的培养。对拓展基础应重新认识，不能只局限于本学科专业基础理论知识，应有更广阔的知识视野和广博的知识基础。各学科专业人才都应突破专业的界限，都应按时代需求深刻认识"知识品牌"的内涵，使其在文理之间、文工之间、各专业领域之间都有所发现、有所发明、有所创造、有所前进，成为打造个人品牌的"拳头产品"。

（三）注重能力品牌的打造

能力品牌的打造主要表现在创新力的培养方面。

一是增强自信心。自信是大学生个人品牌打造的基础，具有高度自信意味着一个人信任和尊重自己，缺乏自信心意味着对自己的轻视，对自己采取否定态度。自信是一种自我激励的精神力量，它能够激发潜意识并释放出无穷的热情、精力和智慧，进而帮助其获得成功。所以，有人把自信心比喻为一个人心理建筑的工程师。要克服创新神秘的思想，不要认为创新是高不可攀的东西。要树立自信心，正确地认识自己，客观地实事求是地估计自己，使个人品牌打造的控制和激励符合实际，自我期待和抱负既具有先进性，又具有可行性。

二是激发好奇心。激发好奇心和求知欲是培养创新意识、提高创造能力和掌握创造方法与策略的推动力。所谓好奇心，从知识角度讲，就是要特别关注客观事物的差异性和特殊性，善于发现理论和实践中的新问题，对未知领域有很强的探索要求，不拘泥于已有的结论。

三是丰富想象力。如果说好奇心是大学生能力品牌打造的萌动力的话，想象力则是飞向个人品牌成功的翅膀。一切创造都与想象有关。大学生在学习中如果缺乏丰富的想象力，不善于举一反三，就不可能有创造。爱因斯坦说得好："想象比知识更重要，因为知识是有限的，而想象力概括着世界的一切，推动着进步，并且是知识的源泉。"同时，想象力和个人的知识水平紧密相连。大学生应当在能力品牌的打造中，不断地用知识丰富自己的头脑，培养丰富的想象力，锻炼起飞的翅膀。

四是增强对挫折的容忍力。人的一生有无建树，不只取决于有无创造性的思维和能力，更取决于一个人有没有一往无前、百折不挠的精神。在某种意义上说，创造个人品牌的一分成功是用九分失败换来的，创造性工作不可能一帆风顺。大学生要把个人品牌打造成名牌，就必须培养自己对挫折的容忍力，注意培养自己不畏艰苦、敢于攀登、百折不挠的坚强意志。只有这样，才能在个人品牌的常青树上结出属于自己的智慧之果。

（四）注重个性品牌的打造

大学生的能力特长是其自身内在积极因素的表现，是其在一个群体的自身优势所在。当大学生在生活的群体中感到自己的优势时，就能够增强其自信心，表现出朝气蓬勃的活力；当他们的能力特长受到大家的承认或肯定时，就会感受到尊重的满足；当他们的能力特长得到发挥时，就能够满足其对成就的需要，这不仅对他们的感情是一种陶冶，而且对他们的思想升华也是一种催化剂。大学生打造个性品牌的过程中要善于发现、挖掘自己的能力，发挥自己在群体中的积极作用。只有这样，才能不断地完善人格，拓展个性，打造全面发展而有专长的个人品牌。

六　珍惜本职岗位

大学生毕业后进入社会工作阶段，无论何类职业何种岗位，初始期差异不大，但三五年后会发现同群大学生向上或向下的社会流动，有的人脱颖而出，成为单位技术骨干或晋升管理层；有的人则庸碌无为，在单位被"边缘化"，甚至被辞退、解雇。为什么会出现现这种情况，为什么会良莠不齐？取决于个人的职业素养。

（一）立足岗位成才

有的人对岗位挑三拣四，总是不满意，换来换去，他的美好工作时间随着他的抱怨而永不复返，而他自己也是处于碌碌无为的状态；而有的人即使在平凡的岗位上，也能干得有声有色，别看他默默无闻，等有了一定的积累，他将一鸣惊人。

踏实肯干，岗位成才。怎样做人，如何行事，反映着一个人的品行、修养和作风。对于涉世不深、经验不足的大学毕业生来说，工作中出现某些差错失误是难免的。但这并不意味着就可以理所当然地出现差错或失误。在实际工作中还是应该尽可能地避免差错，或将差错减少到最低限度。要避免工作中出现差错和失误，需要勤奋钻研业务，严格履行职责。

加强薄弱环节。正如每个人都有自己的优点和长处一样，每个人也都有自己的缺点和不足。而缺点和不足往往是造成工作失误的主要根源。因此在具体的工作中要注意弥补自己的缺点和不足。

（二）人勤业举并用

初入职场，无论专业是否对口，无论是否兴趣所在，无论是否"大材小用"，无论薪酬是否合适，无论是否是"过渡"或作为"跳板"，毕业生都要坚守一个"勤"字。

古人说："业精于勤，荒于嬉。"勤业是我们的职业得以正常运转和发展的保障；勤业，更是我们职业精神的实践内涵。《士兵突击》里有句话说得好："你现在混日子，小心将来日子混了你。"正所谓，人勤业举。大学生要谨记：事业崇高靠志向，事业宏大靠勤勉。

真心勤做。切忌好高骛远，只说不做；切忌眼高手低，小事不肯做大事做不来。"不想当元帅的士兵不是好士兵。"这句话无疑是鼓舞人心的口号，但元帅毕竟是极少数的几个，在士兵的岗位首先要做好士兵的工作，且要做就要尽自己的能力做得最好。远大的志向是在平凡的岗位中追求和践行的。

用心勤学。切忌得过且过，不思进取；切忌朝三暮四，这山望着那山高。学历主要反映了一个人掌握书本知识的程度。要在实践中让知识变成能力，文凭变成水平，更要在实践中不断汲取和运用新知识。

行成于思而毁于随。要善于思考，能提出问题，进而解决问题，不断拓展创新能力。不满足现状，就要努力改变现状，以自己的志向变为前进的动力，不断要求自己迈向更高的台阶。"机遇"只钟情于有准备的人。

虚心勤问。切忌不懂装懂，班门弄斧；切忌急功近利，只计获取不求付出。"三人行必有我师"，要学会合作，取人之长补己之短，见人之短思己之过。

附录 1　"职业化"程度测试

1. 想象一下，如果现在就需要你马上开始工作，你能立即开始工作吗？

　　A. 能　　B. 否

2. 对于你自己目前的工作，你是如何看待的？

　　A. 是一项可以终身从事的事业　　　B. 是一种挣钱的手段

3. 在过去的三年中你是否曾参加过有关自己所从事职业的某种技能培训？

　　A. 是　　B. 否（请跳答第 5 题）

4. 参加了那次技能培训后，你感觉自己有进步吗？

　　A. 有　　B. 没有

5. 想象一下，如果公司通知明天开会，希望员工对工作中的问题提出一些意见。那么，　你能提出一些建设性的意见吗？

　　A. 能　　B. 否（请跳答第 7 题）

6. 由于种种原因，在会议中你提出的意见被拒绝了，你是否会感到情绪低落？

　　A. 是　　B. 否

你是否会将自己工作的责任范围，看作是个人的权力领地？

　　A. 是　　B. 否

8. 上班时接到了男（女）友的电话，你会：

　　A. 告诉他（她）你正在上班，让他（她）下班后打来

　　B. 小声地和男（女）友说话

　　C. 假装和客户讲话的样子

9. 工作中有一位同事希望借用你搜集的一些客户信息，这时你会：

　　A. 很高兴与他分享信息

　　B. 向他说明这是自己辛苦搜集来的，如果他还是坚持要求，考虑与他分享一部分

　　C. 这是自己的辛苦劳动，绝对不与别人分享

10. 工作中遇到了自己处理不好的问题，你会：

　　A. 向比自己有经验的同事请教

B. 硬着头皮钻研，不到迫不得已不会请教别人

C. 宁可放弃此问题，也不去向别人求助

11. 你最后一个离开公司，发现公司的复印机坏了，碰巧明天早晨将有许多重要文件要复印，这时你会：

A. 虽然明白复印机坏了会影响第二天的工作，但是，毕竟不是自己一个人的事，于是，收拾东西离开办公室

B. 打电话给其他同事，商量此事该怎么解决

C. 给修理复印机的人打电话，等他修理好了自己才离开

12. 客户资料出了错误，但不是你造成的，老板追究责任，这时你会：

A. 直接告诉老板不是你的错

B. 一方面向老板解释，一方面想办法解决问题

C. 向老板说：对不起，我马上改

13. 想象一下，如果在上班时你接到了客户投诉电话，不近情理的指责你的公司和你们的工作，这时你会做何反应？

A. 在电话里发脾气，挂掉此类电话

B. 向客户解释，让他去找公司有关部门反映

C. 理解客户，并马上想办法解决问题口

计分标准（跳答题不计分，请计算总分。）11—18 分：低度职业化；

19—29 分：中度职业化；

30—45 分：高度职业化。

（1）A：5 分，B：1 分。　　（2）A：5 分，B：1 分。

（3）A：5 分，B：1 分。　　（4）A：5 分，B：1 分。

（5）A：5 分，B：1 分。　　（6）A：1 分，B：5 分。

（7）A：1 分，B：5 分。

（8）A：5 分，B：3 分，C：1 分。

（9）A：5 分，B：3 分，C：1 分。

（10）A：5 分，B：3 分，C：1 分。

（11）A：1 分，B：3 分，C：5 分。

（12）A：1 分，B：3 分，C：5 分。

（13）A：1 分，B：3 分，C：5 分。

附录 2　"职业化"必备的 18 种职业心态

1. 积极的心态。积极的心态有两个重要的表现：一是不轻言放弃；二是不怨天尤人。塑造积极心态的 12 种方法：构筑正确的价值评估体系；要有开悟的精神，把生命和生活看透而不是看破；增强抗挫折的耐力；树立正确的思维方法；学会享受过程；活在当下，全身心投入；学会感恩；不要自责，相信自己；学会压力管理；培养远大的志向和宽广的胸怀；培养热心生活和乐观的生活态度；培养坚定的信念。

2. 主动的心态。职业化员工有 4 件事情要学会主动：一是本职工作要主动；二是协助他人要主动；三是对公司、对团队有利的事情要主动；四是提升能力和素质的事情要主动。

3. "空杯"的心态。就是要有谦逊的心态。

4. 学习的心态。

5. 双赢的心态。

6. 包容的心态。要学会严于律己，宽以待人。

7. 自信的心态。培养自信心的八种方法：破除自卑；抬头挺胸；要微笑面对生活；自信心的自我暗示；自信从行动开始；当众发言，学会大声讲话；下定决心；正确地、发展地、全面地看待自己。

8. 行动的心态。

9. 老板的心态。

10. 方圆的心态。"方"讲的是做人的原则，"圆"讲的是处事的原则。

11. 舍得的心态。付出与收获。

12. 反省的心态。反省是成功的加速器。

13. 服务的心态。内部与外部服务。

14. 服从的心态。如西点军校法规、校训。

15. 奉献的心态。

16. 竞争的心态。两个重要方面：要有不服输的精神和上进心。

17. 专注的心态。

18. 感恩的心态。

参考书目

张爱民：《大学生就业与创业指导》，北京师范大学出版社 2011 年版。

闫岩：《职业生涯规划》，北京师范大学出版社 2012 年版。

李宝元：《职业生涯管理：原理·方法·实践》，北京师范大学出版社 2010 年版。

梁华、林明、毛芳才：《大学生职业发展与就业指导》，清华大学出版社 2013 年版。

宁红：《大学生就业与创业指导》，清华大学出版社 2013 年版。

刘平青等：《职业生涯与自我管理》，清华大学出版社 2011 年版。

王建国、王献玲：《大学生职业规划与就业指导教程》，郑州大学出版社 2012 年版。

李莉：《生涯规划与职业发展》，北京师范大学出版社 2012 年版。

宋剑涛、云萧、杨国富、石江华：《大学生职业规划与就业指导》，西南财经大学出版社 2008 年版。

傅洪涛、陶桓祥：《大学生职业规划与创业指导》，中国财政经济出版社 2006 年版。

张文勇、马树强：《大学生职业规划与就业指导》，科学出版社 2006 年版。

朱世忠：《大学生职业发展与就业指导》，山东人民出版社 2009 年版。

郭寒宇：《大学生职业发展与就业指导》，武汉大学出版社 2008 年版。

储克森：《大学生职业发展与就业指导》，机械工业出版社 2009 年版。

冯建力、宁焰：《就业教育基础》，科学出版社 2005 年版。

刘建林：《大学生就业指导教程》，西北工业大学出版社 2006 年版。

吴薇：《就业指导》，华东师范大学出版社 2005 年版。

高桥、葛海燕：《大学生就业指导》，清华大学出版社 2009 年版。

张喜梅、吕雅文：《大学生创业导论》，高等教育出版社 2005 年版。

段玉强等：《大学生就业指导》，中国经济出版社 2005 年版。

王伟伟：《礼仪形象学》，人民出版社 2005 年版。

刘铸、李海琼、邓飚：《大学生就业创业指导》，辽宁大学出版社 2013 年版。

辽宁省人才中心：《高中等院校毕业生就业与创业实用指导》，辽宁大学出版社 2011 年版。

辽宁省教育厅：《大学生创新与创业基础》，大连理工大学出版社 2010 年版。

陈宁、张文双：《大学生职业发展与就业指导教程》，安徽教育出版社 2010 年版。

曹占东：《大学生就业指导》，北京师范大学出版社 2010 年版。

李辉、刁国庆：《大学生创业概论》，北京师范大学出版社 2013 年版。

杨华东：《中国青年创业案例》，清华大学出版社 2011 年版。

国家公务员网，（http：//www. gjgwy. org/html/ArticleShow）。

后　记

为贯彻落实 2020 年全国普通高校毕业生就业工作视频会议、教育部《大学生职业发展与就业指导课程教学要求》（高教厅〔2007〕7号）的文件精神，推动内涵发展，促进人才培养、完善生涯规划和就业创业课程建设。我们在实际工作的基础上，编写了《大学生职业发展与就业创业指导》一书。

在编写之初，我们走访了校内外知名的专家、学者，征求了关于编写本书的建议和意见。通过专家反馈意见，我们确定了几十位专家、学者及在高校从事大学生职业生涯规划和就业指导课的老师参与本书的编写工作。并定期召开统稿会议，制定编写本书的方案，明确目标、思路与方法，确定了各章节的主要执笔人等。分工如下：绪论：杨杰、付志平、毛丙波，第一章：杨杰、张晨、焦烈、张帆、陈路曦，第二章：付志平、姜虓、焦烈、崔桂武、王艳彪，第三章：杨杰、崔旸、韩东、蔡宏鹏、石晓蕊、郑郁，第四章：付志平、崔旸、宫箭、黄海怡、董磊，第五章：毛丙波、张晨、田芳源、孟锐、华晓芳，第六章：付志平、赵辉、宋明媚、杨光、安隽，第七章：毛丙波、任月、马西城、梁燕、李鹏、彭琳，第八章：毛丙波、韩东、张晨、卢景杨、马西城、佟玲，第九章：付志平、张博、郭艳、高建华，第十章：杨杰、崔旸、孙福广、郭菲、董磊；后记：杨杰、付志平、毛丙波，最终由杨杰、付志平、毛丙波统稿。

《大学生职业发展与就业创业指导》是集体智慧的结晶，虽然各位专家为之付出了艰辛的努力，但由于能力有限，在编写过程中还缺少经验，使本书还存在许多不足和错谬之处，恳请各位读者批评指正，以便在今后的编写工作加以改正。本书的出版得到了中国社会科学出版社的大力支持，同时在编写过程中借鉴了学界专家已有的研究成果，书中未能一一标注，在此一并表示感谢！

编　者

2020 年 6 月 26 日